农村全面小康
与实施乡村振兴战略研究

陈锡文　韩俊　主编

中国发展出版社
CHINA DEVELOPMENT PRESS

图书在版编目（CIP）数据

农村全面小康与实施乡村振兴战略研究 / 陈锡文，韩俊主编. —北京：中国发展出版社，2020.12（2021.5重印）

ISBN 978-7-5177-1155-1

Ⅰ. ①农… Ⅱ. ①陈… ②韩… Ⅲ. ①农村—社会主义建设—研究—中国 Ⅳ. ①F320.3

中国版本图书馆CIP数据核字（2021）第002464号

书　　名：农村全面小康与实施乡村振兴战略研究
著作责任者：陈锡文　韩　俊
出 版 发 行：中国发展出版社
联 系 地 址：北京经济技术开发区荣华中路22号亦城财富中心1号楼8层（100176）
标 准 书 号：ISBN 978-7-5177-1155-1
经　销　者：各地新华书店
印　刷　者：河北鑫兆源印刷有限公司
开　　本：710mm × 1000mm　1/16
印　　张：31.5
字　　数：463千字
版　　次：2021年1月第1版
印　　次：2021年5月第2次印刷
定　　价：118.00元

联 系 电 话：（010）68990630　68990692
购 书 热 线：（010）68990682　68990686
网 络 订 购：http://zgfzcbs. tmall. com
网 购 电 话：（010）88333349　68990639
本 社 网 址：http://www.develpress. com
电 子 邮 件：370118561@qq. com

本书编委会

主　编

陈锡文　韩　俊

成　员

（以姓氏拼音为序）

陈诗波　陈志钢　郭贯成　何宇鹏

李长健　刘红岩　刘　奇　马晓河

孟庆国　慕　玲　王亚华　魏　唯

许　庆　严　飞　张红宇　朱　晶

准确把握现实国情
走中国特色社会主义乡村振兴道路

党的十九届五中全会提出“优先发展农业农村，全面推进乡村振兴”，为我们立足“十四五”乃至2035年远景目标做好“三农”工作，促进农业全面升级、农村全面进步、农民全面发展提供了重要指导，既是遵循经济发展客观规律的必然之举，也是着眼实现社会主义现代化远景目标的大势所趋。当前，我国决胜全面建成小康社会已取得决定性成就，乡村振兴将成为新时代“三农”工作的总抓手。站在第二个百年奋斗目标的新起点和全面建设社会主义现代化国家新征程上，必须坚定不移把解决好“三农”问题作为全党工作重中之重，强化以工补农、以城带乡，推动形成工农互促、城乡互补、协调发展、共同繁荣的新型工农城乡关系，准确把握现实国情，走中国特色社会主义乡村振兴道路。

一、我国国情的最大特殊性在于人口规模巨大

我国国情的最大特殊性在于人口规模巨大，地区情况千差万别。这说明，在开放的环境下，中国社会这种复杂巨系统自身的运行特点所遵循的规律有着极大的特殊性，与一般国家有着极大差别，在建设社会主义现代化国家的进程中，解决我国的特殊问题，世界上没有现成的经验可以借鉴，更不可能照搬照抄别国的做法。从现实情况看，一个国家的国土面积

和人口规模，往往对它的城镇化道路和人口的城乡分布产生很大影响。我国学者吴景超在 1937 年出版的《第四种国家的出路》一书中就已经分析到这个问题。他把世界各国分为四大类：一是人多地少，农业人口比重低，如西欧国家；二是人少地多，农业人口比重低，如美国、加拿大、澳大利亚、巴西等新大陆国家；三是人少地多，农业人口比重较高，如苏联；四是人多地少，但农业人口比重很高，如中国、印度及大多数亚洲国家。他认为，第四类国家要实行现代化，难度更大，非走自己独特的道路不可。如果城乡之间的基础设施建设差距过大，居民生活水平差距过大，公共服务水平差距过大，那惠及全体人民的小康社会和社会主义现代化国家就不可能建成。我国人多地少，农业人口比重很高，要实现现代化，难度很大，因此，实施乡村振兴战略必须清醒地认识和尊重这一客观国情，走自己独特的道路。

二、理性认识小农户在乡村振兴中的主体作用

农业农村现代化是乡村振兴的一个关键命题。从整个国家层面来讲，我们要发展现代农业，就要构建现代农业的产业体系、生产体系、经营体系。我们过去讲发展现代农业、培育新的农业经营主体，好像就是通过土地经营权的流转和集中，来发展土地规模经营这一条路，似乎只有让某一个经营主体经营的土地比别人多，这才叫规模经营。但一味强调和按照这样的规模经营的思路去发展现代农业是不符合我国国情实际的。根据农业部门的统计，到 2019 年年底，流转了承包土地经营权的土地总面积大概是 5.55 亿亩，占到农民承包土地总面积的 35.9%。把自己家承包的土地流转给别人的，全部或部分流转的，有 7000 多万的农户，占全部两亿两千万户承包农户的 33.27%。这个比例也不算低了。但是回过头去一看，我们有 64% 的农村承包地，仍然是谁家承包、谁家经营；在所有的承包农户当中，有三分之二以上的农户没有流转土地，自己生产，所以这是我

们基本的现实。大国小农是中国悠久历史传统留给我们的独特遗产，更是相当长时期内难以根本改变的基本国情。因此，在相当长时期内，除了流转、集中承包土地的经营权以发展耕地的规模经营外，还要以发挥生产性社会化服务的方式，为一家一户的小农户提供先进农业技术装备服务，以实现现代农业技术装备的服务规模，使小农户与现代农业有机衔接。目前我国小农户的数量高达2亿多，他们是乡村振兴的核心主体，承载着中华民族共同的“乡愁”。小农兴则乡村兴，乡村兴则国家强。党的十九大报告中明确提出，实现小农户和现代农业发展有机衔接。这无疑是新时代推进农业农村现代化的一个重大历史课题，也是全面实施乡村振兴战略中必须考虑的基本国情。

三、中国农业转移人口的城镇化进程很复杂

随着城镇化的推进，农村人口必然会逐步减少，如果按照2030年左右我国人口峰值14.5亿人、城镇化率70%来测算，未来10年我国农村常住人口还将减少1.3亿人左右，但农村仍还有4亿多人口。在这个过程中，有些村庄会因各种原因而逐渐消失，但这是一个渐进的历史过程，不可能一蹴而就。从城镇化的发展规律来看，一般会经历城市化、郊区城市化、逆城市化和再城市化的过程。我国的城镇化过程相对比较特殊，1949年到1960年这段时间，城镇化速度和进程比较正常，城镇人口的比重从10.64%提高到19.75%。但从1961年开始出现了特殊情况下的逆城镇化，再往后由于户籍制度、粮票制度等一系列阻断农业人口城镇化措施的实行，我国的城镇化率长期在17%左右徘徊。改革开放以来，如果按常住人口计算，我国城镇化率从1978年的17.92%以平均每年约1个百分点的速度持续增长，2011年第一次超过50%，到2017年达到58.52%。需要注意的是，从2011年到2016年，虽然按照常住人口统计的城镇化率仍在不断上升，但外出农民工的增速已明显放缓。2018年我国城镇常住人口达

到 8.3 亿人，城镇化率按常住人口计算接近 60%，但户籍人口城镇化率不足 44%，相差 16 个百分点，也即约有 2.26 亿农民长期生活在城镇，但还未有户籍身份。这说明中国农业转移人口的城镇化进程远比人们想象的要复杂，这也决定了乡村振兴的实施脱离不了这个复杂背景的基本国情。

四、依靠城乡功能互补健康推进国家现代化进程

我国城乡之间在经济、社会、文化、生态文明等各方面都具有不同的功能。这些功能对国家整体发展都必不可少，只有形成城乡之间不同功能的互补，才能使整个国家的现代化进程健康推进，因此城镇与乡村之间实际上是一个唇齿相依的关系。城市的功能主要是集聚人口、集聚产业、集聚资金、集聚技术，形成经济发展的增长极，起到带动一个地区乃至国家经济社会发展的作用。乡村的功能则是更多地为国家提供生态屏障，为全体社会成员提供基本农产品，守护并传承国家和民族的优良传统、习俗人文和历史文化，具有文明传承的功能。从某种意义上讲，城市和乡村是一个命运共同体，城乡这两方面功能都要存在，如果消灭其中任何一方面功能，整个经济社会就很难正常健康发展。从这个角度来讲，我们不可能只建设发达的城市，而罔顾落后的农村，那样就不可能建成现代化的国家，更不要说城乡居民都要同步迈入全面小康社会，所以国家不能让乡村衰败。随着人均 GDP 的快速增长，我国农业农村的功能不但要保障 14 亿人口对农产品数量和质量的正常需求，满足人们最基本的生存，还要进一步拓展其功能外延，表现在教育、文化传承、生态和环境保护、社会保障、经济缓冲等方面，承担的任务更加复合而繁重。在过去的发展进程中，农业农村农民为国家工业化、城镇化做出了重大贡献，进入新时代，必须基于国情实际，坚持走工业反哺农业、城市支持农村的乡村振兴道路。

总之，实施乡村振兴战略是一项长期的历史性任务，没有乡村的振兴，就没有中华民族的伟大复兴。全面实施乡村振兴战略，绝不是不要城

镇化，更不是把城乡发展对立起来，而是要准确把握我国人口规模巨大、小农占据主体、城镇化进程复杂与城乡是命运共同体的基本特征和特殊国情，加快形成以工促农、以城带乡、工农互惠、城乡一体的新型工农关系和城乡关系，走中国特色社会主义乡村振兴道路。

全国人大常委会委员、农业与农村委员会主任委员
清华大学中国农村研究院院长

扎实做好乡村振兴这篇大文章

党的十九大提出实施乡村振兴战略。这是以习近平同志为核心的党中央着眼党和国家事业全局作出的重大战略部署，在我国“三农”发展进程中具有划时代的里程碑意义。习近平总书记就实施乡村振兴战略先后发表了一系列重要讲话和重要批示指示，科学回答了为什么要振兴乡村、怎样振兴乡村和如何走中国特色社会主义乡村振兴道路等一系列重大认识问题和实践问题，为做好新时代“三农”工作、推进乡村全面振兴提供了根本遵循。我们要深入学习贯彻习近平总书记关于实施乡村振兴战略重要讲话精神，扎实推进乡村产业、人才、文化、生态、组织等全面振兴，加快推进农业农村现代化。

一、坚持把解决好吃饭问题作为首要任务

习近平总书记多次强调，中国人的饭碗任何时候都要牢牢端在自己手上。对于一个有着14亿人口的大国来说，保障粮食安全是一个永恒课题。2019年，我国粮食产量达到13277亿斤，实现历史性的“十六连丰”，连续五年保持在1.3万亿斤以上，人均472公斤的粮食占有量远高于人均400公斤的国际粮食安全线，稻谷和小麦两大口粮自给率达到100%，现有库存超过一年的正常消费量，国家粮食安全是有保障的。

但也要看到，我国粮食安全的基础还不牢固，新冠肺炎疫情发生以来，国内外形势复杂变化，不稳定性、不确定性明显增强，保障粮食供求平衡的挑战依旧很大。越是面对风险挑战，越要稳住农业，越要确保粮食和重要副食品安全。要增强风险意识、忧患意识，坚持底线思维，落实藏粮于地、藏粮于技战略，巩固提升粮食生产能力，健全粮食安全制度体系，坚决制止耕地非农化，防止耕地非粮化，牢牢掌握国家粮食安全的主动权，端牢中华民族的“铁饭碗”。

二、坚持推进乡村全面振兴

产业兴旺、生态宜居、乡风文明、治理有效、生活富裕是实施乡村振兴战略的总要求；乡村振兴是包括产业振兴、人才振兴、文化振兴、生态振兴、组织振兴的全面振兴。要坚持乡村振兴“一盘棋”、一张蓝图绘到底，统筹推进乡村经济、政治、文化、社会、生态和党的建设工作，推动“三农”全面协调发展。

产业兴旺是重点，是解决农村一切问题的前提。产业发展可以提供就业机会、拓宽农民增收渠道，是乡村振兴的物质基础。当前，乡村产业发展仍存在产业门类不宽、产业链条较短、要素活力不足和质量效益不高等问题。要坚持质量兴农、绿色兴农，加快转变农业发展方式，大力发展现代种养业，推进农产品就地加工转化增值，促进农村一二三产业融合发展，培育壮大乡村现代服务业等新产业新业态，加快构建现代乡村产业体系，把就业机会更多地留在农村，把产业增值收益更多地分享给农民。

生态宜居是关键，是乡村振兴的内在要求。实现生态宜居的过程，就是践行“绿水青山就是金山银山”理念的过程，就是人与自然在乡村和谐共生的过程。要推进乡村绿色发展，加强农村资源环境保护，统筹山水林田湖草系统治理，实现投入品减量化、生产清洁化、废弃物资源化、产业模式生态化。要借鉴浙江“千村示范、万村整治”经验，立足当地经济发展实际，切实改善农村人居环境。发挥农村生态资源优势，推动乡村自然资源加快增值，保护绿水青山和清新清净的田园风光，不断增加农业生态产品和服务供给，实现百姓富、生态美的统一。

乡风文明是保障，是乡村振兴的紧迫任务。乡村振兴，既要塑形，也要铸魂；既要“富口袋”，也要“富脑袋”。要坚持物质文明和精神文明一起抓，以社会主义核心价值观为引领，坚持教育引导、实践养成、制度保障三管齐下，采取符合农村特点的有效方式，加强农村思想道德建设，提升农民精神风貌。要挖掘和弘扬优秀传统农耕文化，不断赋予新的时代内涵。要大力推进乡村移风易俗，下大力气整治农村婚丧大操大办、高额彩礼、铺张浪费、厚葬薄养等陈规陋习，培育文明乡风、良好家风、淳朴民风，焕发乡风文明新气象。

治理有效是基础，是乡村振兴的重要保障。当前，城镇化快速发展，农村经济社会结构正发生深刻变化，传统乡村治理模式难以适应新形势新要求，治理成本不断增加、治理难度不断加大。要加强和创新乡村治理，建立健全党委领导、政府负责、社会协同、公众参与、法治保障、科技支撑的现代乡村社会治理体制，健全党组织领导的自治、法治、德治相结合的乡村治理体系。既用好用活现代治理资源和治理方式，也充分发挥传统德治要素在维系乡村社会秩序方面的重要作用，以党的领导统揽全局，以自治增活力，以法治强保障，以德治扬正气，构建共建共享的社会治理格局，走中国特色社会主义乡村善治之路，建设充满活力、和谐有序的乡村社会。

生活富裕是根本。检验农村工作成效的一个重要尺度，就是看农民的钱袋子鼓起来没有。小康不小康，关键看老乡。近年来农民收入持续快速增长，2019 年我国城乡居民收入比降到 2.64 ∶ 1。2020 年以来，受新冠肺炎疫情冲击，农民增收形势较为严峻。要加快构建农民持续较快增收长效机制，通过繁荣乡村经济、组织农民外出务工经商、增加农民财产性收入等多种途径增加农民收入，不断缩小城乡居民收入差距，让广大农民过上更加美好的生活。要针对上学难、看病难、行路难、环境脏乱差等农民群众反映最突出的民生问题，把基础设施和公共服务的重点放在农村，全面改善农村面貌，不断增强广大农民的获得感、幸福感、安全感。

三、坚持深化农村改革

改革是乡村振兴的重要法宝。要解放思想、逢山开路、遇河搭桥，破除体制机制弊端，突破利益固化藩篱，让农村资源要素活化起来，让广大农民积极性和创造性迸发出来。深化新一轮农村改革，要以处理好农民和土地的关系为主线，以完善农村产权制度和要素市场化配置为重点，加强改革系统集成，提高农村土地、资金、人才、技术等各类要素配置效率，激发农村内在活力。

深化农村土地制度改革。巩固和完善农村基本经营制度，落实农村土地承包关系稳定并长久不变政策，在基本完成承包地确权登记颁证基础上，用好确权登记成果，稳步开展二轮承包到期后延包试点。深化承包地“三权分置”改革，把握好土地经营权流转集中的度和节奏，积极发展多种形式适度规模经营。全面推开农村土地征收制度改革，完善农村集体经营性建设用地配套制度，稳妥慎重推进农村宅基地制度改革，在试点基础上探索宅基地所有权、资格权、使用权“三权分置”。

加快构建新型农业经营体系。“人均一亩三分地、户均不过十亩田”，是我国农业发展需要长期面对的基本现实。要加快培育新型农业经营主体，健全农业专业化社会化服务体系，突出抓好农民合作社和家庭农场两类农业经营主体，推进农民合作社规范提升，把合作社办得更加红火，加快把符合条件的规模农业经营户纳入家庭农场范围。提升小农户经营组织化程度、改善小农户的生产设施条件、提升小农户抗风险能力，把小农户引入现代农业发展轨道。

深化农村集体产权制度改革。全面推开农村集体产权制度改革试点，有序开展集体成员身份确认、集体资产折股量化、股份合作制改革、集体经济组织登记赋码等工作。巩固清产核资成果，利用现代信息化手段，强化集体资产监督管理，切实维护集体经济组织成员权益。推广资源变资产、资金变股金、农民变股东改革经验，壮大集体经济，拓宽农民增收路径。通过改革建立起符合市场经济要求的农村集体经济运营新机制，加快形成有效维护集体成员权益的治理机制。

健全农业支持保护制度。统筹兼顾适应世贸组织规则、保障国内产业发展和保护农民合理利益，按照增加总量、优化结构、创新方式、提高效能原则，创新完善农业支持保护政策体系，进一步强化绿色生态导向，切实提高农业支持保护政策精准性、指向性和实效性。进一步完善最低收购价政策，健全农业补贴制度，建立健全化解农业自然风险和市场风险的农业保险制度。

要坚持守住农村改革的底线，不管怎么改，都不能把农村土地集体所有制改垮了，不能把耕地改少了，不能把粮食生产能力改弱了，不能把农民利益损害了。要把稳方向，在事关农村重大制度安排和农民群众切身利益问题上，不能搞“一刀切”，更不能搞“大跃进”，必须以民为本、尊重意愿，实事求是、因地制宜，依法依规、稳妥慎重，把握好各项工作的时度效，扎扎实实为民办事、为民造福。

四、坚持加强和改善党对“三农”工作的领导

办好农村的事，实现乡村振兴，关键在党。要贯彻落实《中国共产党农村工作条例》，健全党管农村工作的组织体系、制度体系和工作机制，将党的领导的政治优势转化为抓乡村振兴的行动优势，汇聚全党全社会力量推进乡村全面振兴。

牢固树立农业农村优先发展政策导向，坚持农业农村优先发展是实

施乡村振兴战略的总方针。坚持农业农村优先发展，就是要始终把解决好“三农”问题作为全党工作的重中之重。当前，一些地方存在着重城轻乡的偏向，资源配置向城市倾斜，城市发展一马当先，乡村发展被甩在了后面。要把落实“四个优先”的要求，作为做好“三农”工作的头等大事，同政绩考核联系到一起，层层落实责任。要在干部配备上优先考虑，建立健全“三农”工作干部队伍培养、配备、管理、使用机制，把优秀干部配备到“三农”战线，把精锐力量充实到农村一线，打造一支懂农业、爱农村、爱农民的农村工作队伍。要在要素配置上优先满足，破除阻碍要素自由流动、平等交换的体制机制壁垒，改变农村要素单向流出格局，引导和支持各类发展要素向农业农村流动。要在资金投入上优先保障，把农业农村作为财政优先保障领域和金融优先服务领域，公共财政更大力度向“三农”倾斜，县域新增贷款主要用于支持乡村振兴，土地出让收入更多用于支持乡村建设，地方政府债券更大力度用于农业农村，鼓励引导工商资本参与乡村振兴，尽快扭转农业农村投资下滑势头，加快形成财政优先保障、金融重点倾斜、社会积极参与的乡村振兴多元投入格局。要在公共服务上优先安排，推进城乡基本公共服务标准统一、制度并轨。要完善顶层设计，瞄准关键性的改革事项，建立健全农业农村优先发展体制机制，将农业农村优先发展的要求细化实化为可落实、能落地的政策举措。

落实五级书记抓乡村振兴责任。农村工作千头万绪，要实行中央统筹、省负总责、市县乡抓落实的农村工作机制，落实党政一把手是第一责任人、五级书记抓乡村振兴的要求，把乡村振兴真正变成“一把手工程”，细化完善实施细则，确保党在农村工作中始终总揽全局、协调各方。县级是乡村振兴一线指挥部，县委书记应当把主要精力放在农村工作上，当好乡村振兴一线总指挥。要发挥好党委农村工作领导小组牵头抓总、统筹协调作用，加强各级党委农村工作部门建设。

发挥农村基层党组织战斗堡垒作用。农村基层党组织是党在农村基层组织中的战斗堡垒，是党在农村全部工作和战斗力的基础。要把农村基层党组织建设摆在重要位置，贯彻落实好《中国共产党农村基层组织工作条例》，抓实建强农村基层党组织，加强和改善农村基层党组织对农村各类组织的领导，充分发挥农村基层党组织在组织动员群众、教育引导群众、密切联系群众等方面的领导作用，把群众紧密团结在党的周围，进一步巩固党在农村的群众基础。

坚持一切从实际出发。做好新时代农村工作，必须始终坚持从实际出发，尊重乡村发展规律，尊重农民主体作用，分类指导、循序渐进，不搞强迫命令、“不刮风”。要力戒形式主义、官僚主义，切实减轻基层负担，真正把好事办好、把实事办实。

吉林省委副书记、代省长

清华大学中国农村研究院副院长

目 录

脱贫攻坚和乡村振兴有机衔接研究[①]

一、问题的提出

脱贫攻坚和乡村振兴两大战略的相继提出，是党中央着眼于全面建成小康社会、全面建设社会主义现代化强国、实现“两个一百年”奋斗目标作出的重大战略部署。脱贫攻坚和乡村振兴两大战略既有共同点又有不同点。共同点在于：两大战略都旨在做到“三个消除”，即消除绝对贫困、消除城乡差距、消除社会偏见。消除社会偏见是指，长期以来，城乡二元制度形成的惯性思维已成为定式，如果社会偏见不消除，还是重城轻乡，或者有城无乡，那么我们的政策设计、资源配置还会走偏，乡村振兴就无从谈起。“三个消除”相辅相成，互为因果，是解决农村问题的根本，也是实现“两个一百年”奋斗目标的保障。不同点在于：脱贫攻坚具有紧迫性、突击性、局部性和特殊性等特点，乡村振兴则具有渐进性、持久性、整体性、综合性等特点；脱贫攻坚主要解决发展中的不平衡问题，乡村振兴主要通过解决不充分来解决不平衡的问题。

① 本报告是清华大学中国农村研究院2019年重点研究课题“脱贫攻坚和乡村振兴有机衔接研究”的研究成果，在收入本书时有所删减，报告观点仅代表课题组的看法。课题负责人：刘奇，国务院参事室特约研究员，清华大学中国农村研究院学术委员会委员。报告执笔人：刘奇、马铃、梁腾坚、郭志芳、王箫旭、黄玉玺。

2020年，脱贫攻坚战正处于决胜收官期，乡村振兴正处于“三年取得重大进展”关键开局期，既有共同点又有不同点的两大战略的政策契合度、实践衔接度关乎后续工作事半功倍还是事倍功半。中共中央、国务院在2018年出台的《关于实施乡村振兴战略的意见》和《关于打赢脱贫攻坚战三年行动的指导意见》中正式提出“做好实施乡村振兴战略与打好精准脱贫攻坚战有机衔接的工作”以及“统筹衔接脱贫攻坚与乡村振兴”的指示要求，从顶层设计上对农村产业振兴、文化建设、乡村治理、社会保障、城乡融合发展等方面进行了统筹安排，在政策框架上对脱贫攻坚和乡村振兴的有效衔接进行了初步描绘。

目前，学界相关研究更多的是聚焦在脱贫攻坚和乡村振兴战略自身细分领域上，分别从精准扶贫内涵、绩效评价、扶贫政策演变、精准扶贫困境及脱贫减贫机理和方式方法以及乡村振兴基本要素、乡村振兴主体、乡村振兴相关理论、个案研究和路径选择等方面进行了丰富的探讨。在脱贫攻坚和乡村振兴衔接方面，现有研究主要从乡村振兴视角下对贫困的内涵进行了新的思考和再评判，并从两大战略的连续性、继起性以及协同发展等方面展开论述。也有部分研究分别从产业兴旺、生态宜居、治理有效、生活富裕等重点内容方面进行分析。但已有研究缺乏对二者理论逻辑、有机衔接的困境及其应对策略的深入探讨。在两大战略政策叠加期、交汇期和转轨期中，理解和把握脱贫攻坚和乡村振兴的深刻内涵和理论联系，进而提出有机衔接的应对策略，具有重要的理论意义和实践指导价值。

二、有机衔接的必要性

脱贫攻坚和乡村振兴均是国家的重大决策部署以及系统性工程，两大战略之间存在广阔的衔接空间。有机衔接的必要性主要体现在指导两大战略实践的现实必然、两大战略发展目标的一致性和内容重叠性的逻辑必然以及构建一以贯之的中国特色农业农村政策学的理论必然等三个层面上。

（一）推进有机衔接是指导两大战略实践的现实必然

1.“两张皮”现象日益凸显，尚需消除

乡村振兴具有渐进性、持久性的特点，是一项需要长期坚持的历史性任务，其更加强调战略指引和科学规划。而脱贫攻坚具有突击性和紧迫性的特点，是短期内必须实现的政治目标。由于层层传导的压力型体制，部分地区出现脱贫攻坚和乡村振兴“两张皮”运作的现象。主要表现为：在经济欠发达地区和未脱贫地区，主要还是脱贫攻坚谈脱贫攻坚，而在经济发达地区或已脱贫地区，则主要是乡村振兴谈乡村振兴。有的地方脱贫攻坚与乡村振兴两套工作体制机制各搞一套，缺乏相互通报机制、沟通机制、协调机制。一些贫困县脱贫摘帽后出现松懈厌战的现象，没有及时将剩余贫困人口脱贫问题纳入工作部署。扶贫产业项目与乡村产业项目重复建设，同时存在忽视配套设施建设等现象。

2. 思路混乱，尚需共识

随着愈来愈多的贫困人口实现脱贫、贫困县脱贫摘帽，贫困人口“提心吊胆”，担心取消优惠扶贫政策。非贫困人口“翘首以盼”，期盼在实施乡村振兴战略中也能享受到更多惠民政策。基层干部“时而迷茫”，脱贫以后如何发展思路不甚明朗。地方政府也踌躇不前，不知所措。乡村振兴战略已写入许多地方政府的政策文件，但是在实践中如何将脱贫攻坚所累积的资产、经验和资源服务于乡村振兴战略的实施，以及如何利用乡村振兴战略所提供的政策和保障措施服务于脱贫攻坚，都没有清晰又成熟的思路和做法。不少地方政府仍然没有形成因地制宜、协调推进脱贫攻坚和乡村振兴的规划。为了解答不同群体和层级的迷惑、凝聚共识并形成合力，需要从实践和理论层面探索脱贫攻坚和乡村振兴战略的有机衔接。

3.“三个失衡”问题严重，尚需解决

“三个失衡”即贫困户与边缘贫困户的失衡、贫困村与边缘贫困村的失衡、贫困县与边缘贫困县的失衡。所谓“边缘贫困”，是指位于贫困线以上或基本持平，但整体仍处于欠发达、群众生产生活仍存在较多困难的状况。通过近几年的脱贫攻坚，重点帮扶的贫困县、贫困村、贫困户面貌大变，而边缘贫困县、边缘贫困村、边缘贫困户受到的关注、支持和优惠政策相对较少，与原来条件相近的周边被帮扶的对象比较，反差过大。“三个失衡”的存在容易导致社会矛盾扩大，降低一般群众对扶贫工作的认可度，需要在推行脱贫攻坚和乡村振兴的有机衔接中，谋划如何将这些特惠政策转向特惠和普惠相结合的政策，把主攻的重点放在扶持区域整体性发展上。

（二）推进有机衔接是两大战略目标一致性和内容重叠性的逻辑必然

1. 根本发展目标的一致性和共同性要求推进两大战略的有机衔接

脱贫攻坚和乡村振兴的具体战略目标有所不同，但是都旨在实现“两个一百年”奋斗目标，做到三个“消除”。根据《中共中央 国务院关于打赢脱贫攻坚战的决定》《中共中央 国务院关于实施乡村振兴战略的意见》和《中华人民共和国乡村振兴促进法（草案）》，脱贫攻坚的具体战略目标是重点解决贫困群体的“两不愁三保障”和区域性整体贫困问题，而乡村振兴的具体战略目标是决胜脱贫攻坚，并在此基础上解决脱贫后的持续发展问题，推动农业全面升级、农村全面进步、农民全面发展，从根本上解决“三农”问题，实现农业农村现代化。但是，这两大战略的根本发展目标是一致和相通的，都以实现“两个一百年”奋斗目标为指向，最终做到消除绝对贫困、消除城乡差距、消除社会偏见。打赢脱贫攻坚战的目标在于第一个百年奋斗目标，即中国共产党成立 100 年时全面建成小康社会；乡村振兴战略的目标着眼于第二个百年奋斗目标，即新中国成立 100 年时建成富强民主文明和谐美

丽的社会主义现代化强国。与“两个一百年”奋斗目标相似，脱贫攻坚和乡村振兴战略目标之间相互联系、相互衔接，不断提高，逐步深化，都具有经济、社会等多重维度，体现了连续性和阶段性的统一。

2. 内容的重叠性要求推进两大战略的有机衔接

脱贫攻坚和乡村振兴两大战略都着眼于解决“三农”问题，从产业发展、移民搬迁、基础设施改善、乡村治理、民生保障以及体制机制构建等方面作出制度安排。比如，发展乡村特色优势产业既是产业扶贫见实效的客观要求，也是实现产业兴旺的必然选择，通过发展农产品加工业，促进农村一二三产业融合发展，使农户享受更多产业链的增值收益。实施易地扶贫搬迁是解决“一方水土养不起一方人”的有效手段，同样也是顺应村庄发展规律，分类推进乡村建设，统筹解决村民生计、基础设施建设与生态环保等问题的重要形式。教育、医疗、住房及最低生活保障兜底脱贫，本身就是乡村振兴战略中推进城乡基本公共服务均等化的重要指标。

（三）推进有机衔接是构建一以贯之的中国特色农业农村政策学的理论必然

脱贫攻坚和乡村振兴两大战略都不是凭空想象的产物，其中既包含了对中国乡村建设百年探索的历史经验的继承和总结，也包含了对各时期理论的吸收和发展。纵观历史，中国共产党始终将马克思、恩格斯的农业农村发展理论作为中国特色农业农村理论的基石，历代领导人均继承、发展和运用这一理论去指导我国农业实践活动，高度重视农业、农村、农民问题，始终强调“三农”工作在党和国家全局工作中的主体地位。特别是党的十八大以来，党中央在传承和发扬马克思主义的反贫困理论的基础上，基于消除贫困、逐步实现共同富裕的社会理想，从中国国情实际出发，通过系统思考，对我国新时代扶贫开发重大理论和现实问题进行了深刻论述，创造性地提出以精准扶贫、精准脱贫为核心的扶贫开发基本方略。为丰富和发展我国特色扶贫开发理论作出重要贡献，同时也为新时代全面打赢脱贫攻坚战提供了有效的行动指南。

同样，党中央关于新时代乡村振兴系列论述也具有丰厚的理论积淀，其根本理论来源是马克思主义农业发展理论、城乡关系理论以及消除三大差别理论，在继承马克思、恩格斯“促使城乡对立逐渐消失”“城乡、工农一体化思想”“物质生产首要性原理”和党历代领导集体“三农”发展战略的基础上，分别作出了“农村改革要坚持农村土地农民集体所有”“坚持城乡融合发展理念”以及“推进农业供给侧结构性改革”等重要论述；并在农村土地产权理论基础上进行制度创新，提出了“三权分置”改革，实现在坚持农村土地集体所有的基础上，土地经营权的流转和乡村活力的激发，是马克思主义中国化乡村改革发展理论的新飞跃。

脱贫攻坚和乡村振兴两大战略的重要论述深刻诠释了以人民为中心的发展思想，以及社会主义的本质要求。两大战略各有侧重、相互联系、不可分割，共同构成了中央统筹解决“三农”问题的基本方略，展现深刻的理论渊源和逻辑联系。从而，构建中国特色的农业农村政策学在理论上必然要求整体上坚持马克思主义理论传统，结合中国所面临的世情、国情、农情和民情，借鉴其他理论的某些元素和观点，创新和发展中国化的马克思主义理论和方法，打通两大战略重要论述的理论联系，形成一以贯之的理论体系，在现实层面上的反映就是要求推进两大战略的有机衔接。

三、有机衔接的可行性

脱贫攻坚和乡村振兴两大战略有机衔接的可行性表现为：一方面，乡村振兴可以借鉴和利用脱贫攻坚中形成的有效经验、物质条件以及发展基础实现稳健推进；另一方面，脱贫攻坚能够利用乡村振兴机遇实现成果巩固和纵深发展。

（一）脱贫攻坚为乡村振兴积累了丰富的组织经验

发挥政治优势是我国过去扶贫开发巨大成就的基本经验，更是打赢脱贫攻坚战的坚强政治保障。在脱贫攻坚中，主要形成了两大工作经验和组织经验，可为实现乡村振兴战略所借鉴。

1. 建立层层压力传导的脱贫攻坚领导责任制

中央要求把脱贫攻坚作为“十三五”期间的重大政治任务，严格执行脱贫攻坚一把手负责制，省市县乡村五级书记一起抓，明确提出实行中央统筹，省、自治区、直辖市负总责，市（地）县抓落实的工作机制。并对中央、省、市、县几级党委和政府的职能进行了界定，党中央、国务院主要负责统筹制定扶贫开发大政方针，出台重大政策举措，规划重大工程项目。省、自治区、直辖市党委和政府对扶贫开发工作负总责，抓好目标确定、项目下达、资金投放、组织动员、监督考核等工作。市（地）党委和政府要做好上下衔接、域内协调、督促检查工作，把精力集中在贫困县如期摘帽上。县级党委和政府承担主体责任，书记和县长是第一责任人，做好进度安排、项目落地、资金使用、人力调配、推进实施等工作。

中央要求层层签订脱贫攻坚责任书，扶贫开发任务重的省、自治区、直辖市党政主要领导要向中央签署脱贫责任书，每年要向中央作扶贫脱贫进展情况的报告。同时，还要求改进县级干部选拔任用机制，统筹省、自治区、直辖市内优秀干部，选好配强扶贫任务重的县党政主要领导，把扶贫开发工作实绩作为选拔使用干部的重要依据。脱贫攻坚期内贫困县县级领导班子要保持稳定，对表现优秀、符合条件的可以就地提级。加大选派优秀年轻干部特别是后备干部到贫困地区工作的力度。

2. 实行最严格的扶贫考核督查问责，包括：出台中央对省、自治区、直辖市党委和政府扶贫开发工作成效考核办法

建立年度扶贫开发工作逐级督查制度，选择重点部门、重点地区进行联合督查，对落实不力的部门和地区，国务院扶贫开发领导小组要向党中央、国务院报告并提出责任追究建议，对未完成年度减贫任务的省份，对党政主要领导进行约谈等。

改革开放以来，没有哪项政策的实行像脱贫攻坚这样有力度、有实效，主要经验就是五级书记一起抓，可以将这一举措总结提炼、推广运用到乡村振兴当中。事实上，2020 年 6 月公布的《中华人民共和国乡村振兴促进法（草案）》第 9 条也要求，“国家建立健全中央统筹、省负总责、市县乡抓落实，五级书记抓乡村振兴的工作机制”。

（二）脱贫攻坚为乡村振兴任务目标的实现奠定了发展基础

根据脱贫攻坚的具体目标，中央确定了一系列重大政策举措。核心是实施精准扶贫、精准脱贫的基本方略。中共十八届五中全会通过的《中共中央关于制定国民经济和社会发展第十三个五年规划的建议》明确了实施精准扶贫的基本路径：“实施精准扶贫、精准脱贫，因人因地施策，提高扶贫实效。分类扶持贫困家庭，对有劳动能力的支持发展特色产业和转移就业，对‘一方水土养不起一方人’的实施易地扶贫搬迁，对生态特别重要和脆弱的实行生态保护扶贫，对丧失劳动能力的实施兜底性保障政策，对因病致贫的提供医疗救助保障。实行低保政策和扶贫政策衔接，对贫困人口应保尽保。”

围绕“五个一批”（发展生产脱贫一批、易地搬迁脱贫一批、生态补偿脱贫一批、发展教育脱贫一批、社会保障兜底一批），中央从发展特色产业，引导劳务输出，加强生态保护，加强教育脱贫，开展医疗保险和医疗救助，探索资产收益扶贫，健全留守儿童、留守妇女、留守老人和残疾人关爱服务体系等方面，明确了相应的政策举措。这些政策举措为乡村振兴五大任务目标（产业兴旺、生态宜居、乡风文明、治理有效、生活富裕）的实现奠定了发展的基础。

1. 产业扶贫为贫困地区的产业兴旺奠定了基础

产业扶贫将产业与扶贫融合起来，借助产业带动贫困户，成为我国特色扶贫的主要经验。《“十三五”脱贫攻坚规划》将产业扶贫定义为，“立足贫困地区的资源禀赋，充分发挥农民合作组织、龙头企业等市场主体的作用，以农林产业扶贫、旅游扶贫、电商扶贫、资产收益扶贫和科技扶贫等多种方式，促使每个贫困县都能有特色产业，贫困人口劳动技能得到提升，贫困户经营性、财产性收入等稳定增加”。

在脱贫攻坚实践中，70% 的扶贫资金用于产业扶贫。不少贫困地区立足于本地的资源禀赋，因势利导对企业进行扶持激励并协调提供软硬件服务，从而推动企业做大做强并形成具有市场竞争优势的可持续扶贫产业，在可持续产业带动下，贫困户通过参与产业链订单生产、直接就业，以及将土地租出、到户扶贫资金入股企业等方式获取收入，提高了内生发展能力，实现了脱贫脱困，为贫困地区进一步的产业兴旺奠定了基础。

2. 易地扶贫搬迁、生态扶贫为贫困地区的生态修复和生态宜居奠定了基础

生态扶贫将生态建设与保护和扶贫开发有机结合起来，实现脱贫攻坚与生态文明建设“双赢”，是当前贫困地区实施力度最大、涉及面最广的发展项目。我国贫困地区多位于重点生态功能区、生态环境脆弱区、限制开发或者资源匮乏区。生态环境破坏的直接受害者就是当地农民。因此，对这些区域予以有效的生态环境保护，是改善其贫困状况的重要举措。

在实践层面，生态扶贫的主要途径有重大生态工程建设、生态补偿和发展生态产业等。贫困地区通过设立岗位吸纳贫困人口参与风沙治理、天然林保护、退耕还林还草等生态工程建设或者管护工作，采用以工代赈的形式，除了使扶贫对象获得工资性收入和健康福利外，还提升了贫困地区生态系统服务功能，以及由此衍生的环境升值，有助于获得更加长远的经济增收，为贫困地区的生态振兴奠定了基础。

易地扶贫搬迁也是脱贫攻坚的重要举措。搬迁对象主要居住在深山、石山、高寒、荒漠化、地方病多发等生存环境差、不具备基本发展条件，以及生态环境脆弱、限制或禁止开发的地区。在具体实践中，主要采取了集中与分散相结合的安置方式，集中安置主要包括行政村内就近集中安置、建设移民新村集中安置、依托小城镇或工业园区安置、依托乡村旅游区安置等，分散安置主要是指到有条件的农村插花安置以及投亲靠友等。截至 2020 年 5 月，全国已建成安置住房 266 万余套，960 多万贫困人口[①]通过易地搬迁摆脱了“一方水土养不起一方人”的困境，搬迁对象的生产生活条件得到了明显改善，享有便利可及的基本公共服务，收入水平明显提升，并且迁出区生态环境得到有效改善，为迁出区和迁入区的生态修复和生态宜居奠定了基础。

3. 脱贫攻坚为贫困地区乡村治理体系的完善奠定了基础

脱贫攻坚致力于解决贫困问题，减贫成效显著，同时也促进了国家治理体系的改革和创新，特别是进一步完善了乡村治理体系。针对新时期扶贫开发的复杂性和艰巨性，中国的反贫困治理体系进行了以下创新：一是国家治理重心的下移，把为人民服务的宗旨落在实处。精准扶贫体现了“精细化”治理的工作理念，通过选派“第一书记”“驻村工作队”等干部驻村方式更加贴近群众、帮扶措施更加精准。

二是乡村协作治理框架的形成，既包括政府体系内跨部门领导小组及多部门参与反贫困措施，逐渐形成了多层级、跨部门的多维贫困治理网络。

三是多元主体参与。传统的单一主体的反贫困治理模式出现了越来越多的不适应性，政府职能的转变推动了治理方式的变革，特别是不同利益主体的参与，包括事业单位、社区组织、合作社、第三方机构、企业主体的参与，多元主体协同推进的反贫困治理模式不仅有效地满足了困难群众的需求，而且有助于实现减贫效应最大化。

四是利用法治保障。中央在打赢脱贫攻坚战的决定中明确要求“推进扶贫开发法治建设。完善扶贫开发法律法规，抓紧制定扶贫开发条例”。我国扶贫开发的实践为扶贫法治建设积累了丰富经验。近年来，各省、自治区、直辖市先后出台了扶贫开发工作条例。有关部门从 2009 年开始进行扶贫立

---

① 数据来自 2020 年 5 月 11 日的《新闻联播》https://www.cls.cn/detail/495040。

法的前期准备工作。2012 年上半年，起草完成了《中华人民共和国农村扶贫开发法（草案）》征求意见稿。

简而言之，脱贫攻坚中治理体系的探索，有利于形成一个有效的乡村治理体系，而这是乡村振兴的重要组成部分和基础条件。

4. 脱贫攻坚通过改善基础设施和公共服务条件为贫困地区提供了新的发展机会

基础设施供给的数量和质量对贫困地区的发展与贫困人口的收入至关重要。长期以来，基础设施滞后是阻碍贫困地区发展的一个重要因素，特别是深度贫困地区。党的十八大以来，国家通过出台专项扶贫、行业扶贫政策，加大扶贫资金支持增加公共服务供给的力度，大力推进交通基础设施建设、水利基础设施建设、电力网络建设、信息基础设施建设以及教科文卫等方面的民生工程，明显改善了农村贫困地区的基础设施条件，为贫困地区的发展提供了基本的民生保障，为贫困人口在乡村振兴中提供了更多的发展机会。

（三）乡村振兴的实施有助于贫困地区巩固脱贫成果、提高脱贫质量

到 2020 年，现行标准下我国农村贫困人口将实现脱贫，贫困县全部摘帽。但是，贫困发生是动态的，实现脱贫是相对的，寄希望于通过几年攻坚行动永久性解决贫困问题，既不现实，也不可能。由于贫困地区的家庭和个人的风险具有脆弱性和不确定性，难免会出现有些脱贫户返贫的现象。与此同时，对脱贫不久和将要脱贫地区来说，扶贫产业刚刚步入正轨，经济发展的基础较为薄弱，公共服务和基础设施条件依然存在不足。因此，脱贫之后需要建立一个长效稳定的机制来继续巩固提升脱贫攻坚的成果，而乡村振兴实施的一系列措施将为建立稳定脱贫的长效机制提供有效的保障和奠定坚实的基础，对有效防止返贫和实现可持续脱贫将发挥有效的作用。

无论从乡村振兴的一系列政策还是脱贫攻坚的相应措施来看，二者具有一定的契合性，乡村振兴将在脱贫攻坚的基础上实现脱贫成果的有效巩固和脱贫的可持续性。在乡村振兴中加大对于刚脱贫以及即将脱贫的人口和地区的支持，从政策和制度方面给予相应的倾斜，对于在脱贫攻坚之后巩固脱贫成果和提升脱贫质量均发挥有效的作用。

四、有机衔接面临的现实困境

脱贫攻坚和乡村振兴战略的衔接既有必要性又有可行性。然而，二者要实现有机衔接并非自然顺畅，相反，在实践中存在“卡顿现象”，不仅制约着脱贫攻坚质量的提升，而且阻碍着乡村振兴战略的实施。经调研和总结分析，两大战略的有机衔接至少面临“八大滞后”的困境。

（一）思想观念衔接滞后

思想观念衔接滞后分为三个层面。

1. 政府层面

政府层面，集中表现在过于依赖上级谋划布局，忽视乡镇及村级作为“前沿阵地”探索的重要性。我国实施乡村振兴战略，无现成模式可照搬，且我国地域面积辽阔，不可能找到“放之四海而皆准”的策略和路径，各地需结合当地实际大胆探索。

2. 基层干部和驻村帮扶层面

基层干部和驻村帮扶层面未能认识到乡村振兴任务的艰巨性，某种程度上，实施乡村振兴比推进精准扶贫难度更大。由于认识不足，已脱贫摘帽地区的部分基层干部和帮扶干部，难免会产生“歇歇脚”“喘喘气”的想法，思想有松懈，行动必迟缓。

3. 群众层面

因对政策把握不全、理解不深，致使群众误以为精准扶贫和乡村振兴是相互独立的，部分贫困群众达到脱贫标准亦不愿脱贫，对实施乡村振兴战略有抵触情绪，担心乡村振兴阶段享受不到脱贫攻坚期的惠民政策。相反，非贫困群众则期盼大力实施乡村振兴，但是这部分群众易陷入思想误区，以为实施乡村振兴，即让所有农户享受更多普惠政策，当高期望值无法兑现时，容易产生不满情绪。

（二）规划衔接滞后

1. 缺乏横向联动

脱贫攻坚和乡村振兴在规划上存在“各管各”现象。基本上所有地方均制定了与脱贫攻坚和乡村振兴有关的规划，但在编制两个规划时，往往没有将两者一体设计、统筹考虑、相互贯通。有的在脱贫攻坚规划中没有为实施乡村振兴战略预留相应空间，缺乏可持续发展的长远考虑；有的在乡村振兴规划中没有充分体现巩固脱贫攻坚成果的内容，容易出现刚脱贫又返贫的现象；有的没有把两个规划联系和连接起来，不是接续推进，而是另起炉灶，造成不必要的浪费。

2. 缺乏纵向联动

推进精准扶贫过程中，重点围绕“两不愁三保障”，从中央到地方制定明确的工作目标及考核评估方案，因此在实施中，目标明确，行动有力。2018 年 9 月，中共中央、国务院印发了《乡村振兴战略规划（2018—2022 年）》，部分省、自治区、直辖市也相应出台了省级乡村振兴规划。依据惯例，市、县、乡（镇）及村四级根据本地实际依次制定有针对性的规划有待时日，实践中出现了无振兴规划可遵循的“空窗期”，尤其是已脱贫的市、县、乡（镇）及村在实施乡村振兴战略中，目标不太明确，行动较为迟缓。

（三）局部与整体衔接滞后

脱贫攻坚具有局部性和特殊性，主要涉及的是贫困地区和贫困群体。脱贫攻坚主要是要瞄准贫困县、贫困乡、贫困村，特别是贫困户，要精准到户，建档立卡贫困人口最多的时候也不到1亿人口，仅涉及农村部分人口。从空间区域上看，国家层次的脱贫攻坚工作集中在中西部22个省、自治区、直辖市，东部基本没有国家扶贫任务，主要难点是中央确定的深度贫困地区，即“三区三州”和中西部地区169个深度贫困县。这些深度贫困地区资源相对匮乏，经济基础较为薄弱，县域经济实力弱、“双基”建设水平滞后，产业发展能力不强、集体经济收入少等问题比较突出，按时脱贫任务艰巨。

而乡村振兴则具有整体性和综合性。与脱贫攻坚相比，乡村振兴工作目标人群的数量更大、差异也更大。乡村振兴涉及所有省份、所有农村、所有农民、整个农业，所以它要求人群目标范围是全局性、整体性的。从东部一些省份来说这些年的工作重心已经是乡村振兴，2020年前后工作对象的范围变化不大。对中西部地区来讲，脱贫攻坚期间主要聚焦贫困村贫困户，2020年以后乡村振兴的工作面会扩大，工作面的扩大肯定会带来工作中的一些难题（包括工作方法和工作能力），比如脱贫攻坚工作中形成的一些到村到户的精准工作方式能否继续坚持下去。乡村振兴工作的目标群体设定中，如何解决好“面”与“点”的平衡是一个现实问题。

（四）工作和组织经验衔接滞后

如前文所述，脱贫攻坚积累了丰富的工作和组织经验，比如建立层层压力传导的领导责任制、实行严格考核督查问责。但是，脱贫攻坚中形成和积累的工作和组织经验并不能完全照搬到乡村振兴中去。

脱贫攻坚任务目标相对简单，能形成全国统一的标准。脱贫攻坚核心任务是实现“两不愁、三保障”等民生方面的目标，各地区的经济发展虽然有差距，但是中央反复强调既不降低标准，也不吊高胃口，紧扣“两不愁、三保障”，因而各地的脱贫标准和工作目标基本一致，这有利于比较不同地区脱贫攻坚战的成效和不足，从而脱贫攻坚的考核督查问责能落到实处。

相比之下，乡村振兴涵盖了多个任务目标——产业兴旺、生活富裕、生态宜居、乡风文明和治理有效等。几个任务目标之间的关系是平行的，不同任务目标之间不能折算为一个标准。另外，在产业兴旺、生活富裕、生态宜居、乡风文明和治理有效等方面，各个地区的发展基础又存在巨大的差异。因此，乡村振兴不可能像脱贫攻坚一样设立全国统一标准，这将不利于各个地区考核督查问责乡村振兴实施的成效和不足。

（五）满足特困人群特困需求的社会服务衔接滞后

特困人群，即特殊贫困群体，一般是指失能半失能的老弱病残幼等群体，具体表现为孤寡独居、残疾、精神疾病、瘫痪、失明、留守儿童等。从我国综合国力和近年来的脱贫攻坚实践来看，到 2020 年确保现行标准下农村贫困人口实现脱贫的目标经过努力是完全可以达到的，我国的贫困发生率将降至 0.6% 以下。根据国际经验，当一个国家和地区的贫困发生率降至 3% 时，即可认为已完成减贫任务。我国在贫困发生率 0.6% 范围内的那部分人口主要是完全或部分丧失劳动能力的人。对这部分人，无法依靠产业扶持和就业帮助脱贫。因此，这些特殊困难群体既是脱贫攻坚工作的主要目标群体，也是乡村振兴工作的主要目标群体，保障这个群体的收入和满足他们的生活需求（解困）应该是两项工作衔接有效性的基础部分。

脱贫攻坚期间对老弱病残幼等群体的帮助都比较具体到位，《中共中央 国务院关于打赢脱贫攻坚战的决定》明确要求以农村最低生活保障制度对他们实行全部兜底，使他们人均实际生活水平高于贫困线。为满足这些特困人群的特困需求（比如生活照料、精神慰藉等），一些地区发展“村级扶贫专岗”的新模式，实践反馈良好，脱贫和服务效果显著，是一条脱贫解困的好路径。但是，市场经济下“弱”的群体问题在乡村振兴工作中又将成为突出问题，亟须实现“村级扶贫专岗”新模式的有机衔接，满足特困人群的特困需求。

（六）扶贫资产衔接滞后

据国务院扶贫办有关研究估算，截至2016年，我国脱贫攻坚资金投入已累计30000亿元。除了直接消耗外，这些资金形成了庞大的资产。脱贫攻坚尚未结束，投资力度还在加大，资产规模还在扩张。这些扶贫资金所形成的资产折旧时间长，除了服务于脱贫攻坚，还将在乡村振兴中存续相当长的时间。比如，光伏扶贫项目多数要运营10年以上，且一般10年后才能回本，一些水电站扶贫项目持续时间可能更长。

但是，由于资金来源渠道众多、投入方式多样，扶贫资产出现了“无人管”“多头管”等乱象。不同类型扶贫所形成资产的路径及性质千差万别，权利归属界定难度较大，结果部分资产出现了“管不了”“不愿管”等窘况。在资产实际运营过程中，一些产业项目缺乏精细谋划，实施主体选择缺乏市场机制，收益分配缺乏持续精准，导致部分资产陷入“管不好”“还想管”等困境。

在脱贫攻坚结束后，这一庞大的资产权属是归政府？归集体？还是归扶贫对象？出了问题，责任归谁？运营好的话，额外收益怎么分配？一旦政策变了，又该如何处理？各地尚未引起足够关注。

在脱贫攻坚期间，一些地方探索出扶贫资产的“四权分置”办法，不仅稳定了脱贫效果显著，而且明晰了产权，活化了资产，盘活了经营，卓有成效地实现了扶贫资金资产的保值增值。在乡村振兴阶段，亟须推广扶贫资产的“四权分置”办法，明晰产权和盘活经营，夯实乡村振兴的物质基础，保障相对贫困人口的收入水平。

（七）扶贫组织体系衔接滞后

在乡村振兴时代，扶贫开发将由突击性、紧迫性、特殊性工作转为常规性、持久性、制度性工作。现有组织体系需要应时而动，调整完善，通过提升“组织力”提供制度保障。

由于扶贫工作涉及诸多行业领域，在脱贫攻坚期层层使用超常规的行政手段，还可以促使这些部门之间各尽其力、统筹推进，但超常规、大动作不可能一直坚持使用，一旦进入常态化、制度化工作，就需要有一套新的组织形式，形成新的组织能力。2020年后，随着现行标准下的农村贫困人口全部脱贫，扶贫工作将由解决原发性积累型绝对贫困，转入解决次生性新增型相对贫困的新阶段，工作重心也将由“减贫”转为“减贫”与“防贫”并重。当前，扶贫资源的碎片化管理体制与扶贫过程整体性推进的要求之间的矛盾，远不适应新时期工作，亟须整合优化各部门的扶贫职能，制定科学、长远的扶贫综合治理规划，重构组织力。

（八）乡村振兴任务目标衔接滞后

1. 产业扶贫亟待可持续发展，产业兴旺的长效机制还需完善

产业是脱贫的根本，“产业兴旺”是乡村振兴的核心。然而，在脱贫攻坚期，部分乡村未形成可持续发展产业，过度依赖财政投入。获得帮扶的产业一般都是专项的、单一的产业，且多集中在农业，扶贫产业同质化和低端化倾向较为严重。特别是有些地方的产业扶贫要求过急，在市场论证上做得不够充分，一窝蜂上一个产业。短期内，农产品供应迅速增加，而市场难以消化，导致农产品价格下跌，反而不利于农民收入增长，最后恐难逃“谷贱伤农”的后果，留下产业扶贫项目的“烂尾楼”。

2. 部分贫困地区的生产发展缺乏生态考量，生态宜居仍需加强

在脱贫攻坚中，一些地方存在“环保让路”的现象。国家关于扶贫开发工作中的生态环境保护，只提出了“坚持保护生态，实现绿色发展”等原则性要求，没有量化考核，导致一些地方工作和考核的重点主要集中在基础设施建设、贫困人口危房改造以及贫困群体增加收入等方面，没能有效地保护生态环境。例如，在易地搬迁实施过程中，规划内容主要涵盖搬迁数量、完成时间等，对空间布局没有很好地规划，导致搬迁安置之后可能对生态资源环境造成破坏。还有一些地区以超常规的手段提高贫困地区的人民收入，没有考虑区域环境承载，大力引进超大型畜禽养殖场、发展畜牧产业来提高农户收入。这些扶贫手段在脱贫攻坚阶段能够达到很好的脱贫效果，但是不排除到乡村振兴阶段，积累的环境隐患就会爆发。

3. 乡风文明建设有待推进

不少地方在“增收入”“富口袋”上想的办法多，而在“富脑袋”“健精神”上投入不足。在乡村，不少群众因不健康的生活习惯、卫生习惯引发重病、大病、慢性病而致贫；有的因懒惰、赌博等恶习致贫；因高价彩礼、重金厚丧致贫的现象也时有发生。

五、有机衔接的应对策略

针对有机衔接实践面临的主要困境，在新时代背景下应该着力在顶层设计与微观政策、规划上下左右联动、乡村振兴目标任务、组织力创新、特困人群的特困需求、扶贫资产等方面精准发力，推动乡村振兴战略与脱贫攻坚的共生式发展。

（一）从顶层设计与微观政策着手，做好观念的有机衔接

乡村振兴战略既侧重从顶层设计角度为实现“农业强、农村美、农民富”指明方向，又注重从产业发展、生态状况、乡风呈现、治理情况及生活水平等微观层面明确目标。要实现观念衔接，需促使乡村振兴战略顶层设计和微观政策有机对接，对接的突破口在于实施脱贫攻坚与乡村振兴同步推进试点。客观来看，当前振兴方案及考评机制滞后于实践，也受限于乡村振兴战略无现成经验可借鉴。在此背景下，应选择具有代表性的地区作为试点，实现脱贫攻坚和乡村振兴的有机衔接、顺畅过渡。可选择深度贫困县或贫困村，作为有机衔接探索的前沿阵地，对于在实践中形成的有益经验，可因地制宜推广。

（二）从上下左右联动着手，做好规划的有机衔接

1. 对脱贫攻坚与乡村振兴做通盘考虑和统筹规划，推动形成左右联动的衔接机制

精准对接脱贫攻坚三年行动计划与乡村振兴战略规划，系统梳理《关于打赢脱贫攻坚战三年行动的指导意见》和《乡村振兴战略规划（2018—2022年）》的重点任务、主要政策和具体举措，形成衔接的事项清单，明确衔接的路径办法。

2. 对基层乡镇及村允许先行出台乡村振兴规划，推动形成上下联动的衔接机制

国家和省级乡村振兴战略规划已先后面世，为各省、自治区、直辖市全力推进精准扶贫和全面实施乡村振兴擘画蓝图、明确规划，这是自上而下的推进，同时亦要重视自下而上的推动。具体而言，作为精准扶贫政策“落脚点”和乡村振兴“前线”的乡（镇）及村，可先于市及县市级出台乡村振兴战略规划，解决探索中面临的现实难题，丰富和完善乡村振兴战略规划体

系。在实现自上而下规划和自下而上探索有机融合的基础上，针对相对贫困和多维贫困，尽快出台2020年后减贫新战略，实现2020年前后规划的无缝衔接。省级以下各级党委政府根据本地实际，尽快出台乡村振兴实施方案和考评机制，尤其涉及脱贫攻坚和乡村振兴如何有机衔接，应尽快明确细则。

（三）从乡村振兴任务目标着手，做好内容的有机衔接

1. 产业兴旺

要做好产业兴旺的文章，需要厘清产业兴旺的内涵。首先，不能局限于一产农业的兴旺，一二三产业要同时兴旺，才是真正的产业兴旺。其次，一二三产业要融合发展。一村有窑厂、有商店，三产齐全，但是互不关联，不能相互促进、形成合力，因此，不能简单地把城市二、三产业搬到乡村，就当作三产融合。最后，产业兴旺必须带动当地农民就业致富。那种富了老板穷老乡的产业兴旺，也不是我们需要的兴旺。要实现两大战略的有机衔接，就要找好产业发展的衔接点，按照乡村振兴中产业兴旺的内在要求，重点向农产品加工业、农业服务业拓展延伸，实现一二三产业的融合发展，同时还要积极开发新产业、新业态，实现多功能的发展，这样的产业兴旺，才是我们追求的目标。

2. 生态宜居

人类社会经历了100万年的原始文明，1万年的农业文明，300年的工业文明，今天正进入第四个文明形态，即生态文明。而生态宜居正是生态文明的具体实践。生态宜居，就广义而言，应包括环境优美度、生活便利度、社会文明度、资源承载度、公共安全度、市场发育度、居民幸福度等。当前有些地方为了“温饱”不顾“环保”，既影响脱贫攻坚质量，也影响乡村振兴进程。

因此，在两大战略的衔接中，首先，应正确处理好“温饱”和“环保”的关系。该堵的堵，引进的项目破坏青山绿水，即使是金山银山也应拒之门外；该罚的罚，严格落实责任终身追究制，避免“公地悲剧”成“公共悲

剧”；该补的补，财政应拿出真金白银，尽快补齐环保设施和监管能力欠缺的短板；该给的给，应从环境的外部性去考量，借鉴国际上“碳交易”的做法，要求发达地区给生态保护地区合理的经济补偿。其次，应打造一个“四生”契合的乡村环境。所谓“四生”契合，即生产、生活、生态、生意四者要互相照应。不能为了改善生活条件，远离生产场所，或为了挣钱破坏生态环境。生产、生活、生态的契合，如果没有与发达的现代化市场连接，便徒有躯壳，因此，“三生”之外还应加上市场的开发，即做活“生意”。只有“四生”契合，互为促进，才有高品质的生活、高效益的生产、高文明的生态。最后，应以原住民的利益为导向。生态宜居不是外地人、城里人的宜居，而是原住民的宜居。外地人和城里人都只是乡村蜻蜓点水的过客，而原住民需要世世代代、祖祖辈辈在那里生产、生活，他们与周围的环境分分秒秒都是休戚与共的共同体，因此，“宜居”应以原住民的视角和利益打造。

3. 乡风文明

乡风文明建设的重点应从以下三个方面入手。

（1）村户环境的治理

如果一个人披头散发，蓬头垢面，说他文明程度再高，大家都不相信。即使再穷，把环境搞得干净整洁也是完全可以做到的，“厕所革命”就是一个很好的切入点。印度“清洁社会”的计划，主要是从厕所抓起，他们7亿多人没有厕所，到2020年就要建1.1亿座厕所，在世界产生了很大影响。厕所被世界卫生组织定义为“最廉价的医药”。坊间戏言：“物质文明看厨房，精神文明看茅房。”因此，抓乡风文明，村户环境治理应是最好的入手点。

（2）广泛发动社会，订家训、正家风

有言之教谓之训，针对各家情况把名言警句写成条幅挂在墙上就是家训，上海杨王村每家每户门口都贴有一块家训，内容入情入理，村民将此作为行为准则入心入脑，产生了良好的社会效果。无言之教谓之风，家风是家长以身作则，身体力行，通过自己的实际行动给子孙后代做示范。好的家教是家训和家风的结合，奠定了一个社会文明的基础。但凡是从乡村走出去作出成就的个人，大多是从有优良家训和家风的家庭走出来的。

（3）重修乡规民约

社会主体的流动性使中国乡土社会正在发生巨大变化，传统的乡规民约已经过时，亟待修订。以社会主义核心价值观为引领，与时俱进，构建适应时代需要的乡规民约，作为乡村社会价值观的标准成当务之急。一乡一村应广泛发动，因地制宜制定易操作、可落实、能见效的行为准则，让这些行为准则潜移默化地对本地每个乡村居民的世界观、人生观、价值观起到引领性和导向性的作用。

4. 治理有效

治理有效就是政令畅通，民心相通，乡村社会充满活力、和谐有序。脱贫攻坚已经形成五级书记齐抓共管的工作局面。五级书记抓脱贫攻坚在农村力度最大、最有成效，使农村出现前所未有的新局面。民谚云：“老大难，老大难，老大一抓就不难。”实践证明，加强党的领导是最行之有效的方式。改革开放以来，没有哪项政策的实行像脱贫攻坚这样有力度、有实效，主要经验就是五级书记一起抓，应将这一举措总结提炼、推广运用到乡村振兴中。还应建立市场、社会和政府三位一体的治理格局，形成各司其职、各负其责，既互相配合又相互制衡的现代治理格局。乡村的有效治理仅靠政府是远远不够的，应充分发挥市场和社会的力量，给市场和社会更多的自由度和主动权。同时还应打造一个自治、法治、德治相结合的乡村治理体系。传统社会的治理主要是自治和德治，今天是一个法治社会，在继承发扬传统乡土社会治理精华的同时，应重点抓好法治建设，靠法治推进发展，靠法治调处矛盾，靠法治打击黑恶势力，靠法治扶正祛邪。

5. 生活富裕

不少地方把生活富裕简单片面地理解为物质生活，这只是问题的一半。生活富裕应包括两个层面，即物质的富裕和精神的富裕。柴米油盐酱醋茶是物质的需求，琴棋书画诗舞歌则是精神的需求。两大战略实施中虽各有侧重，但需要同时推进。脱贫攻坚主要是解决物质生活的保障问题，但不可忽视精神文明的建设；乡村振兴中既要抓好物质生活富裕还要抓好精神生活富裕，即精神生活的富裕要贯穿到物质富裕的任务和目标之中。如果口袋装满了，脑袋空着，就会出问题，精神空虚，无所追求，无事则生非，黄赌毒马上就会泛滥起来。

在脱贫攻坚和乡村振兴两大战略的衔接中，必须准确把握生活富裕的内涵，正确理解物质与精神的关系，从宏观上抓好四件事。首先是体力问题，针对因病致贫是主因的现实，以农村医疗卫生体制改革为核心，保障广大农民群众有一个强健的体魄。没有强健的体魄就无法创造富裕的生活。其次是智力问题，即要优先发展农村教育事业。目前乡村教育存在逆乡土化的问题，所谓“世界观”就是“观世界”形成的，小孩子都去城里读书，听到、看到、亲身感受到的都是高大上的城市文化，“由俭入奢易，由奢入俭难”，将来他们很难再回到乡村参与振兴乡村。逆乡土化的教育是中国未来乡村振兴最令人担忧的大事。再次是增收问题，关键在于拓展农民的第三就业空间。第一就业空间是指传统农业，不离土不离乡；第二就业空间是指进城务工，离土又离乡；第三就业空间是指拓展农业的多功能性、发展二、三产业，让农民离土不离乡，就地就近就业创业。最后是精神文化问题，在“扶志”“扶智”的同时，还要“扶制”。把适应精神需求的制度建设放在突出位置，搭建平台、培养人才、继承传统、创新发展，提高认知度、兴趣度、参与度，提升积极性、主动性、创造性。农民是需求者，也是创造者；唯有创造，才能活跃；唯有活跃，才能满足需求。

（四）从组织力创新着手，做好低收入人口扶贫的有机衔接

1. 明确目标

在人类社会实现大同之前，只要国家存在，解决贫困问题就是一个永恒的课题。2020 年，我国统计意义上的收入型贫困人口全部实现脱贫后，

新的帮扶对象将在新的标准下被识别出来。明确新的帮扶对象范围，必然需要有新的识别标准、新的识别制度、新的识别方法，对此，应着力抓好以下四个方面。

（1）科学划定低收入人口识别标准

基于2020年后绝对贫困人口已经全部脱贫，帮扶的主要对象是相对低收入人口，应根据低收入人口地域分布、城乡分布及人群分布制定相应标准。如针对地域分布，可按东部人口总数的5% ~ 10%，中部人口总数的10% ~ 15%，西部人口总数的15% ~ 20%，由国家确定各地区的帮扶人口指导数，再由各地根据相对低收入人口的总量来确定差异化的识别指标。为避免再次出现指标分解式的识别，各地确定的低收入人口指导数只应作为参考数字，不应作为强制要求，为基层留足制度的弹性空间。

（2）完善多维度的综合识别指标体系

现阶段“两不愁三保障”涵盖了收入、教育、健康、住房这四个维度。但每个维度下并未对维度指数进行详细定义，应根据时代变化，把教育、健康、生活水平、经济水平等作为新的维度指数重新定义。在教育维度方面可以设置学历水平、受教育年限、幼儿入托、技能水平、获取信息水平等指标；健康维度方面可以设置医疗保险、及时就医、医疗花费等指标；生活水平维度可以设置住房状况、饮水方式、排污方式等指标；经济水平维度可以设置收入状况、就业状况、财产占有及资源占有状况等指标，通过多项综合指标来进行帮扶对象判定。

（3）建立自下而上的识别体制

2014年，我国开始全面实行扶贫对象建档立卡，采取的是自上而下分解指标式的识别体制，导致识别不精准的现象存在。逐人逐户识别新的帮扶对象，把基层识别作为整个识别工作的起点，再辅以上级部门对识别结果及时进行“回头看”和专项检查，杜绝基层在识别过程中优亲厚友、虚报数字的现象发生，建立健全一套自下而上精准识别制度，确保公共资源和扶贫资金不被浪费。

（4）实施低收入人口分类管理

现阶段的扶贫对象统称为建档立卡贫困户，享受着同样的扶贫政策和措施待遇，导致一些贫困户坐等政府大包大揽，掉入“福利陷阱”。还有一些边缘户由于未能达到贫困户的识别标准，结果生活水平反而被贫困户甩开，造成“悬崖效应”。为此，有必要在 2020 年后对低收入人口进行分类管理，根据贫困程度来决定政策支持力度。同时，针对不同原因精准施策，比如需要教育资助的就享受教育资助类帮扶，需要健康医疗类资助的就享受健康类帮扶，避免政策泛福利化。美国就把社会人口划分为非贫（年收入高于贫困线 2 倍以上）、近贫（年收入高于贫困线 1 ~ 2 倍）、贫困（年收入低于贫困线）和赤贫（年收入低于贫困线的 50%），并根据不同的分类享受不同的社会福利政策。同时，对于已超过保障标准的低收入人口要及时销号，防止出现新的不公。

2. 设立“一署”

2018 年底，全国共有城乡低保对象 4619.9 万人，特困供养人员 483 万人，二者相加享受低保五保政策的人员超过 5000 万人，达到一个中等国家的人口规模。从历年情况看，这一群体常数大体在 5000 万 ~ 6000 万人。针对这一庞大群体，应将现有多个部门的扶贫职能优化整合，把保障与发展的职能分开，在国家层面设立城乡基本生活保障署，专司保障。省、市、县、乡（镇）同时设立相应机构。保障部门的主要职能是进行保障标准的确定和保障对象的识别，以及从保障对象里找出有发展能力和意愿的群体。对于没有发展能力的群体，由保障部门安排兜底类措施，保障其基本生活。现由民政部门、扶贫部门分别开展的困难群体、扶贫对象认定工作，以及由民政部门负责的低保、五保、残疾人生活补贴、残疾人护理补贴、临时救助等保障类措施的实施工作，应当统一归口到保障部门管理。对于有发展能力和意愿的群体，由个人申报，经保障部门审定，分送各职能部门因人施策，帮助发展。

实行保障与发展的职能分离，一是避免“戴上一顶贫困帽，什么好处都拿到”的万众一策、大水漫灌。抓住致贫主因施策是精准的关键。二是避免脱贫与致富混为一谈的脱离实际、浪费资源。脱贫需要应保尽保，致富只应瞄准有发展能力和发展意愿的群体。追求家家发财、户户致富，只能是资源白投、功夫白下。三是避免政出多门，人负多责的力量分散、职责不清。让专业的人做专业的事，职责清晰，力量集中，事半功倍。四是避免送政策、送项目、送资金上门“要我富”的被动推进、外因主导。通过个人申报，帮扶对象从“要我富”变成“我要富”，积极性主动性得以发挥。五是避免资源配置失衡的畸轻畸重、人治低效。资源分散化导致治理碎片化，通过由运动式、突击性向常规化、制度化转型，有效杜绝资源配置中重叠与空白并存，过度与不足同在。

3. 实行“两并”

（1）两线并一线

长期以来，低保线和扶贫线互相交叉。虽然国家一直在推动两线合一的衔接工作，但是实际操作中仍存在识别标准不一致、退出程序不一致、帮扶手段不一致等“两张皮”现象。在具体工作对象、工作内容、工作重点等方面，并没有实现真正的有效衔接。实行两线并一线后，不需要对贫困户和低保户再进行重复认定，对贫困人口进行统一识别，统称低收入人口。

（2）两制并一制

目前的扶贫治理体系采取的是城乡分割的治理模式，扶贫工作的重点在农村贫困人口。截至 2018 年底，我国共有城市低保人口、特困供养人口 1033.7 万，但加上常住人口中的困难群体，数量远超千万。城市贫困人口一旦无法工作，极易陷入“赤贫”状态。党的十九大报告提出城乡融合发展，构建城乡融合的贫困治理体系，改变贫困问题的城乡分治，把当前解决农村贫困问题中行之有效的政策举措、工作机制等运用到解决城市贫困问题中，应是乡村振兴时代的总体制度框架。

4. 做好“三加”

（1）统一加分散

所谓“统一”，即将原扶贫开发领导小组更名为城乡低收入人口社会保障与创业发展领导小组，强化其统的职能，制定覆盖全民、统筹城乡、权责清晰、保障适度、可持续的多层次社会保障体系，以及教育、卫生等城乡平衡的一体化制度设计和实施方案，加强工作协调调度，每月召开一次例会，统筹各职能部门工作，做好与实施乡村振兴战略的有机衔接。领导小组下设办公室，城乡基本生活保障署加挂领导小组办公室牌子。所谓“分散”，即各职能部门围绕低收入人口的帮扶任务各司其职，各尽其能，合力推进，实现目标。各职能部门都应以新的制度建构与供给机制，变“政府端菜”为“群众点菜”。

（2）政府加社会

一个时期以来，一些社会组织、非公有制经济和民间力量投身脱贫攻坚成效显著。但总体上看，目前非政府组织的扶贫力量仍然微弱，与政府组织实施的帮扶项目之间未能形成有效补充。在国外，社会组织在扶贫领域发挥着极其重要的作用，其参与帮扶的方式比政府行为更加灵活。我国的民间组织与国外相比普遍存在资源不足、能力不足、自治力不强、发展不平衡等问题。在乡村振兴时代，应加大力度为民间组织创造有利于它们发展的社会环境和法律环境。一方面，鼓励和培育一批专业化的非政府组织，减少对这些非政府组织的政府干预，给予其政策上的支持，保持这些社会组织运行的独立性和稳定性。另一方面，政府通过购买服务的形式，选取一部分综合实力较强的非政府组织，委托其具体实施扶贫项目，但要坚持其非营利性质，杜绝逐利资本进入。

（3）普惠加特惠

一方面，制定一系列针对低收入人口的普惠政策，通过政策体系使低收入人口在基本生活方面得到保障。同时，由于宏观发展类政策往往对低收入人口存在“挤出效应”，应当在发展方面出台有针对性的特惠政策，让低收入人口在享受普惠政策的同时，还能吃上特惠政策的小灶。另一方面，在制定地区发展政策时，特困地区往往由于历史和自然原因基础弱、欠账多，基础设施建设水平远远落后于发达地区。需要针对特困地区的基础设施建设以及公共服务方面继续出台特惠政策，在解决共性问题的基础上，满足个性需求，避免出现资金项目“排排坐分果果”的现象。

（五）借鉴山东乐陵市“村级扶贫专岗”模式，做好特困人口社会服务的有机衔接

在脱贫攻坚时期，为了破解特困人口的特困需求，山东德州乐陵市摸索出“村级扶贫专岗”的新模式。该模式设计巧妙、简便易行、投入小、效果好，可复制、能推广，实践反馈良好，解困效果显著，是一条脱贫解困的好路径。可以在总结该模式经验和不足的基础上，做好乡村振兴时期特困人口的社会服务工作。

1. 采用政府购买服务的方式，雇用有劳动能力和服务意愿的低收入户，就地就近帮扶需要并愿意接受服务的特困人口

“村级扶贫专岗”是为有劳动意愿但劳动能力较弱或因其他原因不能外出务工的人员，专门开发设置的就地就业岗位。在岗人员集护理员、代办员、信息员于一身，为深度贫困的老弱病残幼群体提供生活照料、就医护理、代办事务、情感疏导等有偿服务。既为有能力的低收入户提供岗位，又为需要帮助的特困户提供服务。

2. 政府搭台牵线，在自愿的前提下，通过互选的方式完成服务对接

实现服务对接分三步：第一步，排查摸底，筛选出低收入户中愿意服务和需要服务的具体人员；第二步，对上岗人员进行培训，并签订三年期合同；第三步，在村干部协调下，让服务和被服务人员互选对接。政府提供平台、资源、信息，事先牵线、事后考核，双方自愿互选，既保证了项目的有序推进，又尊重了参与主体的主观意见。

3. 完善和细化“村级扶贫专岗”

国家有关部门组织专家组继续完善和细化“村级扶贫专岗”标准，建立健全制度体系和制度评估体系。

4. 在全国推行"村级扶贫专岗"

将"村级扶贫专岗"作为政府的基本职能制度化，在全国推行，并将该项目所需资金列入财政预算，建立长期稳定的资金保障机制。

5. 增加服务时长

根据实际情况适度增加服务时长，为特别困难的特困户提供更全面的服务。

（六）借鉴山东沂水县"四权分置"办法，做好扶贫资产的有机衔接

在推行两大战略的有机衔接中，必须要解决好扶贫资金资产产权明晰、资产盘活的问题，否则，2020 年之后进入乡村振兴时代问题会更为复杂，解决难度更大。国家有关部门应做好顶层设计，全面推广沂水县做法，让全国数万亿元扶贫资产成为乡村振兴的新动能，使脱贫攻坚与乡村振兴两大战略有机衔接。

1. 厘清扶贫资产，推进"四权分置"

改变以往扶贫工作中按贫困户人头直接分钱发物的做法，将扶贫资金资产的权属进行拆分。其中，所有权归集体，经营权归有经营能力的主体，收益权归贫困户，监督权归属县级农业管理部门（通常是农业农村局）。这样做的好处是实现了资源要素的资产化，盘清盘活了项目资金资产。

2. 鼓励多种经营方式，实现扶贫资金资产保值增值

经营权的分配包括五个环节：第一，由村集体提出经营性资产的发包、出租、股份合作经营等总体经营权分配方案；第二，经村民会议或者村民代表会议讨论决定具体的实施办法；第三，提交乡镇（街道）经管站审核；第四，由乡镇（街道）经管站组织公开招投标；第五，村集体与资产经营方签订正式合同。

3. 量化收益权，统筹村集体与个人的利益分配关系

为了提高帮扶绩效，扶贫资金资产收益主要用于保障脱贫攻坚时期的贫困户或者乡村振兴时期的低收入户，但不分光吃净、吊高胃口。向贫困户或低收入户直接分配的金额坚持脱贫攻坚时期的脱贫标准或乡村振兴时期的低收入标准，在确保稳定脱贫前提下，收益分配留有余地。余下的收益适度用于村级公益事业。此外，还高度关注收入水平略高于贫困线或低收入线的次贫群体，时刻警惕他们因病、灾、学、意外等因素致贫。一旦发现致贫群体，则由所在村提出帮扶方案并经镇级审核同意，可使用扶贫资产收益开展及时帮扶解困，防止返贫或致新贫。

4. 实行统一管理，提高资金资产运转效率

出于便捷性考虑，由县级部门将扶贫资金资产移交乡镇（街道）经管站监管，实行统一核算和登记。除了跨乡镇（街道）实施的扶贫项目外，其他扶贫项目都要通过财政系统逐级下达到乡镇（街道），纳入乡镇（街道）经管站，扶贫资金专户代管，实行专户储存、专人管理、专账核算；扶贫资产管理台账统一在乡镇（街道）经管站，扶贫资产在经营中发生所有权、使用权转移变更以及出现资产损毁时，必须由乡镇（街道）经管站进行资产评估，以评估确认结果作为扶贫资产使用和处理依据。

5. 强化扶贫资产监督管理，保证扶贫项目健康有序运营

市、县每年组织有关部门至少开展两次对项目实施、扶贫资产管理使用情况的监督检查，及时总结经验、发现和处理问题，检查结果纳入对县乡工作考核。乡镇人民政府（街道办事处）每半年组织一次对项目实施、扶贫资产管理使用情况的集中检查，对发现的问题查明原因、及时处理，重要问题及时向上级主管部门反映并提出处理意见。

6. 省、市、县纵向联合，为做好扶贫项目经营管理提供组织和人才保障

省级部门部署扶贫资产监管责任落实，市级部门对本地资产收益扶贫工作进行统筹谋划、指导监督。县级部门承担资产收益扶贫工作的主体责任，抓好项目实施，负责组织协调。扶贫、财政、农业等部门承担推进资产收益扶贫工作的职责，研究制定相应管理制度和配套措施，协调相关部门加大对资产收益扶贫工作的支持。通过选派第一书记、先进村支部书记兼职、教育培训等方式，培养农村基层组织带头人，强化农村基层组织在产业扶贫项目及资产经营管理中的核心作用。

7. 加强扶贫资产“四权分置”人才培训

通过选派第一书记、先进村支部书记兼职、教育培训等方式，建立“四权分置”运营人才后备军。通过增加刚性招录力度、畅通人才引进渠道、构建重点产业等方式，引进管理运营、市场拓展等专业人才。此外，盘活现有扶贫项目运营人才资源，健全扶贫项目专业大户、合作社及龙头企业等新型经营主体项目管理运营、市场拓展等方面的教育培训，为扶贫资产“四权分置”提供人才支持。

8. 加强财政扶贫资金与其他部门专项资金整合

将扶贫资金与相关部门相同或相近建设项目资金综合打包，统筹规划。集中有限扶贫资金支持优势项目，淘汰一些效益差甚至亏损的弱势项目。

9. 建立健全项目后续管护机制，明确管护主体、落实管护责任

根据管护主体对经营性扶贫资产经营方式的不同，确立不同的管护制度。

参考文献

[1] 陈锡文．坚决打赢脱贫攻坚战 如期实现全面小康目标．劳动经济研究，2015（6）

[2] 陈锡文．从农村改革四十年看乡村振兴战略的提出．行政管理改革，2018（4）

[3] 豆书龙，叶敬忠．乡村振兴与脱贫攻坚的有机衔接及其机制构建．改革，2019（1）

[4] 高强．脱贫攻坚与乡村振兴有机衔接的逻辑关系及政策安排．南京农业大学学报（社会科学版），2019（5）

[5] 胡钰，付饶，金书秦．脱贫攻坚与乡村振兴有机衔接中的生态环境关切．改革，2019（10）

[6] 胡振通，王亚华．公益岗位互助扶贫模式助力脱贫攻坚战：基于山东乐陵的实地调研．农业经济问题，2019（10）

[7] 贾晋，尹业兴．脱贫攻坚与乡村振兴有效衔接：内在逻辑、实践路径和机制构建．云南民族大学学报（哲学社会科学版），2020（3）
[8] 刘焕，秦鹏．脱贫攻坚与乡村振兴的有机衔接：逻辑、现状和对策．中国行政管理，2020（1）
[9] 施海波，李芸，张姝，吕开宇．精准扶贫背景下产业扶贫资产管理与收益分配优化研究．农业经济问题，2019（3）
[10] 袁坤．脱贫攻坚与乡村振兴有机衔接的逻辑及机制建构．三峡大学学报（人文社会科学版），2020（2）
[11] 张云华，伍振军，周群力，殷浩栋．统筹衔接脱贫攻坚与乡村振兴的调查与启示．开放导报，2019（4）
[12] 朱海波，聂凤英．深度贫困地区脱贫攻坚与乡村振兴有效衔接的逻辑与路径——产业发展的视角．南京农业大学学报（社会科学版），2020（3）
[13] 朱启铭．脱贫攻坚与乡村振兴：连续性、继起性的县域实践．江西财经大学学报，2019（3）
[14] 左停，刘文婧，李博．梯度推进与优化升级：脱贫攻坚与乡村振兴有效衔接研究．华中农业大学学报（社会科学版），2019（5）
[15] 左停．脱贫攻坚与乡村振兴有效衔接的现实难题与应对策略．贵州社会科学，2020（1）

乡村振兴战略下农业生产性服务业发展研究[①]

改革开放 40 多年，特别是进入 21 世纪以来，我国农业产业结构不断优化，产业形态更加丰富多彩，综合生产能力巩固提升，传统农业持续向现代农业转变，实现超常规跨越式发展，农业生产性服务业大发展为农业转型升级提供了坚实的保障。在实施乡村振兴战略的历史背景下，无论是从补齐"四化同步"农业现代化的短板角度观察，抑或是从提升我国农业国际竞争力的需要出发，都对农业生产性服务业进一步发展提出了更多更高的要求。2017 年，农业部、国家发展改革委、财政部三部委联合出台《关于加快发展农业生产性服务业的指导意见》，强调农业生产性服务业对培育农业农村经济新业态，构建现代农业产业体系、生产体系、经营体系的重要意义。2018 年，《乡村振兴战略规划（2018—2022 年）》发布，更是明确提到要加快发展全方位的农业生产性服务业，促进小农户生产和现代农业发展有机衔接。特别是最近几年出台的中央一号文件都对发展农业服务业作出重要部署，提出了明确要求，发展农业生产性服务业意义重大。

---

① 本报告是清华大学中国农村研究院2019年重点研究课题"乡村振兴战略下农业生产性服务业发展研究"的研究成果，在收入本书时有所删减，报告观点仅代表课题组的看法。课题负责人：张红宇，清华大学中国农村研究院副院长；李继凯，北京凯德现代农业科技研究院执行院长。报告执笔人：张红宇、胡凌啸。

一、问题的提出

新时代我国农业无疑正在经历千年裂变，工业化、城镇化的持续推进，一方面，迅速使我国由农业大国向工业大国迈进；另一方面，促使国民经济产业结构、就业结构发生了重大转变。特别是伴随着第一产业增加值在国民经济结构中占比由1978年的27%下降到2019年的7.1%，工业化、城镇化对农业农村最大的影响就是促使农村劳动力从业结构调整。其一，从事农业的劳动力数量明显下降。2019年，我国常住人口城镇化率为60.60%，户籍人口城镇化率达到44.38%。全部劳动力中从事第一产业的比例由1978年的70.5%下降到2018年的26%，平均每年下降一个百分点以上；从事第一产业的劳动力绝对数量由历史最高点的2002年3.66亿人减少到2018年的2.03亿人，平均每年减少超过1000万人。其二，农村劳动力结构明显变化。2019年，我国农民工数量超过2.91亿人，较上年增长0.8%。其中，50岁以下的农民工占比接近80%，男性农民工占比超过60%，反映外出农村劳动力以青壮年男性为主。第三次全国农业普查主要数据公报显示，我国农业生产经营人员中年龄在55岁以上的超过33%，而在35岁以下的不足20%，农业生产经营者中的女性比例已接近50%，农业劳动力老龄化和女性化特征明显。农村劳动力数量和结构的改变，对农业产业发展提出新的挑战：如何让越来越少的人种越来越多的地，如何实现农业规模化、集约化、专业化发展，在国内产业平衡中提高农业效益，在全球经济一体化中提升中国农业竞争力问题迫切需要解决，“谁来种地”“地怎样种好”为农业生产性服务业大发展提供了广阔前景和历史性机遇。

农业生产性服务业是贯穿农业生产作业过程，直接或协助生产经营者完成农业产前、产中、产后各环节作业的社会化产业。这种农业生产性服务过去是农林牧渔等农业产业生产经营过程中的依附活动，现阶段则既可以是依托其他产业生产经营而提供服务的行为过程，也可以是独立于农林牧渔等农业产业存在发展的独立产业。农业农村部统计数据显示，2018 年，全国不同类型的服务组织数量 37 万个，服务小农户 4194.37 万户，占全国农业种植户的 1/5。农业生产性服务业的蓬勃发展，逐渐从依附产业演变为独立产业。农业生产性服务业的发展壮大为破解我国农业生产所面临的难题提供思路和方案，为农民从事农业生产经营提供最大程度的便捷，帮助农民实现在生产经营过程中省力、省心、省钱的诉求，适应我国农业生产经营方式的发展需要。

尽管迄今为止，从宏观层面检索，关于农业生产性服务业发展的相关系统数据仍然缺失，但间断的数据表明，我国农业生产性服务业发展是持续健康的。2015 年，我国农业生产性服务业增加值超过 2050 亿元，2018 年，全国仅农机作业服务收入就高达 3531 亿元[①]。随着我国农业生产性服务业进入发展快车道，预计未来的市场规模将达万亿元级别，农业生产性服务业发展有历史性机遇（张红宇，2019）。当然，相对于我国现代农业发展要求和农户生产经营过程不断增加的诉求，现阶段农业生产性服务业发展还处于明显的短板状态。从主体看，存在生产服务组织的服务理念不够前沿、服务手段不够先进、服务领域不够宽广、服务项目不够完备、服务链条不够完整等问题，导致服务整体质量不高；从区域看，受制于各地经济社会发展状况、地形地势、劳动力结构等因素，农业生产性服务业发展的区域性不平衡问题比较突出；从供需平衡看，农业生产性服务需求正在从分散单一演变为系统多元，不仅体现在服务需求主体的多元化，对服务内容也提出了多元化、品质化、系统化的更高要求，服务供给的能力相较于服务需求的变化仍显滞后；从外部环境看，农业生产性服务业获得的财税、金融、用地等扶持政策的支持力度还不充足，农业农村部门指导服务能力亟待提升。

要实现农业生产性服务业高速、高质量、可持续发展，需要抓住发展机

---

① 数据来源：《2018年全国农业机械化统计年报》。

遇，补足发展短板，在理念认识、服务模式、组织管理等方面不断创新，注入新的发展动力。

二、农业生产性服务业发展意义重大

从全球实践看，直接从事农业生产经营活动的劳动力越来越少，但为直接生产经营活动提供直接、间接服务的多种辅助性经营活动越来越多、从业人员越来越庞大，这是农业现代化发展的普遍现象和客观规律。从我国实践看，现代意义的农业生产性服务业的萌生、发展和壮大正在改变和颠覆我们的认知，农业生产性服务业已成为将普通农户引入现代农业发展轨道的重要途径，在推动农业转型升级、推进农业规模经营、提高农业生产效率、完善双层经营体制等方面发挥了至关重要的作用，开辟了我国农业现代化的崭新局面。推动农业生产性服务业创新发展对我国实现农业现代化意义深远。

（一）农业生产性服务业发展有利于全面推动农业转型升级

聚焦中国农业供给侧结构性改革，促进农业转型升级是当前和今后一个时期加快推进农业现代化的根本途径，通过转变农业经营方式、生产方式、资源利用方式和管理方式，推动农业发展由数量增长为主转到数量、质量效益并重，由主要依靠物质要素投入转到依靠科技创新和提高劳动者素质，由依赖资源消耗的粗放经营转到可持续发展，走产出高效、产品安全、资源节约、环境友好的现代农业发展道路，农业生产性服务业对推动农业转型升级的作用不可低估。

推动农业转型升级，既要调整优化农业产业结构和产品结构，更要发展壮大各类新产业、新业态。1952 年，我国农业产值构成中种植业比重为

85.9% 左右，处于绝对主导地位，林业、畜牧业和渔业产值所占比重分别为 1.6%、11.2% 和 1.3%，产业结构的单一对农业生产性服务业的需求并不旺盛，早年的农业生产性服务业作为依附产业，更多地表现为服务于种植业生产从种到收的简单过程。经过近 70 年的发展，农业产业结构和产品结构不断优化，2018 年，农业产值构成中种植业比重为 57.1%，相对于 1952 年下降 28.8 个百分点；林业占 5.0%，提高 3.4 个百分点；畜牧业占 26.6%，提高 15.4 个百分点；渔业占 11.3%，提高 10.0 个百分点。农业产业结构的调整，种植业以外的林、牧、渔业比重上升，特别是，近年来农村新产业、新业态的成长发展，对农业生产性服务业的需求不断增加，要求不断增高。农业生产性服务业不仅可以为不同产业的生产经营过程提供各类性质的服务，而且可以显著改善农产品品质，研发、品牌、营销、创意等增值服务，有助于提高农产品附加值，提高农业比较收益，同时将现代经营方式、工业化理念植入农业，将产加销连贯成完整的产业链，促进产业间的竞争关系转变成协作关系（芦千文、姜长云，2016）。通过农业生产性服务业创新发展，不仅能够确保农产品数量，更有利于提高农产品质量；不仅能够加强农产品安全，而且有利于提升农业国际竞争力；不仅能够优化农业产能，而且有利于农民就业增收，最终全面推动我国农业转型升级。

（二）农业生产性服务业发展有利于加快推进农业规模经营

在工业化、城镇化的背景下，要解决“谁来种地”和“地怎样种好”问题，发展农业规模经营是必然选择。发展农业规模经营有两种路径选择：一种是通过土地经营权流转实现生产的规模化；另一种是通过发展农业生产性服务业实现服务的规模化（张红宇、张涛，2015）。从我国的实践看，现阶段通过服务实现的规模化表现出更加适应家庭经营的强大生命力。

事实上，基于现代农业发展的要求，我国的农业政策一直是鼓励支持农业规模经营发展的，特别是随着大量青壮年劳动力从农业部门向非农部门、从农村向城市转移，农村人地关系得到一定程度缓解，土地规模经营发展的外部环境持续向好。农地流转市场快速发展，参与流转农户的比例越来越高，农地的集中化趋势越来越明显，这是现代农业发展的大趋势。但是，从长时期的历史跨度看，基于我国农业人多地少的基本国情，在当前城乡二元结构尚未完全破除等不利因素的共同作用下，农户绝对数量的下降在短期内很难实现，以土地经营权流转实现生产规模化的发展路径有制约因素。不仅如此，由于土地权益保障体系的健全，土地收益有所增长，农民惜地情结更甚，导致地租成本不断上升，新型经营主体流转土地经营的积极性受到遏制，以小农为主的农业生产经营格局将长期存在（张红宇，2020）。

据农业农村部统计，2017 年全国经营权流转的土地面积为 5.12 亿亩，到 2018 年发展为 5.39 亿亩，增速为 5.3%。而同期全国农业托管面积达到 13.84 亿亩，按照综合托管系数计算的托管面积达到 3.64 亿亩，2018 年比 2017 年增加了 50%。这充分表明相对于土地经营权流转面积增长形成的土地规模经营，不流转土地经营权，建立在农业生产性服务业基础上的经营权共享发展速度更快，越来越多的生产经营主体倾向于在土地经营权归属明晰并有保障的基础上，获得农业生产性服务，共享经营权，实现了服务规模经营。以农业生产性服务业为载体的服务规模经营，克服了经营权流转所面临的困难，适应了我国农业规模经营的现实需要。此外，从中国农业规模经营的现实图谱看，服务规模经营对土地规模经营发挥着支撑和推动作用（胡凌啸，2018）。通过农业生产性服务业的创新发展，不仅能够促进服务规模经营，也将促进土地的流转集中，共同作用于农业规模经营的实现进程。

（三）农业生产性服务业发展有利于高效提升农业生产效率

现代农业发展是竞争力不断提升的过程，生产专业化既是核心支撑，也是社会分工在农业产业链中深化的必然结果（郑风田，2013）。农业生产性服务业在农业高效生产运营过程中不可或缺。无论是日本、韩国还是中国台湾等农户经营规模较小的国家和地区，抑或是农户经营规模较大的欧美诸国，家庭经营都集中于从事专业化田间生产经营，而由农协（农会）、专业协会、农业合作社等为其提供全程系列化农业生产性服务。美国从事农业服务业的人数占全国从业人员总数的 15%，远远高于农业从业人员 2% 的比例（张红宇等，2018）。现代农业分工分业的要求，使农业生产性服务业的功能作用日益凸显。

我国农户土地规模小且资金不足，缺乏投资现代农业装备的需求和能力，限制了小农户对现代农业技术的采用，不利于农业生产效率的提高。而且，农村“半工半耕”生计模式下家庭内部的分工格局催生大量兼业农户，对农业生产效率产生了更深层次的深刻影响。农业生产性服务业的发展，通过农业内部分工和专业化生产，有效克服了生产的低效率和不经济。以提供农业生产性服务为主业的服务组织具有专业化特征，立足生产全过程，利用专业技术人员、专用设施装备、专门营销网络，可以为普通农户和其他经营主体提供市场信息、农资供应、绿色技术、废弃物资源化利用、农机作业及维修、农产品初加工、农产品营销等全方位生产性服务，与大量农民兼业经营相比，专业的生产经营有更高的生产效率。

农业生产性服务业是分工理论在农业领域的充分应用。通过农业生产性服务业的创新发展，可以进一步发挥服务主体专业化优势，推行规模化、标准化、绿色化生产，提高先进科技和物质装备运用水平，帮助生产主体减轻劳动投入、缩短对新技术新装备的摸索过程，最终实现农业生产效率的提升。

（四）农业生产性服务业发展有利于丰富完善双层经营体制

以家庭联产承包经营为基础，统分结合的双层经营体制是我国农业基本经营制度。改革开放以来，以大包干为特征的家庭联产承包责任制还原了农业生产家庭经营最优的本源，使家庭经营的优势得到充分发挥，迸发出强大的制度力量，不仅使农业发展取得历史性进步，也为国民经济高速增长奠定了坚实的制度基础。然而，在制度和政策层面对家庭经营不断强化的同时，统一经营长期处于弱势的问题始终未得到有效解决。农业生产性服务业的发展壮大，在丰富统一经营内涵方面起到了重要作用。

从提供农业生产性服务的主体看，一是农村集体经济组织通过发展农业生产性服务业，激活了其统一经营的功能，极大地提高了各类要素资源的配置效率，特别是在实施乡村振兴战略和推进农村集体产权制度改革的背景下，农村集体经济组织的市场主体地位进一步明确，大力发展农业生产性服务业经济，以提供统一管理、有偿服务等形式，领办创办各类服务实体，为农民提供技术、信息、物资、流通、仓储等服务，对农民专业合作社或企业提供产前、产中、产后等有偿服务，不仅增加了集体经营收入，也充分发挥了村集体“统”的作用。二是除农村集体经济组织外，类型多元的市场经营主体成为发展农业生产性服务业的主力军，包括农民专业合作社向社员提供各类生产经营服务，发挥了其服务成员、引领农民对接市场的纽带作用；龙头企业通过基地建设和订单方式为农户提供全程服务，在更大范围内发挥其服务带动作用；各类专业服务公司发挥其服务模式成熟、服务机制灵活、服务水平较高的优势，推动了农业生产性服务业的系统整合。在发展农业生产性服务业过程中，农村集体经济组织和各类市场主体相互补充，承担不同的职能，实现了小农户与现代农业的有效衔接，解决了一家一户难以解决的生产经营问题，使农民群众有充分的获得感、幸福感、安全感，丰富和完善了我国农业的双层经营体制。

三、农业生产性服务业有丰富的实践案例

在农业生产性服务业由依附产业向独立完整产业转变的过程中，各地涌现大量实践案例，呈现服务主体多元化、服务内容系统化、服务模式差异化

的创新趋势，为其他各地创新农业生产性服务业提供了经验和借鉴。

（一）工商企业主导的金丰公社探索

农业生产性服务业的广阔市场吸引了大量工商企业的关注。中化集团借助“国字号”招牌，聚焦农业全产业链，从2017年开始打造MAP模式，布局全国农产品核心优势产区，建立技术服务中心，提供农业生产性托管服务，帮助农民提高产品品质，打造产品品牌。截至2019年11月，中国中化集团有限公司已经在全国建立了179个MAP技术服务中心、为503万亩土地提供农业生产性服务、累计发放4.4亿元金融贷款，并推出智农、慧农平台。公司致力于到2023年，建立700个以上的农技服务中心，服务300万户种植者，为5000万亩土地提供农业生产性服务，同时实现数字农业服务面积突破1亿亩①。中华全国供销合作总社在全国各地建立为农服务中心，发展土地托管，从单一的传统流通服务功能，拓展到为农服务各领域、农民生产生活各方面，不断优化和创新服务供给，已布局推广到全国29个省份，建成各类为农服务中心1万多家。2019年供销社系统不断提升为农服务水平，积极开展土地托管和测土配方、代耕代种、统防统治等农业社会化服务，服务面积达2亿亩②。

与此同时，大型民营化肥企业金正大集团顺势而行，2017年成立了金丰公社，着眼于打造农业生产性服务的“金丰模式”，致力于发展成一个为农民种地的企业。以工商企业主导的服务模式能够充分发挥企业在资金、技术、人才、管理等方面的优势，推进生产性服务业的现代化。

1. 金丰公社的主要做法

为了适应企业转型需要，进军农业生产性服务业，金丰公社充分利用金正大集团的资本优势，树立为农民种地的理念，聚合各类资源，着力打造农

① 数据来源：https://www.sohu.com/a/360278693_114986。

② 数据来源：http://www.chinacoop.gov.cn/HTML/2018/11/21/145235.html。

业服务平台。以此为基础，向农民提供包括农资、农机、销售在内的全产业链服务，并配套提供贷款和保险在内的金融支持。同时还采取了全托管和半托管结合的服务模式供农民选择，尊重农民种地习惯、对接农民种地需求，有效解决了“谁来种地”和“怎样种好地”的问题。

（1）聚合资源打造服务平台

金丰公社构建了三级组织，聚集和整合种植产业链优质资源，打造农业服务平台。一是全国总社。总社依托金正大集团，在生产环节上，整合了巴斯夫 BASF、拜耳、汉和航空、道依茨法尔等在全球业界领先的肥料、农药、飞防、农机公司资源；在销售环节上，通过正大集团、阿里乡村大农业、百果园、京东农业等平台搭建了产销对接的高效通道；在金融支持上，与世界银行集团国际金融公司、华夏银行、光大银行、中国建设银行、蚂蚁金服农村金融等金融机构开展了合作。二是县级分社。县级社对接总社的资源，社长由熟悉农资市场、农机市场、农产品市场的农资经销商、农机经销商或粮食收购商担任，他们同样在县域范围内整合资源，搭建服务平台，负责培训和调配农机手，同时寻求与当地供销社合作，发挥供销社在获取政策项目方面的优势，开展共同经营。三是村镇级社。县级社社长在县域范围内遴选当地的村两委成员、农资零售商和农机手三类主体担任村镇级社社长的职务，充分利用他们熟悉当地情况的优势，展开相关业务活动。为了吸引农机手加入，山东省临沭县县社向县财政争取到额外 20% 的农机补贴，提供给为金丰公社服务的农机手。村镇级社社长发展农户入社，可获得 35 元 / 亩的服务费，此举充分调动了村干部参与的积极性。临沭县白旄镇的农资零售商房永乐多年来一直在当地从事化肥销售，担任金丰公社社长后，他借助原有掌握的农资渠道，发展了七八个小社长，动员农民参与土地托管。农户想进行托管，必须符合他们的要求，其土地最好连片且经营面积在 10 亩以上。如果跟他们一家一户谈，成本高、难度大，房永乐把 35 元 / 亩的服务费重新分配给小社长，让他们拿更多辛苦费，调动了大家的积极性。全镇 2.6 万亩小麦，他托管了 4000 亩，2019 年发展到 5000 亩。

（2）提供全产业链的农业服务

金丰公社为农民提供包括产前、产中、产后环节在内的全程服务。第一，农资服务。当前国内农资市场良莠不齐，不少农民青睐低价但可能是低效的农资产品，直接影响了农产品的产量和品质，从成本收益上看并不划算。而金丰公社根据农作物生长需要，设计整个生长期内的农资套餐，实现了农业生产全环节的农资保障。同时针对不同区域的不同作物，开发出500多套区域农资方案。由于农资产品能够从厂商直接销售到农民，减少了中间环节，可节约农资费用20%以上。第二，农机服务。在农资套餐的基础上，金丰公社发动农机合作社、个体农机手为农户提供从种到收的全套服务，打造了一支“能下地、真服务”的农机服务队伍。通过大面积的作业服务保障，提高了农机的使用效率，同时降低了农机的服务成本，作业服务价格相对市场价格下降了15% ~ 20%。第三，销售服务。金丰公社不仅立足于解决农民的种地问题，还瞄准于解决农产品的销售问题。一方面，金丰公社通过签订订单，直接将社员的农产品销售给食品及饲料企业，比如为正大集团邳州公司订单种植仔猪饲料的玉米收购价格就比市场价格高0.05元/斤，农民群众非常满意；另一方面，金丰公社引导一部分社员种植强筋小麦，并和五粮液等公司达成合作，可以让社员获得更高的销售价格。

（3）提供全方位的金融支持

为了增加农机服务商、农资零售商、农民参加土地托管的积极性，缓解农业生产经营活动的资金压力，金丰公社提供两类金融服务满足不同主体的金融需求。第一类是贷款服务。金丰公社与光大银行合作向种植大户发放光大福农贷，与华夏银行合作开发了“乐丰贷—农机师”产品，为农机手提供农机贷款。中国人民银行临沂市中心支行专门针对金丰公社，设计了向社长和种植户发放的“农地收益贷”，采取土地收益权质押担保，贷款期限最长为12个月，年利率为7.4%，低于正常商业贷款10% ~ 12%的利率水平。在临沭县调研过程中，金丰公社临沭县社的社长董书通展示了他和中国人民银行临沭县支行行长的微信聊天内容，讨论贷款的执行情况。临沭县支行行长十分关心公社托管作物的长势，因为这直接关系到贷款的风险控制问题，相关业务使银行和金丰公社形成了命运共同体。董书通说：“通过进行大规模的土地托管，想要贷款，已经由过去我们四处求人找银行，变成了银行主动找我们，金融服务得到了保障。”第二类是保险服务。金丰公社不仅为社员购买了保费为 18 元 / 亩的政策性农业保险，承担了政府补贴 14.4 元 / 亩以外的全部保费，还为社员购买了保费为 10 元 / 亩的商业保险，总保额可达到 700 ~ 800 元 / 亩。临沭县社部分地区 2018 年投保后，遇到了自然灾害，获得了 7 万元左右的补偿，降低了农民的损失，极大地提高了农民参保意愿。

（4）提供多元化的服务方案

针对不同农民的需要和不同作物的特征，金丰公社设计了多元化的服务方案。第一种是全托管模式。主要针对玉米、小麦、水稻等大田粮食作物。在这种模式下，金丰公社和农户之间签订服务协议，为农户提供种子、肥料、农药等农资产品打包服务，提供从种植到收获的全程机械化服务以及生长全程的植保服务，同时提供农民所需的各类技术指导。农户向金丰公社支付服务费用，并获得最终产出，一般在服务前支付 50% 以上的订金，在作物收获后支付尾款。在产量方面，金丰公社向农民保证他们的产量不比同等地力、同方土地的低，让农民放心。通过全程托管服务，不仅可以帮助农民降低成本，还能提高产量。在山东临沭县，小麦、玉米全程托管服务方案的收费标准分别是 360 元 / 亩和 429 元 / 亩，均比按市场价收费的标准低 50 元 / 亩左右，同时通过作物的全程营养套餐，可以实现产量增加 10% 左右，农户增收合计可超过 20%。第二种是半托管模式。主要针对花生、红薯以及草莓、苹果等经济作物，提供服务的个性化选择。服务内容包括肥料、农药等农资产品打包服务，以及种植管理过程中的机械施肥、喷药等服务。由于草莓、苹果等经济作物需要更多的日常管理，仍离不开原经营者的精心管护，所以半托管模式相对全托管而言于农户、于企业更为适用，二者的灵活采用体现了因地制宜。临沭县玉山镇的村社社长刘伟在当地丘陵地区种植红薯，同时也为其他农户提供优质价廉的农资等半托管服务，并在县社帮助下打造了千金薯的产品品牌，畅通线上线下销售渠道，收获季节每天可销售 50 吨以上。通过半托管，既提高了红薯的产量和品质，也增加了农民的收入，目前托管面积已经达到 7000 亩。

2. 金丰公社的经验

金丰公社的实践，实现了企业和农民的共赢，促进了农业生产性服务业的整合发展。其取得成功的关键在于始终坚持一个原则，即选择的每个村镇级社社长都是当地人，熟悉了解当地情况，实现真正“让本村的人种本村的地”。他们不是替代农民，而是服务农民，与农民的关系不是挤压谋利，而是共享共生。金丰公社秉承真正帮农民种地的理念，实现了小农户与现代农业的有机衔接，增强了农民的获得感和参与感。围绕这一原则，金丰公社借助金正大集团在化肥行业的产品优势，整合农资、农机、金融资源，充分发挥我国乡土熟人社会的地缘特征，通过定制的农业生产经营方案和配套的农业生产性服务，将优质的农资产品和优质的农机服务提供给本村农民，做农民的“服务者”。调研过程中，各级社长都强调种地农民要彼此了解，这十分重要，只有依靠他们，才能发挥好金丰公社在资金和资源上的优势，真正实现为农民种上地、种好地。“本村的人种本村的地”，金丰公社实现了工商资本和农业生产的有机结合，指明了农业生产性服务业的一种创新发展方向。

（二）政府购买公益性服务的成都模式

由于我国农业生产性服务体系尚不完善，单纯依靠市场条件下的经营性服务面临着一些不易克服的难题，无法满足农民对农业生产性服务的全面需要，政府购买公益性服务恰好能够形成良好补充。政府购买农业公益性服务符合服务组织的需要，有利于解决当前服务组织发展不健全、服务能力弱、要素配置不合理的问题，引导它们实现更好、更快、更健康的发展。我国江苏省、四川省、云南省、重庆市等多个地区在农业农村部统一部署下深入开展政府购买农业公益性服务改革试点，有做法、有成效、有经验。

1. 政府购买农业公益性服务的内容

作为政府购买农业公益性服务改革试点，成都市在崇州、邛崃等区县开展了政府购买农业公益性服务机制创新试验，大力发展技术咨询、农机作业、农资配送、专业育秧（苗）、病虫害统防统治、田间运输、粮食代烘代储、农产品收贮等社会化服务组织，为农业生产提供产前、产中、产后全程社会化服务，并在此基础上向更宽领域、更多环节拓展，在购买人力资本、品牌塑造、金融、保险等服务方面采取了一系列创新举措，致力于拓展农业生产性服务的边界，大大丰富了农业生产性服务业的内涵，提升了实践经验与改革效果。

（1）突出重点环节和重点服务

针对粮油作物绿色高产中的关键环节和薄弱环节，做精做深整个农业生产过程的中间服务，主要在崇州市、邛崃市水稻、小麦、油菜、蔬菜成片的区域，围绕集中育秧及机插秧、病虫害统防统治、粮食烘干、秸秆粉碎还田等方面实施政府购买服务。成都全市范围内，受益农户共计 8.85 万户，面积达 56.98 万亩，烘干粮食 20.25 万吨，并形成了各区域、主体独特的发展方式。崇州市通过购买服务充分激活农民专业合作社的服务功能，有效推广了农业生产性服务。如耘丰农机合作社建设了装备化机插秧育秧中心，单机每天可育秧 1200 ~ 1500 亩，是目前世界上最高性能的水稻机插秧育秧机组。依托育秧中心精确的作业订单和高品质秧苗，推动全国范围内的机插、机耕、机收协作，开启全国范围汇集农机作业资源的农机化协作新模式。2017 年，合作社承接崇州市水稻集中育秧、机械化栽插政府购买服务项目 6600 亩，2018 年，承接崇州市水稻育插秧一体化服务项目 2800 亩，商品化秧苗订单总数达 75 万片、栽插面积 3.7 万亩。

（2）提供农业面源污染治理服务

委托第三方成立专门的废弃农药包装、农膜回收公司，督促检查农药生产企业和经销商建立剧毒、高毒、一般农药使用后的容器、包装物回收登记制度，对废弃农药容器和包装物实行有偿回收，由公司组织废弃物的收集、打捆，运送到专业机构进行无害化处理。如温江区与中节能（攀枝花）清洁技术发展有限公司和成都兴蓉环保科技有限公司签订无公害处置合同，政府每年补贴40万元，目前共规范设置农药废弃包装物、废弃农膜回收示范网点40个，共回收农药包装废弃物130万余个、12吨，废旧农膜35吨，回收率可达98%；邛崃市等地探索面源污染治理“异地循环”模式，共转运沼肥45.95万立方米，沼粪浇灌面积20余万亩。

（3）开发土地流转履约保证保险服务

邛崃市为避免农村土地流转中的失约行为，引入平安、太平洋、锦泰等保险机构，开发了农村土地流转履约保证保险产品。2018年，全市完成投保20.6万亩，实现流转面积100亩以上的规模流转行为投保率达90%以上。该保险保额为1000元/（亩·年），费率3%左右，其中，由政府补贴50%，农业企业承担40%，土地经营权属者承担10%。通过建立土地流转面积台账、经营台账，对土地流转情况进行核实，与符合条件的土地流转行为主体签订农村土地流转规范合同。对参保的土地流入方、流出方，市财政按实际缴纳保险费用的50%予以补贴，保费补贴上限为18元/（亩·年）。在出现土地流转风险时，上报农业主管部门启动赔付程序。对恶意违约的农业经营主体，将其列入黑名单向社会公开，取消其在全市土地流转资格及可能享受的相关优惠政策。邛崃市首创的履约保险也被写入了2017年中央一号文件。

（4）推广农业技术培训服务

重点开展了新型职业农民培训，探索建立了完善新型职业农民推荐选拔、培训培养、认定管理、人才服务和政策扶持等方面互相衔接配套的新型职业农民培育制度体系；开展了乡村振兴相关培训，依托成都广播电视大学对农业职业经理人开展农业文化创意和田园综合体建设等振兴乡村战略相关培训；开展了农业职业经理人培育，由区（市）县招标确定农业职业经理人培训机构展开培训。课题组在邛崃市对红珊瑚农业开发有限公司进行了深入调研，该公司为打造阳光玫瑰精品葡萄品种，设定了36个标准，采用了420个文件夹管理，实现了每亩110株葡萄藤、每株20个枝条、每个枝条1串葡萄、每串葡萄65 ~ 70粒、重量1.5 ~ 1.7斤的精准化管理，使每串葡萄的市场价达到398元，每粒葡萄5元以上，打造了新时代“有情怀、有企业家才能、有工匠精神”的职业农民样板。

（5）打造“农贷通”农村金融服务

搭建线上线下结合的“农贷通”农村金融综合服务平台，由地方政府进行前期投入，提供办公场地设施，委托企业进行平台运营维护，由中国农业银行、农村商业银行、邮政储蓄银行等机构提供金融服务产品。农户和经营主体通过平台了解银行产品、进行贷前咨询、贷款申请、资料提交等。银行通过平台实现产品介绍、发掘潜在客户、线上初审、通知放款等功能。线下设立村级服务站，为新型经营主体及普通农户提供政策宣传、业务咨询、办理等服务，实行“一站办理”，解决农村金融服务信息分割、对接不畅问题。为保障农民权益，规定贷款利率上浮最高不超过基准利率的30%；为简化办事流程，推出手机贷、线上金融等智慧服务，“让信息多跑路，让群众少跑路”，试点贷款流程缩短1/3，贷款时间从5天缩短到3天。课题组在崇州调研时，崇州市道明镇竹艺村“农贷通”工作站点的负责人说：“农民的贷款额度在几万元到几十万元不等，他们的贷款需求在我们这基本都能得到满足。”截至目前，成都市“农贷通”平台已采集入库3515户新型农业经营主体信用信息，有信用乡镇173个、信用村1692个、信用户10.3万户，累计申请贷款8485笔，合计69.40亿元，累计发放贷款5989笔，合计46.39亿元。

2. 政府购买农业公益性服务的经验

成都市对于政府购买农业公益性服务的探索创新，对农业生产性服务业的发展发挥了重要作用，实现了小农户和现代农业发展的有机衔接，形成了宝贵经验。

（1）界定内容精准的服务范围

成都市聚焦农业社会化服务体系建设过程中的急事、难事、大事，找准农业、农村、农民的发展需求，选择的购买事项主要包括：一是市场主体有一定的发展基础，但存在“小散乱”现象，需政府引导进行整合、规范、提升经营主体能力的项目，如农资配送、机械服务、专业育秧（苗）、粮油烘储等；二是公益性强、受益面大但收益率较低，经营主体不愿做、无力做、做不好，需要政府扶持的服务项目，如动物疫病防控、病虫害统防统治、农业面源污染治理、动物粪便处理等；三是符合现代农业发展方向、发展前景好但尚处于起步阶段的新产业、新业态，如农业品牌化建设、农村金融服务平台等。

（2）建立互利共赢的运作模式

首先，明确试验方向。通过选择试点，总结完善试点经验，在政府购买公益性服务的主要内容、运行模式、经费保障、监管评价、服务管理等关键环节和重点领域进行探索，形成一套可复制推广的制度体系和工作机制。其次，科学制定实施流程。在服务项目清晰、政府与市场边界明确的基础上，确定参与主体、划定责任分工，细化操作规范，分类分步实施，使项目推进井然有序，主体间各司其职并形成合力。最后，建立政府、经营主体、社会化服务组织三方共赢机制。鼓励新型农业服务主体采取合作式、订单式、托管式等服务方式，通过共营共管、入股分红、技术承包、利益返还等服务模式，形成利益共同体，实现政府公共服务到位、社会化服务组织盈利、经营主体节本增收有机统一，服务主体与生产经营主体目标一致，利益一致，互利共赢，实现可持续发展。

（3）构建及时长效的监管机制

通过政府、服务主体、服务对象三方对覆盖政府购买公益性社会化服务全流程的监管，及时发现问题、解决问题，实现服务体系的良性运行。充分发挥政府部门的监管职能，各级政府在对服务主体进行全程指导监督的同时，围绕政府购买农业公益性服务的具体内容和服务数量、质量、效果要求，建立对社会化服务组织的评价监管机制，包括监管机构、监管方式、监管时间等一系列操作规范。提升服务主体自我监管能力，通过服务日志、台账管理、随机抽查受益农户等形式以及各级政府制定的奖惩制度，促进服务主体开展规范化、专业化服务，强化其自律能力。建立服务对象信息反馈渠道，调研服务对象接受服务满意度，提升服务对象在整个服务体系中的话语权，结合服务对象的意见，明确提升服务质量、防范潜在风险、杜绝不规范现象发生的具体改进方向。

（三）向家庭农场提供服务的上海样本

随着我国农业适度规模经营的不断推进，各地家庭农场、种养大户等规模经营主体的数量均有所提升。不同类型的规模经营主体对农业生产性服务也有着强烈的需求，他们所具备的土地规模经营优势，为创新服务模式提供了更大的空间，其中“家庭农场＋生产性服务”的经营方式表现尤为突出。上海市在全国较早开始探索家庭农场，在取得长足进展的同时不断创新实践，积极探索“家庭农场＋生产性服务”的多种服务模式，为全国提供了面向规模经营主体提供优良服务的典型样本。

1.“家庭农场＋生产性服务”的多样化组织形式

上海家庭农场多以农业生产为主，并由不同的组织提供生产性服务，形成类型多样的“家庭农场＋生产性服务”的组织形式，涌现“家庭农场＋互助服务”“家庭农场＋合作社服务”“家庭农场＋村集体经济组织服务”等模式，表现出各自的特点和优势。

（1）“家庭农场＋互助服务”模式

从2007年开始松江区在上海市最早探索发展家庭农场，目前已有家庭农场906家。面对近年来家庭农场快速发展、对专业化系列化服务需求日益增长的态势，该区从2011年开始着力培育机农一体家庭农场，2012年起又在机农一体家庭农场基础上探索建立机农联合互助点，大力推行“家庭农场＋互助服务”的发展模式，机农一体家庭农场达到672家，占全区家庭农场总数的74%；机农联合互助点有108个，作业覆盖粮食面积达17万亩。机农联合互助点采取“一户经营、互助作业”的方式，实现统一购机、统一维护、统一作业、统一结算，由互助点带头人（一般是当地规模较大的家庭农场的经营者）把周边的家庭农场联合起来，带头人出资购买农机，并承担作业成本和收益，互助点成员平时经营自己的耕地，农忙时作为农机手为其他成员的耕地开展全程机械化服务，并获得农机作业报酬。如松江区柳港镇张小弟家庭农场既是典型的机农一体家庭农场，也是示范性机农联合互助点。2007 年张小弟流转 120 亩耕地成立家庭农场，发展水稻生产，目前经营规模已近 600 亩，对社会化服务的需求越来越迫切。在政策引导和支持下，他投入 100 多万元购置了一整套农机装备，成立了小弟机农联合互助点，除了开展自我服务外，还雇互助点成员当农机手，为其他成员提供农机作业服务，服务面积覆盖 1500 亩。这种“家庭农场 + 互助服务”的规模经营模式，可以有效利用农机、人力等生产要素，降低生产成本，提高作业质量和劳动效率，表现出组织便捷、运行高效的明显优势。

（2）“家庭农场 + 合作社服务”模式

浦东新区农民有种植瓜果蔬菜等经济作物的生产传统，但在千变万化的大市场面前，单个经营主体的市场营销和抗风险能力普遍较弱，产品很难卖出好价钱。针对这一问题，该区积极引导和支持家庭农场与农民合作社进行对接，推行“家庭农场 + 合作社服务”的发展模式，由家庭农场负责田间生产管理，合作社负责农资供应、农产品流通及农机作业服务。目前与合作社对接的家庭农场达到 173 家，占全区家庭农场总数的 38.8%。如浦东新区书院镇乔占家庭农场的农场主乔占介绍，他是一个地地道道的“农二代”，之前一直在建筑工地上班，后来看到市场上马兰头、甜瓜、西瓜等经济作物的销售很旺，再加上家里人手不够，才辞去工地的工作，接替父亲开办家庭农场，并投入多年积蓄发展马兰头等经济作物，规模从刚开始的 80 多亩扩大到现在的 200 多亩，还种植 70 多亩水稻。随着规模的扩大，他越来越感到农场在农资采购、市场营销、品牌打造等方面的不足。为此，乔占农场作为核心成员发起成立了庭娆果蔬专业合作社，吸纳 60 多户农民入社，由合作社为农场和入社农户提供统一农资、统一技术、统一品牌、统一销售等服务，创出“庭娆”牌农产品商标和“南汇 8424”西瓜品牌，价格比同类产品平均每斤高出 0.5 ～ 1 元，产品热销上海、江苏、浙江等地，乔占农场年人均净收入可达20万元。该区士丰家庭农场与万祥镇尹民合作社开展技术合作，摸索形成了“虾稻共作”的一整套技术规范，使家庭农场每亩地收获500公斤稻谷和150公斤小龙虾，大大提升了农场的经营效益。这种“家庭农场+合作社服务”的规模经营模式，既保留了农户家庭经营在生产领域的独特优势，又发挥了合作社在技术指导以及农资配送、品牌培育和市场营销等流通领域的特长，有效解决了家庭农场干不了、干不好、干起来不划算的问题。

（3）“家庭农场+村集体经济组织服务”模式

嘉定区地处上海近郊，毗邻江苏昆山、太仓，良好的区位优势带动了工业化城镇化快速发展。自20世纪90年代初开始，当地农民基本不再种粮务农，大量外出打工，留下的耕地交给村集体统一经营管理，村集体只能雇用外来人员进行田间作业。面对农业生产后继乏人的状况，该区从2014年开始试点发展粮食家庭农场，推行“家庭农场+村集体经济组织服务”的发展模式，目前粮食家庭农场已有261家，经营耕地3.84万亩，平均规模达到147.2亩。嘉定区外冈镇村集体从前以“包清工”的方式将土地对外出租经营，利润返还给村集体。2014年以后，他们充分利用集体经济比较发达的优势，积极培育发展以本地农户为经营者的家庭农场，由农场负责耕种土地，农场之间还分成4～5个作业小组，在农忙时开展互助服务；村集体负责统一布局，开展农业基础设施和高标准农田建设，出资购买农机和农资，并配套农机中心和粮食烘干中心，为本地48家粮食家庭农场提供全程机械化服务。生产性服务业的发展，促使外冈镇的粮食生产实现了从种植到销售的全程系列化服务，种粮过程相当于工厂化生产，农户除了家庭农场经营收入外，还可以作为农机手获取一部分额外收入。这种“家庭农场+村集体经济组织服务”的规模经营模式，充分发挥了村集体的服务功能，在完善统一经营层次、提高农业组织化程度方面表现出很强的优越性。

2.“家庭农场+生产性服务”的经验启示

虽然“家庭农场+生产性服务”在上海不同地区、不同产业具有不同的表现形式，但家庭农场和各类生产性服务的提供者都立足自身的比较优势，在发展中逐步探索形成相对明确的功能定位。家庭农场主要负责生产环节的田间作业，农民专业合作社或合作联社主要提供产前环节的苗种及农资供应、产中环节的技术指导及农机作业、产后环节的收储加工及市场营销等服务，发达地区的集体经济组织则主要在高标准农田和基础设施建设、土地流转及整理、农机装备应用等方面发挥了重要作用，他们分工协作、相互融合，推动农业产业链延伸和价值链提升，有力地促进了适度规模经营发展和现代农业建设。

（四）农业生产性服务业实践总结

在农业生产性服务业创新实践的过程中，形成了针对小农户和规模经营主体等不同服务对象的服务内容和服务模式，包括企业、集体经济组织、合作社等在内的具有商业属性的经济主体，从追求利益最大化的目标出发，依托市场机制推动生产性服务业的发展；与此同时，具有公益属性的政府也扮演着重要角色，通过购买公益性服务引导农业生产性服务业不断拓展升级。各地在参考借鉴时，必须要妥善处理好市场主体和政府主体的关系，既要坚持市场在资源配置中的决定性作用，也要发挥政府的引导功能。农业生产性服务业的创新发展，不可能全部都要通过政府购买的方式实现，不仅成本上不可行，而且不符合市场规律，但完全依靠市场主体的方式同样存在缺陷，会导致公益性较强的服务难以得到有效供给。为进一步优化市场和政府分工，可将服务内容分为三类：第一类是必须由政府购买的服务，重点瞄准农业生产性服务业中具有较强公共属性和外部性的部分，如疫病防治、粪便处理、质量监督、品牌塑造；第二类是需要政府在初始阶段带动的服务，通过政府购买降低服务采用的成本，突破前期推广应用的障碍，形成示范效应逐步让农民自觉采用，在发展到一定阶段后，政府适时退出，如农业科技研发应用，新产业、新业态发展推广；第三类是完全由市场提供的服务，主要针对已经形成了合理的价格形成机制，能够充分通过供需双方自发交易实现市场均衡的部分，政府不再干预，如粮食耕种收的机械化。农业生产性服务业的创新发展要根据不同的服务内容选择合适的实现路径和实现机制，确保经营性服务与公益性服务相得益彰。此外，针对不同的服务对象和服务需求，要有针对性地设计服务内容和服务模式，让各类农业经营主体都能够享受到农业生产性服务业发展的红利。

四、农业生产性服务业发展的方向

实施乡村振兴战略，农业农村优先发展，从产业兴旺到生态宜居，从农业产业发展到多重功能释放，为农业生产性服务业提供了广阔的生存与发展空间。要着眼经济社会发展的阶段性特点，着眼于农民的分化，着眼于发展农业新产业、新业态，着眼于提升农业竞争力和建设强势农业，把握创新发展方向，做大做强农业生产性服务业。

（一）拓宽服务领域丰富生产性服务业内涵

农业生产性服务业的创新发展，首先要拓宽服务领域，丰富产业内涵。从纵向角度看，聚焦以下五类服务：一是为生产者生产经营过程提供的中间服务，如耕种收等；二是为适应新的科技和经营模式提供的人力资本服务，如科技推广；三是促进产品交换或价值实现提供的服务，如市场营销、品牌塑造；四是为保障现代农业产业体系、生产体系和经营体系高效运转提供的服务，如现代的信息传递、物流、商务活动、金融、保险服务；五是为整个生产经营提供的管理服务，如财务会计等。从横向角度看，不仅可以服务于生产领域，也可以服务于生活、生态领域；不仅可以服务于农业农民，也可以服务于农村城市。农业观光、休闲产业、生态环境维护、绿色产业发展生成越来越多的服务需求，如乡村规划、乡村设计、乡村建筑、乡村艺术等，从而使农业生产性服务业的内涵向乡村服务业延伸，并为乡村服务产业概念的确立奠定坚实的市场需求。

事实上，农业生产性服务业通过科技研发、农资供给、农机服务、农产品营销以及信贷保险、物流、市场营销和品牌塑造以及全产业链打造，对农业各产业进行全面渗透，不断强化农业全产业链的支撑服务体系，在很大程度上模糊了农业生产性服务与农业生产经营的边界，不断催生新的农业产业体系、发展形态、经营模式和内生动力。从长期趋势看，农业生产性服务拓展到乡村范畴，不仅要为生产经营者提供高质量的信贷保险、市场营销、产品品牌塑造服务，更需要帮助生产经营者规划生产、生活事务，不仅为生产提供服务，也为生活提供服务；不仅从田间到餐桌提供全方位的农业生产性服务，同时从摇篮到坟墓为农民提供全方位生活服务。

（二）创新多元形式提升农业综合生产能力

保障重要农产品的有效供给，尤其是确保粮食安全，始终是我国治国理政的头等大事。在我国粮食生产连年丰收的大好局势下，依然不能忽视那些影响粮食安全和农产品供给的不确定因素，仍需通过提升农业综合生产能力强化国内供给，把饭碗牢牢端在自己手中。农业生产性服务业的创新发展要服务于不断提升农业综合生产能力的目标，能够根据不同地区、不同对象和不同产业制订形式多元的服务方案，满足不同的服务需要。对于平原粮食产区，要打造全产业链服务，强化有利于“藏粮于地、藏粮于技”的服务供给，同时要与国家粮食生产功能区的规划相适应；对于山区丘陵蔬果产区，要进一步拓展服务品种、服务内容、服务方式，挖掘产品附加价值；对于畜禽养殖地区，要探索动物疫病防控、禽畜粪便资源化处理等内容，实现环境友好型生产。针对不同的服务对象，既要提供面向家庭农场、合作社和农业企业等新型经营主体的规模化服务，也要提供面向小农户的差异化服务。通过形式多元的农业生产性服务，实现对不同类型农产品生产经营活动的全覆盖，确保产得出来、卖得出去、卖出好价钱。

（三）采用先进技术实现农业的高质量发展

国内经济社会高速发展、居民对农产品需求的升级以及国际市场竞争加剧对国内农业发展空间的压迫，都要求我国农业必须更加注重质量提升，要定位于高标准的农产品、高效益的农业产业、高品质的国际竞争力。科技是农业高质量发展的主要支撑，作为农业科技推广的重要载体，农业生产性服务业，应该朝着采用更加先进技术的方向进一步发展，实现与农业高质量发展的要求相匹配。要通过农业生产性服务业，提升农业装备和信息化水平，促进农业科技成果转化和应用，特别是对于单个经营主体难以独立使用的大型农机具和投资成本高的先进农业装备，都可以依托农业生产性服务得以使用。一是强化先进装备的使用。通过农业生产性服务业加快推进粮食生产全程机械化，不仅可以提升单产水平，而且可以提升粮食可用率、产出能力，这方面潜力巨大。二是强化降耗技术的使用。通过农业生产性服务业大力推广测土配方施肥、统防统治、绿色防控、地膜覆盖等先进技术，减少农业用水总量，化肥、农药利用效率不断得到提升，土壤污染得到有效控制，提高农产品质量安全，实现可持续发展。三是强化信息技术的使用。通过农业生产性服务业大力发展“互联网＋粮食”，粮食生产大数据的运用，可以最大限度减少自然灾害、疫病灾害，包括抵御市场风险，同时要加快物联网、区块链、人工智能、第五代移动通信网络、智慧气象等现代信息技术在农业生产性服务业中的应用，进而惠及农业发展全局。

（四）坚持共享共生构建现代农业经营体系

构建现代农业经营体系，是新时代坚定不移地实施乡村振兴战略的重要举措。快速推进的工业化进程和独具特色的“三权分置”农地制度安排，使中国现代农业经营体系呈现主体多元、融合发展、利益共享的内生制度特征，由此决定了不同经营主体在现代农业不同环节、不同层面的差异化功能定位和分工。农业生产性服务业在农业生产经营各个环节和各类经营主体之间发挥着至关重要的串联作用，既表现出为农业不同环节提供特定服务的基本功能，也隐藏着不同经营主体之间的利益关联关系，其创新发展与我国构建现代农业经营体系相辅相成。共享共生既是现代农业经营体系的发展趋势，也是农业生产性服务业创新发展的重要方向。从共享共生的本质看，一方面，共享共生是农业产业链延伸、作业环节增加、分工分业深化产生的要求，都和农业生产性服务业有着密切联系。农业生产性服务业创新发展要通过体制机制创新，在提供服务的同时建立共享共生机制，促进土地、劳动力、资本、信息等各类资源要素的优化配置，兼顾处理好服务主体与农民、合作社、家庭农场的关系，让农业生产主体能够分享现代农业发展的成果，这是共享经济内生的基本规定。另一方面，共享共生是利益分配的必然要求。要在服务主体与生产主体之间的市场交易、契约关系基础上实现互助共赢、融合发展，且随着多元所有制、多种经营方式构成的混合经济发展，各类服务主体与生产主体之间将逐步形成资源共用、风险共担、利益共享的紧密联系层，需要帮助生产主体在生产经营、利润分配环节获得更多发言权、收益权，有更多获得感，进而推进多元主体可持续发展。以农业生产性服务业为线索，协助经营主体构建利益共同体，也就为建立现代农业经营体系奠定了坚实的基础。

（五）深化协同融合推动乡村产业深度发展

发展富民乡村产业是我国实施乡村振兴战略、实现农业农村现代化的关键。2020 年中央一号文件明确提出，支持各地立足资源优势打造各具特色的农业全产业链，建立健全农民分享产业链增值收益机制，形成有竞争力的产业集群，推动农村一二三产业融合发展。要求重点培育家庭农场、农民合作社等新型农业经营主体，培育农业产业化联合体，通过订单农业、入股分红、托管服务等方式，将小农户融入农业产业链。作为乡村产业重要组成部分，农业生产性服务业的发展不仅丰富了乡村产业类型，也萌生更多新产业、新业态。在乡村产业融合发展的趋势下，农业生产性服务业可以作为推动农村产业深度融合的新引擎。从未来发展看，农业生产性服务业不仅要服务于生产领域，也应向服务于生活、生态领域方向拓展，不仅可以服务于农业农民，也可以服务于农村城市。农业观光、休闲产业、生态环境维护、绿色产业发展生成越来越多的服务需求，从而使农业生产性服务业的内涵向乡村服务业延伸，并为乡村服务产业概念的确立奠定了坚实的市场需求。在乡村振兴战略背景下，随着振兴乡村政策举措的实施以及乡村的发展，乡村服务业呈现广阔的发展前景。犹如日本农协向社员提供包括农业生产、金融保险、日常生活等综合服务，未来我国农民对服务的需求也必然不会局限于农业本身。农村土地被托管后，空闲出的大量农民对农村优质生活的需求会变得更强烈。当农业企业发展到一定阶段，应该着手为农民提供全方位的服务。从农业生产向农民生活延伸，聚焦养老健康、人居环境、废弃物资源化利用、生态环境管护等公共产业和准公共产业和领域，提供多元化、无死角、全覆盖的服务。通过农业生产性服务业的创新发展，发掘乡村新功能、新价值，培育乡村新产业、新业态，打造乡村新载体、新模式，促进农工、农商、农旅、农文协同融合。

五、农业生产性服务业发展的保障

从我国国情农情出发，着眼于乡村振兴战略实施和现代农业发展的需要，推动我国农业生产性服务业的创新发展，需要政府强化从发展战略到政策举措一系列行为导向。

（一）提升农业生产性服务业的战略地位

深刻认识现代农业发展对农业生产性服务业需求的客观性和必然性，切实把发展农业生产性服务业提高到战略层面来思考相关问题。一是在理念上，充分认识农业生产性服务业是一篇大文章。各级政府要深刻理解现代农业发展对农业生产性服务业需求的客观性和必然性。适应农业功能拓展，产业链条延伸，产业体系多元化，新产业、新业态不断涌现，一二三产业不断融合发展的大格局，克服“重生产、轻服务”的传统观念。把发展农业生产性服务业作为贯彻落实“巩固、增强、提升、畅通”八字方针的重要工作来抓，作为实现农业转型升级、全面发展的切入口和引擎点，切实提升对农业生产性服务业战略性地位的认识。二是在内容上，对农业生产性服务业的认识要大大拓展。农业生产性服务业通过科技研发、农资供给、农机服务、农产品营销、信贷保险、物流、市场营销和品牌塑造以及全产业链打造，对农业各产业进行全面渗透，不断强化农业全产业链的支撑服务体系，在很大程度上模糊了农业生产性服务与农业生产经营的边界，不断催生新的农业产业体系、发展形态、经营模式和内生动力。三是在发展上，要坚持将共享共生和协同融合作为创新发展的重要方向。把握农业生产性服务业的客观规律和发展趋势，按照各类农业经营主体服务需求的演变对购买服务的内容更新升级，在满足多元化服务需求的基础上，加快农业生产性服务业的发展。

（二）因地制宜地选择服务主体和模式路径

各类服务主体都有不同的功能和比较优势，都在不同领域、不同环节发挥了不同作用，有各自的适应性和发展空间，要鼓励支持各类服务主体共同发展，多种服务方式融合互动。农业公共服务机构具有体系较健全、服务基础较好的优势，仍将是区域性基础性品种和大宗作物栽培技术推广、病虫害统防统治的主导力量。各类经营性服务组织以主业服务为核心，拓展多项增值服务，具有科研、规模、体系、集成、渠道等多方面优势，未来将在全产业链服务，促进农资、农艺、农技、农机融合方面大有可为。特别是各类专业服务合作社，以提供作业服务为主要业务，它们根植于乡土，与农民有天然的地缘、亲缘关系，更了解农民需求、更容易被农民接受，在农机作业、农业植保、集中育秧、粮食烘干等农业生产关键环节的服务领域具有独特优势。模式路径的选择要兼顾服务主体和生产主体的偏好，既要让服务主体有利可图，也要让生产主体得到实惠。在实践中，政府要发挥好监督管理作用，在充分释放农业生产性服务业活力的同时，保护好服务双方利益。

（三）深化农地制度改革营造良好发展环境

农业生产性服务业的发展离不开农村土地制度的保障，要进一步深化农村土地制度改革，释放制度红利，为农业生产性服务业的发展创造良好的外部环境。当前，我国各地土地集约化程度普遍不高，土地不成片、太分散，“插花地”问题广泛存在，这大大降低了农业生产性服务，尤其是农机服务的效率，增加了服务成本，提高了服务主体开展服务的难度。提高土地集约化和规模化程度，仍然要在农村土地制度上做文章。一是要进一步优化“三权分置”的制度设计，鼓励多元主体在尊重农民意愿的基础上，采取差异化方式加速农村土地经营权流转、推动土地的集中；同时建立起有效的土地流转市场，降低信息不对称程度，提高交易效率，在控制土地租金快速上涨的同时，着力推动农业的土地规模经营。二是严格落实 2020 年中央一号文件有关破解乡村发展用地难题的要求，农业设施用地可以使用耕地，新编县乡级国土空间规划应安排不少于 10% 的建设用地指标，重点保障乡村产业发展用地，省级制订土地利用年度计划时，应安排至少 5% 新增建设用地指标保障乡村重点产业和项目用地，重点向农业生产性服务业倾斜。三是在符合国土空间规划的前提下，通过村庄整治、土地整理等方式将节余的农村集体建设用地优先用于发展乡村产业项目，农村集体建设用地可以通过入股、租用等方式直接用于发展乡村产业，可优先考虑农业生产性服务业。

（四）落实农业生产性服务业的支持政策

农业生产性服务业的创新发展，离不开相关政策的扶持，各地政府要认真落实好各类支持政策。其一，在用地政策上，充分利用闲置学校校舍、工厂、废弃地，加快落实服务主体建设仓储、烘干、农机库棚、生产辅助和配套设施用地。同时要加大土地整理、高标准农田建设、农田水利建设的投入力度，着力加强乡村道路、农机场库棚等农机配套设施建设，确保农机能下田、能上路，田网能排能灌。其二，在金融政策上，各级金融机构要按中央要求，服务农业农民、服务实体经济，着力解决各类服务组织融资难、融资贵问题，积极支持开展服务主体拥有的厂房、生产大棚、大型农机具、农田水利设施产权抵押和生产订单、农业保险抵押融资。其三，在财政税收政策上，鼓励各地通过政府购买服务、以奖代补、先服务后补贴等方式，支持服务组织承担政府职能，落实各类服务的税收优惠和税收减免政策，减轻服务组织负担。其四，在信息化方面，深入推进“互联网＋农业”，开发农业生产性服务业应用软件和数据平台，发布有针对性、有影响力的市场信息，以互联网思维和手段，促进农业生产服务主体和生产经营主体有机衔接，提升服务质量和效率。

（五）加大农业生产性服务业从业人才培养

服务从业者的能力决定了服务的质量，更决定了农业生产性服务业创新发展的成色。农业生产性服务业既然是战略性产业，从业者职业化、专业化就是基本方向，因此，要高度重视对从业人才的培育，提升从业者的管理能力和服务能力。一是激发多元主体参与。农业服务从业者类型多元，各具优势，差异化发展有助于实现不同主体间的良性竞争和有益互补，能够为农业生产主体提供更多的服务主体选择。因此，应该进一步激发多元主体参与农业生产性服务业的发展，为产业发展注入全新活力和不竭动力。二是推进从业人员职业化。各级政府要把农业服务从业者的培养上升为发展战略，按照有情怀、有能力、有素质、有工匠精神的“四有”原则，通过组织专业化培训、考察学习等多种路径和方式，提升从业者的眼界、知识、技能，培养造就一批有文化、懂科技、会管理的职业农业服务人员，不断增强从业者的人力资本。设置激励性政策，鼓励各类从业人员在科技研发、信息处理、关键技术等方面不断创新和提高，激发主观能动性，实现服务水平的内生发展。三是重点培养引领型人才。这类人才需要具有创新精神，不仅仅表现在传统农业向高端发展，更表现在各类新产业、新业态的发展方面，敢为人先。在农业观光旅游休闲、民宿产业、“互联网+农业”、智慧农业等方面，都需要具有创新能力的人才。特别是随着新产业、新业态的发展，很多前所未有的职业脱颖而出，比如乡村设计师、乡村规划师、乡村建筑师、乡村艺术家等，这一类型的“新农人”具有广阔的生存空间。

参考文献

[1] 胡凌啸．中国农业规模经营的现实图谱：“土地+服务”的二元规模化．农业经济问题，2018（11）

[2] 芦千文，姜长云．我国农业生产性服务业的发展历程与经验启示．南京农业大学学报（社会科学版），2016（5）

[3] 张红宇，张涛．农业规模经营的两种路径选择．人民日报，2015-9-13

[4] 张红宇．农业生产性服务业的历史机遇．农业经济问题，2019（6）

[5] 张红宇．现代农业的第三条道路——中国农业的现状和未来．“三农”决策要参，2018（42）

[6] 张红宇．中国农村改革的未来方向．农业经济问题，2020（2）

[7] 张红宇．中国现代农业经营体系的制度特征与发展取向．中国农村经济，2018（1）

[8] 张红宇，胡凌啸．工商资本如何为农民服务——金丰公社调研．农村经营管理，2019（9）

[9] 郑风田，焦万慧．前提设定，农民权益与中国新型农业经营体系的“新四化”．改革，2013（3）

科技支撑乡村振兴面临的突出问题及解决思路[①]

一、科技支撑乡村振兴的现实需求与关键着力点

（一）乡村高质量产业体系构建，需要加快农业科技创新

当前，我国农村农业生产仍然以传统粗放型的经营方式为主，迫切需要以科技创新提高农业综合效益和竞争力。一是我国人均耕地少、耕地质量不高、耕地后备资源不足，迫切需要通过新品种选育、试验示范和良种扩繁及田间管理等新技术应用，提高农业土地生产率。二是农村劳动力越来越缺乏，农业机械化水平仍偏低，迫切需要加快机械化、信息化、智能化技术创新，提高劳动生产率。三是大力发展测土配方施肥、节水灌溉、水肥一体化、科学防治病虫害等技术，并通过综合技术集成提高资源利用率、投入产出效率，推动农业高端化、绿色化、集约化发展。

同时，我国农村一二三产业间衔接不够，迫切需要以科技创新促进农村一二三产业融合发展。我国乡村产业链偏短，迫切需要通过多领域技术融合促进要素融合和产业融合，发展信息化主导的智能农业、生物技术引领的农

---

① 本报告是清华大学中国农村研究院2019年重点研究课题“科技支撑乡村振兴重大战略问题研究”的研究成果，在收入本书时有所删减，报告观点仅代表课题组的看法。课题负责人：陈诗波，中国科技产业化促进会主任、研究员。报告执笔人：陈诗波、盛静、刘晓娟。

业生物制造产业、可持续发展的绿色农业；开发农业旅游新产品、新服务，推动农业旅游业创新发展；以信息化技术应用促进农业电商普及发展，推进“互联网 +”现代农业发展。

（二）乡村创新创业蓬勃兴起，需要科技激发活力

1. 互联网信息技术打破城乡资源梗阻，降低创新创业市场壁垒

互联网为“三农”提供了新的市场交易方式，带动生产领域科技创业的发生，通过农业与信息产业的融合还可以催生农业物联网、在线农业、数字农业、直播农业、抖音农业等新业态，为农民提供更多的致富路径。

2. 加强平台建设促使创新创业主体间及农户间的技术交流畅通

通过网络平台可以将新技术和生产经验传播出去，在少数创新创业示范户的带动下，不断地有更多的人参与到利用新技术创新创业的队伍中，当新技术跨省份、跨地区传播时，会实现新技术的再次创新，并不断因地制宜地对新技术进行改进，最终完成新技术的传播扩散。

3. 完善技术服务体系以优化创新创业生态

技术是创新创业成功的关键因素之一。通过完善技术供需匹配机制，优化技术服务体系，增加创新创业主体实际需要的技术供给，从技术到服务为创新创业主体提供全方位的支撑。

（三）强化农村民生保障，需要提升民生技术有效供给能力

1. 科技助力完善农村基础设施建设，改善农村生存状态

目前，我国农村基础设施建设依然落后，缺乏科学规划设计、建造技术和材料，迫切需要科技支撑，借助信息技术收集农村基础设施测量数据，利用大数据分析、社区建设和住宅建筑设计模块化技术与软件，对农村基础设施建设和公用设备配置进行科学发展规划。

2. 科技助力提升基本公共服务能力，提高农村生活质量水平

城乡配套公共服务差距较大，要素流通不畅，迫切需要利用信息网络技术，搭建平台，促进优质服务资源向农村流动；加强农村信息网络硬件建设，实施村村通网络工程，创新推广大数据技术，建立大数据平台，推进乡村社会的“互联网 + 乡村治理”模式，使乡村治理不断走向协作共享型治理和整体性治理。

3. 科技助力拓宽农民脱贫致富路径，缩小城乡收入差距

依靠科技创新的现代化的市场化的农业才能为农民增收提供更多的机会，农民从传统的种养殖产业开始转向从事休闲观光、智慧农业、农村电商等产业，拓宽农民脱贫致富的路径。要充分运用农业科学技术，在保护环境和节约资源能耗的前提下，既能为农村建设留住人才，又能缓解农村劳动力就业压力，促进农民增收。

（四）促进乡村生态宜居，需要完善乡村环境技术服务体系

1. 依靠科技改善农村生产环境

农业生产发展与资源环境硬约束的矛盾日益凸显，农业高收入与生态环境保护的矛盾需要依靠科技创新来破解。迫切需要以科技为手段，加强“三废”污染物处理、农业绿色生产设备、废弃物循环利用、资源保护与综合利用等关键技术创新，大力推动绿色农业、生态农业、休闲观光农业等发展模式，转变农业生产方式和资源利用方式，实现农业生态良性循环与农业的可持续发展。

2. 依靠科技改善农村生活环境

我国农村垃圾年产生量约 1.2 亿吨，但 90% 得不到合理、安全或无害化处置，垃圾、废弃物随意倾倒、丢弃、堆放，致使农村生活环境恶化。要进一步发挥科学技术的作用，加快垃圾污水处理、农村畜禽粪便处理、农村清洁能源生产、资源高效利用、节水节能等技术应用，对农村生活垃圾、污

水、禽畜粪便、作物秸秆等生产、生活废弃物进行无害处理以及再利用，减少对农村生活环境的污染；通过大数据监测、数据处理、统计分析、综合规划等技术应用，对农村生活基础设施需求进行分析，制定更加科学准确高效的农村垃圾处理设施规划。

3. 依靠科技加强乡村生态保护与修复

乡镇企业粗放式生产造成的工业污染遗留，农村土地资源破坏严重，全国有 40% 的耕地土质较差，农村土壤修复任务艰巨。农村生物多样性减弱，农村自身生态修复能力减弱，要利用环保科技创新破解农村生态系统保护及修复难题。一是通过矿山修复技术、土壤资源修复等农村生态修复技术，加强农村生态环境修复；二是通过生物、清洁能源技术、旱区水资源保护与综合利用等高效能源环境保护技术，保护自然生态环境，减少对环境的污染。

二、科技支撑乡村产业高质量发展

乡村产业高质量发展离不开科技支撑，必须要着力提升农村产业基础装备水平和劳动者素质，加快农业先进科技成果转化应用，促进农业农村一二三产业融合发展。本课题组对浙江省安吉县、新昌县和安徽省枞阳县、河北省石家庄市的赵县、河北省保定市安国市、河北省邯郸市肥乡区等地的 18 家农业产业园区、科研院所试验站、农业科技公司和乡镇产业基地等进行了实地调研，就当前乡村产业技术需求和服务供给模式及其实际效果等问题进行了访谈和座谈。从实地调研来看，随着我国农业农村土地经营规模、从业人员结构、国家战略和经济社会发展理念等的变化，以及人工智能、互联网、大数据等新一代信息技术持续向农业农村生产生活领域渗透，我国农业农村产业组织形态、生产方式和技术服务模式等均发生了许多变化，呈现一些新特点和新趋势。

（一）科技支撑乡村产业发展的典型模式

基于实地调研和文献梳理，根据技术服务主体、服务对象、服务内容、服务方式等不同，本研究认为，当前科技支撑乡村产业发展的典型模式主要可以划分为以下 5 种：涉农高校院所主导的产学研合作服务模式，科技特派员主导的专家指导型服务模式，农业科技企业主导的市场化服务模式，农村科技组织为平台的村民自我服务模式，农业科技园区综合集成服务模式（见表 1）。从不同服务模式的运行机理和服务内容、服务方式及实际成效等来看，每种服务模式都有其优势，也存在短板和不足。

表1　　科技支撑乡村产业发展的5种典型模式

模式	服务主体	服务对象	服务内容	服务方式	服务载体
产学研合作服务模式	涉农高校院所	涉农企业、合作社	新品种、新技术	项目合作、购买服务	企业基地、农业园区
村民自我服务模式	农民专业合作社、种养殖大户	合作社社员、周边农户	常规种养殖品种和技术	示范带动、成为社员免费提供、有偿服务	生产基地
专家指导型服务模式	科技人员、科技特派员	农民专业合作社、普通农户	新品种、新技术	公益性服务、有偿服务	示范基地
市场化服务模式	农业科技企业	农民专业合作社、普通农户、涉农企业	农资、新品种新技术、产品销售	有偿服务	生产基地
农业科技园区综合集成服务模式	政府牵头、多主体参与	农业企业	新品种、新技术、人才培养与发展规划等	生产示范基地辐射带动及技术培训	农业科技园区

资料来源：作者根据实地调研整理得到。

1. 涉农高校院所主导的产学研合作服务模式

涉农高校院所主导的产学研合作服务模式是指涉农高校及科研机构通过项目合作或购买服务等方式为涉农企业和地方政府提供农业科技服务，开展农业产学研技术合作的模式。合作内容主要包括：一是涉农高校及科研机构同地方政府共建农业科技园区、新农村科技服务基地，开展新农村建设宏观战略研究，建立大学生实习基地、实训工厂，以及涉农高校及科研机构生产试验与示范基地、成果中试和小试基地等；二是涉农高校及科研机构同涉农企业开展农业技术领域的项目合作、技术咨询、人员培训等服务。实地调研显示，目前我国涉农高校及科研机构仍然是乡村产业科技服务供给的技术源头，它们依靠自身的学科和人才优势，为地方农业农村产业发展和企业生产提供基础理论知识、专业技术人才培养、技术研发与推广等服务。如枞阳县白云生态园林有限责任公司同安徽省农业科学院、江苏大学等涉农高校及科研机构开展技术合作，并通过与周边村民联合组建合作社，向村民传播西瓜、葡萄、猕猴桃等种植技术，由白云生态园收购后进行统一销售，实现了“产供销”一体化，带动农民致富。安徽省官山生态农业发展有限公司通过与安徽农业大学、安徽省农业科学院等涉农高校及科研机构合作，引进培育新品种“仙羽舌白茶”，因地制宜地培育一批适合本地栽培的新茶叶优良品种：白茶、黄金茶，使茶叶的产量和质量跃上一个新台阶。

2. 科技特派员主导的专家指导型服务模式

科技特派员主导的专家指导型服务模式是一种发端于农村基层并在政府积极推动下逐步形成和完善起来的新型农村科技服务模式，指以涉农高校及科研机构的科研人员为骨干，深入农业农村一线开展技术服务的一种模式，并与农民结成利益共同体，实现科技“高位嫁接、重心下移”，形成科技人员基层创业活动的长效机制。科技特派员把农业科技、人才、管理机制导入田头，与涉农企业、种养殖大户、合作社和普通农户等通过技术承包、试验示范、技术咨询等方式提供技术指导，解决农业生产发展的关键技术瓶颈，解决了当前农业发展面临的诸多痛点和难点，为乡村振兴战略实施提供有效的科技支撑。如浙江省安吉县科技特派员通过打造农民田间学校，建立特派员示范基地，培育科技示范户，形成了“科技特派员 + 合作社 + 试验示范基地 + 示范户”的推广体系。科技特派员通过科技普及，做给农民看、带着农民干；通过与生产经营主体结对帮扶，建立了科技示范基地；通过实施科技项目及开展技术培训和指导，推广一批适用先进技术。

3. 农业科技企业主导的市场化服务模式

农业科技企业主导的市场化服务模式是指涉农科技服务企业根据农业生产经营者的技术需求，以新品种、新技术和农资装备等的引进、交易、推广和服务等为主要内容，以追求利润为目的，按照市场化的交易方式和运营机制，把科技服务作为商品，提供科技服务的模式。当前，我国农业科技服务市场化主体主要包括涉农服务企业和技术服务中介机构。其中，涉农服务企业是指从事农业生产、农产品加工、储藏及农业生产和销售服务等的经济实体，如农场、饲料厂、农产品加工企业、乳制品企业等，它们往往采用"企业（技术中介）+农户"模式，企业通过自身组织模式创新加速企业科学技术提升，进而辐射带动农户加速对农业科技的应用。如广西贺州市正丰现代农业股份有限公司通过建设广西（贺州）健康食品农产品检验检测认证中心，建立以企业为龙头的农业生产标准化、农产品质量追溯体系和现代农产品冷链物流体系，构建起市、县、乡（镇）、村四级农产品质量安全监管体系、追溯系统和农业投入品台账制度，加快了农业先进科技成果的引进和转化，促进了农业增效和农民增收。

涉农技术服务机构是以最新的农业技术和配套服务为商品，以营利为目的，以技术的引进、交易、推广和服务等为手段，通过面向政府、涉农科研单位、农业院校、农业企业、农民专业合作社和农民等技术需求主体提供农业新品种与新技术，开展项目策划与规划，进行管理决策咨询与信息分析等有偿服务来获取经济利润的一种新生代科技服务组织，诸如各类农业科技咨询与信息服务公司等。如安徽天弘网络科技有限公司依托省专家库、省农委、县农委等平台开办枞阳天弘职业培训学校，并聘请外部电商专业人才进行初级、中级与高级农村电商培训，可以满足不同创业者的电商技能需求。同时，通过聘请乡镇农业技术推广站技术人员和外部专家，为当地农村青年创业提供更加精准和专业的技术服务。

4. 农村科技组织为平台的村民自我服务模式

农村科技组织为平台的村民自我服务模式是指农村种养殖大户和农民专业合作社中的乡村能人通过外部知识输入和技术学习，然后再对村民委员会或合作社组织中农户及社员进行技术培训、生产示范和品种推广、传播、扩散的科技服务模式。该模式以农村家庭承包经营为基础，以农业科技为主线，以农民为主要成员，围绕某个专业合作组织或产品组织，在技术、资金、采购、销售、加工、储运、开发等环节开展互助合作，为村民和社员提供产前、产中、产后全方位服务的一种技术服务模式，是农民自我服务、自我发展和自我保护的一种行之有效的组织形式。实地调研显示，目前，农民专业合作社成为农业技术推广服务的重要渠道，究其原因：一是作为政府和农户之间的连接纽带，有利于协助政府做好农业技术与品种的引进；二是作为企业和农户之间的中介，有助于组织广大农户进行规模化、标准化生产，提升农业技术与品种的采用效率；三是便于组织好内部农户和社员进行技术交流与推广；四是作为农户利益的代表，便于同政府和企业进行农业公共服务方面的事务协调。这种农村技术服务组织已成为乡村科技服务体系的重要组成部分，它在服务功能和运作方式上也更接近广大农民，从而能更好地反映农民的生产意愿和技术需求，提高农业生产的质量和效率。据农业农村部最新统计，2019 年，我国有专业合作经济组织 30 多万个，服务农民 8000 万人。以浙江省安吉县宋茗白茶为例，采用了“龙头企业 + 合作社 + 基地 + 农户”的发展模式，合作社为提高茶叶品种质量和栽培技术，专门组建了茶叶技术指导小组，定期聘请茶叶专家在茶树栽培、种植技术、病虫害防治、茶树管理、茶叶采摘和加工等方面进行技术指导，保证了茶农的技术规范性和标准性，保障了白茶品质的稳定性。

5. 农业科技园区综合集成服务模式

农业科技园区是融合了乡村产业技术转移孵化、技术培训、新品种和新技术试验示范、农业技术人才培训、农产品加工和储藏、农业生态观光与休闲等多种功能于一体的现代产业集聚区，也是农业科技实际应用的示范园区。它拥有检验检测仪器设备、中试小试基地、生产示范基地、大规模产业园区、农产品加工车间、文化旅游与生态休闲观光区、科普教育基地等多种公共平台和服务功能，是我国现代农业科技成果转移孵化和技术集成创新的重要载体区。其技术需求涵盖农业产前、产中、产后，以及农业、工业和服务业等各个环节，并由单一经验型转向综合科学型的技术体系，包括生物技术、资源技术、设施技术、机械装备技术、信息技术、储藏加工与运输技术等。近年来，政府开始探索乡村产业技术服务的集成化和综合型服务模式，并开始在全国各地创建现代农业示范区、农业科技园区和农业高新技术产业开发区等各类农业产业园区。如陕西杨凌农业高新技术产业创新示范区探索建立了以农业大学为依托，以企业为主体，以现代媒体为平台，构建起新型多元化农技推广模式。目前，杨凌示范区科技对外示范推广总面积达3058万亩，形成“科技示范—周边带动—广泛辐射”和“现代农业、田园村庄、新型农民”一体化推进的“杨凌模式”。河北省石家庄市赵县现代农业园区集绿色果蔬生产、畜禽养殖业和农产品销售、技术服务于一体，建立了包括温室大棚、农耕生态旅游、果树、有机主粮、养殖、菌类生产、锦鲤养殖、冷链配送在内的八大模块，有效促进了园区的绿色化和生态化建设。

（二）不同农村科技服务模式比较

1. 各种农村产业服务模式各有差异、互为补充，共同支撑乡村产业高质量发展

不同类型的农村产业服务模式在其服务主体、服务对象、服务方式、服务内容、服务效果及面临问题等方面各具特色、各有差异，但彼此又相互补充、密切协作，构建一个有机系统，使新型农村产业服务系统的整体功能得以充分发挥（见表2）。

表2　　科技支撑乡村产业发展的几种典型模式比较

模式	服务主体	服务对象	服务方式	服务内容	服务效果
产学研合作服务模式	涉农高校及科研机构	企业、农民专业合作社	项目合作、购买服务	新品种引进、技术培训和指导	能解决短期突发技术难题，以短期合作为主，技术实用性有限
专家指导型服务模式	科技特派员	企业、农户	公益性服务、有偿服务	政府计划推广技术，科技特派员所掌握技术	需要依托政府组织机构（科技和农业管理部门）开展工作，能提供相对个性化技术服务，但缺乏长效机制
市场化服务模式	企业	企业自身发展、辐射相关企业和农户	购买服务	技术、资金、品牌运营	能够适应市场需求，市场化色彩较浓；企业需要有一定的经济实力和新技术
村民自我服务模式	农民专业合作社	农户	示范带动、成为社员、免费提供、有偿服务	提供种苗、技术指导	更贴近农户需求，便于推广和普及农业标准化。但普遍决策不科学、管理不民主、监督机制不到位
农业科技园区综合集成服务模式	政府牵头、多头参与	涉农企业	购买服务	技术培训	具有较强的集成示范和带动效应，经营成本高

资料来源：作者根据实地调研整理得到。

2. 市场化服务模式将逐步成为农业农村科技服务体系的主导

农业科技企业主导的市场化乡村产业技术服务模式通过服务内容、技术手段与推广方式的创新，提高了农业科技成果的转化效率，也提升了新型农业经营主体的技术应用水平。未来随着我国农业产业化水平持续提升，乡村产业技术服务开始由公益性质逐步向市场属性演化，市场化的乡村产业技术服务体系将成为一种更加持续有效的技术服务模式，并在我国乡村产业技术供给和服务中扮演越来越重要的角色。

3. 涉农高校及科研机构科技人员到乡村创新创业的活力有待进一步激发

大学乡村产业技术服务推广模式主要为技术创新提供知识创造、理论支撑和技术研发；科技特派员将农业技术进行下沉，打通了农业企业、农业大户和农民技术需求的各个环节。但目前，我国国有企事业科研人员归属于单位所有，科研人员首先必须要完成单位“核心业务”，不具备自主技术推广属性，受传统科研论文评价机制束缚，导致大量的人才被困在体制内，难以支撑乡村产业发展。

4. 村民自我服务模式是新型农村科技服务体系的基层堡垒和毛细血管

当前，农民专业合作社已成为农村技术服务的重要组成部分和内容，能在技术供给和农民需求之间架起沟通与合作的桥梁，并在服务功能和运作方式上更接近广大农民，从而更好地反映农民的生产意愿和技术需求。

5. 农业科技园区将成为农业高新技术推广与应用的重要载体

农业科技园区通过综合平台将技术、人才、资本、营销渠道、涉农高校及科研机构、农业企业等结合起来，实现了研发平台、创新载体、成果孵化、创业培育、示范基地建设和农业科技人才培养的集成整合功能，进行多主体、多环节协同创新，属于中心化的技术研发与应用集成基地。新时期乡村产业高质量发展将更加依赖于农业科技园区的集成创新和示范推广。

三、科技支撑乡村人才创新创业

本部分将通过资料梳理和对枞阳县、赵县、肥乡、安吉等地实地调研，以一些地方的典型案例解析，分析我国农村科技人员下乡、大学生下乡、农民工返乡、农村能人四种创新创业典型模式的科技支撑作用效果。基于实地调研和文献梳理，根据创新创业主体不同，本报告认为当前乡村创新创业主要包括：科技人员下乡、大学生下乡、农民工返乡、农村能人四种创新创业典型模式。不同创新创业模式中，技术获取都是决定创新创业成功的关键因素之一。每种创新创业模式的主体特征不同、技术需求内容不同、科技支撑效果存在差异，每种模式的科技导入都有其优势，也存在短板和不足，要针对不同模式的特点选择不同科技供给内容、方式、路径，针对不同情况设计差异化政策引导科技要素导入是新时期提升科技支撑乡村创新创业效果的根本途径。

（一）创新创业科技需求分析

1. 科技人员下乡创新创业中的技术需求内容主要涉及：与科技成果产业化相配套中试、小试技术需求，包括市场、经营管理信息

国家为给科技人员松绑，支持涉农高校及科研机构人员依规兼职兼薪或离岗创业，加速科研人员下乡创业。当前科技人员创新创业形式主要包括：科技人员自己创办企业、科技人员与企业合作创办企业、科技人员技术入股协办企业。科技人员创新创业内容主要是涉及科技成果产业化或提供科技服务，本身就是科技下乡的一种重要途径，需要科技人员以资金、技术、管理入股与农民形成利益共同体，形成全产业链服务对接模式。

2. 大学生下乡创业模式的技术需求内容主要是创业实践指导培训和与市场需求相适应的创新性应用技术

当前我国大学生下乡创业模式主要包括：独立创业模式，如大学生可以在当地举办相关专业的培训机构，向当地农民传授相关农技知识；信息服务创业模式，大学生利用自己对市场信息的了解、对网络知识的掌握以及自己的专业优势，通过信息服务模式拓宽当地产品的销售渠道，为农户解决问题；合作社创业模式，通过创业成功者结对帮带，当地农民以入股的形式联合创办合作社，高薪聘请农业专家传授专业知识，大学生负责生产经营技术，指导当地农民进行生产经营。大学生创新创业缺乏实践经历、必要的管理经验，技术需求内容主要是创业实践指导培训和与市场需求相适应的创新性应用技术。

3. 农民工返乡创新创业对集成化、交叉融合、全链条产业技术需求更加迫切

新时期沿海东部产业向中西部梯度转移，城市知识、技术溢出，产业链低端部分外包，城市经济加速向农村转移，农民工回乡创业兴起。返乡农民工利用打工所积累和掌握的资金、技术、经验、信息，结合家乡的特有资源、借助国家有关农民工返乡创业的促进政策和项目，集中在对技术、资金要求不高的相关领域内开展生产和经营活动，通过兴办企业、农业产业化经营提供产品或服务，获取剩余价值的过程。农民工返乡创业，以合作、入股、承包和租赁等方式创办农村合作社、家庭休闲农场、农业企业、食品生产加工厂以及农村社会化服务组织等。返乡农民工具备了农业产业化经营意识，按照全产业链、全价值链的现代产业组织方式创新创业，从传统农业种养殖，参与到农产品加工或经销中，使农业向农工贸一体化、产供销一体化的方向转变，从而带动农产品原料基地和营销网络建设，延长农业产业链条，实现了以工业、服务业有力促进农业发展和城市反哺农村，返乡农民工的技术需求对集成化、交叉融合、全链条产业技术需求更加迫切，需要围绕产业发展提供全链条、完整的科技服务。

4. 农村能人创新创业技术需求多集中在传统种养殖业基础上进行新技术引进及应用和商业模式创新

农村能人创新创业模式主要是指各行业文化素质高、懂管理、会经营、有一技之长的“田秀才”“土专家”，以及致富带头人、种养殖大户等在本地开展创新创业，当前农村能人主要为种养殖大户。当前农村能人创新创业形式主要有：技术服务创业形式，通过购买一批农机具，创办农机具中介服务组织；创办合作社形式，部分种养殖大户借助长年技术积累，当地农民以入股的形式联合创办合作社，农村能人负责指导当地农民进行生产经营；家庭农场形式，部分懂农业技术、懂经营管理的农村青壮年劳动力转向从事农业经营，创办家庭农场。

（二）创新创业技术获取效果分析

1. 科技人员下乡创新创业模式技术获取效果如何，取决于科技人员的技术成果产权划分是否明晰

科技人员下乡创新创业模式技术获取渠道单一，科技人员下乡创新创业模式中技术获取来源多为科技人员在研究所工作期间所取得的，受科技成果知识产权划分是否明晰影响。

2. 大学生下乡创新创业获取的技术多缺乏实践性

大学生创新创业技术获取渠道主要有教师及校友技术支持、网络学习培训、孵化基地创业培训，具有较强的理论性；由于大学生创新创业属于起步阶段，对市场化科技的获取能力较弱，大多依靠政府、社会关系获取技术，但目前政府对大学生创业政务服务、公共服务提供不足，尚不能为大学生创业者提供培训、研发、苗圃、孵化全方位服务。

3. 农民工返乡创新创业技术获取效果多取决于政府技术培训是否具有适用性和实操性

当前，我国农民工返乡创新创业模式中技术获取渠道主要有大众传媒（广播、电视、网络渠道）、组织传播（政府组织创业技术培训）、人际传播（经验积累）。但因为大众传媒和人际传播渠道的信息大多是知识普及、实用性不强。要解决当前农民们农业技术水平较低问题，关键是加强对农民科技学习方面的培训。

4. 农村能人创业的技术获取效果受市场化科技获取高成本制约

相比较而言，农村能人创新创业技术获取渠道更加多元化，技术获取更有针对性。多数农村能人具有一定的组织协调能力，农村能人了解外部市场和自身的比较优势，一定程度上，农村能人可担当企业家决策者的角色，与政府、企业、科技中介机构等外部科技供给主体进行谈判，强化组织网络的外生联系，更能够实现技术需求与供给的匹配。但目前我国农村经济能力有限，市场化科技供给主体少，市场化科技获取成本很高，多数农村能人创业的技术获取方式是长期积累的技术经验人人相传，科技信息获取能力弱。

（三）创新创业科技支撑作用效果分析

通过深入剖析乡村人才创新创业典型模式的实践案例，发现 4 种典型模式科技要素导入各有利弊，其科技支撑效果也各有不同，现归纳如下。

1. 对于科技人员创新创业模式而言，具有天然技术优势，但如何将技术与资本、信息、装备等更好地结合，建立长效科技支撑机制，成为科技支撑作用效果的关键

科技人员自身拥有技术成果，科技人员到农村创新创业具有天然技术优势，但科技人员农村创新创业也存在资金短缺、预算不科学、项目选择不合理、引进新技术不稳定、新产品缺乏市场等情况，及责权利不清晰、土地整理不配套、发展节奏慢等问题。科技人员创新创业模式科技支撑作用发挥得如何主要看能否与资本、信息、装备等更好地结合，建立一种长效的科技支撑机制。

2. 大学生创新创业模式科技支撑作用发挥如何，主要在于政府创业公共服务保障，如创业政策、政府创业教育培训等；科技创业公共服务平台；资金问题，如是否存在融资难问题

科技是大学生创新创业的原始推动力，在促进大学生创业就业中，科技主要发挥三个方面的作用：一是以科技项目为重要牵引促进大学生到农村创业就业，加大从大中专毕业生、大学生村干部中选派科技特派员，给予政策支持；二是发挥农业科技园园区、“星创天地”的核心承载作用促进大学生创业就业，推行创业导师、创业苗圃、创业培训等系列扶持创业举措，使大学生实现“零成本”创业，降低创业风险；三是积极拓展科技金融服务体系，为大学生创新创业提供全方位金融支撑。

3. 返乡农民工创新创业模式科技支撑作用发挥如何，主要在于技术适用性，政府应加大引导，通过“星创天地”、创业园等完善孵化服务，强化平台实验、示范作用

返乡农民工具备一定的资金、人脉积累，也有市场意识和丰富的管理经验，城市打工经历成为有效的创业“孵化器”，加速科技下乡。但返乡农民工创新创业存在年龄偏大、学历层次不高、专业不对口，资金支持不足、缺乏核心竞争力等问题，在农村开办新企业时，往往照搬城市经营模式，在结合本地特色资源时，难以充分发挥当地的比较优势，需要政府加大引导，通过“星创天地”、创业园等完善孵化服务，强化平台实验、示范作用。

4. 农村能人的模范示范作用效果成为新技术、新品种能否推广的关键

农村能人拥有天然的乡土人脉优势，在农户组织关系构建发展中，农村能人发挥显著作用，农村能人创新创业模式的技术推广扩散能力较强；但农村能人创新创业仍存在文化素质偏低、创业综合能力不强、缺乏专业的创业培训体系等问题，农村能人科技信息获取能力弱，实际科技需求常常获取不到，科技供给与需求契合度欠佳。农村能人对于农民具有很强的示范和激励作用，对于没有多少资本和技术的贫困农户来讲，他们没有抵御新技术、新品种尝试风险的能力，农村能人的模范示范作用效果成为新技术、新品种能否推广的关键。

四、科技支撑农村民生发展

当前，我国城乡公共服务差距太大，农村民生领域的社会化服务体系建设严重滞后于现实需求。本部分将通过在全国选择若干典型地区开展问卷调查、实地调研和专家访谈，归纳和梳理当前我国农村教育、养老、疫病、设施建设、信息化等民生领域最迫切的技术需求。同时，对当前我国农村民生科技供给能力进行分析和评估，梳理当前可满足的技术需求类型和不可满足的技术需求类型。在此基础上，重点探讨我国农村民生科技供给渠道及不同供给渠道技术服务的优劣势；进而，为政府层面引导农村民生科技发展提供理论依据。

（一）新时期农村民生突出问题及科技需求

1. 农村健康卫生发展科技需求

我国农村药品价格高、医疗手段不当、医疗设施陈旧，农民看病难、看病贵、因病致贫、因病返贫现象依然大量存在。农村健康卫生发展滞后，迫切需要科技支撑，简单、易用、低成本、智能化的疾病监测平台、设备设施成为迫切需求。随着远程医疗、智能医疗等技术的不断成熟发展，农村智慧医疗是缓解农村医疗条件落后、医疗资源短缺的有效手段。以洛阳市利用远程医疗服务基层为例，通过河南科技大学第一附属医院、洛阳市中心医院牵头组建“远程会诊系统”等多种途径，在洛阳市各级医疗机构中实现了远程医疗服务网络全覆盖，有力缓解了农民看病难、看病贵问题。

2. 农村养老服务科技需求

当前，我国农村老无所依问题日渐突出，“空巢”老人养老问题尤其突出。根据国家第六次人口普查数据，全国农村空巢老年人家庭比例为30.77%。目前，农村养老服务仍以传统方式为主，对科技的应用很少涉及，智能呼叫机等智能设备和互联网实时监测平台等新技术、新设备应用需求旺盛。科技可以在农村养老服务中起到积极作用。如通过智能手环的使用防止老人走丢，并实时监测老人的健康水平；通过物联网、智能终端的使用，当老人独自在家发生紧急状况，可以向外界发送求助信息；“互联网 + 养老”模式是缓解农村养老条件落后、养老服务资源短缺的有效手段。

3. 农村教育科技需求

乡村学校基础设施落后，乡村教师待遇较低、教学生活条件差、流动性较大，导致乡村学校教学质量参差不齐，生源流失严重，教育城镇化率远远高于常住人口城镇化率。此外，《全国农村留守儿童状况研究报告》显示，目前全国农村留守儿童约 5800 万人，其中 14 周岁以下的约 4000 万人，在全部农村儿童中，留守儿童的比例达 28.29%。农村地区留守儿童教育目前已经成为农村教育中的突出问题。借助互联网平台、微信等智能化终端，可以突破空间和时间的限制，通过实时在线沟通、在线教育等方式弥补教育资源匮乏、家庭教育缺失等短板，帮助解决留守儿童教育缺失和农村教育资源匮乏问题。例如，邵阳市依托信息科学技术，建立“邵阳市儿童关爱平台”，率先在 197 个村开展应用试点，积极探索建立“互联网 + 关爱保护”模式，一定程度上解决了由于父母常年在外导致留守儿童缺少关爱的问题。

4. 农村文化娱乐科技需求

我国农村以传统村落为代表的农耕文化、家族文化传承文化命脉断裂，商业化气息过于浓厚；与城市相比较，农民文化娱乐的基础设施不完善，文化娱乐休闲的种类形式过于单一。在提升文化娱乐活动方面，科技可以用作辅助和改善文化活动的工具，通过 PC 端（包括电子阅览室、广播）、移动端（包括手机 App、微信）等进行全媒体推送。利用信息化技术，搭建打造多功能“文化云”平台，整合文化资源和服务信息，把丰富的文化娱乐内容带进农村。例如，绵阳市推出文化云服务，综合运用云计算、云存储、大数据、流媒体等技术，通过整合绵阳各文化资源、拓宽文化传播渠道、提高公共文化传播水平，为广大基层人民群众提供内容丰富的文化产品及快捷、互动的文化交流方式。

5. 农村地区信息化服务需求

我国农村互联网相关基础设施普及情况相对较差，农村互联网普及情况远低于城镇，农村公共服务和管理信息化水平低，简单、易用的现代信息化操作技术缺乏，对聚焦改变农村生产生活的集监测、信息共享、知识普及于一体的互联网平台、App 等智能终端需求迫切。迫切需要加强基于“多网合一”技术的数据库技术、网络通信技术、农村社区网络建设等关键技术，突破一批低成本和低技术门槛的软硬件产品；加强信息技术在农村社区政务、医疗、财务、教育、文旅及突发事件应急等方面的配套集成，大力提升农村灾害综合防御体系的技术水平；提升农村社区的管理和信息化服务能力。

6. 农民生活设施建设科技需求

我国农村电网、垃圾处理厂、污水处理设施、人畜饮水设施、供热燃气设施等基础设施建设滞后。我国村镇空间布局缺乏科学规划，功能分区不合理，迫切需要村镇区域规划与人口、资源、环境、经济发展互动模拟预测和动态监测等技术，补齐农村电网、垃圾处理、污水处理、人畜饮水、供热燃气等设施建设短板，完善农村社区空间布局。农民住宅设计不合理，低成本、适合本地特色的采暖降温、集中废弃物处理和能源利用技术与装备缺乏，迫切需要以绿色节能建材、特色化民居、住宅开发建设标准为重点的农村住宅建设技术。

（二）农村民生科技供给分析

基于实地调研和文献梳理，根据农村民生科技供给主体的不同，本报告认为当前农村民生科技供给渠道主要包括：政府渠道、高校院所渠道、市场化渠道、农村社区互助组织渠道。不同农村民生科技供给渠道科技支撑效果存在差异（见表3）。

表3　不同农村民生科技供给渠道归纳总结

供给渠道	性质	服务对象	服务方式	优势	劣势
政府渠道	公益性	全部农户	行政命令、项目合作、购买服务	行政工作要求、自上而下，能有效保障基层共性民生技术需求	科技服务推广方式和理念落后；个性化民生科技需求难以得到保障
高校院所渠道	公益性、营利性	不确定	项目、科研实验	时效性强，自身的科技和智力优势	技术服务多为短期指导，与实际需求契合度不够；对于实用技术的研发力度不够
市场化渠道（民生科技公司及科技中介服务机构）	营利性	签订合约农户	合约规定、管理条例	服务导向市场化、针对性强、服务内容全程化、服务方式人性化、服务能力高效化	以追逐利益为本能的市场化技术供给主体会忽略农民的真实技术需求和利益诉求，农户更需要现场示范与技术培训
农村社区互助组织渠道	公益性、营利性	组织成员	生产中互帮互助	更贴近农户需求，便于推广和普及农业标准化，技术成果能够按照准市场的方式，“外溢”到联合体外部	外部技术支撑不足，技术供给缺失；内部技术人员素质不高，知识结构落后；资金缺乏制约农民专业合作社服务创新和职能拓展

资料来源：作者根据实地调研整理得到。

1. 技术服务内容

目前，我国农村民生科技供给渠道主要有政府、高校院所、民生科技公司及民生科技中介服务机构、农民专业合作社等农村社区互助组织四个方面。政府是公益性民生科技供给服务主体，政府提供的农村民生科技服务内容主要包括公共管理、公共服务、公共产品；公共管理主要是与农村民生科技相关的技术执法和监管，公共服务主要是为广大农民直接或间接提供新设备、新技术的引进、实验、示范及推广等公共服务，公共产品是为农民提供技术体系、技术模式、技术标准、技术规程等公共服务性产品；多聚焦在重大疾病防控、食品药品安全、人口老龄化等重大基层公共民生问题领域。涉农高校及科研机构技术服务主要内容是基础理论、技术研发、技术指导及培训，具有较强的理论性，与实际需求契合度不高。市场化农村民生科技服务以基于实际需求和有偿获得。民生科技企业和技术中介服务机构致力于通过市场化的交易平台与价格机制，为技术需求主体提供全程的、定制化的技术与管理服务，市场化农村民生科技服务内容更加多元化、个性化，但市场化农村民生科技服务是针对签订协议的用户提供的针对性技术服务，对农户需要现场示范与技术培训的需求满足不够。农村社区互助组织技术服务内容以技术应用示范推广为主，是技术供求双方联系的纽带和桥梁，它们的存在有助于加快新技术的应用。

2. 技术获取效果

涉农高校及科研机构具有天然的科技资源优势，当前技术获取多是自主创新或联合创新。政府渠道民生科技获取多是行政命令、项目形式，多是从政府民生科技相关部门直接获取、从涉农高校及科研机构和民生科技企业购买获得，多以论文等书面形式呈现，涉农高校及科研机构对于实用技术的研发力度不够，政府渠道技术获取多存在与实际需求契合度不够弊端。农村社区互助组织的技术获取渠道为政府技术推广、与涉农高校及科研机构和企业项目合作、向涉农高校及科研机构和企业购买技术服务、社员技术积累，当前农村政府技术推广效率低下、合作社资金有限、社员科技素养不高，农村社区互助组织的技术获取效果不佳。民生科技公司及科技中介机构的技术获取渠道包括依靠自主创新、企业和科研机构联合研发、涉农高校及科研机构的科研成果引进消化后开展技术供给，企业基于市场（农户）需求有针对性地进行技术研发、引进，相比较而言，市场化渠道技术获取效果相对是比较有效的。但当前我国大部分农村民生科技相关企业仍以中小型为主，更倾向于与涉农高校及科研机构合作，共同进行技术研发，并促进科技成果产业化与市场化。“专家 + 企业 + 农户”的模式发挥企业科研和资金优势，以及涉农高校及科研机构的科技资源优势，且紧密结合市场需求。

3. 技术服务与辐射带动能力

在农民专业合作社中，技术转移和扩散是以农民的利润动机驱动的，农村社区互助组织更能产生良好的示范与带动效应，因此，农村社区互助组织在技术应用扩散方面更有效率。涉农高校及科研机构是技术的创新源，主要通过政府和市场两种方式提供民生科技，技术服务多以短期指导为主，时效性强，只能针对性地解决部分技术难题，技术扩散能力较弱。目前，我国市场化渠道民生科技服务推广与供给方式主要包括“设备 / 平台 + 技术服务”“企业生产基地 + 技术服务”“技术中介 + 技术服务”三种方式，市场化渠道民生科技服务多是有偿服务，以追逐利益为本能的市场化技术供给主体会忽略农民的真实技术需求和利益诉求，并且，当前民生科技市场化主体发育不足，技术创新能力有限，技术服务与辐射带动能力不足。

4. 技术供给效果及影响因素

目前，农村民生科技仍以政府供给为主，但政府对农村民生科技投入保障不足，管理体制不完善，农村科技政府推广人员素质不高、推广方式和理念落后，政府公益性民生科技供给基础薄弱；并且，政府渠道民生科技供给难以个性化民生科技需求。涉农高校及科研机构渠道民生科技供给多以短期技术指导为主，对于实用技术供给不够，与实际需求契合度不够。我国民营民生科技企业、民生科技服务中介机构还处于起步阶段，市场化民生科技供给主体发育不足，民生科技供给能力亟待加强，主要受市场化技术服务与推广方式、技术供需利益分配机制、企业创新能力等因素影响。农村社区互助组织渠道在技术应用及扩散方面有较好带动作用，但外部民生技术支撑不足、内部技术人员素质不高、资金缺乏等因素，制约了合作社服务创新和职能拓展。

五、科技支撑农村生态环境保护

当前，极端恶劣气候、动植物病虫害、土壤肥力下降、农药化肥用量增加、秸秆焚烧禁而不止等国内因素以及经济贸易全球化对农业和粮食发展带来的冲击等外部因素，都使农业生产环境日趋复杂。数据显示，我国农药平均施用量为13.4千克/公顷，其中高毒农药占70%，60%～70%的农药残留在土壤中。大量农药和除草剂的使用，不仅造成环境污染，导致生物多样性急剧下降，而且使许多地区面源污染占污染负荷比例甚至超过工业污染。农村生态环境面临的这些严峻挑战，极大地阻碍了我国农村经济社会的可持续发展，影响了美丽乡村、美丽中国的实现。解决这些问题，除了要靠政策、靠外力扶持之外，更重要的是靠科技创新强化生态环境保护与修复，才能为农业农村生态环境治理提供强大动力。

（一）农村生态环保科技服务供给分析

农村环保科技支撑体系是以促进农村科技创新为目的，通过政府政策支持与市场机制共同作用而形成的主体功能定位准确、相互关系协调、运行机制完善、多要素合理配置和科技成果得以顺利转化的有机组成系统。

1. 政府环保科技供给

政府环保科技供给主要分为两个大的系统：生态环境部和部门环境管理。在生态环境体系中，实行“中央、省、市、县”四级架构组织模式，按照业务范围，设立环境规划、科研、教育宣传、自然保护、大气污染防治、水污染防治、政策立法、标准、固体废物管理、放射性物质管理、有毒物质管理、外事活动与行政事务等机构，另外，还设有直属单位，如环境科学研究院、环境保护监测总站、环境保护学院与学校等事业单位。地方环境保护机构一般受地方政府和上一级生态环境局的双重领导。在生态环境局体系内部，上级机构针对全国农村环境共性的问题，制订环保科技供给计划，下级机构执行和落实该计划。各级生态环境局由同级政府部门统一进行生态环境局的人事安排、经费预算和机构设置，其农村环保科技供给计划，由同级行政主管部门根据地区农村环境发展情况制订。

（1）环保技术获取

生态环境局作为农村环保科技（公共产品）的主要提供者，与直属环境科学研究院以及环境科研与教育机构具有天然的联系，同时这些机构在资金、人员、信息、技术等方面掌握着大量国家环境科技资源，是我国农村环保科技获取的主要渠道。环境主管部门根据农村环境保护需求制定农村环保科研项目，由科研机构与环保企业进行竞标，项目完成后由环境主管部门邀请环保专家，根据相关环保标准进行验收。

（2）技术推广体系

目前，农村环保技术推广还没有形成体系（如农业部门下设技术推广体系），主要原因是我国农村环保技术推广还处于探索阶段，并未形成专门农村环保推广机构，农村环保科技推广主要依靠生态环境局行政体系、生态环境局相关科室（水生态环境科、海洋生态环境科等），从环保科研院所获得相关技术，并组织实施环境保护和修护工程。由于涉及农村居民层面技术多数属于公共物品范畴，政府成为农村环保科技产品主要提供者，政府除了通过自身体系提供农村环保科技产品外，还通过财政购买、财政补贴、PPP 等方式购买企业的农村环保科技产品，引导企业参与到农村环境治理中。

2. 环保科技企业供给

环保科技企业提供环保科技产品主要分公共物品和非公共物品两大类，如图 1 所示，农村环境综合治理主要包含几大方面的内容，农村居民层面：

供水、污水、水源地治理，固废环卫以及能源方面的光伏、散煤替代等问题；农业层面：如化肥、农药的减量化、禽畜粪污的治理、秸秆“五料化”处理、节水灌溉以及耕地的修复等。企业层面提供的环保科技，主要涉及农业产业层面技术（节水灌溉、化肥农药减量、耕地土壤修复等技术），多数属于非公共物品，企业根据农村产业需求，制订研发计划，通过市场渠道向用户提供技术服务。

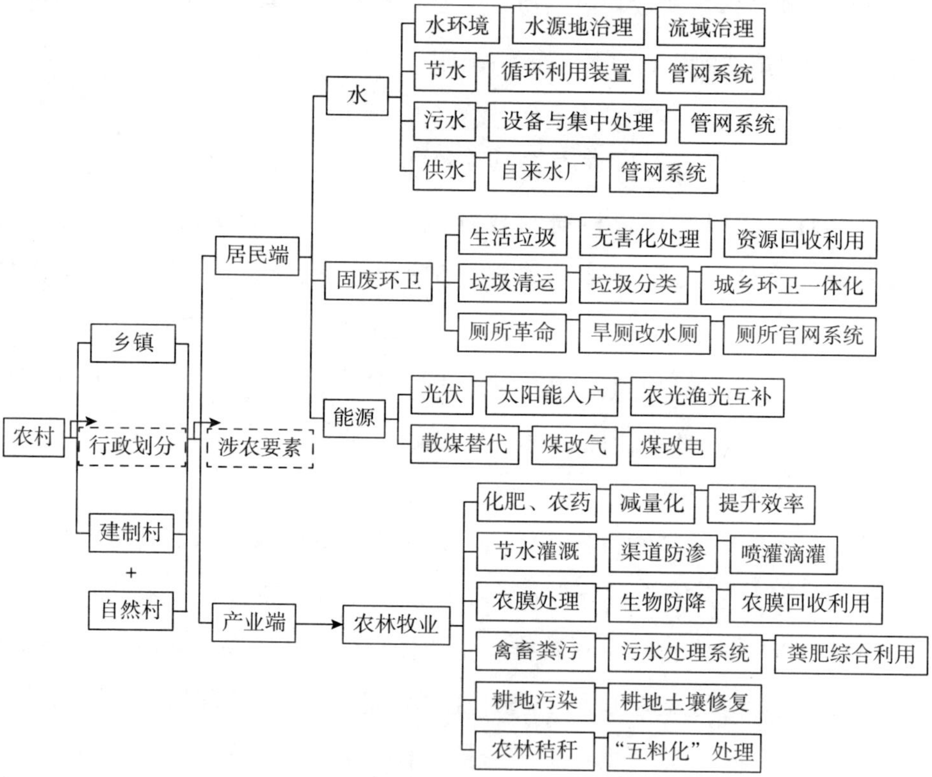

图 1　农村环境综合整治全产业图谱

（1）环保技术获取

环保科技企业内部设置环保科技研发部门，是企业环保技术创新的重要载体。环保科技企业的技术获取渠道主要包括如下几个方面：一是企业自建研发中心，进行技术研发和转化。随着国家经济转型，不断推进绿色发展，环保产业迎来新的发展机遇，形成一批大中型环保科技企业，科技研发投入逐年提高，科技创新能力不断加强。二是企业通过技术交易市场，从国内外购买技术成果。这种方式主要适合小型环保科技企业，企业一次性购买环保技术知识产权，可以短期获得收益，减少企业科技研发成本和风险。三是企业与涉农高校及科研机构合作，利用涉农高校及科研机构丰富的科研资源，针对环保科技研发面临的难题展开攻关，通过与涉农高校及科研机构签订知识产权转让协议，获得技术成果所有权。

（2）技术推广体系

环保科技企业主要针对非公共物品领域（如化肥、农药的减量化、秸秆“五料化”、节水灌溉等），提供技术推广服务，环保企业为了增加环保科技产品销售量以及建立稳定销售渠道，除了提供农村环保科技产品外，还提供后续的技术跟踪服务工作，保障环保科技产品质量。从2015—2017年国家科技奖获奖项目所涉及的领域来看，2015年7项获奖项目分别为大气（3项）、废水处理（2项）、生态恢复与治理（2项）；2016年6项获奖项目分别为环境遥感等管理项目（3项）、废水处理（2项）、固体废物（1项）；2017年17项获奖项目分别为废气处理（5项）、水污染控制（4项）、土壤修复（4项）、固废处理（3项）、清洁生产（1项），基本包含了气、水、土、固废、清洁生产等环境治理的各细分领域，反映在我国企业环保科技创新中解决农村突出环境问题、支撑绿色发展中的贡献度逐步提升。

（二）科技支撑农村生态环境保护面临的问题

当前，我国社会食品、药品安全问题仍然面临着严峻的复杂形势。其原因有以下两个方面：一方面是经济利益的驱使导致城市和乡村工业污染向农村的排放；另一方面则是农药、化肥残留度较高对农业土壤、水源造成污染，以及禽畜粪便的污染。此外，由于许多农村生活垃圾处理设施建设滞后，农民生活垃圾也对农村环境造成一定程度的污染，进而导致农产品和药材源头污染，造成食品药品安全隐患。目前，农村环境污染已经成为降低社会幸福感的重要因素之一，应加快利用科技手段推进生态环境保护及修复。从农村环保科技供给来看，环保科技研发产出具有极强的公共产品属性，存在市场失灵的困境，依靠市场难以迅速有效筹集大量资金并承担较高风险。通过文献梳理和实地调研发现，目前，我国科技支撑农村生态环境保护仍面临以下问题。

1. 农村生态环境保护科技成果转化效率较低

由于环保科技具有准公共性和外部性，环保科技中介服务的重要机构主要都是由政府部门设立或者主管，只有科技咨询与服务方面的中介机构才通过市场方式来运作，由社会力量兴办。而环保科技专业细分和碎片化、跨学科需求、难以标准化的应用型开发、成本制约性突出和大量突发任务等特点导致国家体制科研机构通过课题攻坚模式的产业化转化效率比其他领域低很多。一方面，现代农村复合污染所需要的不仅是单一的专项技术，还包括多层次、多方面的综合配套技术。而我国农村环保科技创新的成果却以单项成果居多，综合配套技术成果较少。另一方面，现有农业科技创新立项为市场、为生产服务的观念仍显薄弱，技术创新成果呈现适应性差、不成熟、不配套的特点；加上农村科技创新成果推广力度不够，使我国农村环保科技创新对农村环境改善和生态农业发展作用不明显。

2. 农村生态环境保护监测技术水平有待提升

第一，农村环境质量监测的范围较小、要素不全。例如，我国大气质量监测网以城市为主，大部分农村地区还没有得到全面覆盖；我国已经监测9414个水源断面，主要包括国控断面和沿岸海域水质监测，但在农村地区并没有相应的监测断面。第二，缺乏农业过程技术规程，无法有效地整合数据监管资源。农业种植业、林业植树等面源污染或生态影响过程不同于点源污染的监管，更多地需要从过程监管入手，但是目前我国缺乏农村环境质量监测与评估技术规范，难以对各地农村环境实施量化评价、监督考核和针对性管理。第三，有关生态环境的数据多分散在各级部门的政策文件、规范标准、统计报告等纸质或电子材料中，相关数据收集难，缺乏有效数据整合平台，导致监测难度增大。

3. 不合理的现代农业科技使用导致乡村生物多样性降低

大量人造化学物质进入农业生态系统，一些来不及适应化学污染的物种，率先消失甚至灭绝。而经过农药等石化物质洗礼的一些害虫与杂草，趁机占领了生态位，变得更难对付。例如，燕子、丽斑麻蜥、青蛙、瓢虫、螳螂等本身就是农田卫士，如今被农药替代了，自身生存都成问题。害虫少了，以昆虫为生的鸟类也面临着严重的生存问题。农田里消失的不仅是野生物种，那些人类长期保存的种子也因商业种子公司的出现，因农民不留种，也基本消失，直接造成的后果是生态平衡被破坏，导致害虫、杂草与病害治理成本更高。大量农药和除草剂使用，导致生物多样性急剧下降。

4. 农村环保科技投资回报机制不健全

农村环境保护项目普遍带有公益性特征，盈利能力不强，不同项目的投资回报机制和盈利渠道差异较大，往往不能依靠最终用户买单，部分项目对政府投资、付费和补贴依赖度较高，政府有限的财力制约了环保产业的进一步发展。而金融机构由于农村整体征信体系的不完善，一直以来对农村环保项目的热情不高，对于农村环保项目的支持力度普遍不大，一些领域如农村燃煤电力环保设施的运营对财政补贴高度依赖，随着我国补贴政策取向的变化，相关企业将面临盈利模式重大调整的难题。一些 PPP 项目因盈利机制问题而被清除出库。部分乡镇企业资本力量薄弱且片面追求经济利益，也就难接受代价较昂贵且短期经济效益低的环保生产技术，陷入恶性循环。

六、科技支撑乡村振兴面临的突出问题

（一）农村科技体制和服务体系亟待优化

农业农村科技创新管理部门涉及教育局、民政局、人社局等多部门，农

业农村科技创新管理体制存在多头管理、部门分割的弊端，不同部门之间的信息资源共享存在阻滞。农业农村科技技术供给主体分别为政府、企业、高校院所，但市场化农村科技服务主体缺乏，农业科技服务体系不完善，直接影响了农业科技成果转化进程；并且，各类农业科技服务机构各自为政问题严重，缺乏相应的合作与协调机制。此外，在我国国有企事业单位内，科研人员归属于单位所有，受国有企事业单位长期以学术论文、专利和项目为导向的评价机制影响，现行农业科研管理体制和评价机制束缚了科研人员开展技术服务的积极性，致使科研体系对农业生产实际需求反应迟钝。

（二）资本短缺仍然是阻碍科技要素导入乡村的重要瓶颈

近年来，虽然许多城市工商资本逐渐向农业农村领域转移，并逐步加大对农业的投入力度，但对技术的下沉和大范围扩散带动作用仍然不明显。实地调研发现，由于缺乏有效的激励机制和风险补偿机制，导致社会资金对农业科技创新投入和引进仍然缺乏足够兴趣；再加之金融机构对农业支持力度不足，资金短缺成为农业科技创新和难以转化的现实瓶颈。同时，由于农业效益比较低，农民学习和采用新技术的投资成本太大，导致因采用某项新技术而失去投资另外一项活动的机会成本太高；加上采用某项新技术的风险较大，导致农民增加对农业技术投入意愿降低。这也从根本上挫伤了农民采纳新技术的积极性和主动性。

（三）农业科技服务平台和载体建设严重不足

当前，农业农村产业高质量发展越来越依赖多项技术、设备和知识的集成创新，因而需要打造一批高质量的农业科技创新公共服务平台，通过平台来实现技术、人才、信息、仪器设备等的集成创新与高效服务。当前，由于地方政府农业技术公共服务跟不上，基层农业技术推广站既没有信息、技术、检测等公共服务平台，也缺乏专职技术推广人员，基层农业技术推广体系基本“线断、网破、人散”，公益性的农业技术公共服务平台缺失，导致地方农业产业技术体系化建设滞后。与此同时，各地的农业大数据中心和分析平台也有待加快建设，农业大数据中心和分析平台建设滞后，极大阻滞了我国农业技术的扩散和采取。

（四）农业土地制度改革滞后阻碍了农业科技的规模化应用和推广

受我国土地资源人均水平较低和家庭联产承包责任制的影响，我国农业土地碎片化、分散化情况仍然比较突出，致使农业土地规模化、产业化水平低下，这直接制约着农业新技术、新装备及新模式的采用和推广。尤其对“规模性技术”的采用会造成严重阻碍，如机械技术、生物技术、化学除草技术、病虫害综合防治技术和中低产田改造技术等现代农业技术，单个农户根本无法独自采用。同时，由于土地承包经营权的不稳定，土地产权期限不足，农民对增加科技投入缺乏长期的获益保障，形成对农户短期化行为的激励，而对土地长期投资行为的抑制，这也阻碍着农民采用新技术的积极性。

（五）农村人力资本匮乏

一方面，由于当前农村工作环境不佳，待遇不高，难以吸引经验丰富、技术过硬的技术推广的学科带头人、专家及青壮年技术人员，农村各类专业技术人员短缺问题仍然突出。由于基层农业技术推广队伍人才缺乏，农业技术推广服务体系尚未充分发挥良好作用。另一方面，当前农民综合素质和科技素养普遍有限，缺乏接受新知识和新技术的能力，农民自身缺乏对农业科技的内在需求，通过新技术来改善自身生计的积极性不高，很大程度上阻碍了科技在农村的广泛推广。

七、新形势下科技创新支撑乡村振兴的对策建议

（一）加快农村科技体制和服务体系改革

探索建立农业科技相关部门定期沟通会商机制，联合研究编制科技支撑乡村振兴专项规划，统筹全国、区域和涉农行业各方面科技资源，加快科技创新成果和服务向乡村领域渗透。贯彻实施以知识价值为导向的分配政策，加快落实科技成果转化收益、科技人员兼职取酬等制度规定；深化科技成果权益管理改革，强化科技成果产权对科研人员的长期激励，充分激发新型多元农村科技服务主体活力。

通过立法或部门规章的形式，明确多元化农村科技服务主体职责和功能定位，完善多元化农村技术服务体系。从财政资金扶持、技术推广项目倾斜、产学研联合攻关等多维度，支持企业、涉农高校及科研机构等多元化主体联合开展科技攻关与技术服务。完善农业科研机构和大专院校等服务支撑体系建设，构建“产、学、研、用”紧密结合的农村科技协同创新服务体系；加强科教资源整合，联合各方力量构建“技术创新—成果孵化—试验示范—技术外包服务”全生命周期的农村科技服务体系，推动服务组织化、集成化；壮大和提升农村社区互助性农业技术服务主体及能力建设，充分发挥农民社团组织纽带作用；构建起“以政府为基础、市场为主体、科研与教育机构为支撑、农村社区互助性组织为依托”的多元化新型农业技术服务体系。

（二）加大对农村重点领域的科技投入

目前，我国农村科技服务诸多领域仍然存在较强的公益属性，因此政府仍承担着乡村科研投入的主要责任。政府应加大对乡村产业高质量发展、民

生改善、创新创业和生态环境建设领域的技术研发、中试小试基地、星创天地、技术转移、技术服务采购等领域的投入，推动乡村振兴各个环节技术需求的系统化解决。确定乡村振兴中科技创新重点领域，谋划创新重点科技研发专项，将科研经费按比例优化投入到基础研究、应用研究、开发研究中。与此同时，出台相关优惠政策和措施，逐步引导和建立起以企业为主导、市场需求为导向，资金来源多渠道、投资主体多元化及投资行为商业化的乡村科技投入与服务体制。

（三）强化农村科技创新配套设施及公共技术服务平台建设

聚焦农业农村发展新需求，面向计量、标准、信息、检验检测、认证认可、创业孵化等公共服务领域搭建一批农业科技创新服务平台和服务载体，促进农业新技术、新品种同装备、人才、资本等的高效整合和集成创新；并以政府购买服务形式，引导企业搭建公共技术服务平台，加快技术服务溢出。大力实施现代农业科技成果转化示范工程，加强农业类工程技术研究中心、产业技术转移中心、农业科技园区、专家服务基地、科技信息服务站等成果转化平台建设，在省级新农村示范片大力推进农业科技园建设，稳步发展农业技术交易市场。采取政府牵头、社会资本介入、技术创新主体提供技术支撑的协作方式，着力构建一批乡村科技服务中介机构信息网络，并坚持市场化运行机制和管理方式，发挥集群优势，为技术与市场之间的交流转化提供服务平台。利用微信公众号、互联网平台、“快手”等新媒体来加速农业科学技术进村入户，推动传统农业技术应用载体平台化、规模化和专业化，改善服务质量、降低服务成本、提高服务效率。

（四）加强多层次技术人才培养

建立以科研和市场并重、短期和长期相结合的科学合理专业技术职称评定制度，以培养领军人才和创新团队为重点，加强农村科研人才队伍建设。研究制定高校毕业生到农村创新创业在土地流转、社会保障、财政减免、信息服务等方面的配套政策；进一步提高高等农业院校人均综合定额拨款标准，强化高等农业院校农业学科设置，依托大学、科研院所和大中型企业，共建一批实验实习基地，通过扶持一批农业科学特色大学和服务机构，培训一支农业技术人才服务队伍。根据区域主导产业发展需求，选择一批高等农业院校，以“定招、定培、定岗”方式，实行四年制“全科式”本科教育；以推广工作量和服务绩效考核评价农技人员推广服务成效，健全农技人员考核、激励机制，建立农技推广人员岗位聘用制度和定期培训制度。

积极整合科技、财政、农业、科协等多部门教育培训资源，依托新型农民培训阳光工程倍增计划、农民绿色证书工程等各类资源，加强新型农民和农村生产型、技能服务型、经营型实用技术人才的培养。依托农业科技大学、专家课题组等技术服务载体，以组织技术骨干、农村经纪人、返乡农民工等为重点，开展高效种养殖实用技术、新型农机工具使用等培训；依托互联网开展视频学习、远程课堂等多元化教育培训。针对不同的服务领域，研究制定差异化、针对性的职称评定标准和依据，建立健全新型多元化农村科技服务主体的职称评定机制。

（五）强化农村科技服务体系建设的跟踪评估与监督考核

建立乡村科技创新跟踪评估机制，完善督促检查工作制度，定期对乡村科技创新发展行动实施、政策落实和项目建设情况开展督促检查，特别是在乡镇、村集体两级加强落实，使农户能够得到实实在在的农业科技补贴，激发利用科技发展生产的积极性，促进当地产业的发展。加强对农业农村科技工作实施过程的监督考核，转变政府职能，简化科技计划项目审批程序，发挥中介服务机构的作用，实施项目全过程管理，建立高效运作的科技管理模式。增加农业农村科技专项经费和加强基础设施建设，把投资的重点放在基础研究、农业应用、农业科技成果转化等方面。

（六）加快推进农村土地流转制度的改革创新

建立健全科学、规范的土地使用权流转制度，通过规范流转行为、明确利益关系，鼓励农业规模化经营和生产专业化，增强生产要素的灵活性和资源配置的有效性。强化土地集体所有权，最大限度地放开承包权和经营权；在外出劳动力较多、二三产业发展快的地区，允许集体将土地集中连片，推向市场。建立健全土地股份承包制，将现在的产权主体模糊、产权权能残缺的土地集体所有制改革为社区农民土地股份制。同时，要进一步加大对农民土地权益的保护和宣传，加快土地评估、权益维护等专业服务机构的培育和发展，让进城农民放心将土地交给涉农企业、合作社、种养殖大户进行适度规模化经营。

参考文献

[1] 廖彩荣，陈美球．乡村振兴战略的理论逻辑、科学内涵与实现路径．农林经济管理学报，2017（8）

[2] 梁红军．加快科技支撑乡村振兴的着力点研究．农村．农业．农民（B版），2019（12）

[3] 陈诗波，李伟．高校新农村研究院：科技支撑乡村振兴的有效载体．中国农业资源与区划，2018（8）

[4] 董媛媛，孟晨星．我国现行农业科技推广模式及存在问题．农家参谋，2020（1）

[5] 沈费伟．农业科技推广服务多元协同模式研究——发达国家经验及对中国的启示．经济体制改革，2019（6）

[6] 古秋霞，陈碧韶，赵程，林群．新时期创新型农业科技推广服务模式探究．农村经济与科技，2018（1）

[7] 史书强，袁立新，张鹏，孔佑树．我国农业产业化发展现状与科技支撑体系的构建探讨．农业科技管理，2011（6）

[8] 杨良山，吴国庆，林代欣．建立浙江省农业科技支撑体系研究．生态经济，2001（9）

[9] 王雅鹏，吕明，范俊楠，文清．我国现代农业科技创新体系构建：特征、现实困境与优化路径．农业现代化研究，2015（2）

[10] 杨敬华. 农业科技园区创业与创新发展机制与模式的研究. 中国农业科学院，2005
[11] 郭新，孙俊科，陈小浪. 山西科技创新创业支撑服务体系与政策现状分析. 山西科技，2010（3）
[12] 张璟. 以科技和人才支撑乡村创新创业. 中国城乡金融报，2019-7-31
[13] 吴敏. 新农村建设中的民生科技发展模式研究. 农业开发与装备，2015（1）
[14] 杨仁德，向华，魏善元. 我国新农村建设民生科技重点发展的关键技术与路径研究. 现代化农业，2010（4）
[15] 郭冬梅. 科技进步促进农村民生发展研究. 安徽农业大学，2012
[16] 王新. 论我国农村生态环境保护中的科技应用. 武汉科技大学，2014
[17] 彭世煌，刘怡然. 农村环保科技支撑体系的构成及功能研究. 中小企业管理与科技（下旬刊），2015（6）
[18] 沈费伟. 农业科技推广服务多元协同模式研究——发达国家经验及对中国的启示. 经济体制改革，2019（6）
[19] 杨敬华. 农业科技园区创业与创新发展机制与模式的研究. 中国农业科学院，2005

“互联网 +”推动农村经济高质量发展研究[①]

“互联网 +”与农业农村的融合，是信息文明与农业文明碰撞、交织、融合、延展的过程，是推动农业农村现代化的重大机遇与关键部署。当前，发展最大的不平衡是城乡发展不平衡，最大的不充分是农村发展不充分，农业农村发展的外部环境与内在动因发生了深刻变化，农产品需求结构升级与有效供给不足的结构性矛盾凸显，成本地板抬升与价格天花板挤压加剧，资源环境约束与国际市场压力增强。未来较长时期，大国小农走向现代化的根本路径是推动“互联网 +”与农村经济发展的深度融合，“互联网 +”将全面改造传统农业农村的基础设施、技术装备、经营模式、组织形态与产业生态。

一、“互联网 +”推动农村经济高质量发展的基本框架

“互联网 +”不仅是一场颠覆性的技术变革，更带来了一场颠覆性的商业模式变革和社会变革，它通过“网络链接”与“信息赋能”发挥巨大作

① 本报告是清华大学中国农村研究院2019年重点研究课题“‘互联网+’推动农村经济高质量发展研究”的研究成果，在收入本书时有所删减，报告观点仅代表课题组的看法。课题负责人：马晓河，中国宏观经济研究院研究员，清华大学中国农村研究院学术委员会委员。报告执笔人：胡拥军。

用，“+”的不仅是新基础设施、新生产技术，也是新组织方式、新政策制度，更是新发展模式、新产业形态。“互联网 +”的广泛应用有利于推动农村经济循环畅通，深刻改变农村传统的生产关系和发展模式，对培育农村经济高质量发展发挥重要作用，需要站在“三农”全局、四化同步的高度看待。“互联网 +”推动农村经济高质量发展的基本框架，如图 1 所示。

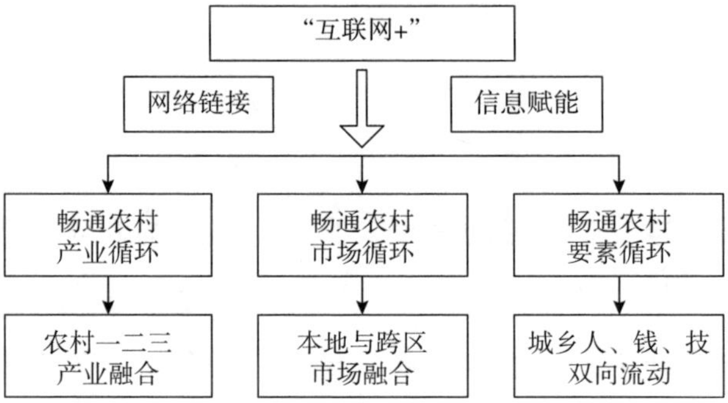

图 1 “互联网 +”推动农村经济高质量发展的基本框架

1.“互联网 +”以推动一二三产业融合畅通农村产业循环

根据产业融合理论，“互联网 +”与农业农村融合的作用机理在于通过技术渗透、功能拓展、资源整合促进农村一二三产业融合发展。一二三产业融合是以农业农村优先发展为导向，以一二三产业链延伸、产业范围拓展和产业功能转型为表征，以产业发展和发展方式转变为结果，通过形成新技术、新业态、新商业模式，带动资源、要素、技术、市场需求在农村的整合集成和优化重组，甚至农村产业空间布局的调整。但是，“互联网 +”与农业农村发展的融合，并不是把互联网作为一个简单的销售渠道或技术手段，而是逐渐向上下游延伸，把消费者、平台商及生产企业紧密连起来组成生态链，从而形成基于互联网的一二三产业全产业链生态系统。以电子商务经济体为代表的现代农业产业集群为代表，它是传统农业产业集群在信息化条件下的最新形态，能够帮助解决我国一二三产业融合发展的两大痛点，一方面帮助解决农业经营组织化程度低的问题，“互联网 +”平台能够低成本地连接、组织、服务各类农业经营主体，客观上起到类似农协组织的作用，同时也避免农协组织发展机制僵化的问题；另一方面，帮助解决本地产业链资源缺乏的问题，“互联网 +”平台客观上拓展了传统农业产业集群的边界，帮助本地农业经营主体跨产业、跨地域直接对接、整合外部产业链资源，构建开放、动态、自组织的农业产业链生态体系。

2.“互联网 +”以拓展本地与跨区市场畅通农村市场循环

根据小农经济理论，小农户与大市场的矛盾是农业农村经济发展的最大制约。农产品、农资品、消费品等商贸流通体系梗阻是我国农村发展的最大痛点，一家一户的传统小农经济无法有效对接建立在工业化大生产基础上的城市商贸流通体系。“互联网 +”的引入，深刻改变了农村市场。以电子商务为例，一是减少农产品流通环节。通过电子商务平台，减少从产地到销地、从农村到城市的层层分销，推动从田间到餐桌一键联通，提高了农户的信息获取能力、产品自销能力与风险抵抗能力。二是降低农产品流通成本。以电子商务平台替代传统零售批发市场，能够显著节约摊位费、陈列费以及其他交易成本，由于流通环节减少能够有效降低加工、运输、储藏、损耗等成本。三是拓宽农产品销售渠道。农产品电子商务平台提供了便捷高效的农产品交易模式，让供求双方最大可能地直接交易，打破了传统面对面交易方式的时空局限，拓宽了农产品销售的地理半径与消费群体范围。四是健全市场价格形成机制。农产品电子商务的发展能够助力构建规模宏大、信息透明、竞争充分、全国统一的农产品市场，并形成有效的价格形成、价格发现机制。五是完善市场信息服务功能。农产品电子商务平台能够提供供求变化、价格波动等市场交易信息，有利于加快建立以消费需求为导向的农业产业体系、经营体系和生产体系。

3.“互联网 +”以城乡要素双向流动畅通农村要素循环

根据舒尔茨的农业经济理论，改造传统农业需要引入现代生产要素、增加人力资本积累。长期以来，农村青壮年劳动力外流、农村金融资本外流、农业技术进步缓慢、农产品价格剪刀差、农村土地征收补偿太低制约农村发展。通过“互联网 +”引入现代要素是扭转农村要素单向外流、推动农村高质量发展的关键因素。“互联网 +”为农村新老人力资本、本地与返乡人力资本组合提供了机遇，利用现代信息技术和设备武装农民，能够让更多的农民分享互联网产业发展福利，更好地促进乡村人才振兴，催生一批懂信息知识、会信息技术、精通现代经营管理的新农民，促进种养大户、家庭农场、专业合作社等新型经营主体的培育。“互联网 +”通过强大的计算能力、智能化技术和软件技术，使农业生产中极其复杂和多变的生产要素定量化、规范化和集成化，提高农业生产的可控性、稳定性和精确性。“互联网 +”拓宽农民金融服务渠道，运用信息通信技术不仅可以帮助农民找到更多的金融服务渠道，还可以帮助农民找到符合其支付能力的保险或其他工具来进行风险管理。

二、“互联网 +”推动农村经济高质量发展的总体进展

党的十八大以来，“互联网 +”推动农村经济高质量发展取得了显著成就，不仅带动农业实现市场化，倒逼农业生产的标准化，提高农民的组织化，还引导农业的品牌化，完善农产品流通骨干网络，打通工业品下行、农产品上行的“肠梗阻”，正在成为加快发展现代农业的先导力量。

1.“互联网 +”改造农村基础设施

农村互联网基础设施不断提升。2018 年底，我国行政村通光纤比例已从电信普遍服务试点前的不到 70% 提升至目前的 96%，行政村 4G 网络覆盖率达 95%；贫困村通宽带比例提升至 97%，其中固定宽带用户数增至 4522.9 万户，移动宽带用户数增至 16854.6 万户，已提前实现《“十三五”国家信息化规划》提出的宽带网络覆盖 90% 以上贫困村的目标，加快弥合贫困地区“数字鸿沟”，也为乡村振兴提供了坚实的网络保障。[①]

① 数据来源：工业和信息化部 2018 年全国电信普遍服务工作电视电话会议。

"互联网 +"农业农村的应用基础设施不断改善。一是农村物流基础设施逐渐完善，截至 2018 年，全国累计建设县级电子商务服务中心和县级物流配送中心 1000 多个，乡村服务站 8 万多个，快递网点已覆盖乡镇超过 3 万个，全国快递网点乡镇覆盖率达 96.36%。二是农村电子商务基础条件加快改善，已建有电子商务服务站点的行政村有 28.34 万个，共有电子商务服务站点 39.1 万个，电子商务站点覆盖率达到 64.0%，全国已有 606 个县（市、区）实现了电子商务站点行政村全覆盖，占比为 28.9%。信息进村入户工程在 18 个省份整省推进，已建成村级益农信息社 27.2 万个，已覆盖全国一半行政村。①

2. "互联网 +"赋能农村生产体系

据中国互联网协会发布的《中国互联网发展报告（2019）》显示，我国 2018 年农业数字经济占行业增加值比重为 7.3%，预计 2020 年，我国智慧农业潜在市场规模有望增至 2000 亿元。自 2013 年以来，我国组织实施了北京、江苏、内蒙古、黑龙江、新疆生产建设兵团 5 个国家物联网应用示范工程项目，以及天津、上海、安徽、吉林、江苏 5 个农业部农业物联网区域试验工程，相继推出了 426 项农业物联网新产品、新技术和新模式，"互联网 +"现代农业在大田种植、设施农业、水产养殖、畜禽养殖、种业等方面应用了一系列数字技术产品及装备，在支撑现代农业发展方面取得了明显成效。

2018 年，我国成功发射了首颗农业高分卫星，为农业监测安上了"天眼"。通过这些工程项目的示范带动，物联网、卫星遥感、大数据等现代信息技术在种植业、养殖业等行业得到了推广应用，在土地休耕轮作、动植物疫病远程诊断、农机精准作业、无人机飞防、精准饲喂等方面取得了明显成效。建设以"北斗"定位为基础的农机精准作业系统、"天空地"一体化大田农情监测系统、农业生产精准管理决策系统和农业高效生产公共服务系统，农机装备数字化水平显著提升。

---

① 数据来源：《2019 全国县域数字农业农村发展水平评价报告》。

3.“互联网 +”重构农村流通体系

“互联网 +”推动农村电子商务发展。2018 年，全国农村网络零售额达 1.37 万亿元，同比增长 30.4%，农产品网络零售额为 2305 亿元，农产品 B2B 交易额达到 5000 亿元，大宗农产品电子交易额达到 20 万亿元，农产品电子交易市场 777 家，约占大宗商品交易市场总数的 31.5%。农产品 B2B 创新交易模式不断涌现，如广西糖网交易中心、重庆荣昌生猪交易市场、重庆咖啡交易中心、全国棉花交易市场、渤海交易所等。农产品网络零售模式不断创新，如 B2C、C2C、P2P、O2O、CSA 等。随着电子商务经济体系的不断成熟，一些电商园区开始在线下重塑供应链，从网商办公聚集到服务聚集、生活方式，乃至“互联网 +”服务中心，农产品电商园区超过 200 家，占各类电商园区的 12%。

“互联网 +”不仅拓展了农产品的国内市场，也让农产品走向国际市场。以“淘宝村”为例，2019 年，有 474 个“淘宝村”在阿里巴巴旗下的跨境电商平台“速卖通”（AliExpress）上向海外销售商品，年销售额合计超过 1 亿美元。从地区分布来看，开展跨境电商的村主要位于沿海地区，特别是拥有外贸传统的城市，如广州市、青岛市、宁波市、金华市等。已有的外贸服务体系、人力资源、信息网络等，为跨境电商的发展提供了沃土。比如，受益于生鲜农产品电商发展、“秒冻锁鲜”的冷链科技应用以及中欧班列运行，我国的 10 万只小龙虾成为 2018 年的“世界杯网红食品”。

4.“互联网 +”加速农业品牌建设

“互联网 +”为各地的名优特农产品加速品牌化建设提供了前所未有的机遇，社交媒体、移动终端、电商平台极大地发挥了口碑营销与网络传播效应，依托淘宝、一号店、京东等第三方平台以及各地自建的电子商务平台等，一大批地方特色农产品千里流通端上城乡居民的餐桌，低成本孵化形成了一批具有全国影响力的知名品牌，如重庆市的白市驿板鸭、涪陵榨菜、永川豆豉、磁器口陈麻花、长寿湖鱼制品、福建的南日鲍鱼干、金沙薏米。2018 年，农业农村部发布的《关于加快推进品牌强农的意见》指出，未来

3 ~ 5 年要打造 300 个国家级农产品区域公用品牌，500 个国家级农业企业品牌，1000 个农产品品牌。

“互联网 +”与农业生产经营的深度融合进一步引领农业品牌建设进入 2.0 阶段，一方面农业产业化龙头企业、农业合作社、家庭农场、专业大户等新型农业经营主体将不断厚植“互联网 +”的平台优势，不断深化专业分工、瞄准个性需求，实际上，以“三只松鼠”“三千禾”“中闽弘泰”等淘宝品牌为代表的一批企业品牌、个人品牌开始出现；另一方面基于大数据的社会信用体系，线上线下信用评价将不断完善，为新型农业经营主体创建企业品牌、个人品牌提供良好的信用环境。

5.“互联网 +”创新农民组织模式

继“合作社 + 农户”“龙头企业 + 农户”等模式后，“互联网 +”正在推动“信息中介平台 + 农户”“交易服务平台 + 农户”“价值链整合平台 + 农户”等模式发展壮大，通过虚拟的网络平台为小而散的小农家庭提供了“统”的商贸流通、信息服务、生产协同等基础设施。“社会化服务组织 + 网络平台 + 家庭农场”将成为我国在传统小农经营基础上实现农业现代化的基本组织形式之一，是对“以家庭联产承包责任制为基础、统分结合的双层经营体制”的重大创新。

农产品电子商务的组织形态创新不断涌现，如“农业企业 + 网店模式”“农业企业 + 运营商 + 平台 + 政府模式”“农业企业 + 运营商 + 平台模式”“农户 + 第三方平台创业模式”等。阿里巴巴集团推出农村淘宝千县万村计划，投资 100 亿元，在全国建立 1000 个县级电商服务中心和 10 万个村级服务站，与国家发展改革委签订战略合作协议，在 300 余试点县（市、区）支持返乡农民工以农村淘宝合伙人、淘帮手、农村电子商务服务提供者的形式参与农村电子商务创业就业。

6.“互联网 +”培育农村新农人群体

“互联网 +”与农业农村的结合，推动了新农人群体的发展壮大。初步估计，全国新农人群体在 200 万人左右，其中跨界创业的新农人比例大约为 70%，返乡创业的新农人比例达 12.8%。调查显示，新农人群体以“70 后”“80 后”为主，占总数的 80.5%，新农人大专及以上学历的占 86.2%，4.7% 的人还有海外留学经历。问卷调查显示，57.6% 的人曾在民营企业工作或属于自由职业者，30.2% 的人有机关、国有企事业单位工作经历。

“互联网 +”促进农村人力资本积累。截至 2019 年 8 月，农业农村部依托益农信息社累计培训村级信息员 62.5 万人次，为农民和新型农业经营主体提供公益服务 7112 万人次，开展便民服务 2.22 亿人次。各地实施乡村就业创业促进行动，加强创业培训指导，搭建服务平台，促进“能人返乡、企业兴乡、市民下乡”。2018 年，返乡下乡创业创新人员 780 万人，创办 630 多万个乡村民营企业，62 个国家级产业园吸引返乡下乡就业人员 14.2 万人。运用现代信息技术，聚集各类农业农村科技教育资源，上线运行“全国农业科教云平台”。截至 2019 年 6 月，云平台注册用户已达 425 万人，其中农业专家和农技人员 35 万人，农民用户 390 万人，上线高素质农民培育课程 4600 多门。

7.“互联网 +”推动农村经济融合发展

淘宝村是“互联网 +”推动农村经济融合发展的重要载体。从 2009 年第一次发现的 3 个淘宝村，到 2019 年全国 25 个省、自治区、直辖市的 4310 个淘宝村，淘宝村广泛分布在全国 398 个县（市、区），这些县（市、区）人口超过 2.5 亿，此外还出现了 1118 个淘宝镇。淘宝村集群化发展、裂变式扩散的特征进一步增强，2019 年全国“淘宝村集群”达到 95 个，“大型淘宝村集群”达到 33 个，“超大型淘宝村集群”达到 7 个。数据表明，2018 年全国淘宝村和淘宝镇网店年销售额超过 7000 亿元，在全国农村网络零售额中占比接近 50%，活跃网店数达到 244 万个，带动就业机会超过 683 万个。

农村电商发展助力精准脱贫成效显著。2018 年电子商务进农村综合示范累计支持 1016 个示范县，覆盖全国 28 个省、自治区、直辖市，其中，国家级贫困县 737 个，占国家级贫困县总数的 88.6%，其中深度贫困县 137 个。2018 年，全国 832 个国家级贫困县实现网络零售额 1109.9 亿元，同比增长 29.5%，高出农村整体增速 7.1 个百分点，带动贫困群众持续增收。2019 年，全国超过 800 个淘宝村分布在各省级贫困县，63 个淘宝村位于国家级贫困县。

8. "互联网 +"优化农村发展政策环境

近年来，中央一号文件先后提出"农产品电子商务平台建设、电子商务进农村示范等"有关政策。2015 年商务部、农业部等部门相继出台《关于加快发展农村电子商务的意见》《推进农业电子商务发展行动计划》，扶持农产品电子商务发展。2016 年 5 月，农业部等八部门联合印发《"互联网 +"现代农业三年行动实施方案》，以"互联网 +"引领驱动农业现代化加快发展。2019 年 5 月，中共中央办公厅、国务院办公厅印发《数字乡村发展战略纲要》，明确分四个阶段实施数字乡村战略，部署加快乡村信息基础设施建设、发展农村数字经济、建设智慧绿色乡村等重点任务。

2014 ~ 2016 年农业部、商务部、国家发展改革委相继实施了信息进村入户工程、电子商务进农村综合示范、农民工返乡创业试点，成为支持"互联网 +"推动农村经济发展的三大工作推手。2014 年农业部开始推进信息进村入户工程，首批在 10 个省（市）、22 个县开展试点，2016 年，信息进村入户工作覆盖所有省份，到 2020 年基本覆盖所有县和行政村。2014 年商务部开始安排中央资金支持 256 个电子商务进农村综合示范县建设，以农村流通现代化为目标，引领电子商务在农村更大范围推广和应用。2016 年国家发展改革委开始支持农民工等人员返乡创业试点工作，为试点地区的返乡农民工发展农村电子商务提供政策支持、项目支持与渠道支持。

三、"互联网 +"推动农村经济高质量发展的困难挑战

我国"互联网 +"农业农村应用的基础差、底子薄、起步晚，与工业、服务业和城市"互联网 +"应用相比差距较大，与农业农村经济社会发展

水平和基础地位极不相称，我国传统小农经济、城乡二元结构，使“互联网 +”在农村应用受到明显制约，农业信息技术应用成本增加、推广难度加大。

1.“互联网 +”融入农村存在认识性偏差

一是在认识上有偏差，有的尚未认识到新一代信息技术将会对农业产生变革性的影响，“+ 互联网”的主动性不够，对数据的共享开放存在不愿、不敢、不会的问题，在处理政府与市场的关系上，存在政府大包大揽或放手不管的现象，尤其有的地方在推进“互联网 +”行动的过程中，仅停留在发展电子商务上，农业农村信息化财政投入不足，2018 年，全国县域用于农业农村信息化建设的财政投入为 129 亿元，县均投入 616 万元。二是在做法上有偏差，有的地区急于求成，不考虑该地区农民信息服务的特殊需求，甚至直接套用“互联网 +”工业、城市电子商务模式等做法，普通农民根本难以获得真正所需的生产、经营信息，无法找到真正盈利和可持续的生产、经营方式，“三农”这一信息技术最庞大的用户群难以真正地启动，建立增值服务的盈利模式也十分困难。

2.“互联网 +”的基础设施仍然存在短板

城乡数字鸿沟仍然巨大，据中国互联网络信息中心（CNICC）最新数据显示，截至 2018 年 6 月，城乡互联网普及率差距仍高达 36.2 个百分点，“不会上网”和“不愿上网”仍是农村居民上网的主要障碍因素，要实现“宽带中国”战略提出的 2020 年城乡宽带网络 100% 覆盖以及农村家庭宽带接入能力 12Mbps 以上的目标仍存在较大挑战。农业大数据、农业物联网、农业机器人等在农业生产领域的应用大多停留在试验示范阶段，缺乏用得起、用得好的农业智能装备。农村物流的“最后一公里”问题特别突出，生鲜农产品的冷链物流体系建设滞后，在短时期内建立起覆盖全国的冷链物流仍然任务艰巨，仓储保管系统还不完善、冷链物流基础设施薄弱。

3.“互联网 +”推动农产品流通比例较低

农产品电子商务的比例还比较低，县域农产品网络零售额接近农产品交易额的10%，分地区看，东部地区县域农产品网络零售额为2624亿元，占比为12.1%；中部地区为1912亿元，占比为9.0%；西部地区为1006亿元，占比为7.5%；832个贫困县占比为9.8%。同时，通过接入自建或公共农产品质量安全追溯平台，实现农产品质量安全追溯的农产品交易额占农产品交易总额的10.7%。另外，受制于传统农户分散生产方式，农产品流通主要依赖本地批发市场，绝大多数未能对农产品进行分类分级处理，没有农产品标准化分级保障，缺乏面对面验货交易，互联网流通的全面推广将会受到制约。

4."互联网+"缺乏可持续农村商业模式

自2014年开始，为抢占"互联网+"农业蓝海市场，阿里巴巴、京东、苏宁等电商企业，顺为基金、天图资本、春晓资本等投资机构纷纷下沉农村，成为农业融合的重要力量，为"互联网+"农业发展提供了重大机遇。与此同时，在国家"双创"战略的支持下，创业新农民不断涌现，各地返乡创业人数年均增幅保持在两位数左右，纷纷参与到智慧农业、农产品电子商务、信息进村入户、"互联网+"特色村镇建设等工作中，推动了国家"互联网+"农业产业融合进程。然而，囿于农业本身的弱质性和利润微薄这一根本性问题难以改变，加上持续上涨的土地租金成本、用工成本、农场基础设施投入与营销推广成本，使智能农机装备、"互联网+"休闲农业、农业物联网产业等"互联网+"现代农业高精尖的农业生产模式盈利困难，难以为继。据初步估算，目前仅三成的投资者能达到盈亏平衡，一成的投资者有10%的盈利。

5."互联网+"在农村仍然面临人才制约

我国农业农村发展中善于应用"互联网+"相关信息技术与经营模式的人才严重匮乏。据调查，我国农业信息化人才资源仅占信息技术人才总数的0.9%，而省、市级农业信息化人才队伍就占了0.8%，县、乡镇农业信息化人员仅占0.1%，导致对"互联网+"看不懂、不会用。此外，由于农村条件艰苦、收入不高，难以留住人才，信息人才短缺的问题愈加突出。县、乡镇一级的农业信息技术人员数量少，学历偏低，而且多数对计算机技术、网络技术、通信技术不精通，仅了解一些简单的操作和维护工作，直接影响“互联网 +”农业农村的推进。当前无论是政府工作人员、基层农业干部，还是农民和新型经营主体都普遍存在信息化应用能力不高的问题。以农村电子商务为例，农村电子商务人才不仅要掌握电子商务技能，还要了解农业、农产品，但是国内目前的教育与培训体系还缺乏培养这种专业化人才的机构。

6.“互联网 +”在农业生产中的应用较少

信息技术在农业领域的应用大多停留在试验示范阶段，信息技术转化为现实生产力的任务艰巨，2018 年，农业生产数字化水平仅为 18.6%。分行业看，农作物种植信息化水平为 16.2%，设施栽培信息化水平为 27.2%，畜禽养殖信息化水平为 19.3%，水产养殖信息化水平为 15.3%。分地区看，东部地区为 20.6%，中部地区为 19.3%，西部地区为 13.9%。从技术基础来看，农业物联网生命体感知、智能控制、动植物生长模型和农业大数据分析挖掘等核心技术尚未攻克，尤其是农用专业芯片、关键元器件依赖进口，农业生产知识模型大多没有建立，控制决策在农业全程信息化方面仍是短板，导致“互联网 +”现代农业仍停留在信息感知层面，而综合性的智能化、精准化、自动化管理水平不高，农业智能设备用不起、用不上的问题非常突出。

7.“互联网 +”面临跨多元主体协同困难

“互联网 +”农业涉及的职能部门主要包括农业农村部、商务部、工业和信息化部、交通运输部。目前政策供给对“互联网 +”农业尚未形成系统性、战略性、整体性的思考与协同，对“互联网 +”农业如何服务当前农业农村发展的核心问题，缺乏统筹性、统领性的构想和设计，部门政策在重要任务方面缺乏互联、互通、互配的协同推进机制。此外，在“互联网 +”农村流通中，电商平台企业、电商服务企业、基层网点、快递物流、电商园区等参与主体之间的协同性也比较欠缺。各平台之间数据、物流无法有效打通，运营效率难以提升；基层站点分散在各个运营企业，不同的平台自成体系，存在着明显的重复建设，上行流量成本过高。

四、"互联网 +"推动农村经济高质量发展的总体思路

"互联网 + 农业农村"是复杂的系统工程，必须坚持"政府引领、市场主导、农民主体、社会参与、资源共享、协同共建"的基本思路。在当前和今后一段时间，"互联网 + 农业农村"要面向世界农业信息技术发展前沿，面向全面实施乡村振兴的主战场，面向"三农"发展的战略需求，以农业结构性改革和转变农业发展方式为导向，推动城乡工农要素双向流通，畅通农村经济循环，推动农村经济高质量发展。

1. 突出"互联网 + 农业农村"的新框架

依托数字乡村建设，在国家层面建立起"互联网 +"推动农村发展的协调机构与工作机制，统筹发展战略、项目规划、重大工程以及资金安排，组织协调农业农村各领域的信息化工程及基础性建设工作，实行统一指导、统一规划、统一建设、统一标准和统一管理。要制定"互联网 +"推动农村发展的中长期发展规划、专项规划，做好中央与地方规划之间、部门与部门规划之间、整体规划与行动计划之间的衔接配套，形成部门分工协作、全社会广泛参与的发展格局。

2. 突出"互联网 + 农业农村"的新融合

要树立互联网思维，把"互联网 +"与加快农业发展方式转变结合起来，将"互联网 +"应用到农业生产的产前、产中、产后环节及农产品生产的全产业链，通过综合农技服务、农资配给、销售支持等方式，提升农业生产的精细度和价值含量。要把"互联网 +"农业与脱贫攻坚战略结合起来，加大对电商平台对接带动贫困县，对接服务建档立卡贫困户的支持力度，鼓励电商通过设立公益众筹、农产品预售众筹平台等形式，带动贫困地区的产业扶贫和精准脱贫。

3. 突出"互联网 + 农业农村"的新主体

要把"互联网 +"农业与培育新型经营主体结合起来，让新型经营主体成为农村"互联网 +"农业的示范者和引路人。将农业物联网、电子商务等信息化应用能力培训向新型农业经营主体倾斜，加快实施信息技术助力新型职业农民培育行动，加强新型职业农民教育培训体系建设，培养造就一大批有文化、懂技术、会经营的新型职业农民，为加快现代农业发展提供人才支撑。积极为农业产业基地及龙头企业、种养经营大户、农业专业协会和农民工协同合作，依托互联网平台提高农业农村组织化程度，破解"小农户与大市场"对接难题。

4. 突出"互联网 + 农业农村"的新模式

因地制宜采取与其发展条件和发展环境相适应的区域性"互联网 + 农业农村"发展模式，如在发达地区，积极引领新兴产业发展，使传统农业具有更强的竞争力和适应性，使新兴产业具有更广阔的发展前景；而在欠发达地区要以"互联网 +"为引擎，抢抓工业反哺农业和新一轮信息技术发展机遇，大胆创新，实现当地农业的跨越式发展。信息传播的主体和信息供给部门应针对不同地区、不同层面的农民受体，采用不同的方式、提供不同的信息内容，满足和创造农民的多元信息需求。

5. 突出"互联网 + 农业农村"的新格局

强化一体设计、同步实施、协同并进、融合创新，促进城乡生产、生活、生态空间的数字化、网络化、智能化发展，加快形成共建共享、互联互通、各具特色、交相辉映的数字城乡融合发展格局。鼓励有条件的小城镇规划先行，因地制宜发展"互联网 +"特色主导产业，辐射和带动乡村创业创新。分类推进数字乡村建设，引导集聚提升类村庄全面深化网络信息技术应用，培育乡村新业态；引导城郊融合类村庄发展数字经济，不断满足城乡居民消费需求；引导特色保护类村庄发掘独特资源，建设互联网特色乡村；引导搬迁撤并类村庄完善网络设施和信息服务，避免形成新的"数字鸿沟"。

五、"互联网 +"推动农村经济高质量发展的政策设计

"互联网 + 农业农村"的政策设计，要强调认知纠偏，注重因势利导，着眼于农村经济高质量发展的核心目标，着力于"互联网 +"的难点问题，在数据治理、技术应用、设施建设、产业转型、要素保障等基础性、关键性、先导性环节精准发力。

1. 加快"互联网 +"推动农村发展的数据集聚

"互联网 +"推动农村发展要求充分发挥数据资源潜力，以数据资源流动与高效利用带动农村资金链、人才链、技术链、服务链、产业链的培育壮大。

（1）推动农业农村信息资源共建共享

在纵向上，建立部、省、市、县、乡、村各级业务平台之间的信息通道，实现全国涉农信息资源的统筹管理和综合利用；在横向上，建立涉农部门之间的信息共享机制，依托信息标准化体系，打通数据共享通道，减少重复建设和资源浪费。推动出台农业农村信息资源共建共享法规。

（2）深化农业农村大数据应用

加快建立健全农业农村大数据统一平台。探索发展农业农村大数据的机制和模式，加快数据整合共享和有序开放，深化大数据在农业生产经营、管理和服务等方面的创新应用，逐步实现农业农村历史资料的数据化，数据采集的自动化、数据使用的智能化、数据共享的便捷化，为政府部门管理决策和各类市场主体生产经营活动提供完善的数据服务。

（3）发展农业云

鼓励大型农业产业化龙头企业、电子商务企业、物流企业、行业协会等建立区域性、行业性专有云，部署实时应用为主的涉农中小型数据中心，丰富各类涉农云服务，完善云服务模式机制。

2. 加快“互联网 +”推动农村发展的技术突破

“互联网 + 农业农村”本质上是现代信息技术在农业农村的深入渗透与广泛应用。我国在“互联网 +”现代农业实现路径方面必须走成本低、实用性强、本土化的发展道路，必须结合农村的实际情况和农民的实际需求，推动农民用得起、学得会的实用性、便捷性技术与产品。

（1）加快研发适用技术

积极推动在国家科技重大专项、国家重点研发计划中部署落实“智慧农业技术创新与应用”重大工程，鼓励产学研开展“互联网 + 农业农村”的相关领域科技合作，创制并熟化一批成本低廉、性能可靠、使用便捷的智慧农业技术；根据不同地区、不同产业类型，研制适合农村不同地理环境的高通量和低资费通信、支持闭环控制应用的“傻瓜化”终端产品和技术。面向设施蔬菜、高端花卉、规模化养殖、农产品精深加工企业等生产经营全产业链，加快推进物联网、云计算、大数据、移动互联网、数字化制造等信息技术在农业生产经营服务领域的集成、应用和示范力度。

（2）开展典型示范带动

围绕水稻、玉米、棉花、奶牛、水产、蔬菜、花卉等领域，选取农产品主产区、垦区、国家现代农业示范区，开展集成农业物联网、农业大数据、精准农业、智能装备与机器人、无人农场、食品追溯体系等智慧农业技术应用试点示范，探索农业农村信息化发展机制、路径和商业模式，提高“互联网 + 农业农村”的理论和水平，培育一批可看、可听、可推广的示范典型，以点带面加速农业信息化技术应用，引领农村信息经济发展。

3. 推进“互联网 +”的农村现代基础设施建设

整合现有基础设施建设资源，为“互联网 +”在农村落地打通“最后一公里”，改善城乡工农网络连通条件。

（1）巩固提升乡村宽带工程建设成果

持续推进提速降费和电信普遍服务，扩大 4G 网、光纤网在农村的有效覆盖，进一步把网络服务延伸到户，大幅提升农村互联网普及率。要抓住应用端，把农村网络基础设施建设的重点转向田间、圈舍、鱼塘、车间，大力发展农业物联网，探索推进北斗卫星导航系统、5G在农业生产中的应用，为数字农业农村发展打下坚实的物质基础。

（2）结合农产品生产及流通布局，做好物流冷链主干网建设规划

加快布局区域重要节点大型冷库仓储。鼓励县域政府结合当地市场和电商发展特点，做好县乡村三级物流仓储建设，科学布局本地物流配送基础设施。深化乡村邮政和快递网点普及，鼓励邮政、供销社通过整体出租、入股等合作形式，深入开展与平台电商及现代物流企业的合作，激活并用好现有仓储、配送渠道资源，加快建成一批智慧物流配送中心。

4. 支持“互联网+”的农产品电子商务产业链

加快发展农业农村电子商务，创新流通方式，打造新业态，培育新经济，重构农业农村经济产业链、供应链、价值链，促进农村一二三产业融合发展。

（1）统筹推进农业农村电子商务发展

建立农产品、农村手工制品上行和消费品、农业生产资料下行双向流通格局，扩大农业农村电子商务应用范围。大力推进农产品特别是鲜活农产品电子商务应用，重点扶持贫困地区利用电子商务开展特色农业生产经营活动。鼓励发展农业生产资料电子商务，开展农业生产资料精准服务。创新休闲农业网上营销和交易模式，推动休闲农业成为农业农村经济发展新的增长点。

（2）大力培育农业农村电子商务市场主体

发挥农业部门的牵线搭桥作用，组织开展电商产销对接活动，推动农产品上网销售。鼓励综合型电商企业拓展农业农村业务，扶持垂直型电商、县域电商等多种形式电商的发展壮大，支持电商企业开展农产品电商出口交易，促进优势农产品出口。大力推进农产品批发市场电子化交易和结算，鼓励新型农业经营主体应用信息管理系统等。

（3）推进“互联网+”农产品出村进城工程

围绕特色产业和重点品种，做好产前、产中、产后全产业链数字化，建

立完善农产品网络销售的供应链体系、运营服务体系和支撑保障体系，强化电商企业与小农户、家庭农场、农民合作社等对接，加强农村网络、冷链物流等设施建设。深化电子商务进农村综合示范，培育农村电商产品品牌。建设绿色供应链，推广绿色物流。推动人工智能、大数据赋能农村实体店，促进线上线下渠道融合发展。

5. 强化“互联网 +”的农村信息人才队伍建设

农业农村信息化可持续发展，一方面需要大量生产经营人才、管理决策人才和推广服务人才；另一方面要求农民具有较强的信息化思维理念、科学知识和应用技能。农村信息化人才队伍数量的多寡、水平的高低是决定农村经济高质量发展的关键。

（1）依托国家电子商务人才继续教育基地，利用远程教育系统等，开展农产品电子商务实务培训

依托农村实用人才培训工程、阳光工程、青年农场主培训等加快培养掌握农业技能、商务知识和网络技术的现代农民，重点开展针对种养殖户、经纪人、物流服务企业的农产品电子商务应用培训，加强培养农产品电子商务企业运营人才。支持高校、企业、协会相结合，依托实训基地等，建立农产品电子商务人才联合培养机制。实施“互联网 + 小农户”计划，提升小农户发展能力。

（2）与电商企业、教育培训机构等共同推进建立农村电商大学等公益性培训机构

开展电子商务平台使用、农产品和农业生产资料网上经营策略和技巧培训；从有经验和行业资源的成功企业家、职业经理人、电商辅导员、天使投资人、返乡创业带头人当中选拔一批创业导师，支持返乡创业培训实习基地建设，动员电子商务企业为返乡创业人员提供创业见习、实习和实训服务；引导具有实践经验的电子商务从业者返乡创业。

（3）设立农业农村信息化青年领军人才培养专项基金

支持发挥乡村能人在农业农村信息化人才队伍中的传帮带作用。强化

返乡农民工的电商创业培训，发挥好驻贫困村“第一书记”和驻村工作队作用。加快研究制订农业农村信息化人才培训计划，结合部门包村帮扶、对口支援、志愿者服务等，开展面向农民的信息化培训。探索设置乡镇综合信息服务站和农业综合信息员岗位，强化乡村两级信息员培养。加强对乡村干部、种养大户、农产品经纪人、农民合作经济组织负责人等的信息技术应用培训。

6. 培育“互联网 +”的农村经济新业态与新模式

“互联网 +”推动农村经济高质量发展，既要利用信息技术改造传统农业，又要推动农村一二三产业融合，培育壮大“互联网 +”催化的新产业、新业态与新模式。

（1）大力发展数字农业

加快建设数字农田，利用遥感、物联网等现代信息技术构建农情监测系统，完善农业生产智能监测体系；发展智慧畜牧和智慧水产，推进现代信息技术在畜禽水产养殖中的集成应用；围绕县域主导特色产业，开展重要农产品全产业链大数据建设，从生产、加工、流通、销售、消费等关键环节加快数字化改造，打通数据链、重构供应链、提升价值链，促进农业农村一二三产业融合发展，以数据驱动农业高质量发展。

（2）培育壮大农业领域的信息经济

构建以涉农 IT 企业、高校、科研院所为主体，以新型农业经营主体为纽带，面向广大农民的“互联网 + 农业农村”产业联盟，推动科技创新与农业生产经营有效对接。积极探索农业农村信息化应用新机制、新模式，引导大型传感器制造商、物联网服务运营商、信息服务商等进入农业农村信息化领域，培育和壮大农业领域的信息经济。强化全国农业农村信息化示范基地和农业信息经济示范区建设。

（3）推动农村互联网创业创新

加强休闲农业、乡村旅游业等基础设施建设，搭建在线乡村旅游平台。打造农村创业创新众创空间、产业园区，提供一站式服务和多种形式支持。

推动科技创新成果与农业生产经营有效对接。培育一批农业农村信息化龙头企业，形成产业链条健全、专业协作机制完善的创新应用企业集群。推动互联网与特色农业深度融合，发展创意农业、认养农业、观光农业、都市农业等新业态，促进游憩休闲、健康养生、创意民宿等新产业发展，规范有序发展乡村共享经济。

7. 健全“互联网 +”的农村多元投融资机制

农业农村信息化建设资金投入大，但农业产业弱质性突出、农村金融市场发展相对滞后、农民资本积累能力较弱，因此，推进农业农村信息化迫切要求建立以财政投入为引领、社会资本广泛参与的多元投融资机制。

（1）加强农业政府投入

鼓励各级政府设立基本建设专项资金，用于系统推进农业农村信息化重大建设工程。设立财政专项经费，用于开展信息系统运维、标准体系建设等工作。提高基本建设投资、财政事业费及农业重大工程建设中用于农业农村信息化的投资比例。加快建立电信普遍服务补偿机制，成立宽带普遍服务基金，推动农村信息基础设施建设。

（2）创新农业农村信息化补贴政策

中央和地方政府要积极探索开展农业信息补贴试点工作，依托国家农业农村信息化示范基地建设，对示范基地应用现代信息技术实施信息补贴。探索多种形式的政府与社会资本合作机制，对技术先进、优势明显、带动农民增收能力强的项目优先支持。

（3）创新“互联网 +”的农村金融服务

引导与鼓励金融机构、电信运营商、IT 企业、物流商等企业主体参与“互联网 +”现代农业建设，吸引各类社会资本。创新农村普惠金融服务，改善网络支付、移动支付、网络信贷等普惠金融发展环境，为农业经营主体提供小额存贷款、支付结算和保险等金融服务。搭建“互联网 + 农业农村”平台，整合农资供应商、产业化龙头企业、专业大户、家庭农场、种养大户、收购大户等资源，积极开展全产业链金融服务。探索基于“互联网 +

农业农村”平台的信用风险管理和不良资产处置技术，从平台准入、交易限额、账户控制等多方面降低客户违约率。

参考文献

[1] 阿里研究院，南京大学空间规划研究中心，浙江大学中国农村发展研究院，中国社会科学院信息化研究中心．中国淘宝村研究报告（2009—2019），2019

[2] 农业农村部信息中心．2019全国县域数字农业农村发展水平评价报告．2019

[3] 农业部农产品加工局．农产品加工业与信息化融合研究报告．农产品市场周刊，2016（47）

[4] 张红宇．农业供给侧结构性改革背景下的新农人发展调查．中国农村经济，2016

[5] 农业农村信息化专家咨询委员会．中国数字乡村发展报告（2019）．2019

[6] 肖冰，陈丽娟．我国智慧农业的发展态势、挑战及对策研究．农村金融研究，2018（8）

[7] 张红宇．探索中国特色农业现代化道路．人民日报理论版，2019-5-13

[8] 王小兵，康春鹏，董春岩．对“互联网+”现代农业的再认识．农业经济问题，2018（10）

[9] 黄季焜．四十年中国农业发展改革和未来政策选择．农业技术经济，2018（3）

[10] 唐珂．国外农业物联网技术发展及对我国的启示．中国科学院院刊，2013（6）

[11] 苏毅清，游玉婷，王志刚．农村一二三产业融合发展：理论探讨、现状分析与对策建议．中国软科学，2016（8）

[12] 阿里新乡村研究中心．数字经济创新助力乡村振兴．2018. 6

[13] 胡拥军．“互联网+”助力农业供给侧结构性改革．农民日报，2016-5-28

[14] 阮荣平，周佩，郑风田．“互联网+”背景下的新型农业经营主体信息化发展状况及对策建议——基于全国1394 个新型农业经营主体调查数据．管理世界，2017（7）

[15] 牛静静，张国栋．“互联网+”赋能小农户有机衔接现代农业的困境与对策路径．农村经济与科技，2019（15）

[16] 赵春江，李瑾，冯献，郭美荣．“互联网+”现代农业国内外应用现状与发展趋势．中国工程科学，2018（2）

[17] 孔繁涛等．国内外农业信息化比较研究．世界农业，2016（10）

[18] 屈冬玉．中国特色农业信息化的思考．中国发展观察，2016（4）

城乡资本、人才等要素下乡研究①

目前，我国城乡资本、人才等要素下乡面临要素发展空间不正义，要素下乡缺乏科学规划、长效机制缺失、对接平台建设滞后、潜在危险严重等问题。解决这些问题，需要从人力、资本、土地等要素空间正义的视角出发，结合我国城乡资本、人才等要素下乡的现状、农业绿色全要素发展率等趋势，分析和借鉴国内外城乡资本、人才等要素下乡的成功经验，形成城乡资本、人才等要素下乡的长效激励机制和风险防控机制，努力发挥多元主体的作用，统筹城乡、区域要素的空间正义，为我国城乡资本、人才等要素下乡和乡村建设体制机制的完善提供思路。

---

① 本报告是清华大学中国农村研究院2019年重点研究课题“城乡资本、人才等要素下乡研究”的研究成果，在收入本书时有所删减，报告观点仅代表课题组的看法。课题负责人：李长健，华中科技大学法学院二级教授，华中学者，湖北省人大农业与农村委员会副主任委员。报告执笔人：李长健、郭广瑜、时润哲、苏聪聪。

一、城乡资本、人才等要素下乡的现状、趋势及问题

（一）城乡资本、人才等要素下乡的基本状况

1. 城乡资本、人才等要素下乡的政策现状

党的十九大报告提出的乡村振兴战略释放了未来资源要素配置进一步向农村倾斜的信号，2018 年，国家发展改革委发布的《关于实施 2018 年推进新型城镇化建设重点任务的通知》明确清除要素下乡各种障碍的基本方略，引发新一轮的政策调整，2020 年中央一号文件指出“要畅通人才下乡渠道，培养扎根乡村，强化科技农业支撑”等。我国城乡资本、人才等要素下乡的政策已涉及产业、人才、金融、科技、土地等方方面面，形成了相对完善的政策体系，为城乡要素融合提供了便利条件。

2. 人力与自然资源要素差异的城乡资本、人才等要素下乡现状

人力资源与自然资源是经济发展与社会进步的物质基础和基本条件，我国幅员辽阔，受地理位置、社会环境、乡村风俗等条件影响，城乡之间人力与自然资源禀赋存在明显差距，长期以来的政策倾斜也加剧了城乡资源配置不均的状况，近年来，党中央提出乡村振兴战略，力图通过政策与制度安排来调配城乡的不同资源，实现资源合理利用，解决经济发展中资源匮乏的难题。城乡资本、人才等要素下乡是当前我国形成东、中、西、东北部地区之间，城市与农村地区之间资源良性流动的重要举措，对我国经济社会发展产生了重要影响。

（1）人力资源差异对城乡资本、人才等要素下乡的影响

长期以来，我国城市与农村人力资源分配严重失衡，截至 2019 年，我国农民工总数约 2.9 亿人（见图 1），农民工大量进城，城市聚集了大量优质劳动力，将农村置于人力资源分配的不利地位，城乡人力资源分配存在明显

的空间不正义现象。

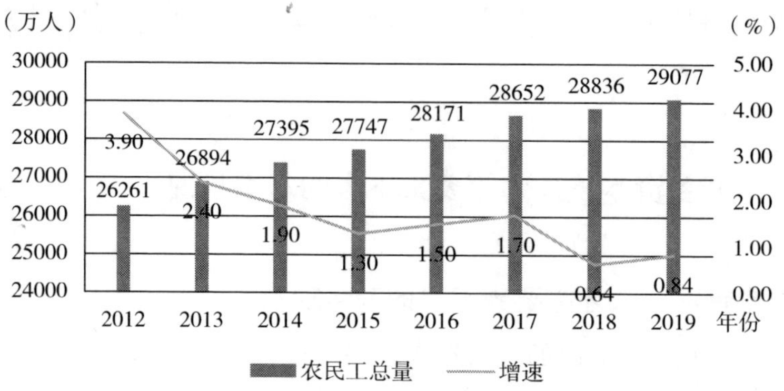

图 1　2012—2019 年我国农民工总量变化

资料来源：国家统计局《农民工监测调查报告》。

随着多年来大量农村人口进城，导致城市人力资源逐渐饱和，就业市场竞争激烈，为城市人力资源下乡打开了窗口，尤其在国家政策扶持下，不少农民工开始选择就地就业、返乡就业，部分农村地区开始出现农民工回流现象。

如图 2 所示，尽管 2012—2019 年我国农民工总量以及外出农民工数量在不断增长，但增速已经明显放缓。农村劳动力外流的现象逐渐回落，城乡人力资源开始从分割发展的状态走向城乡互动的循环状态。

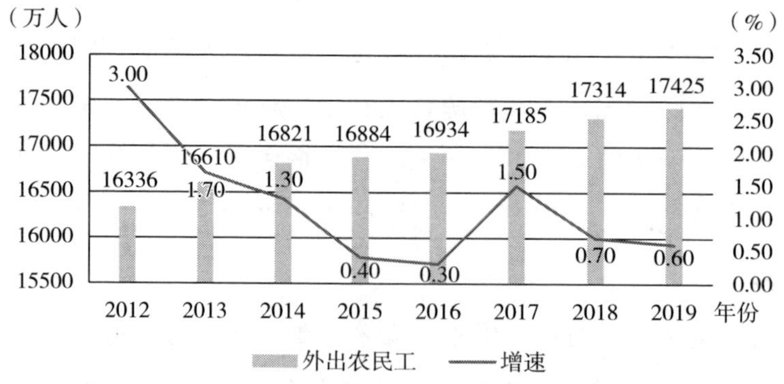

图 2　2012—2019 年我国外出农民工数量变化

资料来源：国家统计局《农民工监测调查报告》。

（2）自然资源要素对城乡资本、人才等要素下乡的影响

现如今，农民工在不少城市的发展面临瓶颈，但农村凭借其自然资源优势以及制度改革带来的福利吸引了大批人才、技术、资本等生产要素流入，很大程度上改变了城乡要素流动不平衡的趋势。当前，自然资源配置的制度安排既考虑了城乡区域的空间差异，也指明了缩小城乡空间差异的制度设计原则，打开了城乡协调发展的利益通道，为进一步推动城乡一体化发展带来了新机遇。

3. 区位差异的城乡资本、人才等要素下乡现状

受区位差异的影响，城乡资本、人才等要素下乡在现实层面存有较大困难。如各地发展程度、资源禀赋不一，制度设计难度较高，或因农村集体产权和户籍制度封闭排外的特征，土地、人才等核心生产要素难以在城乡之间自由流转，降低了城乡要素流转的实际成效。当前，党和国家已经意识到区域发展差异带来的影响，过去 3 年的中央一号文件反映出中央政策对城乡、区域之间双重不平衡的关注，正逐步为城乡资本人才要素下乡作出更具针对性的安排。

4. 产业与市场发展差异的城乡资本、人才等要素下乡现状

近 10 年来，我国的第一产业发展徘徊不前，在三次产业构成中占比出现了下降的趋势（见图 3）。农业是一国经济发展的基础性产业，必须从根基上重视农业发展，乡村振兴战略的实施是改善“三农”问题的最佳契机。在此背景下，积极探索鼓励城乡资本、人才等要素下乡问题十分契合时宜。

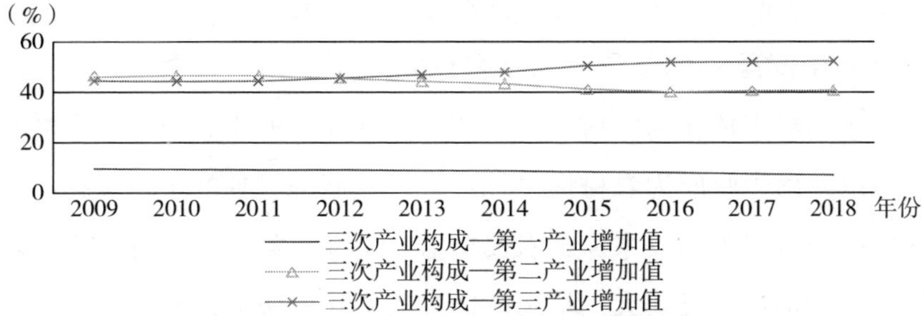

图 3　近 10 年来我国三次产业构成占比

资料来源：国家统计局。

在农村产业发展中，城乡资本、人才等要素下乡的首要任务在于保障农

业产能和农产品市场的稳定，例如粮食生产环节、生猪生产等。此外，要素下乡还需要利用大数据、区块链、人工智能等现代信息技术支援国家开展数字乡村试点，在农业领域实现结合、应用以及保障。各要素下乡也要结合城乡市场建设，推动农产品进城、下乡并加强农村基础设施建设等，通过城乡要素流动来带动农村市场发展。

5. 区域对口帮扶差异的城乡资本、人才等要素下乡现状

区域对口帮扶利用城市资源帮助落后的农村地区实现经济发展，充分体现先富带动后富的发展理念。在一定程度上，区域对口帮扶也会影响农村要素向城市流动的格局，各地政府可以利用这一契机破除妨碍城乡要素自由流动和平等交换的体制机制壁垒，并通过政府调度来解决市场资源配置失灵的问题，从而引导土地、劳动力、技术等生产要素在城乡间自由双向有序流动，实现生产要素在城乡之间的合理配置和优化组合。

6. 生态差异的城乡资本、人才等要素下乡现状

目前来看，我国要素下乡下的乡村生态划分为三种类型，分别为传统农业资源型生态、工业资源型生态和旅游资源型生态。传统农业资源型生态是以技术为重要支撑力，但实际发展中多受技术因素约束。工业资源型生态是指乡村具有较为丰富的煤炭、矿物等工业发展资源，在我国发展中面临资源运用乏力及分配不均的问题。旅游资源型生态是指乡村具有较为优越的旅游资源，发展中也面临资本、人力、技术等投入不足的问题。

7. 社会中间层主体参与要素下乡现状

社会中间层主体作为农村社会主体间沟通联络的中介组织，在城乡要素下乡中可以分离于政府为农村提供社会性公共服务、独立于市场提供监督服务，并协调政府与市场关系保护农民权益、引导要素下乡。近年来，农业社会化服务组织迅速发展壮大，呈现队伍高素质化、服务规模化、专业化与市场化等发展趋势，激发了农村市场活力，增加了农村地区对各种要素流动的吸引力，未来以农业社会化服务组织为代表的社会中间层主体势必在要素下乡中发挥更大的作用。

（二）城乡资本、人才等要素下乡的发展趋势

1. 城乡资本、人才等要素下乡的总趋势

在国家政策推动下要素流动不断向农村倾斜，我国城乡资本、人才等要素下乡呈现新的发展趋势。首先，城乡要素流动的体制性、制度性束缚被打破，极大激发了城乡要素融合的积极性，原来资本、人才等要素由农村向城市的单向流动走向逐渐变为城乡之间的双向流动。其次，伴随着区域要素市场不断完善，资本、人才等生产要素大规模跨区域流动已具备现实条件，中东西部资源和要素流动的数量和质量近年来都有显著性提升。此外，随着社会治理法治化的推动，农村的社会环境和人才培育机制得到改善，进一步推动农村要素向回流趋势发展。最后，在市场化、信息化、国家化的带动下，要素流动的机遇大大增多，成本大幅降低，为城乡要素流动趋势转变创造了良好条件。

2. 城乡资本、人才等要素下乡的量的变化

党的十八大以来，党和国家的政策多次强调要推动城乡要素平等流动，促进城乡一体化发展，建立平等、自由的城乡要素市场。在国家加大制度改革环境下，城乡要素市场建设取得了良好成效，城乡要素流动逐步拥有了良好的环境，实现了量的变化，具体表现在以下三个方面。

第一，人才增量。截至 2018 年，我国农村人口流入累计已达 780 多万人，且超过半数的人员为信息技术人员或专业技能人才，使农村人才层次不断提高，为农村创新创业提供了良好的人才资源。第二，资本增量。党的十八大以来，在各地政府政策引导下，乡村资本总量得到巨大提升，资本来源主体逐渐呈现多元化，资本量呈现上升趋势。2019 年，民间资本下乡同比增长多达 20% ~ 30%，该资本量在农业加工、旅游业、乡村金融等方面发挥着重要作用。第三，技术增量。党的十八大以来，我国农业技术取得了多项重要突破，据《中国农业农村科技发展报告》显示，

2012—2019 年我国农业科技贡献率从 53.5% 提升到 59.2%，农业机械化更是有了质的飞跃，三大主粮耕、种、收的综合机械使用率超过 80%，农药化肥使用率连续 3 年实现负增长，农业发展逐渐实现高质量、健康和绿色化。第四，制度增量。近 3 年的中央一号文件对农村社区治理、产业发展、土地承包等关乎农村发展的体制机制改革进行了详细论述。在农业制度方面，建立了农业补贴政策，如耕地保护补贴；在乡村土地制度方面，试点改革了乡村宅基地制度；在农业金融制度方面，形成了多项政策措施和法规。

3. 城乡资本、人才等要素下乡的流动走向

（1）单向流动到双向流动

我国城乡资本、人才等要素长期以来处于农村向城市的单向流动趋势，为实现城乡要素均衡配置，党和国家出台了多项惠农政策，逐步打破我国资本、人才等要素的单向流动趋势，在未来城乡地区要素将呈现长期双向流动态势。

（2）资本、人才等要素回流

在乡村振兴战略的驱动下，未来乡村可以享受到更多的发展红利，农村地区将吸引大量的资本、人才等要素。尤其随着国家制度改革的推进，进一步促进了资本、人才等要素向农村的回流，使农村资源要素发展形成了流动与配置的新走向。

4. 城乡资本、人才等要素下乡的融合程度

城乡资本、人才等要素下乡使城乡两极分化的现象得到缓解，打通了生产要素自由的双向流动通道，使资本、人才等要素更好地在城乡间融合。但当前我国农村和城市发展割裂、断层的现象未能因要素流动得到根本性改变，城乡资本、人才等要素下乡融合的成效需要随着政策、制度以及社会力量的进一步投入才能逐渐显现。

（三）我国城乡资本、人才等要素下乡存在的问题

1. 要素发展空间正义缺失

从空间正义理论视角来看，区域要素不平衡发展、城乡要素不平衡发展是空间生产的产物。本研究根据国家统计局官方区域划分原则，将研究目标限定为全国 32 个省份发现，东部地区人均 GDP 情况明显优于其他地区，中部和西部地区则差异相对较小，发展速度较为接近（见图 4）。

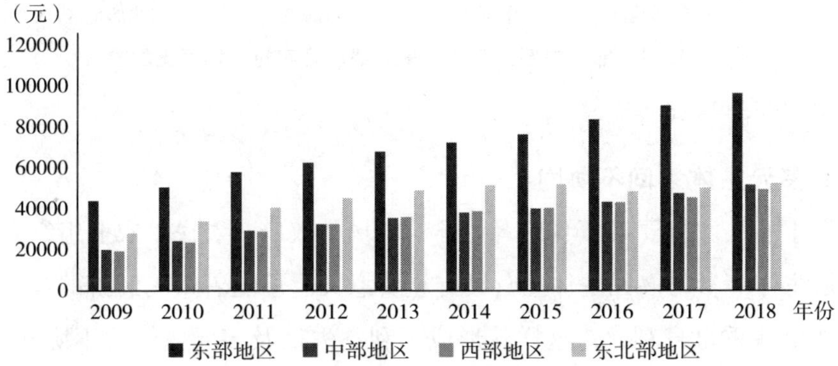

图 4　我国东部、中部、西部、东北部地区人均 GDP 情况

资料来源：国家统计局。

从我国农村人均可支配收入情况看，我国东、中、西、东北各地区的农村可支配收入存在明显差异，其中东部地区农村人均可支配收入远高于其他地区，与其他地区的收入差距表现出越拉越大的趋势（见图 5），整体而言，地区间存在收入分配上的差异。

从要素配置方面来看，我国城乡要素配置明显不平衡，以土地要素为例，我国农村土地资源长期以来部分依然处于闲置状态，城乡的土地资源要素并未实现土地制度改革所提出的城乡间自由流动、平等交换等。深化农村土地制度改革，依然面临着农民主体地位保障、农村集体经济组织成员公平的土地权益获得及农村土地增值收益还农等重大、重要问题。要素发展的区域间、城乡间空间正义的缺失，将影响农业绿色全要素生产率的发展，也影

响城乡资本、人才等要素在城乡间的双向流动。

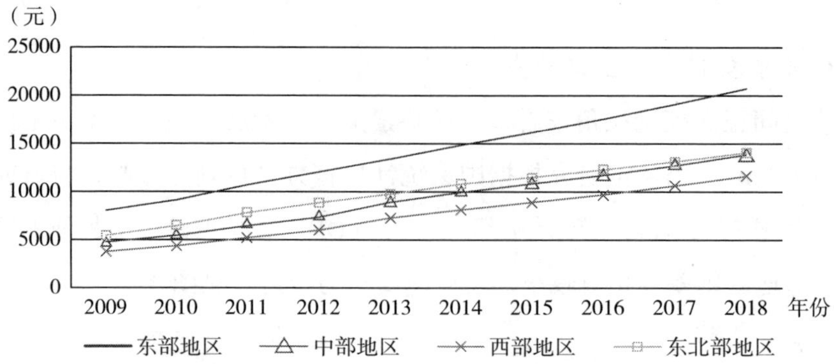

图 5　我国东部、中部、西部、东北部地区农村人均可支配收入

资料来源：国家统计局。

2. 多元主体之间不协同

资本、人才等要素下乡后，对推动市场、政府、农民、农业组织、社会中间层主体等参与多元主体经营具有重要意义。但随着市场经济的推动，各类主体更注重自身利益，这样就形成了利益失衡及多元主体的不协同状态，如何促进多元主体共同参与乡村建设发展，具体而言形成何种模式实现各主体的利益最大化也将成为新的难题。

3. 农村缺乏有效的扶农、促农组织

保障农民主体地位的重要方式便是农民组织化，但目前我国农民组织存在一些问题，如农民组织所建立的农民专业合作社流于形式，真正起到扶农、促农作用的较少。在合作社内部也存在着一定的分化，部分农民在要素分配等方面处于一定的弱势地位，服务于要素下乡的社会中间层组织仍处于发展的初级阶段，其现代化运营管理能力有待检验。

4. 要素下乡的长效机制缺失

城乡资本、人才等要素下乡是一项系统性工程，需要立足于整体进行统筹规划，以实现城乡发展的有机串联。现有的制度安排对此缺乏科学规划，制度构建中前瞻性思考较少。首先，城乡资本、人才等要素下乡的激励机制建设尚不完善，使得城市优质资本和人才要素缺乏下乡动力；其次，城市资本、人才下沉后如何回流，以形成城乡要素流动的循环机制问题，同样没有科学、长远的规划；最后，由于资本具有逐利性，资本要素下乡需构建的时空机制等需要落实。

5. 城乡资本、人才等要素下乡对接平台建设滞后

农村地区在要素下乡的过程中虽然是被动接收方，但同样需要发挥其主动性，构建承接资本、人才等要素的对接平台。现阶段城乡资本、人才等要素下乡对接平台的建设相对滞后，配套设施建设不完善，工作还未形成体系化，在引导、促进要素发挥效用方面显现的作用还比较有限。

6. 要素下乡存在潜在的风险

要素下乡是顺应我国现阶段发展战略的重大举措，但是现阶段要素下乡还处于“摸着石头过河”的探索阶段，由于缺乏经验和统一指导，要素下乡在实践中存在很多不合理的做法，为城乡融合发展、社会和谐稳定留下了隐患。要素下乡还存在以下潜在的风险：资源浪费、粮食安全危机、农民利益有被进一步侵蚀的可能、金融风险、重大公共卫生事件风险、基层矛盾纠纷等。为保证要素下乡始终发挥积极作用，应充分认识到要素下乡可能存在的潜在风险，并积极采取相应的措施。

二、影响城乡资本、人才等要素下乡的因素分析

（一）影响城乡资本、人才等要素下乡的因素分析

1. 社会经济方面——资本力量支持乏力

城乡资本、人才等要素下乡以资本运作理论为逻辑起点。资本是核心生存要素，对于人才、科技、劳动力等资源的流动具有天然的引导作用。农村发展最普遍的问题就是资金短缺。从农村现实来看，农村的金融服务体系不

健全已经成为城市金融资源、工商资本等要素进入农村的主要障碍，在调研过程中发现不少地区的金融机构提供金融服务方面存在融资手续繁杂、认定担保物的标准较高以及授信额度小、还贷期限短等问题，具体而言，表现为以下两个方面：一是农村金融风险大，政策保障力度难以吸引城市金融资本，农业的高风险性使农业领域成为金融资本的巨大盲区；二是农村金融机构及其业务种类单一而难以吸引工商资本下乡。从农村金融服务机构看，大部分农村地区缺乏保险、信托、证券等金融机构。从农村金融业务种类看，农村地区缺乏现代银行中间业务。从农村金融服务手段看，农村信用社是农村主要金融机构，农村金融基础设备和软件更新慢，很多地区信用社人员知识结构和实际操作能力相对落后，难以适应农村金融业务发展需要。

2. 政策制度方面——相关制度体系构建及实施滞后

我国农业发展很大程度上受到国家政策制度的影响。首先，根据中央提出实施的土地制度改革，围绕农业发展的重要元素“土地”的法律制度建设一直处于探讨之中，直到 2019 年新修订的《中华人民共和国土地管理法》，基本上解决了我国土地制度改革的法律性制度障碍问题。新的《土地管理法》，实施中依然存在耕地占补平衡制度、宅基地“三权分置”权利内容确定及集体经营性建设用地的管理问题。其次，关乎农民切身利益的社会保障相关制度悬空仍然是新时代制度体系化建设的重要问题。国家政策制度在于应时代发展而出台，但最重要的是落地实施，解决现实生活中难以调和的众多问题。

3. 人力资本方面——农业专业技术人才极为缺乏

农村人力资源缺乏主要表现为以下几个方面，首先，人才引进机制的缺乏使得农村发展缺乏活力，农村产业发展提升急需相应的农业专业技术人才，但当前基层农村专业技术人员层级结构划分不合理，缺乏能够为农村建设进行新技术、新行业推广的人才。其次，农村的生活条件和生态环境难以吸引优秀人才。最后，人力资本在城乡间配置不均衡，人力资源在城市配置力度及各方面都高于农村。总而言之，在城乡人力资本发展方面，农村地区农业专业技术人才极为缺乏。

4. 技术发展方面——技术支持机制乏力

当前，我国农村科学技术进步面临的诸多困境和挑战，主要体现在以下几点。第一，技术要素传导受限，农业技术的推广和传递机制未能紧贴农村农民，农业技术辐射范围有限；第二，农业信息化要素覆盖机制不健全，信息化基础薄弱；第三，农业技术推广体系不健全影响农业技术下乡。现实中，我国每年大约有 6000 项农业科技成果问世，运用到农业生产的却不到 40%。原因在于我国农业技术推广体系不健全，农业生产与试验研究脱节较为严重，市场推广机制不健全，并且农业技术推广激励机制也存在缺位现象。

5. 自然地理方面——土地要素流转机制不健全

当前，我国土地流转方面存在众多问题，如农户、企业要大面积承包土地进行规模化经营，就会面临担保单位较少、农村金融机构不完善带来的融资难问题。再者尽管国家对土地用途作了明确规定，但由于土地价格、房价上涨等因素，导致部分土地流转后改变了农地农用的用途，如农用土地建设了观光园、生态园等。因此，完善土地要素流转机制极为迫切。

6. 城乡协同发展方面——城乡要素流动互动互补性不足

当前，我国城乡要素流动互动互补性不足，限制了城乡资本、人才等要素下乡。如城乡利益关系的长期失衡使以趋利属性为特征的要素流动不足，要素流动的利益与利益机制在城乡关系上尚未实现均衡配置，造成要素流动上的阻滞。再者城乡发展利益分配表达机制影响要素流动的互动与互补性，如果要素进入分配环节，利益主体缺乏按贡献的生产要素参与利益分配表达的机制作为利益联结基础，将阻滞要素的流动。

7. 基础设施建设方面——基本公共服务差异显著

基本公共服务主要包括以下三个方面的内容。一是保障人们的基本生存权。城乡居民所享有的社会保障服务往往相差悬殊，表现在农村社会保障覆盖的内容有所缺失、覆盖范围较窄且待遇水平较低，管理与服务能力薄弱等方面。二是满足公民之基本能力训练与体面的需求。一般体现为文化与教育资源的提供，根据第三次全国农业普查数据汇总结果，2016年，全国仍有3.5%的乡镇没有幼儿园、托儿所，全国近41%的村没有体育健身场所，全国33.2%的乡镇没有社会福利收养性单位，日益富足的农民对于多样化文化生活、教育资源的需求与乡村现存文化建设之间的矛盾极为突出。三是满足公民基本健康需求。具体表现为所提供的医疗卫生服务和基本的健康保障，我国80%的公共卫生资源集中在城市，城乡社会保障体系和福利待遇存在明显差距，从人均卫生经费来看，我国城镇人均卫生费用最近几年一直处于上升趋势，而乡镇农村的人均卫生经费则出现下降趋势，总体水平低于城市，城乡医疗卫生经费差距呈现扩大趋势。

（二）城乡资本、人才等要素下乡影响因素归结及风险预判

1. 城乡资本、人才等要素下乡影响因素归结

综合以上土地、人才、资金、技术、信息、政策制度等因素基于空间正义视角的农业绿色全要素生产率的影响分析，发现土地、人才、资金、技术等要素在发展中不仅是城市的流动，而且重要的是要打破空间要素流动的不正义，从源头上协同促进城乡一体化发展，让城市要素流入乡村，乡村要素流入城市，多方面促进乡村振兴。

从空间正义视角推动城乡资本、人才等要素下乡，正如土地是乡村振兴的载体，乡村振兴必须遏制圈地现象；人才是乡村振兴的主体，乡村振兴迫切需要吸纳具有深厚乡村渊源的社会精英、本乡村或农科大学生以及志愿服务乡村振兴的科技人才、技能人才、创业人才，以人才乡村创业带动产业兴旺；资本是乡村振兴的实体，乡村振兴需积极推动农村金融体制、税制改革，吸引资本要素流入。

2. 城乡资本、人才等要素下乡的风险预判

城乡一体化格局对于要素流动的基本要求是自由流动、平等交换、均衡配置。但是，无论是城市偏向战略下的单向流动还是统筹发展理念下的双向

互动，其中所蕴含的风险都比较高，本报告通过对城乡资本、人才等要素下乡可能存在的风险进行分析和评估，以期对要素下乡起到良好的导向作用。

（1）社会经济方面——资金保障不足以及资金过量风险、金融风险

现代农业不同于传统农业，需要的资金类型多种多样。在用资环节，现代农业要实现一二三产业融合发展，农业资本要和工商资本、借贷资本实现有机衔接，在生产、流通、销售各个环节上均存在投资需求。在用资持续性方面，现代农业蕴含了绿色生态、可持续发展的要求，这要求农业要持续性用资。但农村地区的金融需求主要是生产性贷款需求，由于农业生产周期长、收益低、受自然因素影响大，涉农贷款往往存在不稳定的金融风险。

（2）政策制度方面——农民利益受侵害风险

城乡资本、人才等要素下乡的目的在于推动城乡协同发展，保障农民权益。在当前城乡要素流动过程中，农民利益面临着受侵害的风险。首先，农户大多数文化程度不高，在同外界进行沟通和交流中，往往处于不利地位，其自身抵御、化解风险的能力较弱；其次，囿于农村地域的封闭性，信息不对称导致自身利益受损；最后，政府、投资者及其他利益集团在利益驱使之下也可能损害农民权益。

（3）人力资源方面——人才流失风险、资源浪费风险

无论是出于地理位置、工作环境、劳动方式、工作形式上的考量，还是从待遇上来说，农村对人才的吸引力明显不够。农村人力资本失血严重，内生发展乏力，不仅造成农村发展空心化、老龄化，也严重影响和制约了农村建设和农业发展。与此同时，我国经济环境不断变化，经济政策也在相应地调整，外来投资者往往依据城市需求选择成本较低的农村进行投资，为城市提供服务，农村则无法依据其自身特色更好地发挥自身发展潜能，一定程度上产生资源浪费风险。

（4）技术发展方面——农业科技发展与转化不足风险

在现行科技创新激励机制背景下，科技成果转化领域的专职人员不足，科技成果转化率较低，农业科技的供给方和需求方匹配失衡，导致农业供给

侧与市场需求侧目标错位；涉农高校和农业科研院所成为农业科技创新的主体，但农民专业合作社、农业龙头企业等推广、研发创新能力较强的新型农业经营主体的力量被忽视，这制约了农业科技发展和农业科技成果的转化效率。

（5）自然地理方面——粮食安全危机、生态破坏风险

当前，国家提倡城乡一体化发展、城乡要素流动，农村地区部分耕地改变了原来的农业用途，进行了“非农化”和“非粮化”利用，造成了潜在的粮食安全隐患。尤其投资者在获得农村土地使用权后，往往将其用于非农化生产，以此来获得更大的经济效益，原本拥有土地、从事农业生产的农民成为务工人员，这样一来，用以保障农业生产的耕地面积减少、从事农业生产的农民人数减少，城乡要素下乡所产生的一系列变化使得粮食安全危机潜伏。或者承包商追求自身利益最大化的过程中，有可能违背当地自然条件改变土地用途等，造成土地不可逆的损害，产生生态系统发展风险。

（6）城乡利益协调方面——城乡利益不均衡风险

城市和乡村作为两个不同的利益主体，它们之间的关系在本质上是一种利益关系，但随着城乡发展城乡收入差距拉大、社会保障制度在农村的缺失等问题，使得城乡利益分配不均衡，城乡矛盾纠纷多元化，城乡发展存有潜在的风险。

（7）城乡协同发展方面——城乡发展一体化风险

目前，在国家大力推动城乡一体化发展的过程中，一些地区罔顾城乡之间的区位差异、自然地理条件等方面的差异性，一味地追求城镇规模的扩大，最终导致乡村畸形发展。在城乡一体化发展中，乡村的畸形化发展无疑会导致城乡发展水平差距进一步扩大，甚至造成城乡协同发展新的阻碍因素产生。

（8）基础设施建设与公共服务方面——城乡供给不均衡风险

城乡公共服务的差距是城乡差距的重要体现。当前大部分农村基础设施已经实现了“从无到有”，但一些“老少边穷”和深度贫困地区，由于自然

条件较为恶劣，基础设施建设难度大、投资成本高，安全饮水、道路等基础设施缺口依然较大，城乡公共服务自然跟不上社会的发展变化。随着研究的深入，发现农村基础设施和公共服务主要倾向于改善农民生活条件，一些地区农村的生产性基础设施相对薄弱。

（三）全要素生产率视角下的城乡资本、人才等要素下乡效率分析

1. 基于要素下乡资源配置效率研究：农业绿色全要素生产率的测算与评价

农村经济发展的主要来源是农业，农业经济增长的核心在于农业生产效率的提升，这在很大程度上又依赖于农业生产物质装备与科技进步的配置效率，资本、人才等要素下乡能够为农业机械化生产、科技研发与成果转化等提供有力的资金支持，可能直接表现为促进农业全要素生产率的提升。本报告结合中国农业的发展现实及统计数据的口径资料，对农业的投入产出指标进行重塑，着重分析双目标决策下含非期望产出的绿色全要素生产率，采用基于非径向非角度的 DEA-SBM 方法测算 GML（Global-Malmquist-Luenberger）指数，对 2008 ~ 2017 年中国 30 个省份（因相关数据缺失，本报告不含西藏自治区及港澳台地区）的农业绿色全要素生产率进行测度。

参照葛鹏飞和王颂吉（2018）、李海鹏和张俊飚（2009）等人对于投入产出指标的研究，综合与本报告相关的指标设定需要，本报告选取 2008 ~ 2017 年各省份的第一产业实际增加值（以上年为不变价）作为期望产出指标，农药、化肥投入密度为非期望产出指标；以农林牧渔业城镇单位就业人员表示城市人力资源下乡的劳动投入；以地方财政农林水事务支出表示资本投入，以农作物播种面积表示土地投入；以农业机械总动力表示机械投入；以农用化肥施用量（折纯量）表示化肥投入。基于上述投入产出指标，利用 MAXDEA8.0 软件测算 2008—2017 年的农业绿色全要素生产率 GML 指

数，整理后按东部、中部、西部划分结果，如图 6 所示。

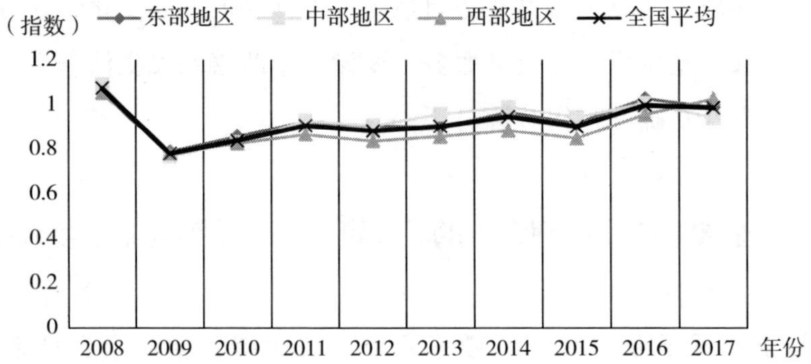

图 6 2008—2017 年东部、中部、西部地区农业绿色全要素生产率趋势图

资料来源：国家统计局。

研究发现，我国东部、中部、西部农业绿色全要素生产率指数在样本期内，因 2008 年三个地区的数值基本一致且在 2008—2009 年有相同程度的变化，考虑到存在低投入低产出的异常情况，故不做讨论，排除 2008 年异常值情况，2009—2017 年呈现上升趋势，表明农业绿色全要素生产率在逐步提高，整体上我国农业绿色化生产正在向着可持续化方向发展。然而，由于不同地区的经济发展水平、自然资源禀赋以及对环境的重视程度不同等原因，各个地区间的农业绿色全要素生产率变动情况差异较大，可以看到，2009—2016 年西部地区的农业绿色全要素生产率低于全国平均水平，中部和东部地区则高于或略高于全国平均水平。

由 2008—2017 年八大经济区域农业绿色全要素生产率趋势图（见图 7）分析可知，西南地区在 2009—2016 年的农业绿色全要素生产率水平较低，长江中游与东北地区在 2016—2017 年则出现了效率降低的情况。

综合近 10 年的八大经济区域各地区的农业绿色全要素生产效率分析可知（见图 8），北部沿海、黄河中游、大西北地区、东部沿海、长江中游地区高于全国平均水平，南部沿海、东北地区、西南地区则低于全国平均水平。

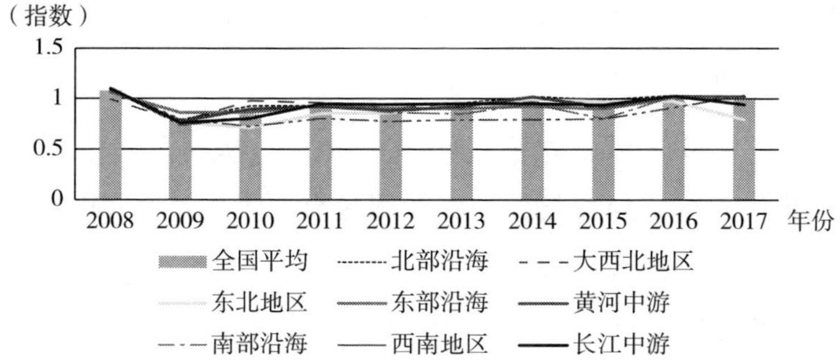

图 7　2008—2017 年八大经济区域农业绿色全要素生产率趋势图

资料来源：国家统计局。

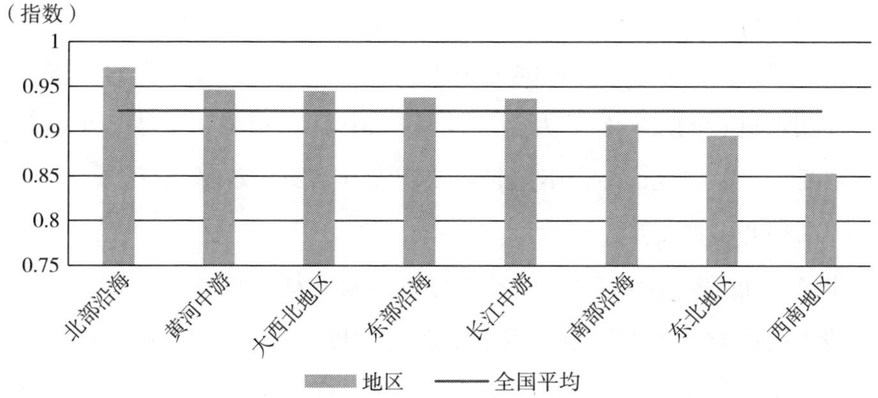

图 8　近 10 年八大经济区域各地区农业绿色全要素生产率比较

资料来源：国家统计局。

2. 基于空间正义的农业绿色全要素生产率影响因素分析

前文采用双目标决策的 DEA-SBM 方法测算并分析了区域间农业绿色全要素生产率的发展状况，提出了空间正义视角下研究城市生产要素下乡的四个理论维度。为了进一步检视空间正义对农业绿色全要素生产率的影响，下面将进行回归实证分析。

建立模型考察生产性正义、分配性正义、消费性正义、生态性正义四个维度对农业全要素生产率的影响，模型的被解释变量分别选用农业绿色全要素生产率指标，为考察空间正义发展对其影响，增强模型的拟合度及显著程度，需要加入解释变量空间正义的测度指标及其他控制变量。考虑到被解释变量滞后期对当期的影响，在此加入被解释变量的滞后一期为解释变量，本报告选用的动态面板数据回归模型如下：

$$Y_{i,t}=\alpha_0+\alpha_1 Y_{i,t-1}+\alpha_2 X_{i,t}+\alpha_3 Z_{i,t}+\mu_i+\xi_{i,t}$$

其中：Y 代表被解释变量，即农业绿色全要素生产率；X 代表空间正义变量：分别为生产性正义变量（X_1）、分配性正义变量（X_2）、消费性正义变量（X_3）、生态性正义变量（X_4）。控制变量 Z 包括：乡村私营企业就业比重（Z_1）、乡村个体就业比重（Z_2）、农林牧渔行业工资水平（Z_3）、工业依存程度（Z_4）、农业受灾率（Z_5）、农业土地利用率（Z_6），μ_i 为非观测地区的个体固定效应，$\xi_{i,t}$ 表示残差项，i 与 t 分别是省级地区和时间变量。参照王志刚（2012）、时润哲和李长健（2020）等人对空间正义维度的分解，对核心解释变量进行测度，参照尹雷和沈毅（2014）、刘涛和王波（2019）等人的控制变量指标测度，结合本报告需要，设计变量的解释如下。

（1）核心解释变量

生产性正义变量（X_1），用各省地方财政农林水事务支出表示，取对数表示地方财政对“三农”事务发展的支持力度，此指标着重区域横向比较；分配性正义变量（X_2），用各省农村人均可支配收入与城市人均可支配收入比表示，比值越大则证明城乡分配正义水平越高，此指标在区域横向比较的基础上，兼顾了城乡之间的比较关系；消费性正义变量（X_3），用各省农村人均消费支出与城市人均消费支出比表示，比值越大，证明城乡消费正义水平越高，此指标在区域横向比较的基础上，兼顾了城乡之间的比较关系；生态性正义变量（X_4），用各省林业投资表示，取对数表示林业投资对生态事务发展的支持力度，此指标着重区域横向比较。

（2）控制变量

乡村私营企业就业情况（Z_1），乡村私营企业就业人数占全国私营企业就业人数的比重，目的是乡村考察私营企业就业情况对农业绿色全要素生产率的影响；乡村个体就业情况（Z_2），乡村个体就业人数占全国个体就业人数的比重，目的是乡村考察个体就业情况对农业绿色全要素生产率的影响；农林牧渔行业工资水平（Z_3），农林牧渔行业工资与全国行业平均工资之比，目的是考察农业相关人力资本投入对农业绿色全要素生产率的影响；工业依存程度（Z_4），用各省级地区第二产业生产总值与各地区生产总值比值来表示，比值越大则说明工业依存程度越高；农业受灾率（Z_5），农作物受灾面积与农作物播种面积之比，用来考察农业生产的受灾情况对农业绿色全要素生产率的影响；农业土地利用率（Z_6），有效灌溉面积与农作物播种面积之比，用来考察农业土地利用情况对农业绿色全要素生产率的影响。

本报告采用30个省份2008—2017年面板数据（不包括西藏及港澳台地区）研究检视空间正义对农业绿色全要素生产率的影响，使用two-step system GMM估计方法对面板数据进行经验分析，同时，为了识别模型设定是否有效，本文采用Sargan检验来识别工具变量的有效性及Arellano-Bond检验来判断残差项$\xi_{i,t}$非自相关假设，如果格式的检验不能否定原假设，则说明模型设置是合理的。

本报告利用软件Stata13.1对模型进行估计，从GMM的回归估计结果来看（见表1），Wald检验的概率P值均在1%的水平上显著，Arellano-Bond test for AR（2）检验结果显示接受原假设，接受回归方程的误差项不存在二阶序列相关的假设：Sargan的概率P值均接受原假设，说明工具变量是有效的，总体来看，所设定的动态面板数据模型是合理的。

从全国层面看，空间正义的四个维度，区域间生产性正义、城乡分配性正义、城乡消费性正义、区域间生态性正义均对农业绿色全要素生产率具有正向促进作用，在城乡生产要素下乡的背景下提高农林牧渔行业工资水平能够促进农业绿色全要素生产率的提升。农业受灾率越高，越不利于农业生产，提升土地利用效率有利于农业生产，这与多数研究结论一致。可以得出，空间正义的政策与制度安排可以显著促进农业绿色全要素生产率增长。

表1 回归估计结果

生产性正义视角（1）		分配性正义视角（2）		消费性正义视角（3）		生态性正义视角（4）	
Y_{t-1}	−0.045 （0.04）	Y_{t-1}	−0.02 （0.04）	Y_{t-1}	−0.048 （0.03）	Y_{t-1}	−0.051 （0.03）
X_1	0.081^{***} （0.02）	X_2	1.29^{***} （0.15）	X_3	0.677^{***} （0.10）	X_4	0.042^{***} （0.01）
Z_1	0.009 （0.04）	Z_1	0.011 （0.05）	Z_1	−0.016 （0.06）	Z_1	0.037 （0.04）
Z_2	0.039 （0.05）	Z_2	−0.008 （0.06）	Z_2	−0.003 （0.06）	Z_2	0.035 （0.04）
Z_3	0.611^{***} （0.09）	Z_3	0.612^{***} （0.12）	Z_3	0.618^{***} （0.08）	Z_3	0.694^{***} （0.10）
Z_4	−0.120 （0.16）	Z_4	−0.183 （0.12）	Z_4	−0.025 （0.13）	Z_4	-0.359^{**} （0.15）
Z_5	-0.062^{*} （0.04）	Z_5	−0.038 （0.03）	Z_5	-0.074^{**} （0.03）	Z_5	-0.081^{**} （0.04）
Z_6	0.197^{***} （0.07）	Z_6	0.136 （0.12）	Z_6	0.122 （0.09）	Z_6	0.205^{***} （0.07）
常数项	0.072 （0.15）	常数项	0.11 （0.11）	常数项	0.275^{**} （00.11）	常数项	0.042 （0.15）
Arellano-Bond test for AR（2）	0.8475	Arellano-Bond test for AR（2）	0.8415	Arellano-Bond test for AR（2）	0.8524	Arellano-Bond test for AR（2）	0.7843
Sargan 检验概率 *p* 值	0.8947	Sargan 检验概率 *p* 值	0.9194	Sargan 检验概率 *p* 值	0.9056	Sargan 检验概率 *p* 值	0.9202
Wald 检验概率 *p* 值	0.0000	Wald 检验概率 *p* 值	0.0000	Wald 检验概率 *p* 值	0.0000	Wald 检验概率 *p* 值	0.0000
样本数	270	样本数	270	样本数	270	样本数	270

注：X_1代表生产性正义变量，X_2代表分配性正义变量，X_3代表消费性正义变量，X_4代表生态性正义变量；Y代表被解释变量，即农业绿色全要素生产率；Z_1代表乡村私营企业就业比重，Z_2代表乡村个体就业比重，Z_3代表农村林牧渔行业工资水平，Z_4代表工业依存程度，Z_5代表农业受灾率，Z_6代表农业土地利用率。***、**、*分别表示在显著水平1%、5%、10%下显著；括号内为T统计概率值；AR（2）检验的零假设为回归方程误差项不存在二阶序列相关，Sargan检验的零假设为工具变量是有效的。

三、国内外城乡资本、人才等要素下乡的典型案例分析与借鉴

（一）国外城乡资本、人才等要素下乡的实践模式分析

城乡资本、人才等要素下乡并非中国所独有的时代背景，城乡一体化融合发展、加强农业农村农民现代化建设等同样是英美等发达国家不断探索并力求通过多种方式解决的重要课题。

1. 美国“资本 + 农场”合作模式

“资本 + 农场”合作模式，也即指在美国拥有雄厚的资金、技术力量及先进的内部分工和管理制度的工商资本，以家庭农场为依托实现与农村土地、劳动力等生产要素的结合。“资本 + 农场”合作模式具有很强的优势，农场的运作离不开各类机械科技的使用，工商资本可以将先进机械设备、生产技术与家庭农场实现良好的对接，实现高效的生产。通过“信息高速公路”等互联网模式的应用使农场主能够及时掌握农业信息，完善融资体系为家庭农场规模经营打破资金瓶颈。同时美国也对农业教育和人才引进非常重视。

2. 日本“资本 + 农协”合作模式

日本以“资本 + 农协”合作模式为主，工商资本以农业协会组织为依托，利用其与农户的密切关系，实现与农村生产要素的结合，进而形成利益联结的社会化生产和销售服务体系。“资本 + 要素租赁”也是日本工商资本下乡的重要模式，即由工商资本通过租赁农户的土地或农户租赁工商资本所有者的生产设备的方式实现参与农业生产的过程。此外，日本政府鼓励年轻人“移住”农村也推动了要素的下乡。

3. 法国“资本 + 合作社 + 家庭农场”合作模式

20 世纪下半叶，法国从土地集中改革开始，为农业的集中化运营提供条件，鼓励农民建立各种互助合作组织，包括农业资金互助合作、农业保险合作、农业供销合作等多种合作形式，“资本 + 合作社 + 家庭农场”合作模式成了法国资本进入农村的典型方式，也是通过这样的方式，工商资本直接与合作社联结，合作社组织家庭农场进行生产活动，使工商资本间接实现与农村生产要素相结合。

4. 英国“直接投资 + 政策激励”模式

英国农业现代化发展经历了曲折的过程。农业近代化时期资本主义的生产方式使英国农业得到很大发展，伴随着英国对工业的重视，农业发展受到忽视，农业一度无法自给自足。此后，英国政府加大资本对农业的直接投资，加强对农业的干预力度，鼓励农业生产，加速农业机械化、现代化进程。英国政府采取了许多扶持农业的措施，如奖励垦荒、对开垦荒地的农户发给奖金、扩大耕地面积、提高农业机械化水平等。

5. 以色列“政府支持型”发展模式

以色列将科技兴农作为国策，充分发挥科技是第一生产力的作用，针对当地土地贫瘠、缺水两大阻碍农业发展难题，政府因地制宜制定相关扶持政策，引导公有制资本、优质资源、技术投入当地农业发展之中，建立了全国输水工程，大力发展微灌技术，改造受损土壤，为集约耕种提供了稳定可靠的资源，当地农业发展主要受益于科技，农业投入也主要用于农业科研。

6. 国外城乡资本、人才等要素下乡实践模式的比较分析

第二次世界大战以来，发达国家先后实现了农业现代化。以现代机械替代手工劳作，用现代科学技术改造和发展农业，用现代经济管理制度科学经营和管理农业，大大提高了农业的专业化、集约化和市场化水平，农业与农村面貌发生了根本性变化。发达国家普遍重视立足本国国情，发挥农业合作经济组织的作用，注重科技创新发展智慧农业，不断推进农业教育并培养新型农民，形成了各具特色的资本下乡模式。

（二）国内城乡资本、人才等要素下乡的实践模式分析

1. 江苏省淘宝村“互联网 + 三农”市场带动案例

江苏省沭阳县是“全国唯一的农产品淘宝村集群”，与全国其他淘宝村集群相比，“互联网 + 三农”是其显著特点。沭阳县素有“花木之乡”的美誉，是全国最大的花木种植基地。2007 年，沭阳花农抓住机遇，大力发展农村电商，他们开始使用淘宝、天猫等电商平台进行线上营销，以线上市场需求为导向，基于网络后台交易数据、消费者购买偏好、评价反馈等信息进行有针对性的花卉生产，逐步实现产品多样化、生产标准化和运营品牌化。

2. 河南省汝州市“特色农业 + 产业园”产业带动案例

河南省汝州市甘薯现代农业产业园是一个经河南省农业农村厅和河南省财政厅批准建设的省级农业产业园，该区域土壤非常适宜甘薯生长，拥有悠久的甘薯种植历史。良好的区域优势加上该地成熟的甘薯加工技术使得该产业园逐渐成为河南省最大的甘薯加工基地和产品集散地。依托该产业园，“三粉”产业也成为当地农民增收致富的支柱产业。

3. 湖北省宜昌市“联合社 +N”合作社发展带动案例

湖北星翔农产品专业合作社联合社是数家专业合作社、农场等实现优势互补，合并而成的农民联合经济实体，推行的建构模式为“联合社 + 公司 + 农场 + 基地 + 社员”模式。其按照“入社自愿，退社自由”的原则集纳社员，社员可以利用合作社的丰富资源，获得农业新技术、新品种、市场信息，从而合理安排生产经营。

4. 江西省“地方农业科研院所”技术带动案例

江西省农业科学院作为地方农业科研机构，熟悉当地农业农村的发展优势与不足。一方面，为当地农业农村发展提供现代化农业科技服务，结合江西省富民强县工程科技特派团工作，立足地方特色优势产业，通过组建农业专家服务团，推广农村实用技术；另一方面，大力培养新型农业经营主体，全面提升农村实用人才技术水平。通过与地方政府、部门联合成立江西省新

型职业农民实训学校和众多平台，努力培养一批技术好、懂管理、善经营的新型职业农民队伍。

5. 浙江省云和县“云和师傅”能人带动案例

“云和师傅”作为浙江农村实用人才和新型职业农民人才培养品牌，由一批具备丰富知识和充足经验、有一定经营水平的农民带头人组成，是推动浙江省丽水市云和县域经济发展的重要力量。云和县政府以云和籍贯为纽带，“云和师傅”品牌为引导示范，吸引乡贤回归和人才集聚，努力营造农业转移劳动力的返乡平台和环境，加大对返乡创业项目的政策支持力度，扶持农业种植、农业技术推广、农产品贸易等产业的发展、转型、创新，让人才要素下得来、留得住。

6. 江苏省东罗村“特色田园乡村”资源生态带动案例

2017 年，江苏省启动特色田园乡村建设，东罗村作为其首批省级试点村庄，与万科正式牵手，通过“社会资本 + 政府 + 村集体”的创新合作模式，吸引人口、资源和技术等要素向乡村回流，以产业带动村民致富，逐渐探索出一条特色田园乡村发展的实施路径。在该合作模式中，政府和社会资本间的分工明确，发挥各自的优势，共同打造吸引资本、人才等要素下乡的引力磁场。

（三）国内外城乡资本、人才等要素下乡的借鉴与启示

1. 城乡资本、人才等要素下乡的模式选择分析

（1）城乡资本、人才等要素下乡的模式归结

从国内外的城乡资本、人才等要素下乡案例可以看到，目前要素下乡的模式主要有以下几类，一是产业带动型，即以本地资源为基础，以市场发展为导向，以倾斜政策为支持；二是技术带动型，重视科技投入与科技创新；三是资源生态带动型，主要是依靠开发本地优质农业资源、生态环境资源、历史文化资源等，建设田园综合体，从而为城乡要素交换融合提供平台，为乡村发展注入活力。

（2）城乡资本、人才等要素下乡的模式特点

国内外城乡资本、人才等要素下乡的特点有如下几点：一是资本主导下的要素整合；二是多因作用下的选择结果；三是要素建设时的特色凸显；四是发展规律中的机会捕获。

2. 城乡资本、人才等要素下乡的主体要素分析

城乡资本、人才等要素下乡研究中，主体要素的分析占据重要地位。实现城市乡村资源配置的合理化，建设有利于农村农业发展的长效机制，也有必要对影响城乡资本、人才等要素下乡的一些重要因素予以全面考量。

（1）市场主体：助力小农户与现代农业发展衔接

市场主体是生产要素下乡的驱动力量，而我国农村的经济发展水平相对较低，地区发展不平衡，市场主体在农村地区作用发挥有限。考虑到我国农村金融市场的现状，仍需要对其市场环境进行大力改善。

（2）政府部门：引导资源合理分配

政府部门在推动城乡资本、人才等要素下乡，改善农村基础设施，提升农村金融环境，制定政策、法规等调节市场以及合理分配资源等方面发挥着不可替代的作用。政府不但要放宽对农村金融市场的监管，还要加大对农村基础设施建设的投入。

（3）农民：充分发挥主体作用

在城乡融合发展的进程中，农民自身较为矛盾，容易陷入各种各样的博弈局面中。在此过程中，农民应当充分发挥主体作用，在不断提升自身素质的情况下，努力跟上现代农业发展的脚步。国家也应当重视青年在农业现代化发展和农村脱贫致富中的带头作用，大力提升农民在农村产业发展中的参与感。

（4）社会主体：增强城乡要素良性互动

加快城乡资本、人才等要素下乡，实现城乡一体化发展，节点建设是必不可少的环节。其中，包括社区组织、社会中间层主体、中小企业、社会力量等在内的社会主体作为各节点间的主体要素，在实现城乡之间良性互动的

方面更是发挥至关重要的作用。一方面，可以通过乡镇企业带动农村经济的发展；另一方面推进新型农村示范社区建设。同时，还可以充分发挥地方农业行业协会、农村信用合作社、民间自治组织等社会中间层主体的作用，为城乡地区的市场合作、资源共享提供有效的中介服务平台。

3. 城乡资本、人才等要素下乡的政策促进分析

（1）发展机会的产生

政策引导下的“利益产生与利益分配”是城乡资本、人才等要素流动的动力，这从近年来我国中央一号文件关于涉农金融政策的表述中便可见一斑。通过落实和完善融资贷款、配套设施建设补助、税费减免、用地等一系列引资惠农的政策，鼓励工商资本投入农业农村。

（2）良性互动的保障

风险防控政策是城乡资本、人才等要素实现良性互动的有力保障。在鼓励城市工商资本、人才等要素向乡村流动的同时，充分考虑可能出现的风险。实现城乡利益联结共享可在现存风险状态下最大程度规避乡村资源被资本吞噬的风险，中央一号文件也连续多年提出要完善农业产业链与农民的利益联结机制，让农民共享产业融合发展的增值收益。

（3）流动方向的指引

可持续发展政策的理念内核为城乡资本、人才等要素流动提供方向指引与行动指南。中共十八届五中全会系统论述了创新、协调、绿色、开放、共享“五大发展理念”，构成了可持续发展政策的理念内核，为城乡资本、人才等要素流动提供了方向上的指引。

4. 城乡资本、人才等要素下乡发展趋势分析

2020 年发布的中央一号文件中对我国“三农”工作做了进一步的指导，明确指出，要加强现代农业设施建设，依托现有资源建设农业农村大数据中心，加快物联网、大数据、区块链、人工智能、第五代移动通信网络、智慧气象等现代信息技术在农业领域的应用。农业信息化可以分析农业生产条件、因地制宜发展特色农业、优化产业结构的同时，通过网络技术将电商、乡村旅游等新业态纳入农业发展轨道，开拓农业多功能、多样化的发展模式，实现农业可持续发展。

5. 城乡资本、人才等要素下乡风险应对分析

农业生产和发展的风险不但受市场、政策等社会力量的影响，还受到气候、天气等自然因素的约束。因此，城乡资本、人才等要素下乡可以通过现代化技术和风险管理手段来降低农业风险。一是建立和完善重大公共突发事件和农业风险监测预警体系；二是发挥金融衍生工具转移风险的作用；三是利用技术治理的优势；四是加强动物防疫体系建设；五是改善政府的管理体制，优化其功能行使空间。

四、城乡资本、人才等要素下乡的对策建议与制度设计

（一）基于人力与自然资源要素差异的城乡资本、人才等要素下乡对策

城乡人力与自然资源要素的差异导致城乡人力与自然资源要素分配的空间不正义，打破这种空间不正义需要认识城乡人力与自然资源要素的差异性，并因地制宜施策以解决其实际问题。具体而言，首先，要“三认识”城乡人力与自然资源要素差异性，一是认识城乡人力资源要素的差异性，包括城乡人力资源的流动及人均可支配收入等；二是认识城乡自然资源要素的差异性，包括城乡自然资源要素的认识、评估与规划等；三是认识城乡人力与自然资源要素差异性带来的利弊。其次，要因地制宜施策以解决人力与自然资源要素差异性的实际问题。如针对城乡人力与自然资源要素存量不清楚的问题，要积极运用大数据进行科学化的分析与整理，评估不同地区实际人力与自然资源要素的发展状况。针对城乡人力与自然资源要素流动空间不正义问题，

要加强市场、政府、社会等多元主体联动，促进城乡资本、人才等要素流动，合理配置城乡人力与自然资源要素，促进城乡人力与自然资源要素均衡发展。

（二）基于区位差异的城乡资本、人才等要素下乡对策

区位的差异导致不同区域城乡资本、人才等要素下乡面临许多困难，解决该困难，首先，要发掘不同区位差异的优势因素，如厘清一个地区的地理位置、土地分布、土地完整程度，拥有的大中小学、科研院所、科研基地或该地区的企业数量、投资量、产业发展状况等。其次，要积极引导该优势因素作用力的发挥，如发挥市场主体的驱动力，法治之手的推动力、政府主体的补位推动功能以及农民、第三方力量强化作用等，或者由地方政府因地制宜出台政策措施，强化制度、机制建设，发挥乡村的组织功能、社区功能、人力存量优势等内外生动力。最后，要积极推动区位差异化发展战略实施，如在把握乡村发展的多样性、差异性、区域性特征基础上，推动城乡发展改革，或强化市场之手、政府之手、社会之手、法治之手、技术之手，创新思路，以全要素、优势要素、全产业链、全区域谋划乡村振兴建设，全面推进区位差异化的全域城乡发展的空间形态构建、产业布局落实、资本人才等要素下乡。

（三）基于产业与市场发展差异的城乡资本、人才等要素下乡对策

产业与市场是城乡资本、人才等要素得以生存的土壤源，解决产业与市场发展差异的城乡资本、人才等要素下乡，首先，要发挥城乡产业的推动作用，如“以城带乡”“三产业融合发展”，即运用城市特色产业、优势产业带动农村产业，推动城乡、农村一二三产业融合发展；或者通过改革城乡金融机构及农村税制制度等，吸引城市社会资本投入乡村经济建设。其次，要充分发挥市场的促进作用，如健全统一规范的城乡经济发展市场体系，完善

城乡资本、人才等要素的市场供求、价格和竞争机制，畅通城乡资本、人才等要素市场的交流合作机制；或促进市场差异的城乡资本、人才等要素的良性有序流动，建立完善的市场主导、政府引导的城乡资本、人才等要素下乡流动的宏观调控机制，为城市与乡村发展创造多种联系、多个市场空间。最后，要激发城乡产业与市场差异的发展合力，如在面对城乡产业发展新旧交替的关键点及城乡市场差异的特征中，要将产业发展的推动力与市场发展的促进作用合力发挥，互为补充；或者在激发城乡产业与市场力量中，营造良好的产业发展环境、市场消费环境和市场制度环境，增加产业发展的种类，提升产业发展的质量。

（四）基于区域对口帮扶差异的城乡资本、人才等要素下乡对策

解决区域对口帮扶差异的城乡资本、人才等要素下乡，重点在于树立共同理念，找准匹配点、着力点和遗漏点。在落实乡村振兴战略过程中，要深入贯彻“创新、协调、绿色、开放、共享”的五大发展理念，并把握好供需关系，使支援项目与当地需求、产业基础、资源要素禀赋等相匹配，目标与实践相一致，对于该过程中出现的遗漏点，要早发现、早补充、早预防。另一重点在于内外的协作与提质增效，即内要发挥企业、科研院所、街道社区、社会团体、社会中介组织等党的基层组织的协作能力，交流基层治理经验；外要发挥以城带乡，以乡促城的作用力，在提质增效方面，则要加强管理与监督，如在援助和被援助方通力合作中，加强对各类帮扶资金、项目的管理，以提高资金使用效益，加强对区域对口帮扶的法制监督，全面推进区域对口帮扶差异的正面经济效益的发展，提升区域对口帮扶的质量与效率。

（五）基于生态差异的城乡资本、人才等要素下乡对策

解决生态差异的城乡资本、人才等要素下乡，一方面，要采取有针对

性的措施，如在传统农业资源型生态差异的要素下乡中，技术因素是其最大阻力，因此在该要素下乡的过程中要加强技术支持；在工业资源型生态差异的要素下乡中，资源优势及市场环境是其重大阻力，因此在该要素下乡中要保护城乡资源存量，科学开发乡村资源；在旅游资源型生态差异的要素下乡中，资源、资本及人力等要素是其发展的阻力，因而在该要素下乡的过程中，要合理开采资源、重点引入资本，培养高素质的技术型人才。另一方面，要树立绿色发展理念，提升农村人口生态保护意识，加强农村生态环境保护机制建设，完善我国生态环境保护的法律法规，为经济、社会发展创造良好、安全的环境。

（六）基于空间正义的城乡资本、人才等要素下乡对策

推动空间正义的城乡资本、人才等要素下乡，首先，要统筹“一盘棋”促进区域要素正义流动。如发挥政府的调控职能以促进区域间要素流动，形成全国统一开放、竞争有序的要素市场，发挥社会组织的协调作用，完善各种制度建设，为区域要素流动提供制度保障等。其次，要重视城乡资本、人才等要素下乡的空间正义及利益普惠。如加强城乡、区域空间资源的公平配置，实施均衡发展机制，加快城乡基本公共服务均等化供给和优质资源疏解，加强空间发展的公众参与机制，保证城乡居民平等参与城乡空间生产和平等享有空间收益的权利等。最后，要强化城乡要素的生产性正义、分配性正义、消费性正义、生态性正义，如通过相应的正向激励、价值指引、制度安排、政策制定和规划来实现城乡资本、人才等要素的双向流动及社会共享。

（七）城乡资本、人才等要素下乡的长效激励机制建设

1. 城乡资本、人才等要素下乡的“点”的思考

首先，在资本方面，实践中，要确保资本要素在进入乡村发展时要尊重

农民的发展意愿，充分理解农民的需求，从认知上杜绝强制索取。其次，完善农业基础设施配套服务，工商资本进入农业需要完善的水电、交通、物流、信息等配套设施。再次，在人才方面，要开放农村相关机制，实施引才工程，吸引更多专业技术型人才下乡；或者推动村镇企业、农业专业合作社发展，留住乡村内生发展人才等。最后，在信息技术方面，要联合高校、科研机构、其他相关专业型机构等，构建信息获取、反馈与处理的系统平台，引导信息技术人才下乡实现分散发展。

2. 城乡资本、人才等要素下乡的“线”的思考

城乡资本、人才等要素下乡的“线”的联系存在于城乡增量与存量方面的互动，即通过城乡资本、人才等要素下乡促进乡村要素增量增长，存量累积。具体而言，城乡资本、人才等要素下乡既要实现要素的双向流动，也要实现要素存量增量的增长。一方面，可以健全现代市场体系，发挥市场在资源配置中的决定性作用，打通市场连接的城乡间要素自由流动的通道，激活城乡要素发展的潜在能力；另一方面，完善户籍制度改革、简化人口登记制度，打通农村农民进入城市的阻碍，畅通城市人口进入农村的管制。在城乡资本、人才等要素存量与增量互动中，可以结合城乡资本、人才等要素的下乡流动，锁定要素总量，减缓要素增量，优化要素存量，增效要素流量，最终提升要素的质量。

3. 城乡资本、人才等要素下乡的“面”的思考

（1）考虑城乡资本、人才等要素下乡的各利益主体的行为导向

城乡资本、人才等要素在下乡的过程中，政府、集体组织、社会个体等各个利益主体的行为导向或不一致，需要有组织或代表在各个利益主体中间培养统御性的主导价值观，从而引导城乡资本、人才等要素下乡的各个利益主体积极树立起全局观念、长远观念和集体观念。

（2）考虑城乡资本、人才等要素下乡的行为幅度规制

城乡资本、人才等要素下乡的行为幅度的思考关键在于政府把好“准入关”和做好相关服务工作，同时建立起相应的核查监督、监管机制，监督并

监管其实施与发展。

（3）考虑城乡资本、人才等要素下乡的行为时空规制

在我国城乡发展过程中，受时间与空间因素的影响，城乡资本、人才等要素下乡后出现发展失衡的问题，突破这种时空限制，须加强城乡、区域空间资源的公平配置，建立城市空间扩张中弱势群体合法权益的保护机制以及加强空间发展的公众参与机制。

（4）考虑城乡资本、人才等要素下乡的行为归化规制

行为归化的意义在于对人才等要素的利益主体进行组织同化和违反行为规范或达不到要求的处罚和教育，从现有乡村的发展现状来看，行为规范上的约束依然是严峻问题。

4. 城乡资本、人才等要素下乡的“制度激励机制”的建设

（1）构建城乡资本、人才等要素下乡的激励制度

城乡资本、人才等要素下乡的激励制度首先要有针对性，对资本、人才、技术等要素实施差别激励；其次要实施动态的激励制度，适应不同形式的变化；最后要实施竞争的激励机制，鼓励各要素下乡发展，通过不同要素的竞争找寻适合发展的环境与方向，并带动该地区整体的发展。

（2）构建城乡资本、人才等要素下乡的时空制度

首先，要加快转变政府职能，厘清政府和市场的关系，提高效能并对结构进行优化，健全政府职责体系以及完善公共服务体系；其次，对户籍、农村社会保障等制度要进行深化改革，进一步简政放权，探索建立一种符合中国国情、符合实际的新型城乡统一户籍管理制度；最后，建立城市空间扩张中弱势群体合法权益的保护机制，协同发挥政府、市场、社会中间层主体各自的作用。

（3）构建城乡人才流动机制

政府层面要在源头上完善城乡资本、人才等要素流动的监督管理机制，加强城乡资本、人才等要素在乡村的流动性管理等。市场层面，规范自身发展模式、运行模式以及选择模式，积极发挥市场在人力资源配置中的决定性

作用，引导青年人才积极投身乡村社会的发展建设。个人、组织等社会主体层面，在城乡资本、人才等要素下乡的过程中，不仅要有维护自身利益的意识，也要具备监督能力，合力营造城乡资本、人才等要素下乡的归化制度。

（八）城乡资本、人才等要素下乡的风险防控机制建设

1. 城乡资本、人才等要素下乡的风险研判机制

首先，要做好风险源的调查与识别，如利用大数据、人工智能等新兴工具，进行风险信息收集、风险来源识别等，并为风险防控化解提供方向。其次，要夯实人才队伍建设，人才队伍是进行风险研判的有力支撑，要培养构建城乡资本、人才等要素下乡风险研判的专业人才队伍，为风险研判机制的有效运行提供充沛的人才支撑，可以鼓励高校、科研机构的相关专家为复杂风险的研判提供科学的参谋和咨询服务。最后，要加强风险原因及风险趋势预测分析，例如，城乡资本、人才等要素下乡中的经济风险、制度风险、社会风险等各方面，可通过互联网大数据的手段实时采取跟踪、分析和预测。

2. 城乡资本、人才等要素下乡的决策风险评估机制

首先，作出决策的风险分析，如通过大量以及长期的实地调研、田野调查、访谈等工作，探寻我国城乡资本人才等要素下乡、城乡融合发展的实践模式，并进行相应的分类，进而归纳出已存在、实施的模式与方案的特点，分析包括市场、技术、制度以及土地等因素将会如何影响城乡资本、人才等要素下乡投资农业的模式选择，以及这些因素可能会产生的风险。其次，构建协商机制，建立由政府为主导，专业技术人士、企业代表以及农户代表等多方利益主体共同参与的协商机制，为具有协商能力的行动主体创造平等的协商机会，在平衡各方利益的前提下，对决策风险进行科学评估。

3. 城乡资本、人才等要素下乡的风险防控协同机制

风险防控协同机制是通过不同主体之间的相互协调与配合，发挥功能

互补、资源整合的作用，有效地防范化解重大风险。具体而言，一是实现政府与企业的协同。包括实现政府对市场主体的准入控制、农业二次补贴，以及投入农业保险，政府与企业协同进行的农业风险防控等。二是实现政府与农民的协同。如政府推动农业信息化发展，为农村提供有效信息，政府推动乡村能人制度发展，引导农民积极参加，盘活农村要素资源等。三是实现企业与农民的协同。如构建企业的成本共担机制、利益共享机制、风险分担机制等。

4. 城乡资本、人才等要素下乡的风险防控责任机制

在风险防控责任机制构建中，首先，厘清风险防控责任主体清单，即明确政府、工商企业、农村社区工作人员、村干部等各自应负担的责任，进一步完善风险责任主体建设，如在一些金融机构、保险机构、企业设立首席风险官和风控机构，积极倡导在政府机构、经济组织、行业协会等组建风险管理部门。其次，依托责任体系，建立监督约束机制，对行政权进行有效制约，对地方政府、工商企业等的违规和侵权等不良行为及时举报和曝光，严厉惩处违法行为，追究其民事甚至刑事责任，逐步建立惩防结合的监督约束机制。

5. 城乡资本、人才等要素下乡的风险应急管理机制

一是形成高效统一的应急决策指挥体系，如面对重大突发事件，要积极形成政府主导的，服从党中央统一指挥、统一协调、统一调度、自上而下的应急决策指挥参与体系。二是建立应急管理情报体系，利用大数据资源和网络技术平台、人工智能等技术，进行风险监测评估、人力物力资源调配等工作，推动情报共享，实现跨部门信息协同与应急联动，实现信息的损失评估及反馈。三是构建应急防控救济体系，如建立风险防控救济信息平台，加强科技资源整合、应急信息共享，形成救济信息收集、救济信息反馈、救济措施实施、救济成果反馈等一体化的应急防控救济体系。

参考文献

[1] Antonelli M，Siciliano G，Turvani M E，et al. Global Investments in Agricultural Land and the Role of the EU: Drivers，Scope and Potential Impacts. Land Use Policy，2015，47:98–111.

[2] Cameron S，Thorpe A . Human Capital Investment in Agricultural Communities: Lessons from Honduras. Applied Economics Letters，2000，7（9）:585–589.

[3] Gardner B L . American Agriculture in the Twentieth Century. 2002.

[4] Ida J Terluin. Differences in Economic Development in Rural Regions of Advanced Countries: an Overview and Critical Analysis of Theories. *Journal of Rural Studies*. 2003 （3）.

[5] [美]西奥多·舒尔茨．改造传统农业．梁小民 译．北京：商务印书馆，2006

[6] 《马克思恩格斯选集》第1卷．北京：人民出版社，2012

[7] 李长健．中国农业补贴法律制度研究——以生存权与发展权平等为中心．北京：法律出版社，2009

[8] 张红宇，陈良彪等编著．中国农村土地制度建设．北京：人民出版社，1995

[9] 张培刚．农业与工业化．北京：中国人民大学出版社，2014

[10] 尹雷，沈毅．农村金融发展对中国农业全要素生产率的影响：是技术进步还是技术效率——基于省级动态面板数据的GMM估计．财贸研究，2014（2）

[11] 李长健．论农民权益的经济法保护——以利益与利益机制为视角．中国法学，2005（3）

[12] 时润哲，李长健．空间正义视角下长江经济带水资源生态补偿利益协同机制探索．江西社会科学，2020（3）

[13] 葛鹏飞，王颂吉，黄秀路．中国农业绿色全要素生产率测算．中国人口·资源与环境，2018（5）

[14] 杜鹰．日本的农业政策改革及其启示．中国农村经济，2000（12）

[15] 时润哲，李长健．生产要素下乡促进研究——以乡村发展利益与利益机制为视角．农村经济，2019（12）

[16] 张红宇．中国农村改革的未来方向．农业经济问题，2020（2）

[17] 王亚华，臧良震．小农户的集体行动逻辑．农业经济问题，2020（1）

[18] 曹斌．小农生产的出路：日本推动现代农业发展的经验与启示．农村经济，2017（12）

[19] 陈锡文．实施乡村振兴战略，推进农业农村现代化．中国农业大学学报（社会科学版），2018（1）

[20] 韩俊．以习近平总书记“三农”思想为根本遵循实施好乡村振兴战略．管理世界，2018（8）

新冠肺炎疫情对农业农村经济影响[1]
——危机、危机管理与政策建议

突如其来的新冠肺炎疫情，从现阶段看，对城市影响远大于农村，对社会生活影响远大于经济生产，对服务业影响远大于一二产业，对非农产业影响远大于农业产业，对畜禽业影响远大于种植业。但随着疫情的持续，影响中国经济社会的范围不断加大、程度不断加深。若在可预期的时期内得不到有效控制，对农业农村经济的影响将是全面的。因此，需要及时对疫情产生的负面影响加以研判，寻求应对之策，确保实现打赢脱贫攻坚战的目标和全面建成小康社会的成色。

一、新冠肺炎疫情对农业农村经济影响是全面的

作为突发事件，现阶段新冠肺炎疫情在城乡、产业、区域之间的影响有明显的轻重之分。为了控制疫情传播，全国不少城市采取了严控交通、延

---

① 本报告完成于2020年2月，是清华大学中国农村研究院2020年应急课题成果，报告观点仅代表课题组的看法。课题负责人：张红宇，清华大学中国农村研究院副院长。报告执笔人：张红宇、胡凌啸、胡振通、王亚华。

迟企业开工的做法，很多农村也选择暂时阻断进出村庄的道路，严格控制车辆、人员流动。按照当前形势，在疫情得到完全控制之前，各地对交通的管制都难以放松，而随着疫情的发展，对农业农村经济的影响将呈现全方位的态势。

（一）从农业来看

1. 对产业链的影响，主要是流通环节

各地实施的严格交通封锁对切断疫情传播有重要作用，但也给农产品的运输和销售带来巨大挑战，造成滞销难题，具体表现为：交易中断、外销受阻、产品积压、储备困难、经济损失。山东省寿光市、海南省海口市等多地农副产品批发市场已经出现蔬菜、水果、水产等农产品价格下跌及滞销的问题，寿光物流园的白萝卜 1 月 28 日批发价为 1 ～ 1.5 元 / 斤，1 月 31 日价格已经跌至 0.3 元 / 斤。当季果蔬等产品受疫情影响最为突出，由于需求骤减，交易量大幅下降，导致越是丰产的种植户损失越大。以草莓为例，春节期间本是销售旺季，但因疫情突袭，集贸市场、超市关停，跨区域产品运输受阻，入园采摘更不可能，致使线上线下销售量和入园采摘量都呈现断崖式下降，加之草莓不耐储存，不少地区草莓价格从正常年份超过 20 元 / 斤降至当下不足 3 元 / 斤，损失惨重。由于市场销售不畅，大量农产品、畜产品、果蔬产品不能及时出售，严重积压，错过了最佳的上市时间，不仅增加了储藏成本，而且降低了产品的新鲜度和价值，造成了巨大的经济损失。

2. 对产业的影响，主要是畜禽产业

封村断路、延迟饲料厂复工、暂停活禽交易、关闭屠宰场等防疫措施导致养殖场和养殖户的畜禽无饲料可用、仔畜雏禽无处可卖、出栏畜禽无法屠宰，养殖生产活动难以正常开展。对养鸡业而言，由于饲料短缺急于出栏，部分养殖场的肉鸡已达出栏期限，但被迫压栏，肉鸡供给数量远远大于当前屠宰数量，价格急速下跌；由于交通限制导致孵化场的鸡苗无法顺利销售和运输，部分养殖场被迫对鸡苗采取填埋等极端处理措施，损失巨大。此外，2019年的猪价上涨，促使居民增加了家禽消费，鸡肉价格一路走高，基于鸡肉消费增长预期，很多家禽养殖企业选择大幅扩产，疫情的不利影响进一步叠加。对养猪业而言，2019年"非洲猪瘟"等问题给我国生猪产业带来的影响还未散去，突发的疫情让生猪产业再遭打击。疫情不仅迫使养猪企业的新建猪场普遍处于停工状态，还极大地影响了生猪养殖的信心，生猪补栏积极性下降，最终阻碍生猪产能的恢复进程。

3. 对产品的影响，主要是菜篮子产品

流通联结供需两端，疫情对流通的影响经过上下传导，会造成一系列的连锁反应，菜篮子产品首当其冲。因消费恐慌心理，部分城市地区肉、蛋、奶、菜供应出现紧张，疫情严重地区甚至发生了哄抢现象。需求端面临短期内紧平衡和局部地区结构性短缺，价格一度明显上涨。农村地区有节前囤货的习惯，疫情短期内对消费影响不大，但随时间推移同样会面临供给不足。从菜篮子产品供应看，肉、蛋、奶产品受较大影响。农村地区封锁道路，导致物流受阻，肉蛋奶产销区供需错配脱节，价差扩大。由于生猪远距离调运遭遇困难，致使主产区猪源外调减少、猪价受压，主销区猪源供给紧张、猪价易涨，南北方猪肉价格明显拉开。同样，部分产区鸡蛋收购价格已跌破成本线，但部分销区由于供货不足，鸡蛋价格一路走高。

4. 对时节的影响，主要是春耕

立春时节已过，各地将陆续迎来春耕。由于物流受阻，春耕农用物资供应不足问题成为短期矛盾。据湖南三农网发布的信息，受2019年底化肥行情下滑影响，农用物资经销商、零售商普遍存货不多，且多处于关门闭市的状态。如果疫情持续到2020年3月，农用物资产品的物流配送不畅，将给春耕肥料供应带来明显影响。春耕所需的种子、农药等农用物资面临同样的问题。同时，春耕所需的劳动力、农机作业服务在供应上也遇到不同程度的障碍，一些种植大户在春耕时节需要大量用工，但受制于疫情遭遇雇工难，农事活动无法正常进行。从区域看，南方地区农业生产受疫情影响明显要大于北方。南方地区的粮食、蔬菜、特色产品都将迎来新的生产周期，种养业均因疫情而受到波及。中长期看，疫情引发生产成本上升，后市农资价格有可能出现上涨，对农业生产形成进一步的影响。

5. 对贸易的影响，有待观察

目前疫情对贸易的影响主要发生在国内，表现在市场供给问题上。但如果疫情继续扩散或者持续发展，导致其他国家采取非关税贸易壁垒的方式对中国进出口贸易设限，势必会对中国农产品出口，特别是优势农产品出口产生很大的影响。这种影响已在部分农业企业上显现，主打猕猴桃产业的陕西齐峰果业是农业产业化国家重点龙头企业，由于疫情原因导致出口渠道被封，猕猴桃出口贸易遭到损失。中国作为全球最大的农产品进出口贸易国，若农产品贸易受阻也必将影响农业经济健康运行并波及全球农产品贸易格局。

（二）从农民来看

1. 影响外出务工是必然的

我国农民工群体基数大并具有明显的跨区务工特征。根据国家统计局的数据，2019 年，全国农民工数量约 2.91 亿人，其中到乡外就业的外出农民工比例占 60%，大约 50% 选择进城工作。从全国看，农民工以西部地区流出、东部地区流入为主，本次疫情暴发地湖北也是外出务工大省。新冠肺炎疫情发生后，国务院及时延长 2020 年春节假期，各地各级政府纷纷响应，延迟企业开工时间，通过交通管制在不同程度上控制省域间、市域间、县域间、镇域间甚至村域间的人口流动，呼吁市民、村民居家不外出，然而随着时间的推移，农民外出务工需求愈加强烈，矛盾愈加突出。在疫情防控的紧张局势下，不少农民，短期无法实现跨区域外出务工。如果疫情难以尽快得到有效控制，一些中小企业能否存续面临着巨大的挑战，随之可能会波及农民的外出就业。疫情发生，中小企业最易受到冲击，而绝大部分的农民工恰好分布在中小企业。根据相关研究对995家中小企业的调研数据显示，推迟复工的情况下，接近70%的企业账上现金最多维持2个月，而这其中又只有一半企业只能维持在1个月以内。若中小企业破产倒闭，问题会迅速传导至就业是否稳定，其中大量的农民工存在失业风险，造成无工可打、无钱可赚的困难局面。

2. 增收目标完成更加困难

2020年是全面建成小康社会的收官之年，“小康不小康，关键看老乡”。2019年，我国农村居民人均可支配收入为16021元，其中工资性收入占41%，经营性收入占36%。此次疫情突发，农民收入中的两个重要组成部分都受到冲击，对农民增收带来很大压力。一是非农收入受损。农民外出务工的收入在农民增收中的作用举足轻重，疫情对外出务工的影响会直接在收入层面显现。企业开工不足、返程交通受阻、劳务输入地对外来人口进入设限，都对以外出务工为主要收入来源的农民造成很大的影响。对于疫情最为严重，同时也是农民外出务工大省的湖北省而言，2020年的农民增收问题将会非常突出。外出务工人员较多的河南、重庆、四川、湖南、江西、安徽等省份将面临同样的问题。二是农业收入受损。无论是对畜禽养殖户、果蔬种植户还是休闲观光农业经营户，疫情都给他们的生产经营活动带来障碍，对农业收入造成了很大影响。如辽宁省丹东市一养鸡户反映，因疫情造成的经济损失可能达到二三十万元。南方春季旅游受阻，对经营观光休闲农业的农户影响明显。而疫情对农业经营收入的负面作用势必会影响增收的整体趋势。

3. 增加脱贫攻坚的实现难度

2020年，实现全面脱贫是党中央对全国人民作出的庄严承诺，2020年的中央一号文件也将“坚决打赢脱贫攻坚战”作为首要任务加以突出。2019年，全国减少贫困人口1109万，脱贫形势良好，突如其来的新冠肺炎疫情给各地脱贫攻坚工作带来一定的难度，完成剩余551万人的脱贫任务将更加艰巨。一是发展扶贫产业受挫。发展扶贫产业、开展产业扶贫是各地脱贫攻坚的主要抓手，疫情导致的滞销和产品价格下降问题在贫困地区同样突出。产品卖不出去、生产无法保持常态影响产业发展，休闲农业无法吸引游客，影响贫困户脱贫进度。二是外出务工受挫。不少贫困地区脱贫的重要手段是协助贫困户外出务工，增加打工收入，但疫情对外出务工的影响阻断了很大一部分贫困户创收的来源。由于贫困地区农民收入的脆弱性最强，疫情带来的影响也会放大，如何在加强疫情防控的基础上推进贫困人口脱贫、防止脱贫人口返贫需要尽早研究应对之策。

（三）从农村来看

1. 农村将成为防患的重点区域

2020年春节前，大约500万人离开疫情始发地武汉市，其中有很大一部分流入湖北省内和湖南、河南等主要省份的农村地区，农村防疫工作面临巨大压力。受限于知识水平和健康素养，农民的防疫意识普遍不高，疫情防控任务重、难度大、困难多。特别是一些中老年人，对病毒危害与防控了解更少，而这个年龄段的人正是易感染、难治疗、易致死的人群。尽管村庄已通过多种手段在村民中反复强调防护常识，但由于农民平时极少有佩戴口罩的习惯，防护宣传也并不是所有村民都能立刻接受。同时春节习俗的惯性太大，过年串门聚会的传统深入民心，有些村民认为“没啥大不了的事儿”“这事儿都在城里，离农村远着呢”，使仅仅依靠倡导性的措施效果并不明显。这也迫使不少农村地区在疫情进入严峻复杂阶段后采取了断路封村的“强招硬招”。即便如此，不少地方仍可以看到聚集聊天、打牌的“不设防”人群；有些地方的体温监测也存在走过场现象，看到熟人就放行，没有真正做到严防严控；有的农村隔离点对人员管控制度执行不到位，存在自由走动现象；等等，任何一个细节的疏漏都可能引发严重的后果。

2. 农村的公共卫生防疫条件满足不了防患的要求

农村防疫条件有限、防疫能力不足、防疫物资匮乏，加大了防护难度。

2018年底，全国3.16万个乡镇共设3.6万个乡镇卫生院，每千农村人口乡镇卫生院床位只有1.39张，每千农村人口乡镇卫生院人员只有1.45人。全国54.2万个行政村共设62.2万个村卫生室，平均每村村卫生室人员2.32人。农村不仅在卫生资源数量上不充分，同时在卫生资源配置结构和布局上也不合理。农村基层公共卫生整体功能较低，从卫生资源、管理体制等与其承担的任务不相适应，存在重治疗、轻预防的倾向，很难满足当前疫情防控的迫切需要。

3. 医疗救助条件呈现明显短板

在医疗资源、医疗技术、医治传染病专业人员方面，农村与大中城市相比还有巨大差距。对于一些县城医院，医疗救助短板明显，隔离病房、救护设备、救护物资等捉襟见肘，专业的医护人员更为紧缺。而到了乡镇村社这一层级，医疗资源更加匮乏，行政村中往往只有几名村医甚至只有一名村医，“以一管百”“以一管千”是常态，疫情发生很难作出应对。

4. 恐慌心态对乡村治理提出挑战

作为最基层防疫体制动员管理主体的农村干部，危机管理意识非常薄弱，在没有上级统一部署的情况下，没有足够动力动员辖下村民展开疫情防护工作，也很难应对因断路封村措施而引发的村民对疫情的恐慌。对于已经出现确诊病人、疑似病患的农村，如何平复农民群众的恐慌情绪，遵守居家隔离的规定，对村干部的治理能力提出了严峻的挑战。

二、新冠肺炎疫情凸显危机管理的极端重要性

进入21世纪以来，除了波及全国的公共卫生事件，比如“非典”以外，在农业农村领域，自然灾害、动物疫情疫病、农产品质量安全、生态危机等个案性、突发性事件也不断出现；对农业农村经济有深刻影响，进而波及经

济社会健康运行的“黑天鹅”“灰犀牛”事件在农业农村经济领域的表现也并不罕见。“三聚氰胺”、禽流感等问题的影响已超越农业农村范围，一再表现出非常态特征，进而凸显农业农村经济健康运行的危机管理的极端重要性。

（一）危机可能产生在各领域、各环节

新冠肺炎疫情尽管发生在公共卫生领域，但它的影响是全方位的。从农业农村经济健康运行的角度来看，如何透过现象看本质，怎么通过公共卫生问题观察生产安全、社会安全问题，都值得总结和思考。

1. 渠道安全

我国农产品产销区的生产和购销功能正在分别强化，双方的串联高度依赖通畅的运销渠道。尽管交通管制和地区封锁是非常时期采取的非常之策，但“一刀切”的政策对正常的经济社会运行的确产生了很大“杀伤力”，在产销对接上尤为突出。由于渠道中断，无法进行及时有效的农产品运输，造成产销脱节，导致产地农产品囤积滞销，农产品价格暴跌，生产者收入受损；而销售地面临农产品短缺，物价暴涨，消费者福利下降，甚至影响社会稳定，问题十分突出。面对疫情等突发情况，可以进一步细化交通管控和地区封锁的政策设计，既要有硬度，也要有弹性，要确保农产品流通渠道的通畅安全，实现供需平衡，减少价格异常波动。

2. 储备安全

新冠肺炎疫情暴露了各地重要物资的储备不足问题，应对疫情等突发事件必须确保储备安全。一是农产品储备。当粮、菜、肉、蛋、奶等农产品的储备低于安全警戒线，出现农产品供给不能满足需求的情况就会使人们产生恐慌心理，出现抢购风、囤积风，存在酿成社会危机的风险。因此，做好重要农产品的储备工作非常重要。二是农用物资储备。农用物资是农业生产的基础，尤其是农业的季节性决定了重要生产时节必须要有足够的农用物资产品与农事活动相匹配，种子、化肥、农药、农机装备要及时在各个生产环节

实现供需对接。在遭遇疫情等危机时，农用物资储备有利于保障农业生产经营活动的正常开展，降低不利影响。三是饲料储备。此次疫情导致养殖户损失的一个重要方面就是难以及时获得充足的饲料，对此同样要做好储备工作。

3. 生产安全

确保渠道安全和储备安全的基础是生产安全。产品运输和储备的前提是要生产得出、生产得好、生产可持续。中央之所以反复强调确保粮食等重要农产品的有效供给，尤其重视粮食安全，原因就在于若生产不出、生产不及时、生产不高效，不仅无法应对全国的常态需要，更难以满足突发情况的应急需要，出现问题时，进口贸易的时效性不能掌控。牢牢把中国人的饭碗抓在自己手里，既要碗里常态有粮，也要碗里应急有粮，因此，必须深入贯彻落实“藏粮于技”“藏粮于地”战略，在重要农产品的生产上不能有一丝松懈。2019 年，猪瘟引发的猪肉短缺问题还在持续，新冠肺炎疫情进一步要求高度关注农产品的生产安全问题，抓牢、抓实、抓好农业生产，确保生产安全。

4. 就业安全

就业安全是我国宏观经济发展的重要目标，此次疫情发生后，城乡居民就业受到了短期冲击，有可能带来一定程度的失业问题。与城市相比，农村地区的就业安全问题会更加严重。集中体现在农村居民更加依赖非农就业，更加依赖在非正规部门就业。而这些非正规部门本身受经济社会大环境影响更大，抵御风险的能力也相对更弱，易发生受疫情影响而破产的情况，这无疑会对农民就业构成威胁。由于缺乏具有竞争力的职业技能，同时可供农民选择的就业渠道不宽，因此一旦失业，农民在城市继续就业的难度将会提高。在经济社会正常运行状态创造更多的就业机会，在危机状态下提供合理就业保障，双管齐下才能确保就业安全。

5. 收入安全

疫情引发的产业波动传导到就业波动，最终转化为收入问题。同就业类似，城乡居民的收入都会受到疫情影响，但相对于工作类型更为稳定和社会保障更为健全的城市居民而言，农村居民收入问题显然更突出、福利损失也更大。虽然目前尚不能准确估算此次疫情对农民收入的影响，但毫无疑问，不少养殖户、时令农产品种植户、休闲农业经营户等都遭受重创，经济损失十分惨重，而以外出打工为主要收入来源的农民家庭也面临着失去经济来源的风险，其背后折射出农民的收入不稳定问题以及保障不健全问题。在全面建成小康社会的历史背景下，如何更有效地保障农民收入以及使全民收入处在安全水准，仍是迫切需要解决的重大问题。

6. 社会安全

疫情危机短期内主要是流通问题，中期是生产问题，再往长期发展将演变为社会问题。我国农村社会事业发展和基层治理能力相对落后：从硬件来看，医疗卫生、公共设施、道路交通等与城市有较大差距；从软件来看，村两委的社会治理能力并不能适应日益变化的农村社会需要，存在诸多不稳定因素，农村应对危机的能力还比较薄弱，一旦危机蔓延乡村将形成较大的社会负面影响。特别是由于公共卫生事业建设滞后造成的危机，持续或通过网络平台上的舆情传播加以放大，将对我国的政治、经济、社会、文化等方面产生重大的破坏作用。因此，农村社会危机必须引起我们的高度关注，否则农业农村现代化的目标将无法实现。

（二）出现危机的原因和环境

进入 21 世纪，随着我国农业农村经济更加开放，农业的功能、农村的改革、农业的增长方式、农业与外界的联系以及政府对农业的管理方式都发生了深刻的变化，同时影响农业农村经济的不确定性因素也不断增多，由于人们对诱发农业农村危机的各种不确定因素认知的局限，农业农村危机发生的可能性大大增加。

1. 发展阶段

我国目前正处于“经济转轨、社会转型”的关键时期。根据世界发展进程的规律，这个时期在社会发展序列谱上正对应着“非稳定状态”的频发阶段，是人口、资源、环境、效率、公平等社会矛盾的瓶颈约束最严重的时期，也往往是农村经济容易失调、社会容易失序、心理容易失衡、社会伦理需要调整重建的关键时期。因此，在这样一个特殊时期，各种矛盾同时存在，交织在一起，如果处理不当，将使农业危机发生的可能性大大增加。

2. 城乡互动

城乡关系是我国经济社会发展过程中必须重点关注的一条主线。党的十八大以来，通过全面深化改革，我国已进入城乡融合发展的新时代，城乡二元结构下的种种问题正逐渐被破解。更加频繁的城乡互动，一方面加快了要素流动和资源交换，提高了资源配置效率，促进了农村发展；另一方面也使农村受城市的影响越来越深，城市的“风吹草动”都有可能在农村掀起波澜。危机的爆发已经很难再有城乡的差别，公共领域的危机传递将更加迅速，更加全面。

3. 产业联动

产业的深度融合，既是我国经济发展过程中的一种表现，同时也是推动经济发展的动力来源。一二三产业融合发展强化了产业联动，各生产环节、产业类型、行业主体环环相扣、紧密相连，农业作为基础产业将影响后端非农产业，非农产业也会牵动前端农业产业，任何一个产业出现问题都将引发连锁反应。这种紧密的融合提高了产业运行的复杂性，从而给风险识别和危机防控提出了更大的挑战。

4. 道德风险

我国长时期注重经济发展速度的政策导向虽然极大地推动了国家发展，但也不可避免地滋生某些不道德的行为，比如以劣充优、以次充好、以假充真的无良行为乃至违法犯罪行为，都可能是危机产生的导火索。尽管我国近年来的发展理念正在从重视数量向重视质量转变，但在推进高质量发展的前期阶段，道德风险依然是需要面对和应对的问题。当然，这种道德风险并不仅仅体现在生产厂商和生产环节，也存在于消费群体和消费环节，甚至隐藏于经济社会发展中的方方面面。有些已经成为显性风险，但也有一些隐性风险尚未被发现。

（三）简短的结论

1. 非常态事件可能常态出现

事实上，无论是从农业产业运行来观察，抑或是从农村经济社会发展的形势来思考，非常态问题越来越表现出常态化特征。最近几年，农业农村领域的非常态事件越来越呈频发态势。

2. 危机对产业影响有多元性

新冠肺炎疫情对一二三产业的影响是全方位的。疫情对第三产业的影响正在持续；第二产业可在疫情过后延长工时工期最大限度恢复产能，弥补损失；而对于第一产业，畜禽业有生命周期，一旦中断引发连锁反应，产业受损不可弥补，种植业有季节性，农时延误，影响全年。

3. 危机问题能够相互传导演变

任何一个领域出现危机问题，不及时应对或应对不当都会蔓延扩散，造成全面影响。公共卫生安全问题处理不好，可演变为经济问题；经济问题处理不好，可演变为社会问题。

4. 非常态要求强化危机管理

非常态问题常态化出现，凸显危机管理的极端重要性。要着手构建和完善有效的管理制度和机制，提升相关职能部门的危机管理能力。

三、努力确保农业农村经济健康运行

新冠肺炎疫情的影响是必然的。对此，不仅要有短期的应对之策，更要强化有利于农业农村经济健康运行的危机管理体制和机制。

（一）从近期来看

1. 强化流通管理

当前首要任务是保障货畅其流，畅通绿色通道，实现供需对接，并严控打击哄抬菜价、肉价行为，保障市场供给。严格贯彻农业农村部三个“不得”要求：不得拦截仔畜雏禽及种畜禽运输车辆，满足养殖场补栏等生产需求；不得拦截饲料运输车辆，满足畜禽养殖的饲料需求；不得拦截畜产品运输车辆，防止出现“卖难”和“断供”现象。推动将商品畜禽、禽蛋、生鲜乳等运输车辆纳入重要物资供应绿色通道，协调办理交通通行证，解决运输过程中存在的问题，确保畜产品能运到生产一线和消费一线。同时，建立防疫时期的应时农产品产销对接机制，解决滞销问题。

2. 保障“菜篮子”产品供给

根据农业农村部官方信息，2019 年秋冬季以来，各地按照稳产保供的要求，积极发展南方露地蔬菜和北方设施蔬菜。从目前生产看，预计全国冬春蔬菜在田面积达 8400 多万亩，产量 1.7 亿吨，均比上年同期增长 2% 左右，当前防控疫情的“菜篮子”供应有坚实保障。在此基础上，要充分发挥新型农业经营主体，特别是农民专业合作社和企业的作用，通过及时了解主要农产品供求信息，合理安排蔬菜、畜禽等重要农产品生产，保持正常生产秩序，确保“菜篮子”产品有效供给。当地政府和农业农村部门要加强对生产计划的指导，提供技术服务，及时解决瓶颈问题。

3. 抓好春耕春播工作

做好春耕备耕，不误农时，强化田间管理，确保全年农业再夺丰收的好基础。重点保障种子、化肥、农药、农膜等农业生产物资供应运输，做好疫情防控期间相关农业企业的复工对接工作，确保春耕备耕期间农用物资质量可靠、市场稳定、运输顺畅。加强柴油调配储备，全力做好农机备耕，做好人员准备和物资储备。鼓励各村统筹安排，可采用人员分散的方式展开春耕种植。同时，为减少疫情传播，应尽量避免人员聚集，因此要减少面对面的农技培训，从线下培训转为线上培训。借助网络授课平台、微信、QQ、短信等方式，实行线上辅导，强化农业生产技术的线上培训，提高农业从业人员的技能。

4. 稳妥有序推动农民工返程务工

外出务工事关农民生计生活，各地企业复工复产的同时，要做好农民工返程的防疫工作。加强农民工防疫宣传，发挥基层就业和社会保障服务平台、农民工综合服务中心等作用，广泛开展应对疫情政策措施宣传讲解，引导农民工科学防控，降低感染和传播风险。引导农民工合理安排返城返岗时间，避免节后盲目外出。加强输出地与输入地有效对接。农民工输出地及时跟踪主要输入地疫情变化，做好主要输入地企业用工、复工、交通、疫情等信息的集中发布。农民工输入地要加强企业用工情况监测，加强有组织对接服务。充分利用交通运输部提出的“疫情防控期间地方政府组织的农民工返岗包车可免费通行高速公路”的举措，条件允许的地区可由相关部门为农民工群体提供包车服务。

5. 支持企业按时发放农民工工资

通过减免企业房租、降低担保费率、延期缴纳税款、返还失业保险费、增加就业补贴等方式帮扶中小微企业应对疫情、渡过难关。按照国务院农民工工作领导小组的要求，加强对受疫情影响企业的劳动用工指导和服务，促进企业保持正常生产经营秩序，依法依规处理农民工因疫情不能提供正常劳动情况下的劳动关系问题。对于因隔离、留观、治疗或政府采取紧急措施导致农民工暂不能提供正常劳动的，企业不得解除劳动合同或退回劳务派遣工。

（二）从远期来看

1. 强化农产品生产保障能力建设

农业各产业持续健康发展是防范和应对农业危机的基础和前提。因此，加快发展和提高农业各产业是农业危机管理的首要任务。种植业要重点提高粮食的综合生产能力，确保国家粮食安全。严守耕地红线，加快划定和建设粮食生产功能区、重要农产品生产保护区。夯实农业生产能力基础，实施藏粮于地、藏粮于技战略，加强高标准农田建设。统筹用好两个市场、两种资源，推动农产品优进优出、引进来走出去齐头并进。畜牧业要进一步加大生猪生产力度，推进新建猪场建设，大力发展标准化规模养殖和积极带动中小养猪场（户）并重发展，增加猪肉供应。支持畜禽养殖企业与屠宰加工企业按订单收购加工，及时有效补足市场供需缺口。

2. 强化农产品供给链建设

加强信息沟通，积极协调产区和销区构建稳定的对接关系。加强主体建设，重点支持三类主体：一是签订长期农产品采购协议、发展订单农业的农产品流通企业或新型农业经营主体；二是向生产环节、销售环节延伸产业链条，实现“销 + 产”或“产 + 销”一体化经营的新型农业经营主体；三是农产品流通企业和新型农业经营主体通过参股控股、兼并收购等多种方式形成产销优势互补、风险利益共担共享的股权投资合作企业。加强农产品流通应急绿色通道建设，减少重大危机发生对农产品产地和销地相互衔接的影响。进一步强化农业保险及风险管理工作，最大限度弥补生产者的各种风险损失。

3. 强化重要农产品储备能力

做好基本农产品储备工作，在数量上要有保障。同时，重要农产品的储备能力建设要和生产能力、产品供应、消费需求相适应，不能简单理解为增加储备量，要综合考虑储存成本、管理成本和社会效益等因素，进行合理的储备机制设计，能够满足出现突发情况时的产品需要。

4. 下决心解决农民增收问题

制订农民收入增长计划和实施方案，将提高农民收入作为约束性指标并确定时间表。充分发挥农业的多重功能，充分挖掘乡村的多元价值，推动农村一二三产业融合发展，加快培育发展农村新产业、新业态、新模式，总结推广地方发展农村电商、乡村旅游、休闲农业等方面的典型经验和成功做法，出台相关激励政策，扩大农民就业门路，拓展农民增收渠道。提高农民工劳动合同签订率，在全国形成劳动力自由流动、自由就业、全面保障的就业制度。制定时间表，杜绝农民工工资拖欠问题。尽快实现农民工与城镇职工同工同酬目标。

5. 提升农村公共卫生防疫条件

推动乡村医疗卫生机构标准化建设和设备提档升级，加强对乡村医生队伍的人才培养和人才输入，支持乡村医生申请执业（助理）医师资格，制定更优惠的政策引导并鼓励本、专科及以上学历的大学毕业生和城市医疗卫生技术人员到农村服务，或通过城乡医院对口帮扶，轮流下派医疗卫生技术人员到边远山区卫生院工作，提升基层医务人员的公共卫生防疫知识和防疫能力。同时，坚定不移地推动农村人居环境治理，抓紧完成乡村生活垃圾、污水集中治理和农村“厕所革命”三项“硬任务”，全面整治提升乡村人居环境，为提升农村公共卫生条件奠定坚实基础。

6. 提升乡村治理能力建设

乡村治理事关农村的稳定与发展，要加强乡村治理能力建设。充分调动发挥党员干部在村庄治理过程中的带头作用，将自治、法治、德治相结合，利用多种治理手段和治理方式，调动农户参与乡村治理的积极性，实现治理主体多元化，进而提高治理绩效。充分依托网络信息技术，建立更加有效、充满活力的现代化乡村治理新机制。可通过运用互联网、大数据等技术，打造“云党建”平台，将党建工作、经济工作、村政建设等全部纳入信息平台，并赋予村民线上参与和监督的权利，实现基层治理能力现代化。

（三）从管理来看

危机不是通过市场经济的运行规则就能自行解决的，而是需要政府部门协调各方力量才能消除。因此，要强化危机管理意识，构建危机管理机制，提升危机管理能力。

1. 强化危机管理意识

经济社会发展进入新阶段，实现高质量发展，各种风险挑战交织在一起，制定农业政策，需要事先考虑可预期、不可预期的自然风险、市场风险、经济社会发展风险、社会风险问题，防患于未然的危机管理意识不可或缺。农业重大突发事件和危机的爆发不会以人的意志为转移，因此，政府对农业和农村经济的管理不仅体现在促进农业增效、农民增收和农村经济发展等常态管理上，还体现在对农业危机和重大突发事件的非常态管理上。既要考虑中长期重大政策，也要思考短期应对之策，确保危机显现时，能有足够迅速的反应机制。

2. 建立危机预警机制

危机管理重在预防，作为控制潜在危机花费最少、最简便的办法，避免危机显然是最好的危机管理。加强预防的关键在于做好对危机的监测。如一些重大自然灾害，甚至重大的经济危机、政治危机等，都可以进行有效的监测。如果发现有发生危机的迹象，应立即采取措施，如一些社会危机和经济危机可以有效化解；不能制止的，要尽量把损失降到最小。因此，预防是应对危机最有效的办法。

3. 建立危机管理机制

有些危机的发生难以避免，具有突发性，要想有效地应对危机，就必须建立完备的危机管理机制。一个完备的危机管理机制大体包括六个方面的内容：统一的协调指挥机构；及时有效的反应机制；畅通的信息输送网络；充足的物资储备体系；成熟的科技研发支撑；完善的法律保障体系。这六个方面既相互独立，又相互依存。在建设时具有一定的独立性，而在危机管理机制运作时又缺一不可。只有具有完备的危机管理机制，应对危机时才能有强有力的保障。

4. 建立危机发布机制

在危机发生时向社会提供真实可靠的公共信息是政府和媒体的社会责任，也是政府科学决策的重要依据。发布准确和及时的信息，确保公民的知情权，可以有效防止社会恐慌，是战胜危机很重要的一个环节，也是危机管理很重要的方面。危机发布机制是一个系统工程，包括信息的收集、分析、发布、反馈。从层次上讲，应建立中央、省、地、县、乡镇五级信息网络体系，以保证信息的全面、畅通。提高信息处理能力，建立强制性的信息报告制度，确保有效地发布信息。

5. 建立危机管理基金

危机管理事关重大，应对危机需要花费大量的资金。一方面，在处理危机时要动员大量的人力物力，需要充足的资金保障。另一方面，还要根据农业的特点对受损行业给予必要的补助。如染疫动物捕杀后，要给予农牧民以合理的经济补偿；农业环境受到严重污染，给农民生命、农业生产造成无法挽回的伤害和损失时也要给予必要的经济补助。为了保证应对危机时有充足的经费开支，应建立危机管理基金。危机管理基金主要靠国家财政拨款，纳入财政预算，滚动使用，同时也通过民间捐赠来筹集。基金的管理应公开透明，定期接受审计监督，同时可以把基金中的部分资金用于无风险的投资，以扩大基金的规模。另外，社会保险、社会救助等也要同农业危机相结合。

6. 强化危机人才储备

人是应对危机最核心、最关键的因素。任何危机发生的时候，也是各方面条件比较艰苦的时候。这时需要业务熟悉，能够迅速有效处理各种复杂情况的专职队伍和专业人才，同时要求这些专职人员勇于奉献、敢于负责，以国家和人民利益为重。在危机没有发生的时候，就要着力培养一支高素质的人才队伍。重点抓好专职队伍的培训、演习，要为专业技术人员和指挥管理人员创造良好的工作、学习和生活环境，同时还要加强这支队伍和人才的装备建设，如配备必要的装备、应对危机的工具等。在此基础上，要加强社会公众特别是农民应对农业危机的宣传和训练，以提高他们的危机意识。

推进乡村人才振兴战略思路研究①

乡村振兴，人才为要。乡村人才短缺是农业农村发展滞后的重要原因，是全面推进实施乡村振兴战略的重要制约。乡村人才振兴是实施乡村振兴战略的关键要素和核心路径。推进乡村人才振兴，培养造就一支强大的乡村人才队伍，当务之急是要加强乡村人才振兴的战略研究和顶层设计。

一、问题的提出

长期以来，乡村人才单向流入城市给乡村发展带来巨大挑战。城镇化、工业化背景下，大量农村劳动力向城市转移，导致农村产生人口老龄化、村庄空心化、家庭破碎化等突出问题。农业生产领域，青壮年劳动力、基层农技人才、经营管理人才严重短缺，农业生产内生发展动力存在严重不足。随着乡村青壮年劳动力大量流失，一些传统文化、农耕文明无法得到有效传承，乡村正在逐渐失去原本的生机和活力。乡村干部老龄化严重、综合素质偏低，乡村经济社会发展面临治理困境。

① 本报告是清华大学中国农村研究院2020年应急课题成果，报告观点仅代表课题组的看法。课题负责人：王亚华，清华大学公共管理学院副院长、教授，清华大学中国农村研究院副院长。报告执笔人：王亚华、胡振通、舒全峰、池建华、顾庆康。

当前，农业农村经济社会转型急需一批高素质、复合型人才。从传统农业向现代农业转型，实现“让更少的农民种更多的地”，培育新型农业经营主体，促进农业规模经营，需要培养一支有文化、懂技术、善经营、会管理的高素质农民队伍。农业与二三产业融合发展，拓展农业的多元功能，凸显农村的多元价值，农产品加工业、休闲农业和乡村旅游、“互联网+”农业、农业生产性服务业等新产业、新业态蓬勃发展，在农业农村内部产生了各种各样的创业机会和就业岗位，需要培养一批产业发展的领军人才和电子商务、农业科技等各类专业人才。乡村治理人才短缺，促进乡村治理有效，不断提升乡村治理效能，需要培育、引进高素质乡村治理人才。城乡教育、医疗等公共资源差距大，不断提升乡村公共服务质量，需要培育引进年轻、优秀的乡村教师、乡村医生。实施数字乡村建设，推进快递进村工程，乡村生产、生活、教育、医疗、消费、娱乐等方式都在迅速发生深刻转变，直播带货、在线医疗、在线教育等正在悄然发生，从而对乡村人才也提出了更高的要求。

乡村人才短缺已经成为制约乡村振兴战略实施的重要瓶颈。乡村人才单向流入城市导致乡村人才供给长期不足，农业农村经济社会转型对乡村人才的需求逐渐旺盛，供给不足和需求旺盛导致乡村人才短缺。乡村人才难以满足实施乡村振兴战略“产业兴旺、生态宜居、乡风文明、治理有效、生活富裕”的目标要求，在各个领域、各个环节都存在不同程度的人才短缺问题，既表现为数量短缺，也表现为质量不高和结构不优。乡村人才短缺也是当前我国城乡、工农关系失衡的具体体现，充分体现了当前城乡发展不平衡、农村发展不充分这一客观事实，根源在于长期以来的城乡二元体制造成了农业农村发展的全面滞后。必须破除城乡二元体制形成的思维定式，消除“重城轻乡、先城后乡、有城无乡”的社会偏见和陈规陋习，在思想上、行动上作出重大调整，创新制度、政策和资源配置方式，推动城乡要素自由流动、平等交换。

乡村人才振兴需要加强战略思路研究，强化顶层设计和制度保障。为打破乡村人才制约瓶颈，鼓励引导人才资源向农业农村回流，有效激发各类人才参与乡村振兴的主动性、积极性和创造性，本报告将系统梳理乡村振兴战略对乡村人才的需求，分析培育引进乡村人才的深层困境，提出强化乡村人才振兴顶层设计和制度保障的对策建议。

二、乡村人才的供需现状

乡村人才振兴，要契合乡村振兴战略对乡村人才的需求，系统梳理乡村人才分类，客观描述乡村人才供需现状，为后续形成全方位、多层次乡村人才结构体系奠定基础。

（一）乡村人才的分类说明

首先，从中央政策文件、地方实践探索两个方面对乡村人才分类进行简要梳理，然后结合乡村振兴战略对乡村人才的需求，提出本报告对乡村人才的分类说明。

1. 中央政策文件对乡村人才的初步分类

现有的中央政策文件还未对乡村人才进行系统分类，但是对一些重要的乡村人才给予重点关注，为系统梳理乡村人才提供重要参照。2018 年中央一号文件《关于实施乡村振兴战略的意见》，重点关注了新型职业农民、农村专业人才、科技人才、社会各界人才、“三农”工作队伍这五类乡村人才。2018 年，中共中央、国务院印发《乡村振兴战略规划（2018—2022 年）》，重点提到新型职业农民、农村专业人才、社会各界人才、乡土文化人才、“三农”工作队伍这五类人才，与 2018 年中央一号文件不同的是，将科技人才并入农村专业人才，在发展乡村特色文化产业、丰富乡村文化生活中提出要挖掘培养乡土文化本土人才。2019年新修订的《中国共产党农村工作条例》第21条"各级党委应当加强农村人才队伍建设"中，重点提到乡村教师和医生、农业科技人才和技术推广队伍、高素质农民、乡土人才。

2. 地方实践探索中对乡村人才的具体分类

围绕乡村人才振兴，一些省市先行探索，制定出台乡村人才振兴的相关规划和意见，结合各地实际情况，对乡村人才进行具体的分类，为系统梳理乡村人才提供实践基础。浙江省宁波市出台《宁波市乡村振兴人才发展规划（2019—2022）》，将乡村人才具体分为五类，分别是现代农业领军人才、农业科技人才、高素质农民、乡村创业创新人才、乡村管理服务人才。浙江省湖州市制定出台《湖州市关于推进乡村人才振兴的实施意见》，提出要重点培育五类乡村人才，分别是产业发展的领军人才、服务乡村的专业精英、双创带动的乡村创客、乡村治理的能人乡贤、各行各业的工匠能手。山东省德州市成立乡村人才振兴专班领导小组，制订《德州市乡村人才振兴实施方案》，在人才分类方面重点关注了新型职业农民、农村实用人才、农技推广人才、科技人才、返乡创业就业人才等。山东省平度市制定出台《平度市关于推动乡村人才振兴的实施意见》，提出要重点抓好产业领军人才、经营管理人才、专业技术人才、乡土文化人才、乡村治理人才等五支人才队伍建设。

3. 本报告对乡村人才的分类说明

参考中央政策文件和地方实践探索中对乡村人才的分类，结合乡村振兴战略"产业兴旺、生态宜居、乡风文明、治理有效、生活富裕"的总目标，坚持内部培育和外部引进相结合，本报告将乡村人才分为以下五类。

（1）乡村治理人才

围绕"治理有效"要求，建设一支"懂农业、爱农村、爱农民"的乡村治理人才队伍，具体包括村两委班子成员、大学生村干部和第一书记、"新乡贤"等。

（2）农业经营人才

围绕"产业兴旺"要求，培育一批"懂技术、善经营、会管理"的农业经营人才队伍，具体包括新型职业农民、农业经营管理人才、创新创业人才等。

（3）农村专业人才

围绕“产业兴旺、生态宜居”要求，为发展现代农业、建设美丽乡村提供专业技术支撑，具体包括农业科技人才及农业技术推广队伍、乡村规划建设人才、各类乡村工匠等。

（4）社会服务人才

围绕“生活富裕、乡风文明”要求，不断提升农村公共服务质量，具体包括乡村教师、乡村医生、法律顾问、乡土文化人才等。

（5）社会各界人才

响应政策号召、基于市场推动、源于乡情呼唤，社会各界人士积极参与乡村建设，具体包括企业家、党政干部、专家学者、医生教师、规划师、建筑师、律师、技能人才等各方面人才。

（二）乡村人才的供需现状

乡村人才短缺已经成为制约乡村振兴战略实施的重要瓶颈，具体体现在以下三个方面。

1. 乡村人才数量短缺

乡村振兴需要大量乡村人才，但乡村人才普遍存在数量短缺的问题。

（1）乡村治理人才数量短缺

农村治理精英外流严重，大量青壮年劳动力外出务工，带走了乡村治理的精英主体，多数农村的大学毕业生也选择在城市就业，并没有选择服务农村。大学生村干部近年来人数锐减，从 2012 年到 2017 年，大学生村官数量减少了约 14 万人。

（2）农业经营人才数量短缺

随着工业化、城镇化的快速发展，大量农村劳动力外流，农村劳动力老龄化、妇女化、兼业化趋势明显，发展现代农业，保障粮食安全，面临“谁来种地”的问题，农业经营人才存在数量短缺。我国新型职业农民队伍正在不断发展壮大，据农业农村部统计，2018 年全国新型职业农民约 1500 万人，预计到 2020 年底，新型职业农民将超过 2000 万人，新型职业农民正在成为发展现代农业的主力军，但新型职业农民占农村劳动力总量的比例仍然偏低。

（3）农村专业人才数量短缺

农业科技推广队伍人员存在不足，例如，安徽省阜阳市每个乡镇平均只有 3 个农技人员，四川省达州市农技推广人员还有 10% 的空编率。乡村规划建设人才数量严重不足，难以满足乡村振兴战略对乡村建设在乡村规划、房屋设计等方面的需求。

（4）社会服务人才数量短缺

乡村医生面临“青黄不接”的局面，大量乡村医生陆续离职弃岗，乡村医生和卫生员数量从 2013 年的 108.1 万人减少到 2017 年的 96.9 万人，减少了 10.4%。乡村教师缺口严重，一个教师身兼多门课程的情况比比皆是，相对贫困地区乡村教师招聘出现大面积遇冷，大量岗位无人报考。乡土文化人才同样流失严重，他们未能得到有效的组织管理和社会认可。

2. 乡村人才质量不高

乡村振兴迫切需要高素质人才，但乡村人才普遍存在质量不高的问题。

（1）乡村治理人才人力资源素质较低，领导能力不足

根据清华大学中国农村研究院的调查数据，乡村干部的年龄普遍偏大，平均年龄为 47.2 岁，50 岁以上的占比高达 33.86%；乡村干部的学历普遍较低，以小学、初中、高中和中专文化程度为主，占比高达 85.45%；乡村干部的领导能力普遍不足，表现为思想观念落后，跟不上农村发展的步伐，学习能力差，难以接受新的治理技术，执行力不强，不能及时落实各项政策。

（2）农业经营人才人力资源素质较低，经营能力不足

据 2016 年全国农业普查统计，农业生产经营人员中，年龄在 35 岁以下

的不到20%，高中及以上文化程度的不到10%。我国农业劳动生产率偏低，农民科技文化水平不高，接受新技术的能力不强，迫切需要培育一批有文化、懂技术、善经营、会管理的新型职业农民，从而更好地服务现代农业发展。

（3）农村专业人才人力资源素质较低，服务能力不强

农村基层农业科技推广队伍年龄老化、学历不高，例如，安徽省阜阳市农技推广队伍中本科以上学历只占10%；四川省达州市农技推广队伍中35岁以下的仅占8.9%；江西省抚州南丰县乡镇一级的农技推广人员中没有一个有高级职称。乡村规划建设人才培养体系缺乏系统性，难以满足乡村振兴战略对专业人才的靶向需求。

（4）社会服务人才持续递减，后备力量不足

乡村医生流失严重，尤其是年轻乡村医生无心扎根乡村，乡村医生面临年龄和知识老化、队伍不稳定等问题，陷入了“招不进、留不住”的发展困境。优秀乡村教师也面临“招不进、留不住”的困境，乡村教师质量参差不齐也影响着乡村教育的质量。

3. 乡村人才结构失衡

农业农村经济社会转型对乡村人才结构提出了更高的要求，当前乡村人才还面临结构失衡的问题。

（1）乡村人才年龄结构失衡

由于农村地区大量青壮年劳动力外流以及农村地区无法吸引优秀青年人才，导致村干部、农村劳动力、乡村医生等都普遍存在年龄偏大的问题。

（2）乡村人才学历结构失衡

知识型、技能型、创新型乡村人才流失严重，村干部、农村劳动力、农技推广人员等普遍存在学历不高的问题。

（3）乡村人才行业结构失衡

乡村人才中，生产型人才偏多，技能型、经营型和管理型人才偏少，从事种养殖业的人才偏多，从事农产品加工、流通以及农业服务业人才偏少，人才行业分布极不均衡。

三、乡村人才振兴的深层困境

乡村人才短缺，其背后既有制度层面的问题，也有操作层面的问题，下面我们从“培育人才、引进人才、使用人才、留住人才”四个方面来剖析乡村人才振兴的发展困境。

（一）乡村人才培育机制不健全

亿万农民是实施乡村振兴战略的主体，乡村人才的内部培育是乡村人才振兴的基本立足点。当前乡村人才培育机制不健全导致乡村人才短缺，主要体现在以下两个方面。

1. 乡村人才培育力度不够

新型职业农民培育规模偏小，全国1500万个新型职业农民占农村劳动力总量的比例仍然偏少，尤其是专业技能型和社会服务型新型职业农民的培训力度还很不够。农业经营管理人才，尤其是现代农业的领军人才，还十分稀缺。农技推广队伍老化弱化，服务能力明显不足。乡村干部，年龄偏大、学历偏低、领导能力普遍不足，亟须提升综合素质。

2. 乡村人才培育体系不健全

当前乡村人才培育体系缺乏整体规划，培育模式过于单一，人才培育难见成效。涉农职业教育体系不完善，专业设置不够灵活，难以完全契合乡村经济发展与乡村振兴的现实需要。新型职业农民培训课程设置上停留在种植和养殖等大众化项目上，实用性课程课时不够，存在培训内容“学非所用、用非所学”的问题。农村实用技术种类繁多，集中培训的针对性效果不理想，不少培训流于形式。乡村人才的服务保障没有真正落到实处，导致缺乏对乡村潜在人才的感召力。

（二）乡村人才引进机制不通畅

想方设法从乡村外部引进人才，是乡村人才振兴的重要渠道。当前乡村人才引进机制不通畅导致乡村人才短缺，主要体现在以下三个方面。

1. 乡村人才引进力度不够

吸引城市各类人才返乡下乡，包括农民工返乡创业、农村大学生返乡创业或回乡就业、引进中高级专业技术人才、引进乡村规划建设人才等，招引力度不够，有效办法不多。尤其是乡村教师、乡村医生，人才流失严重，招不进又留不住，说明政策向乡村倾斜的机制还未建立。

2. 搭建人才招引平台不够

在校地合作方面，未能搭建起有效的交流合作平台，难以推动农村大学生返乡回乡创业，难以促进科研成果的有效转化应用。在吸引外出人员返乡方面，没有整合区域资源优势，形成一批基础设施完备、创新条件完善、服务能力较强的创业孵化基地，难以吸引具有发展潜力的外出人员投资家乡。

3. 乡村人才支持政策难落实

乡村人才优惠政策宣传不到位、不接地气，导致优惠政策知晓率偏低。优惠政策普遍申请复杂，沟通成本高，耗费申请者大量时间精力。针对返乡创业的扶持政策政出多门、变动较快、持续性不足，政府部门与创业者存在信息不对称，创业者办事找不到门路、摸不清头绪，一些需要多部门协调的问题难以解决。优惠政策和服务职能向工商资本倾斜多，对普通返乡创业人才扶持的含金量少，在补贴和贷款政策上存在“树典型”“垒大户”等现象，影响到下乡返乡创业人才的积极性和成功率。

（三）乡村人才使用机制不灵活

用好用活各类人才，是乡村人才振兴的有效方式。当前乡村人才使用机制不灵活导致乡村人才短缺，主要体现在以下三个方面。

1. 乡村人才职称评定制度不完善

农村人才评价标准单一，“唯学历、唯职称”现象和理念长期存在。乡村人才种类繁多，大量实用型和技能型人才的职称始终得不到政府部门的公正认可。各地人才分类标准向工业、科技等领域倾斜多，对农业领域的覆盖面较小，部分地区中、高层次人才的分类标准中能够对应技能人才的类别较少，致使农村专业人才晋升通道狭窄、发展受限。外来人才存在“认定难”问题，各地人才评价体系各有特点，各地人才分类标准不相同，导致用人单位跨区域引进外来人才后，部分人才难以与本地现有人才划分标准相匹配，资格认定缺乏依据，在一定程度上阻碍了人才流动。

2. 县域专业人才统筹使用制度不健全

县域范围内，各类专业人才城乡分布不均，高素质人才多集中在县城，建立县域专业人才统筹使用制度非常有必要。但是，由于各地、各部门在主观意识上往往更重视抓资金、上项目，忽略人才开发，相关职能部门也难以形成合力，缺乏一个综合部门对县域专业人才进行统筹协调使用。

3. 城市人才下沉机制不到位

乡村医生、乡村教师、科技文化人才紧缺，有必要建立城市人才定期服务乡村制度。由于政策支持不够到位，保障措施不够完善，在健全职称评定、职务晋升、人才培养使用等方面，未能形成有效的正向激励机制，城市人才下沉格局难以有效形成。

（四）乡村人才留人机制不到位

留住乡村人才，是乡村人才振兴的关键所在。当前乡村人才留人机制不到位导致乡村人才短缺，主要体现在以下五个方面。

1. 农村人居环境质量有待提高

农村人居环境普遍较为脏乱，生活舒适感低。尽管近几年来我国持续加大对农村人居环境治理的投入力度，农村人居环境也得到极大改善，但是，由于存量问题较多、增量问题难解，人居环境治理“最后一公里”难题普遍存在，农村地区的人居环境与城市地区依然存在很大差距。

2. 农村基础设施条件有待提升

农村基础设施条件较为缺乏，生产成本较高。农村基础设施完善程度与农村地区创业尤其是涉农创业的成本紧密相关。涉农创业项目前期在道路、电力、水源、通信等方面的基础设施投资很大部分由创业者承担，而后才是厂房建设、设施、苗种等实际投入。一些地方电力、供水、网络的持续运转得不到保障，影响了创业项目的持续运营。基础设施不健全增加了创业成本，放大了经营风险，影响了相关人才返乡创业的积极性。

3. 乡村创业机会相对不足

乡村的市场发育不成熟，服务体系不健全，职业发展空间小、机会少，缺乏有效的创业和就业机会，投资回报率长期低于社会平均利润率，人才价值难以充分实现，投资回报难以有效保障。

4. 农村配套基本公共服务相对落后

随着经济发展水平不断提升，乡村人才在社会安全、文化教育、医疗卫生等方面诉求日益增多，但是农村现有的教育、医疗、住房、社保等配套公共服务供给难以跟上乡村各类人才需求，使得留住人才的基础存在缺失。

5. 乡村人才的待遇水平不高

村干部的待遇水平低，职业发展有明显的天花板，削弱了乡村干部的工作积极性和主动性，村干部难选、难当、难留问题突出。乡村医生、乡村教师的待遇水平低，人才流失严重，后备力量严重不足。

四、乡村人才振兴的实践探索

乡村振兴战略实施两年多以来，全国各地围绕乡村人才振兴，制定出台了适合本地区实际情况的乡村人才振兴相关规划和意见，因地制宜做好乡村人才开发工作，积极探索乡村人才振兴的有效路径和机制，为全国层面促进乡村人才振兴积累宝贵经验。

（一）加强顶层设计，强化政策引导

各级党委政府，以实施乡村振兴战略作为当前农业农村工作的重点，围绕乡村人才振兴，积极加强顶层设计，及时制定出台政策文件，为乡村人才振兴提供政策保障。

1. 省级层面

山东省于 2018 年印发《山东省推动乡村人才振兴工作方案》《推进乡村人才振兴若干措施》。浙江省于 2019 年印发《关于实施“两进两回”行动的意见》，“两进两回”即“科技进乡村、资金进乡村、青年回农村、乡贤回农村”。

2. 市级层面

湖北省咸宁市印发《关于全面推进乡村人才振兴的实施意见》。浙江省嘉兴市印发《关于支持乡村人才振兴的若干政策措施》。浙江省宁波市印发《宁波市乡村振兴人才发展规划（2019—2022 年）》。山东省德州市制定《德州市乡村人才振兴实施方案（乡村人才振兴专班）》。

3. 县级层面

山东省青岛平度市、福建省泉州永春县、浙江省桐乡市等地都出台了乡村人才振兴的相关意见、实施方案和政策措施。

（二）坚持因地制宜，分类重点开发

实现乡村全面振兴，需要乡村治理人才、农业经营人才、农村专业人才、社会服务人才等多种多样的人才共同参与，人才开发工作至关重要。全国各地，坚持内部培育和外部引进相结合，根据各地经济社会发展实际情况，因地制宜做好各类乡村人才开发工作。

1. 乡村治理人才

全国各地针对村党组织、村民委员会、村务监督机构、大学生村干部、驻村第一书记、新乡贤等不同组织和人员，根据其地位和功能，做到有针对性的培育。贵州省遵义市新蒲新区实施乡村振兴村级组织领军人才培养工程，实施区级领导帮带，整合区级平台培养，开展实践锻炼提升，着力培养一支能宣传党的主张、贯彻党的决定、领导基层治理、团结动员群众、推动改革发展的村级组织领军人才队伍。广东省连南县充分整合村（社区）“两委”干部、农村人才、党建网格队伍优化资源，努力构建垂直领导机制、集体作战机制、人才“进编”机制，大力打造“党建+”的治理模式，提升乡村治理效能。浙江省桐乡市积极探索出一条自治、法治、德治相结合的乡村治理之路，形成了“一约两会三团”的治理载体，“一约”即村规民约，“两会”即百姓议事会、乡贤参事会，“三团”即道德评判团、百事服务团、法律服务团。

2. 农业经营人才

全国各地对新型职业农民、农业经营管理人才、创新创业人才进行了重点培育。陕西省安康市探索出“产业引领、协会搭桥、两新融合发展”新型职业农民培育模式，以发展产业为主线，以壮大经营主体为路径，以组建职业农民协会为桥梁，通过政府部门、培育机构、经营主体、职农协会联合发力，推进新型职业农民和新型农业经营主体融合发展的一体化模式。浙江省湖州市培育产业发展的领军人才，深入实施“南太湖本土高层次人才特殊支持计划”等培育工程，重点在农业企业负责人、农民专业合作社带头人、农家乐民宿经营业主、家庭农场主、农业服务组织负责人、农村电商带头人等生产经营能手中遴选支持一批引领带动现代农业、乡村旅游、乡村服务业、农村电子商务等特色产业发展的领军人才。浙江省宁波市深化创新创业人才培育，加强农业农村新经济、新产业、新业态和农业全产业链的创新创业人才孵化，推进城郊美丽乡村综合体、现代农业庄园、农旅文融合发展、“青创农场”、农村电商、农业社会化服务等创新创业人才培育。

3. 农村专业人才

全国各地对农业科技人才及农业技术推广队伍、乡村规划建设人才、各类乡村工匠等农村专业人才进行有针对性的重点培育。浙江省宁波市加强基层农技推广人才队伍建设，完善基层农技推广体系，广泛开展农业新品种、新技术、新模式、新装备推广，加快科技成果向农业农村领域的转化与应用，加强科技特派员队伍建设，加大选派力度，深入农村基层开展科技知识服务。山东省威海市建立乡村规划师制度，面向规划建设专业人才选聘乡村规划师，设立乡村振兴规划咨询委员会，组建乡村规划师团队，对乡镇村庄规划编制、景点设计、特色风貌塑造等工作进行驻点指导。浙江省云和县探索出“云和师傅”这一新型劳动者培育和发展模式，该县拥有浙江省唯一以人称命名、拥有国家注册商标的劳务品牌“云和师傅”，持有“云和师傅”证书的知识技术型劳动者，涵盖食用菌、茶叶、水电、玩具、建筑、商贸、饮食、种养、加工等九大产业。

4. 社会服务人才

全国各地对乡村教师、乡村医生、法律顾问、乡土文化人才等社会服务人才进行重点培育。山东省实施“公费师范生”、“公费医学生”和“公费农科生”，统称为公费生，公费师范生面向农村学校就业，公费医学生面向乡镇卫生院就业，公费农科生面向基层农业推广机构就业。天津市实施乡村教师专业技能提升项目，构建市、区、校三级联动的乡村教师校长培训体系，探索“互联网+”网络研修社区、工作坊等新型培训模式，实施“领航教师培养计划”等骨干教师培训工程，组建乡村教师导师团队。安徽省在高职院校分类考试中实施乡村医生定向委托培养三年行动计划，按照“省搭平台、县级对接、填平补齐”的原则，依托高职院校分类考试招生，实施以县（区、市）为主体的乡村医生定向委托培养三年行动计划。广东惠州市积极落实法治为民行动，全面推行“一村一法律顾问”，充分发挥律师的专业优势，采取法律咨询、法律援助、普法宣讲等方式，增强农村干部群众的法治意识，提升法治乡村建设水平。

（三）创新人才机制，强化制度支撑

乡村振兴是一项长期性战略工程，需要久久为功，需要各类乡村人才的长期参与。全国各地，围绕乡村“培育人才、引进人才、使用人才、留住人才”等方面，探索创新人才机制，强化乡村人才开发的长效制度支撑。

1. 培育人才机制

全国各地将健全本土人才培育机制作为乡村人才振兴的重点工作，根据不同的乡村人才需求，各地采取订单式、定向式培养。贵州省遵义市播州区制订七大乡村振兴人才培育计划，具体包括：实施乡镇干部能力素质提升计划，实施村级干部育苗省级计划，实施农业实用技术人才培育计划，实施农村劳动力转移就业培育计划，实施产销对接经纪人培训计划，实施创新创业人才培育计划，致力于建立一个机制完善、精干高效、适应乡村治理需求的乡村振兴带头人培育体系，打造一支强大的乡村振兴人才队伍。山东省开展农民企业家、回乡大中专毕业生、农村种植高手、养殖能手和能工巧匠等乡土人才摸底调查，建立乡土人才信息库，建立健全乡土人才发现和培养机制，研究制定乡土人才培养培训政策，分级分类开展乡土人才教育和技能培训。

2. 引进人才机制

全国各地畅通智力、技术、管理下乡通道，创新乡村人才引进方式，强化服务保障，引导、吸引社会各界人才投身乡村建设。浙江省湖州市深化与浙江大学在乡村振兴上的战略合作，依托“南太湖精英计划”，围绕农村特色产业，大力引导各类“高精尖缺”人才投身乡村振兴，大力推行柔性引才方式，支持海内外院士专家，通过兼职挂职、入股合作等形式“上山下乡”提供智力服务。山东省鼓励支持各市、县（市、区）面向海内外山东籍企业家、创业者、金融投资业者、专家学者等各类人才招募“乡村振兴合伙人”，在现代生态农业、乡村旅游、农业生产和生产性服务业、农产品加工流通等方面开展全方位、多形式的合作，吸引、整合、调动各方资源，推动农村农

业投资和科技成果转化。浙江省桐乡市推动“最多跑一次”改革向农村深化，建立乡村振兴人才服务专员、办事直通车等制度，为乡村人才提供政策咨询、项目申报、融资对接等服务。

3. 使用人才机制

全国各地完善乡村人才职称评定，加强县域专业人才统筹使用，引导城市人才定期服务乡村，加强人才考核与优秀典型选树，用好用活各类人才。山东省全面创新基层人才职称评审制度，率先建立“定向评价、定向使用”基层职称制度，实行单独分组、单独标准、单独评审，并设置正高级职称，目前应用于基层卫生职称制度，并延伸至基层中小学教师职称制度；率先开展新型职业农民职称评审试点，打破学历、论文、科研成果等条框限制，重点考察职业农民的业绩贡献、技术水平、经济社会效益和示范带动作用。浙江省宁波市建立教育、文化、卫生等领域专业技术人才定期服务乡村机制，推进学校校长、医院院长、农技站站长等“三长”助力乡村振兴。浙江省湖州市积极推荐政治素质好、有突出贡献的乡村人才为各级劳模、“五一奖章”获得者和“两代表一委员”，组织开展在领军人才、专业精英、乡村创客、能人乡贤和工匠能手等“五类英才”中选树一批“乡村振兴英才”，进行广泛宣传，营造人才引领乡村振兴的浓厚氛围。

4. 留住人才机制

全国各地不断优化乡村发展环境，逐步完善社会保障制度，稳步提高福利待遇水平，激励各类人才愿意长期留在乡村。浙江省桐乡市切实解决好短期、周期到乡村工作的人才专家的居住问题，鼓励有条件的镇（街道）建设乡村人才公寓。甘肃省张掖市支持事业单位专业技术人才到基层离岗创业和兼职服务，认真落实事业单位专业技术人员离岗创业的相关政策。山东省烟台市为下乡返乡人员提供优惠政策支持，落实财政贴息、融资担保、扩大抵押物范围等综合措施，解决返乡下乡人员创业创新融资难问题。浙江省象山县加大建设用地保障，结合国土空间规划编制，预留 10% 的乡村产业建设用地指标，在安排土地利用年度规划时，安排不少于 5% 的新增建设用地指标，支持和保障乡村重点产业和项目用地。

五、乡村人才振兴的战略部署

推进乡村人才振兴，把人才资本开发放在首要位置，坚持“党管人才、政府主导，农民主体、社会参与，分类开发、因地制宜，统筹谋划、长效推进，技术支撑、精准对接”五项基本原则，重点关注“目标导向和问题导向、内部培育和外部引进、政府引导和市场机制、经济激励和精神激励、总体要求和重点突破”五个结合，重点开发“乡村治理人才、农业经营人才、农村专业人才、社会服务人才、社会各界人才”五类人才，创新乡村“培育人才、引进人才、使用人才、留住人才”四大机制，构建完善乡村人才振兴的体制机制和政策体系。

（一）指导思想

全面贯彻落实党的十九大及历次中央全会精神，以习近平新时代中国特色社会主义思想为指导，紧紧围绕实施乡村振兴战略，把人才资本开发放在首要位置，大力推进乡村人才振兴，以乡村人才振兴推动乡村产业振兴、文化振兴、生态振兴、组织振兴。实施更积极、更开放、更有效的农业农村人才政策，以开发“乡村治理人才、农业经营人才、农村专业人才、社会服务人才、社会各界人才”五类人才为重点，创新乡村“培育人才、引进人才、使用人才、留住人才”四大机制，构建完善乡村人才振兴的体制机制和政策体系，做大乡村人才数量，提升乡村人才质量，优化乡村人才结构，为推进乡村振兴战略提供强有力的人才支撑。

（二）基本原则

1. 坚持党管人才、政府主导

强化党对乡村人才工作的领导，健全组织部门指导、农业农村部门牵头、其他部门共同参与、社会力量广泛支持的工作体系。提高对乡村人才工作重要性的思想认识，强化乡村人才作为第一资源在乡村振兴战略中的定位，增强乡村振兴的人才驱动。落实乡村人才供给优先保障，充分发挥政府调控作用，积极引导人才要素向乡村流动，建立保障机制，做好公共服务，营造良好氛围。

2. 坚持农民主体、社会参与

充分尊重农民在乡村人才振兴中的主体地位，发挥农民的积极性、主动性、创造性，激发农民自身发展潜力，充分考虑农民意愿，广泛征求农民意见，将乡村人才振兴工作与农民主体性有机融合。积极引导乡村经济社会发展融入社会主义市场经济体系，广泛吸引社会各界人才参与乡村建设，建立城乡之间人才资源要素的有机衔接，畅通人才流动渠道。

3. 坚持分类开发、因地制宜

根据乡村振兴战略对乡村人才的需求，根据不同乡村人才的激励和保障需求，采取差异化、针对性措施，分类开发乡村治理人才、农业经营人才、农村专业人才、社会服务人才，积极引导社会各界人才投身乡村建设。结合各地农业农村转型发展的实际需要，因地制宜推进各类人才队伍开发。

4. 坚持统筹谋划、长效推进

突出乡村人才队伍建设的目标导向和问题导向，统筹谋划乡村振兴人才建设工作，创新乡村人才资源开发方式，建立多层次农业农村人才结构体系。重点围绕乡村“培育人才、引进人才、使用人才、留住人才”等工作，构建完善乡村人才振兴的体制机制和政策体系，夯实乡村人才队伍开发的长效制度保障。

5. 坚持技术支撑、精准对接

将乡村人才开发纳入数字乡村建设，利用大数据信息技术，推进乡村人才大数据信息交流平台开发，有效降低乡村人才供需双方的信息不对称，促进乡村人才供需双方在更大范围内，以更灵活的方式实现精准对接，促进乡村人才实现跨区合理流动。

（三）总体思路

推进乡村人才振兴，构建完善乡村人才振兴的体制机制和政策体系，需要重点关注以下五个结合。

1. 注重目标导向和问题导向相结合

乡村人才振兴的目标导向，是指结合乡村振兴战略“产业兴旺、生态宜居、乡风文明、治理有效、生活富裕”的总目标，系统梳理乡村振兴战略对乡村人才的需求，聚焦“乡村治理人才、农业经营人才、农村专业人才、社会服务人才、社会各界人才”五类人才，形成全方位、多层次乡村人才结构体系。乡村人才振兴的问题导向，是指围绕乡村人才开发普遍面临的发展困境，重点做好乡村“培育人才、引进人才、使用人才、留住人才”等工作，构建完善乡村人才振兴的体制机制和政策体系，形成充满活力、富有效率的乡村人才制度支撑体系。

2. 注重内部培育和外部引进相结合

乡村人才的内部培育是乡村人才振兴的根基，要充分尊重亿万农民在乡村人才振兴中的主体地位，发挥农民的积极性、主动性、创造性，通过学历教育、技能培训、实践锻炼等多种方式，多渠道、全方位培育乡村本土人才。乡村人才的外部引进是乡村人才振兴的重要渠道，要以乡情乡愁为纽带，以事业待遇为激励，让乡村美好的环境留住人，让乡村兴旺的产业吸引人，推动农民返乡、市民下乡、能人回乡、企业兴乡，畅通智力、技术、管理下乡通道，引导、吸引社会各界人才投身乡村建设。

3. 注重政府引导和市场机制相结合

乡村人才振兴要发挥好政府的引导作用，加大公共财政对乡村人才队伍建设的投入力度，通过创新乡村人才资源开发方式、推进乡村人才培育体系建设、搭建农业农村创新创业平台、加大乡村人才奖励激励、推进乡村人才评价、营造乡村人才发展良好氛围等方式，不断优化乡村人才发展环境，鼓励、引导、动员各类人才参与乡村建设。乡村人才振兴要充分发挥市场机制在资源配置中的决定性作用，通过完善产权制度改革和要素市场化配置改革，激发各类主体的活力和积极性，让乡村的产业留住人，让乡村的机会吸引人，激励各类人才在广阔农村大施所能、大展才华、大显身手。

4. 注重经济激励和精神激励相结合

乡村人才的经济激励，主要体现为乡村人才的经济收益，工商资本、创新创业人才追求乡村产业的发展机会，确保乡村产业的投资回报率能够高于社会平均利润，村干部、乡村医生、乡村教师等乡村人才的经济激励则需要不断提高他们的福利待遇水平。乡村人才的精神激励，主要体现在乡村人才的职务晋升、职称评定、荣誉称号等方面，包括为优秀的村干部提供上升通道、建立乡村人才专业技术职称评定制度、选拔具有示范作用的优秀乡村人才、积极吸纳优秀乡村人才加入党组织等，增强乡村人才的责任感、荣誉感。

5. 注重总体要求和重点突破相结合

乡村人才振兴的总体要求，是指紧紧围绕实施乡村振兴战略，把人才资本开发放在首要位置，实施更积极、更开放、更有效的农业农村人才政策，构建完善乡村人才振兴的体制机制和政策体系，做大乡村人才数量，提升乡村人才质量，优化乡村人才结构，为推进乡村振兴战略提供强有力的人才支撑。乡村人才振兴的重点突破，是指根据不同乡村人才的激励和保障需求，采取差异化、针对性措施，结合各地农业农村转型发展的实际需要，因地制宜推进各类人才队伍开发。

（四）目标任务

1. 总体目标

到2025年，构建形成全方位、多层次乡村人才结构体系，逐步健全完善乡村“培育人才、引进人才、使用人才、留住人才”等机制，基本形成充满活力、富有效率的乡村人才制度支撑体系。乡村人才队伍不断壮大，乡村人才质量不断提升，乡村人才结构不断优化，新型农业经营主体不断壮大，复合型人才大量涌现，各类乡村人才大量聚集，在促进农业转型升级、推动乡村产业融合发展、带动农民就业增收、提升乡村治理效能等方面的作用越发凸显，为全面推进实施乡村振兴战略提供强有力的人才支撑。

2. 主要任务

围绕乡村振兴战略“产业兴旺、生态宜居、乡风文明、治理有效、生活富裕”的总目标，大力推进乡村人才振兴，统筹推进“乡村治理人才、农业经营人才、农村专业人才、社会服务人才”四类乡村人才队伍建设，不断完善乡村“培育人才、引进人才、使用人才、留住人才”等机制。

（1）乡村治理人才

提升村干部综合素质，完善大学生村干部和第一书记服务机制，鼓励引导新乡贤参与乡村发展，建设一支“懂农业、爱农村、爱农民”的乡村治理人才队伍。

（2）农业经营人才

完善新型职业农民培育体系，重点培养农业经营管理人才，大力培育创新创业人才，建设一支“懂技术、善经营、会管理”的农业经营人才队伍。

（3）农村专业人才

加强农技推广人才队伍建设，培育乡村规划建设人才，培育各行各业乡村工匠，为发展现代农业、建设美丽乡村、传承农耕文明提供专业技术支撑。

（4）社会服务人才

加强乡村医生队伍建设，加强乡村教师队伍建设，培育乡村法律服务队伍，挖掘培育乡土文化人才，不断提升乡村在教育、医疗、文化等方面的公共服务质量。

（5）社会各界人才

以乡情乡愁为纽带，广泛动员各类社会组织，畅通智力、技术、管理下乡通道，积极引导和鼓励社会各界人才投身乡村建设。

六、乡村人才振兴的政策设计

紧紧围绕乡村振兴战略实施，大力推进乡村人才振兴。系统梳理乡村振兴战略对乡村人才的需求，重点开发乡村振兴“五类人才”，形成全方位、多层次乡村人才结构体系。针对乡村人才在“培育人才、引进人才、使用人才、留住人才”等方面存在的发展困境，逐步健全乡村人才振兴“四大机制”，形成充满活力、富有效率的乡村人才制度支撑体系。

（一）重点开发乡村振兴“五类人才”

1. 乡村治理人才

提升村干部综合素质，完善大学生村干部和第一书记服务机制，鼓励引导新乡贤参与乡村发展，建设一支“懂农业、爱农村、爱农民”的乡村治理人才队伍。

（1）提升村干部综合素质

开展农村基层干部学历提升教育，开展农村基层干部专业技能、实用办公技能培训，定期举办专题培训班。选聘一批精通党务工作、治村经验丰富、素质高的村党组织书记担任“兴村名师”，建设一支推进乡村振兴的基层骨干队伍。健全从优秀村党组织书记中选拔乡镇领导干部、乡镇公务员、乡镇事业编制人员机制。通过本土人才回引、院校定向培养、县乡统筹招聘等渠道，吸纳高校毕业生、进城务工农村人员、机关企业事业单位优秀党员干部到村任职，储备一定数量的村级后备干部。

（2）完善大学生村干部和第一书记服务机制

加强大学生村干部服务管理，制定出台管理办法，明确规定选聘任职、管理服务、聘用关系及考核奖励等方面内容。落实好大学生村干部各项福利待遇，拓宽大学生村干部就业渠道，切实提高大学生村干部的生活保障与发展预期。通过定期举办“大学生村干部论坛”、组织培训、基层领导班子帮扶等方式，提高大学生村干部面向基层服务的能力。强化大学生村干部考核评价，作为大学生村干部续聘、奖惩、评优的重要依据。持续向软弱涣散村、集体经济薄弱村党组织派出第一书记，建立长效机制。

（3）鼓励引导新乡贤参与乡村发展

鼓励有条件的地区探索选派乡村振兴指导员、乡村振兴驻村工作队，定期选派一批政治过硬、熟悉农村工作的干部回原籍村或邻村担任乡村振兴指导员。支持和鼓励制定选派党政机关干部、离岗、退休干部回村联系指导的具体办法。积极培育“乡贤参事会”等乡贤组织，吸引支持企业家、党政干部、专家学者、社工人才等回馈故里、服务乡村。

2. 农业经营人才

完善新型职业农民培育体系，重点培养农业经营管理人才，大力培育创新创业人才，建设一支“懂技术、善经营、会管理”的农业经营人才队伍。

（1）完善新型职业农民培育体系

健全以“教育培训、认定管理、定向扶持”为主要内容的新型职业农民培育体系。统筹农业广播电视学校、涉农院校、农技推广等各类教育培训资源，加快构建“政府主导 + 专门机构 + 多方资源 + 市场主体”的农民培训体系。实施新型职业农民培育工程，重点面向从事农业生产经营的新型农业经营主体带头人、农业产业扶贫对象、返乡下乡双创人员、种养大户等，分类型、分层次开展培养。建立公益性农民培养制度，将全日制农业中等职业教育纳入国家资助政策范围，支持新型职业农民通过弹性学制参加中高等农业职业教育。健全新型职业农民职称制度，研究制定符合职业农民特点的职称标准条件和评审程序，打破职业农民职称评审的学历、专业等限制，制定出台《新型职业农民人才评价管理办法》。

（2）重点培养农业经营管理人才

面向农村新产业、新业态，优化从业者队伍结构，加快建设知识型、技能型、创新型农业经营管理人才队伍。支持实施“本土农业高层次人才”培育工程，重点在农业企业负责人、农民合作社带头人、家庭农场主、农业服务组织负责人、农村民宿负责人等生产经营能手中遴选一批特色产业发展的领军人才。开展农业职业经理人培育工作，建立农业职业经理人选拔、培养、聘用、考核、管理和交流机制，着力将务农青年、返乡农民工、大学生、转业军人、种养能手等培养成掌握农业生产经营管理技能的“职业经理”。鼓励有条件的乡村引进精通农业三产融合发展的技术型人才、经营型人才及管理型人才，打造优秀经营管理人才团队。

（3）大力培育创新创业人才

鼓励引导在外创业有成、热爱家乡的创业能人、社会贤达等，返乡创办实业。开展返乡农民工特色创业培训。优化农村电商发展环境，加大农村电商人才队伍培养力度，引导具有实践经验的电子商务从业者返乡创业。引导和鼓励高等院校、科研院所、国有企业等企事业单位专业技术人员到乡村离岗创新创业。实施乡村振兴青春建功行动，鼓励高校毕业生投身现代农业建设、从事符合条件的创业项目。支持有条件的县（市、区），在资金支持、创业场地、项目孵化、融资担保等方面探索制定支持返乡下乡创业的优惠政策。

3. 农村专业人才

加强农技推广人才队伍建设，培育乡村规划建设人才，培育各行各业乡村工匠，为发展现代农业、建设美丽乡村、传承农耕文明提供专业技术支撑。

（1）加强农技推广人才队伍建设

实施基层农技推广人才定向培养计划，由乡镇农业技术推广机构根据岗位编制空缺提出申请，在农学、植物保护、农林经济管理等方面，以定向招考形式，做好基层农业技术人员培养，引导鼓励农科毕业生到基层开展农技推广服务。实施农业技术推广服务特聘计划，鼓励中高级专业技术人才扎根乡村，着力引进培育一批引领农业科技前沿、推动农业科技成果转化的农业科技领军人才。建立高等院校、科研院所等事业单位专业技术人员到乡村和企业挂职、兼职和离岗创新创业制度，保障其在职称评定、工资福利、社会保障等方面的权益。壮大科技特派员队伍，完善科技特派员管理服务制度。健全科研人员以知识产权明晰为基础、以知识价值为导向的分配政策，调动科研人员的积极性。探索公益性和经营性农技推广融合发展机制，允许农技人员通过提供增值服务合理取酬，通过购买服务等方式，支持引导市场化主体参与农技推广服务。

（2）培育乡村规划建设人才

推进实施乡村规划师制度，派遣乡村规划师、乡村建筑师、乡村设计师等深入服务乡村，努力培养造就一支知识型、技能型、创新型的乡村规划建设人才队伍。依托高校与科研机构，组建由规划、建筑、景观、产业、人文、美术等专业人士构成的“乡村规划建设人才储备库”，建设产学研实践基地，促进乡村规划理论成果和实践紧密结合。通过社会招聘、征集志愿者、选调任职等多种方式，拓宽乡村规划建设人才选拔途径，有效优化乡村规划建设人才人员结构。加强乡村规划建设人才在岗人员培训，提高服务意识和实战技能。完善乡村规划建设人才激励机制，实施薪金动态增长，加强评奖评优。

（3）培育各行各业乡村工匠

重点围绕传统手工艺者、非遗传承人等领域挖掘培养一批“土专家”“田秀才”。探索制定“乡村工匠”评价办法，建立“乡村工匠”认定发证制度。开展乡村工匠选树活动，掀起乡村工匠比武热潮。制订乡村传统技艺技能保护计划，编制民间技能人才目录，鼓励支持民间技能大师以师带徒等形式培养技能人才，培育一批乡村传统技艺接班人。实施农村地区传统工艺人才振兴计划，培育形成具有民族和地域特色的传统工艺产品，支持传统工艺产品走进生活、走入市场、走向大众，带动乡村产业发展，有条件的地区可以打造特色产业集聚区。

4. 社会服务人才

加强乡村医生队伍建设、加强乡村教师队伍建设，培育乡村法律服务队伍，挖掘培育乡土文化人才，不断提升乡村在教育、医疗、文化等方面的公共服务质量。

（1）加强乡村医生队伍建设

加强对乡村医生队伍的人才培养，实施乡村医生定向培养计划，提升乡村医生队伍素质和乡村医疗服务能力。加强对乡村医生队伍的人才输入，制定更优惠的政策引导并鼓励本专科及以上学历的大学毕业生和城市医疗卫生技术人员到农村服务，或通过城乡医院对口帮扶，轮流下派医疗卫生技术人员到边远山区卫生院工作。全面提高乡村医生生活待遇，支持乡村医生申请执业（助理）医师资格。

（2）加强乡村教师队伍建设

加大偏远农村学校新教师补充力度，实施乡村教师定向培养计划，解决乡村教师紧缺和学科结构不合理问题。选派优秀乡村骨干教师到教育发达地区挂职锻炼学习，提高业务水平。全面提高乡村教师生活待遇，职称（职务）评聘向乡村学校倾斜，乡村教师的职称（职务）评定要优于城市，评定时间间隔要短，适用条件要放宽。推动城镇优秀教师向乡村学校流动，尤其要重视中西部和贫困地区的乡村教师配给。

（3）培育乡村法律服务队

落实“一村一法律顾问”制度，组建一支由各村法律顾问、普法工作人员为成员的普法志愿服务队。重点培育一批以村干部、网格员、村民小组长等为重点的“法治带头人”。加强对乡村法律服务工作督查考核。

（4）挖掘培养乡土文化人才

鼓励各地制定出台相关扶持政策，重点围绕传统农耕文化、非遗传承人等挖掘培养一批乡土文化人才，扶持发展民间文艺社团和业余文化队伍。依托乡村文化礼堂、祠堂等地，建设乡土文化人才实训基地，分层次、分类别开展乡土文化人才培训。鼓励乡土文化人才到美丽乡村示范村、传统村落、精品路线等区域开展才艺展示、传授技能绝活和传播民间文化。积极开发传统节日文化用品和武术、戏曲、舞龙、舞狮、锣鼓等民间艺术、民俗表演项目，促进文化资源与现代消费需求有效对接。

5. 社会各界人才

以乡情乡愁为纽带，广泛动员各类社会组织，畅通智力、技术、管理下乡通道，积极引导和鼓励社会各界人才投身乡村建设。

（1）以乡情乡愁为纽带吸引社会各界人才

吸引支持企业家、党政干部、专家学者、医生教师、规划师、建筑师、律师、技能人才等各类人才，通过担任志愿者、投资兴业、行医办学、捐资捐物、法律服务等方式参与乡村发展。

（2）广泛动员各类社会组织参与乡村建设

发挥好工会、共青团、妇联、科协、残联等群团组织的组织动员优势，发挥好各民主党派、工商联、无党派人士等的积极作用，凝聚全社会力量参与乡村发展。

（3）鼓励引导工商资本参与乡村振兴

对工商资本参与乡村振兴进行规范引导，防止损害农民利益，明确政策边界。

（4）允许符合条件的公职人员回乡任职

鼓励各地在符合国家法律法规的前提下，探索公务员、事业单位人员通过挂职、任职、兼职、留职停薪等办法，参与乡村发展。

（二）逐步健全乡村人才振兴“四大机制”

1. 强化乡村人才培育机制

乡村人才的内部培育，是乡村人才振兴的根基所在。要尊重农民的主体地位，调动农民的积极性，精准培育乡村人才，创新乡村人才培育模式，全方位、多渠道培育乡村人才。

（1）精准培育乡村人才

解决好“重点培育哪些乡村人才”的问题。稳步推进新型职业农民培育工作，分类做好生产经营型、专业技能型和社会服务型新型职业农民培育，显著提升新型职业农民队伍总体文化素质、技能水平和经营能力。重点培养农业经营管理人才，引导树立现代企业管理、产业融合发展、绿色生态发展等理念，提升决策经营管理能力，成为引领现代农业发展的主力军。深化乡村创新创业人才培育，孵化一批“农创客”“青创客”，为农业农村发展注入新鲜血液、新生力量。加强农业科技人才培育，培育一批现代种业、农业科技、设施装备、信息技术等科技研发、应用、推广队伍，提升农业科技水平，加快推进农业现代化。加强村干部及村后备人才培育工作，定期举办农村基层干部专题培训班，提高村干部实用办公技能水平，提升村干部综合素质。挖掘培育一批乡土文化人才，促进农耕文明传承，繁荣乡村文化。

（2）创新乡村人才培育模式

解决好“怎么培育乡村人才”的问题。建立乡村紧缺人才定向培养制度，实施百万乡土人才定向培养计划，采取委托培养、订单培养或者定向就业、专项奖学金、学费减免等方式，定向培养一批乡村教师、乡村医生、基层农技人员等。强化校地合作，打造一批乡村振兴人才培养优质学校，大力推行农科教相结合，支持高等学校、职业院校综合利用教育培训资源，灵活设置专业方向，显著提升涉农职业院校培养高素质农业农村人才的质量水平。完善涉农院校、田间学校和实训基地等多方参与的人才培养体系，大力推行“学历 + 技能 + 创业”立体化培育模式，支持乡村振兴实训基地建设。举办高级研修班，定向培训乡村振兴急需的农村骨干专业技术人才和农业高级经营管理人才。

2. 创新乡村人才引进机制

乡村人才的外部引进，是乡村人才振兴的重要渠道。要畅通智力、技术、管理下乡通道，精准引进乡村人才，创新乡村人才的引进方式，强化服务保障，引导、吸引社会各界人才投身乡村建设。

（1）精准引进乡村人才

解决好“重点引进哪些乡村人才”的问题。农民工，长期在外打工，有经验、有技术、有经济基础，对家乡有感情，返乡创业能够带动周边农民致富。农村大学生，学历高、有知识、有干劲，返乡创业或者回乡就业，能够整体提升乡村人才的综合素质，是农业经营和乡村治理的新生力量。中高级专业技术人才，引领农业科技前沿，推动农业科技成果转化，能够提升乡村农业技术水平和农技推广服务能力。乡村医生和乡村教师，提供乡村医疗、教育等方面的公共服务，数量紧缺，存在“招不进、留不住”的困境。乡村规划建设人才，乡村振兴对乡村规划、房屋设计等方面提出了更高的要求，这方面的人才目前十分紧缺。新乡贤，有资源、有能力、有回馈乡里的主动性，可以在乡村建设、乡村治理、产业发展等方面发挥作用。

（2）搭建平台，筑巢引凤

搭建校地合作平台：建立高校大学生合作交流机制，通过定向培养、专场招聘、职业指导、实训实习、基层锻炼等形式，推动大学生返乡就业创业；建立农业科技创新成果转化机制，鼓励高校、科研院所在乡村设立涉农研发平台，促进科研成果转化；举办各类乡村振兴论坛，支持高校、科研院所在乡村举办符合乡村振兴重点发展领域方向的高端论坛及人才、科技、文化等交流活动。搭建外出务工人员回引平台：建立外出务工人员信息数据库，加强沟通交流，整合创建一批区域特色明显、基础设施完备、创新条件完善、服务能力较强的创业孵化基地，引导有一定经济实力和发展潜力的外出务工人员投资家乡。

（3）柔性引才，不求所有但求所用

实施更灵活的乡村人才引进方式。支持各地建设院士工作站、科技小院等乡村振兴专家服务基地，柔性引进院士、专家等急需紧缺的高层次人才。实施乡村医疗机构信息化改造，以互联网信息技术为纽带，实现与城市医院互联对接，通过“在线问诊、远程会诊”的方式，推动优质医疗资源城乡共享，提升乡村医疗质量。加快补齐农村教育信息化短板，优先安排信息化建设投入资金用于农村尤其是边远地区乡村学校，通过在线课堂的方式，推动优质教育资源城乡共享，提高乡村教师教学水平，提升乡村教育质量。

（4）强化政策支持和服务保障

落实好行业准入、行政审批、配套设施建设补助、贷款贴息、税费减免等扶持政策。推动“最多跑一次”改革向农村深化，设置“一站式”人才服务窗口，为乡村人才提供政策咨询、职称申报、项目申报、融资对接、业务办理等服务。

3. 优化乡村人才使用机制

用好用活各类人才，是乡村人才振兴的有效方式。要完善乡村人才职称评定，加强县域专业人才统筹使用，引导城市人才定期服务乡村，加强人才考核与优秀典型选树，构建人尽其才的使用机制。

（1）完善乡村人才职称评定制度

根据乡村不同工作领域分类设置乡村人才评价标准，注重考察岗位工作绩效、实际贡献度，打破唯学历、唯资历、唯论文等限制，适当放宽贫困县和基层一线工作专业技术人才职称评定条件。畅通特殊人才评价“绿色通道”，对引进的高层次人才、急需紧缺人才，直接评审职称，对有突出贡献的人才，破格晋升和评定相应的技术职称。

（2）建立县域专业人才统筹使用制度

统筹使用基层编制资源，加大动态管理力度，使有限的基层编制资源向乡村农技推广、中小学、幼儿园、卫生院、养老院等领域倾斜。特别是推进县域教师、医生等专业人才的统筹使用，加强服务管理和机制建设，有效解决乡村专业人才数量短缺、质量不高、结构不优的问题。

（3）建立城市人才定期服务乡村制度

全面建立城市医生、教师、科技文化人员等定期服务乡村机制，在职称评定、职务晋升、人才培养使用等方面予以重点考虑，形成正向激励机制，引导城市各类人才为乡村振兴贡献力量。

（4）加强人才考核与优秀典型选树

优化人才工作考绩考核机制，科学合理制定人才工作考核指标。组织开展各类乡村人才选树活动，对推动乡村振兴做出突出贡献的乡村人才给予称号、表彰和奖励。在推荐、选拔国家级和省级人才时，向基层优秀人才倾斜。大力宣传优秀乡村人才创业创新、科技致富、艰苦奋斗的突出贡献和典型事迹，不断提升各类人才在乡村创业创新中的成就感，营造人才引领乡村振兴的浓厚氛围。

4. 完善乡村人才留人机制

留住乡村人才，是乡村人才振兴的关键所在。要持续改善乡村生活环境，不断优化乡村发展环境，逐步完善社会保障制度，稳步提高福利待遇水平，激励各类人才愿意长期留在乡村。

（1）改善乡村生活环境

持续改善农村供水、供电、道路、网络等基础设施，促进农村基础设施提档升级。全面推进农村生活垃圾治理，梯次推进农村生活污水治理，加快推进卫生厕所改善，深入开展农村人居环境整治，提升村容村貌。

（2）优化乡村发展环境

加大公共财政对乡村人才队伍建设的投入力度，建立政府主导的多元化投入机制。加大金融支持力度，鼓励、引导金融机构加大对乡村人才振兴的金融支持，以满足乡村人才振兴各项资金需求。强化创业用地保障，安排建设用地计划指标，优先保障乡村振兴人才创新创业需求，用于支持农村新产业、新业态发展。

（3）完善社会保障制度

引导家庭农场、农民专业合作社等新型经济组织和乡村企业规范劳动关系，依法订立劳动合同，参加企业职工基本养老、职工基本医疗、失业、工伤和生育保险。建立完善乡村医生保障制度，养老保险所需经费由财政、乡村医生按照一定的比例共同承担，使乡村医生实现老有所养。做好返乡下乡人员社保关系转移接续等工作，拓宽社保覆盖范围，给予子女入学、医疗保健、住房保障等方面的各项待遇。鼓励有条件的地区建立乡村振兴人才公寓，解决短期、周期性到乡村工作的人才集中居住问题，探索对高层次引进人才采用分类补助模式提供购租房优惠。

（4）提高福利待遇水平

提高乡村教师待遇，职称（职务）评聘向乡村学校倾斜，乡村教师的职称（职务）评定要优于城市。逐步提高乡村医生待遇，包括基本工资和绩效工资，并建立随工龄增长的工资增长机制。允许农业科技推广人员通过兼职方式，为农户、农民专业合作社等提供增值服务合理取酬。

七、乡村人才振兴的保障措施

乡村人才振兴，既要构建科学有效的政策体系，更要完善相关保障措施，确保各项政策措施落地生根、取得实效。

（一）加强组织领导

认真落实“党管人才”原则，提高对乡村人才工作重要性的思想认识，强化乡村人才作为第一资源在乡村振兴战略中的定位。建立健全由各级党委政府统一领导、组织部门牵头抓总，农业农村部门、人力资源和社会保障部门具体负责，有关部门共同参与的工作机制，明确将乡村人才纳入各级党委组织部人才办的统筹管理范围，协调解决乡村人才工作推进过程中的重点、难点问题。各级党委政府要压实主体责任，紧扣人民群众现实需求，聚焦关键问题，形成工作合力，结合实际抓好各项政策措施的贯彻落实。

（二）落实经费保障

把乡村人才振兴放在公共财政优先支持的位置，进一步加大财政投入力度。由中央层面设立乡村人才振兴专项资金，通过纵向转移支付拨付给各个区县，用于推进区县乡村人才振兴相关工作，规范专项资金用途，防止省市截留用于产业项目，防止区县以整合涉农资金名义挪用于其他用途，做到专款专用。

（三）强化督查考核

各级党委政府要把推进乡村人才振兴纳入乡村振兴战略总体规划，将乡村人才振兴年度成效纳入人才工作目标责任制和乡村振兴战略的重点考核内容。各地区有关成员单位要分解落实好乡村人才振兴的重点任务，建立完善督导落实机制，夯实工作责任。各县区要抓紧制订相应的乡村人才振兴实施方案，并建立健全检查考核机制。

（四）营造良好氛围

坚持正确舆论导向，加大对各类人才扎根农村、服务“三农”、创新创业的宣传力度，充分发挥优秀乡村人才先进事迹的典型示范作用，及时总结好经验、好做法，努力形成一批可推广、可复制的乡村人才资源开发新模式，在全社会营造尊重、关心、爱护乡村人才发展的良好氛围。

（五）开发大数据平台

结合数字乡村建设，利用互联网信息技术，加快推进乡村人才大数据信息交流平台开发。依托乡村人才大数据平台，统筹推进区域内乡村人才开发工作，整体描绘乡村人才的区域现状，动态汇总乡村人才供需双方信息，有效降低信息不对称，促进乡村人才供需双方在更大范围内，以更灵活的方式实现精准对接，促进乡村人才实现跨区合理流动。

参考文献

[1] 韩俊. 实施乡村振兴战略五十题. 北京：人民出版社，2018

[2] 农业部农村经济体制与经营管理司课题组，张红宇. 农业供给侧结构性改革背景下的新农人发展调查. 中国农村经济，2016（4）

[3] 王洁琼，孙泽厚. 新型农业创业人才三维资本、创业环境与创业企业绩效. 中国农村经济，2018（2）

[4] 戈锦文，肖璐，范明. 魅力型领导特质及其对农民合作社发展的作用研究. 农业经济问题，2015（6）

[5] 郭丽君，陈春平. 乡村振兴战略下高校农业人才培养改革探析. 湖南农业大学学报（社会科学版），2020（2）

[6] 张宪省，王彪，韩力，米庆华. 乡村振兴的人才挖掘与培育策略. 中国农业教育，2019（1）

[7] 李秋红，田世野. 农业人才供给侧改革与新农村建设. 理论与改革，2016（4）

[8] 张静，于艳丽，郭洪水. 乡村振兴视角下新型农业创业人才培养路径探析. 西北农林科技大学学报（社会科学版），2020（1）

[9] 李卓，郭占锋，左停. “后乡村精英”时代的乡村如何治理？——对既有研究文献的梳理与反思. 西北农林科技大学学报（社会科学版），2017（5）

[10] 曲晓云. 乡村振兴涉农人才短板如何补. 人民论坛，2019（36）

从公共卫生事件到粮食安全[①]
——由新冠肺炎疫情引发的相关问题思考

2020年对全球经济而言注定是极为艰难的一年。中国经济与全球经济同时面对大考，而对中国经济更具挑战性。一方面，2020年是决战决胜全面建成小康社会的关键一年，也是打赢脱贫攻坚战的收官之年，具有经济社会发展阶段的标志性意义。另一方面，突如其来的新冠肺炎疫情从社会领域延伸到经济领域，极大地增加了实现目标任务的不确定性，而对农业农村经济发展而言，无论从短期运行抑或是长期趋势来看，影响都是全面而深刻的。

一、新冠肺炎疫情对农业农村经济影响深远

今天看来，新冠肺炎疫情已经是一场全球性危机。尽管早期疫情对中国的影响是社会生活大于经济生产，城市大于农村，非农产业大于农业本身。但随着疫情在全球持续蔓延，近期不少粮食出口国限制粮食出口，疫情已由单一的公共卫生事件波及粮食安全，危机表现出全面性与深刻性的显著特

① 本报告是清华大学中国农村研究院2020年应急课题成果，报告观点仅代表课题组的看法，全文于2020年4月11日发表于《农民日报》。课题负责人：张红宇，清华大学中国农村研究院副院长。报告执笔人：张红宇。

征。从全面性看，疫情对全球经济、政治、社会和贸易影响无所不及。从深刻性看，疫情在全球的蔓延扩张，导致全球经济下行风险加剧，不稳定、不确定因素显著增加，从而引发关于全球经济一体化能否持续的大讨论。这种疫情影响的全面性和深刻性构成了观察中国农业农村经济运行的大背景。

事实上，新冠肺炎疫情在中国已取得了阶段性防控的重大成效。从全国范围看，正处于常态化防控的阶段。然而从全球形势看，疫情仍在持续之中，发展和后续反应远未结束，而全球性防控的艰难又给中国巩固疫情防控成果带来巨大压力。

疫情对中国农业农村经济的深度影响，表现在以下三个方面。

（一）从社会到经济

作为突发事件，新冠肺炎疫情发生初期在城乡、产业、区域之间的影响有明显的轻重之分。为了有效阻断疫情传播，全国城市都采取了严控交通、居家隔离以及企业延迟开工等做法，而农村也封村封路，严控人员随意流动，从而有效遏制疫情在农村蔓延。但与此同时，农产品流通、正常的农业生产经营活动由消费端迟滞上溯到生产端，负面影响已成定局。不仅波及农业生产经营活动，而且传导累及上游农资生产供给企业。绝大多数省市一度全部或部分关闭活禽交易。有关资料显示，2020 年上半年肉鸡预计减产 21%，水产交易也低迷，2020 年 1 ~ 3 月多省压塘量比上年同期高 50%，时令水果蔬菜产地和销地价差高达数倍，而农资企业开工不足；1 ~ 2 月磷肥产量 130.5 万吨，同比下降 26%，严重影响了农业农村经济的正常运行。

（二）从农业到农民

假如中国仍处于传统农业阶段，经济活动有封闭性，疫情影响绝对范围可控、损失有限。然而在工业化城镇化大发展、城乡要素大流动的背景下，疫情的影响远远超越农业生产经营范畴，从而给农民带来两方面影响：一是影响非农就业。2019 年，农民工外出数量已达 2.91 亿人，其中外出农民工为 1.74 亿人。尽管最近一个时期，各级政府动员一切积极因素，加大外出农民工返岗复工的力度，但到 2020 年 3 月中旬，外出农民工返岗只占正常年度的 80%。更值得关注的是，返岗到岗并不等于正常开工复产，相当比例农民工到岗不能复产，实际处于失业半失业状态。二是影响农民收入。2019 年，中国农民可支配收入中，农民工资性收入和家庭经营性收入分别占 41.1% 和 36%，是农民收入最重要的组成部分。粗略计算，按 2019 年农民工月平均工资 4055 元计算，2.91 亿个农民工减少 1 个月工作时间，将影响农民工工资总额约 1.2 万亿元，平摊到按常住人口计算的全国 5.5 亿农村人口总量上，每个农民将因此减少收入 2000 元左右，若再加上家庭经营因疫情减少的收入，2020 年农民增收将面临巨大挑战。

（三）从中国到全球

观察今天中国农业的发展现状，有两个大背景不可忽视：一是农业与国民经济各产业紧密相连；二是中国农业与全球各国农业紧密相关，国民经济增长质量影响农业农村经济运行的外部环境，全球农业发展的波动影响中国农产品供需平衡。关于 2020 年国民经济运行和发展态势，最近一个时期方方面面都有不同的分析和判断。而增长速度的快慢传递到农业产业，坦率地讲，由于粮食等基本农产品消费弹性不大，因而对农产品总量平衡影响程度有限，但对农产品品种品质结构影响深刻。换言之，经济增长速度放缓，城乡居民收入减少，对多元化、高端化、品牌化农产品消费需求降低，最终会波及农业供给侧结构性改革成果。而由于疫情传递，叠加全球农业不稳定预期，部分国家恐慌性限制粮食和其他重要农产品出口，势必引发消费者恐慌性囤积粮食和其他食品。疫情引发的公共卫生事件传导，造成对粮食安全的担忧成为必然。

因此，从全球范围来观察，新冠肺炎疫情仍在持续中，由于中国经济与全球经济紧密相连，中国农业与全球农业紧密相关，这种突发事件导致的社会危机，发展阶段导致的不确定性，城乡互动导致的关联性以及产业融合带来的传导性，波及农业农村经济运行，有的影响已显现，有的正在显现，还有的尚无法预见，迫切需要我们对中国农业农村经济未来发展趋势有一个比较清晰的认知。

其一，疫情增加了农业农村运行的不确定性。疫情影响从农产品流通领域到生产经营环节，从影响农民充分就业到影响农民收入，最后可能会波及脱贫攻坚质量和小康社会的成色，新的挑战不可低估。

其二，疫情需要强化对农业农村相关重大问题的判断。现阶段疫情在中国得到有效控制，但在全球持续蔓延，由公共卫生事件到粮食安全，进而引发产业安全和贸易安全，产业安全引发就业安全，就业安全引发收入安全，一连串重大问题的波动串连，需要认真加以研判。

其三，疫情凸显危机管理的极端重要性。疫情的发生、发展和蔓延，从社会生活影响到经济生产，从农业影响到农民和农村，既表现出非常态事件导致的危机传导性，也折射出随着中国经济发展进入高收入阶段，城乡融合度加深以及产业关联度增加带来的挑战性凸显，需要强化危机管理。

二、需要高度关注的几个重大问题

新冠肺炎疫情影响全面而深刻，在很大程度上改变和推翻了人们先前对全球经济社会发展趋向的基本判断。从疫情对中国农业农村的短期影响和长期趋势看，有几个相关重大问题，需要认真讨论和研判。

（一）产业安全

随着疫情的发展到防控的今天，大家对农业最关注的还是农产品的生产与供给问题，其中重中之重是粮食安全问题，即在非常态事件出现和蔓延的过程中，事关生存的粮食总量是否安全可控。对这个问题的观察和回应集中在以下三个方面。一是粮食生产能力。改革开放40多年，中国农业最大的成绩就是依靠自己的资源和自己的供给解决了吃饭问题。2019年，中国粮食总量达到历史最高水平6.64亿吨，14亿中国人口，人均粮食占有量为474公斤。这不仅大大超过全球人均粮食占有量350公斤左右的水平，也高于国际公认的人均400公斤的粮食安全线标准。尽管按中国包括豆类、薯类在内的粮食概念计算，大豆自给率只有15%左右，但我们坚守“谷物基本自给，口粮绝对安全”的战略方针，包括水稻、小麦、玉米三大谷物的自给率一直稳定在95%以上。而作为口粮的水稻和小麦进口量年度间始终未超出粮食产出总量的1%～2%，自给率高达98%以上。中国人要把饭碗端在自己手里，中国人的饭碗要装自己的粮食，对此，我们具有足够的底气。二是粮食储备能力。中国高度重视粮食储备，特别是最近几年，从中央到地方建立了完善的粮食储备和应急保障体系，储备标准大大高于联合国粮农组织提出的17%～18%的安全水平。从2014年开始，国家按照“产区保持3个月，销区保持6个月，产销平衡区保持4个半月”的市场供应量要求，增加地方粮食储备。同时要求大中城市建立确保满足当地10～15天的米面油成品储备制度。事实上，水稻和小麦的库存大体相当于全国人民一年的消费量，粮食储备能力有根本保障。三是重要农产品保障能力。除了粮食以外，城乡居民对其他农产品还有多元化需要。这次疫情发生初期，无论是肉奶蛋等畜禽产品，抑或是蔬菜水果等菜篮子产品，由于流通受阻，产地价格急剧下跌，销售区价格急剧攀升，部分农产品产销失衡现象客观存在，从而警示我们在农产品储藏运输设施和条件建设上，既要有能力保障农产品多元化供给，更要有相应的应急调控和调运机制，满足市场供给，规避市场波动，稳定价格，稳定市场，稳定预期。

三个能力是中国确保粮食安全的最大底气。但必须清醒地认识到确保国家产业安全特别是粮食安全，并做到长治久安，不仅有短期矛盾，也有长期挑战。一是资源困境。中国人多地少水缺的基本国情农情客观存在，且后备农业资源不足，农户数量多，户均农业经营规模小，劳动生产率、土地产出率、资源配置效率都不高，大国小农的格局将长期持续。二是科技困境。中国粮食单产水平不高，水稻、小麦、玉米和大豆单产只有世界先进水平的63%、65%、54% 和 52%，尖端农业科技缺失，基础性农业科研水平与发达国家尚有明显差距。三是市场困境。粮食生产成本高、效益低，资源性农产品在全球缺乏竞争力，农民种粮积极性不高。此外，在“四化”同步发展要求下，从农业发展外部环境看，工业化、城镇化与农业现代化发展不同步，土地、劳动力、资本等资源要素配置在城乡间失衡。从农业发展内部看，粮食产业与其他产业之间结构性矛盾突出，总量、质量、品种结构调整难以兼顾。从全球农业角度看，最近几年全球贸易一体化往往受到非经济因素影响，单边主义、保护主义盛行，而此次疫情更加剧了全球市场动荡和粮食供需失衡，引发了其他大宗农产品进出口贸易限制，带来了全球化风险。

（二）就业安全

疫情对就业影响因产业不同，影响程度差别甚大。从国民经济整体运行观察，尽管对第一产业就业影响不大，但对非农就业影响十分明显，特别是与城市居民相对稳定就业相比，农民工就业更加困难。这主要表现在农民工无论外出务工，抑或在本地就业，就业岗位主要在中小企业、非正规部门，就业产业主要是第三产业，占农民工总数的 60% 以上。工业和信息化部统计数据显示，2018 年底，中国中小企业的数量为 3000 万家，个体工商户数量为 7000 万家。近期，清华、北大对 995 家中小企业联合调研表明，受疫情影响，33% 的企业只能维持 2 个月运转，34% 的企业最多能维持 1 个月。

因此，无论从企业性质来看，抑或从产业类型看，疫情对农民工就业影响甚大。全国农村固定观察点对346个村调研发现，到2020年3月6日，返岗农民工比例比上年同期下降37%。劳务输出大省四川省2020年第一季度有50% ~ 60%的农民工返岗困难。美团研究院的研究表明，近期城市服务业复工比例只有35%，超过60%的企业处于停工状态。特别是随着疫情在全球的蔓延，除食品、医药以外的企业基本处于停工或半停工状态。这对在外向型企业就业的农民工来说更是雪上加霜。再加之多数农民工缺乏有竞争力的职业技能，返城不一定能找到工作，而有工作不一定能拿到足额的工资，失业半失业将成为常态。

就业问题十分重大。改革开放40多年来，伴随着国民经济快速增长以及经济结构的持续优化，尽管中国人口总量和劳动力总量不断增长，但从事农业产业的劳动力和比例持续下降。大量富余农村劳动力外出务工，不仅支撑了国家工业化对劳动力的需求，而且使留在农业内部就业劳动力的生产效率不断提升。1978年GDP构成中，第一产业增加值为27%，同期从事第一产业的劳动力为70.5%。而2019年GDP构成中，第一产业增加值下降到7.1%，同期从事第一产业的劳动力下降到26%，平均每年减少1个百分点。与此同时，2002年从事第一产业的劳动力总量达到3.66亿人的峰值后，从业人员开始下降，到2008年减少到2.03亿人，平均每年减少1000万人。一二三产业的劳动生产效率也由1978年的1∶7∶5调整到2018年的1∶3.8∶4.5，第一产业劳动生产率提升超越了二、三产业的劳动生产率。工业化、城镇化吸纳解决了沉淀在农业内部的富余劳动力，并刺激了农业机械化急剧发展，农业规模经营不断推进，新型农业经营主体不断涌现，农业现代化程度不断提升。而此次疫情对非农就业的影响，从长期趋势看，不仅可能会延缓工业化、城镇化进程，在农业内部对农业机械化应用、规模经营推进、农业经营职业化、农业劳动生产效率提升以及一二三产业劳动生产效率趋于平衡的农业现代化进程也会带来不利影响。

（三）收入安全

统计分析表明，中国农民收入有两个鲜明的特点：一是收入增长速度快慢与国民经济增速高度相关。最近几年相关系数高达 0.8 以上。二是农民收入年度间增速波动大，受外部环境影响明显，并非呈线性增长态势。而 2020 年 GDP 增速下滑已成定局，这种由于产业发展影响导致的就业不充分，对农民而言，最终的结果就是收入不稳定和不安全。2019 年，中国农民人均可支配收入达到 16021 元，比上年增加 6.2%，提前一年实现了党的十八大提出的农民收入翻番目标。但缩小城乡居民收入差距，实现共同富裕的目标一直是中国农业政策聚焦的目标选项，而疫情最明显的影响，就是抑制了农民收入的持续增长态势。事实上，农业农村部研究表明，2020 年由于农民工外出务工受阻叠加上家庭经营收入受损，第一季度农民收入负增长已成定局。如何进一步改善外部环境，促进农民工返岗复工复产，增加就业收入，如何在农业内部吸纳农民就地就近就业增加收入，以及应对疫情挑战，实现高质量的脱贫致富，都要求我们高度关注农民收入增长问题，确保农民收入增速不出现断崖式下跌，特别是确保全年农民收入不出现负增长，避免城乡居民收入差距再度扩大，应成为制定出台相关政策的根本着眼点。

增加农民收入，缩小城乡居民收入差距是衡量建成高质量小康社会的重要指标。事实上，从农业农村经济全面发展的要求看，改革开放以来，农民收入一直保持持续增长的基本态势，但相对于国民经济以及农业农村其他方面发展而言，农民收入增长状况并非令人满意。一是 1978 年城乡居民收入差距为 2.56∶1，而 2019 年为 2.64∶1，40 多年城乡居民收入差距不仅未见缩小，反而扩大。二是最近几年，中央反复要求农民收入增速实现“双超”，即超 GDP 增长速度、超城镇居民收入增长速度。在此要求下，总体上看，农民收入增长速度不仅高于城镇居民收入增速，而且城乡居民收入差距也由最大的 2009 年的 3.33∶1 缩小到 2019 年的 2.64∶1，但近年来，城乡居民间收入差距缩小的态势有所放缓。此次疫情对城镇居民收入一定会带来不利因素，但对农民收入影响更大。倘若农民收入出现断崖式下跌，不仅会再次加大城乡居民的收入差距，而且会影响到小康社会成色，对下一步实现差距缩小，进而实现城乡居民收入均等化的愿景形成更大的压力。

（四）贸易安全

传统农业不会出现所谓贸易安全问题。然而现阶段中国已是全球农产品最大的进口国，2019 年，中国农产品贸易额再创历史新高，达到 2301 亿美元，其中进口 1510 亿美元、出口 791 亿美元。作为全球最大的农产品进口大国，最近几年中国农产品进出口贸易有 3 个大的特点。一是进口农产品数量越来越大，品种越来越多。二是随着中国 GDP 总量和人均收入水平提升，对高端农产品需求旺盛，原来具有相对出口竞争优势的农产品，现在由于自身需求增长，出口量减少。比如，水产品在前几年一直是中国最有竞争力的创汇产品，顺差常年超过 100 亿美元，但 2019 年贸易顺差减少到 20 多亿美元。水果前几年进出口呈顺差状态，2018 年开始出现逆差。三是蔬菜、茶叶等成为有出口竞争力的农产品。一方面进口农产品满足了中国城乡居民对农产品多元化，特别是高端化需求；另一方面进口农产品对外依存度提升，增加了贸易安全的不确定性。此次疫情对全球农业一体化格局是一记打击，从出口来看，中国有优势的蔬菜、茶叶、养殖型水产品，由于贸易渠道受阻，出口会受影响，出口贸易主体经营困难；从进口来看，粮食、油料以及其他大宗农产品出口国的出口限制和关税提升，导致进口预期不稳。因此，农产品进出口贸易不确定性成为大概率事件。

农产品依托国际国内“两种资源，两个市场”，一直是实现中国农产品充分供给的保障条件，也是中国农业参与国际分工，不断提升农业竞争力的必然选择。但是，加入世界贸易组织以后，相对于国民经济其他产业在全球贸易竞争中的发展机遇，农业产业的挑战和压力一直不减。疫情蔓延极大地增加了进口农产品风险，实现农产品供需平衡面临新的挑战。

概而述之，新冠肺炎疫情对中国农业农村经济的影响尽管初期产生于需求端，进而延伸到农业生产经营领域，但中后期对供应端的冲击尚未完全显现，确保农业农村经济健康运行，需要有妥善的应对之策，这是必须有所考量的。

三、确定应对疫情影响的基本思路

中央反复强调要一手抓疫情防控，一手抓经济社会的持续推进，要坚持底线思维，坚持在常态化疫情防控中，加快推进生产生活秩序全面恢复，力争把疫情造成的损失降到最低限度，努力完成全年经济社会发展目标任务，确保实现决战决胜全面建成小康社会，决战脱贫攻坚目标任务。农业农村经济健康可持续运行对实现预期目标要求意义重大，对此，需要立足国民经济健康运行要求和全球经济一体化背景，思考中国农业农村健康可持续发展的短期之策和长期思路。

（一）对形势发展保持足够清醒的认识

新冠肺炎疫情作为突发事件，短期内，从公共卫生事件波及全球政治、经济、社会、贸易，发展之快、影响之大，超越绝大多数人的想象。而对中国农业农村经济的影响，从农产品流通领域影响到生产领域，从畜禽水产业影响到种植业产业，从农业影响到农民农村，从就业影响到收入，从生产影响到贸易。在这样变化不定的形势下，既要保持足够的定力，更要及时考虑对预期实现的短期目标做适度调整，加大弹性空间，并留有与长期目标相衔接的茬口，以 5 年、10 年为硬目标，务必完成，以 1 年、2 年为软约束，可适度调整，完善农业农村经济发展相关重要指标的设定和实施。如何在“四化”同步要求下，补齐现代农业短板，如何提升中国农业竞争力，方针、路径、目标、任务既要坚守，更要善于灵活处理阶段性变化的要求。

（二）要有应对经济增长速度变化的忧患意识

经济下行对农业农村的影响是全面的。一是考虑对农业的影响。既要坚持对农产品特别是粮食总量安全的要求，也要有应对高端化、品牌化农产品需求减弱的预案，进一步完善农业供给侧结构性改革的阶段性目标。二是考虑对农民的影响。需要高度重视农民就业增收问题。国家近期出台和准备出台的财政、税收、金融信贷、基础设施建设等重大政策，既要考虑保增长，更要考虑保民生，要面子、更要里子，要好看、更要好吃。特别是脱贫攻坚的目标丝毫不能放松，对农民收入增速减缓、城乡居民收入差距再度扩张保持高度警惕。三是考虑对农村的影响。充分考虑城乡、工农、区域之间客观存在的二元结构，强化公共基础设施建设的重点区域要放在农村，重点项目要放在农业，重点群体要放在农民，把有限的财力、物力用于加快补齐农村基础设施短板，解决农民在医疗卫生、教育、社会保障等方面的民生问题。在疫情防控过程中，缩小城乡二元差别，填补城乡二元结构的鸿沟。

（三）采取有力措施解决重大问题

一是进一步夯实农业基础。新冠肺炎疫情给我们最大的启示就是粮食安全，进而产业安全的主动权要牢牢掌握在自己手里。否则一旦出现非常态事件，谁也救不了我们，谁也不可能救我们。粮食安全是中国生存发展的国之重器，对此要有足够清醒的认识。“谷物基本自给，口粮绝对安全”的方针任何时候都不能动摇。坚持粮食生产省长负责制，18 亿亩耕地红线，17.5 亿亩粮食播种面积，8 亿亩稻谷、小麦口粮播种面积，到 2022 年建成 10 亿亩旱涝保收高标准农田的目标任务必须完成。粮食从中央到地方的储备能力和调运能力必须进一步增强，田里要有粮，库里要有粮，碗里也要有粮。二是最大限度实现农村劳动力充分就业。贯彻落实中央要求，一方面通过减免税费、提供优惠信贷、发放特别国债扶持中小型企业，扶持非正规部门，扶持第三产业，扶持实体经济，把扶持企业生产经营和产业发展视为扶持农业农民发展，进一步完善农民工外出务工环境。另一方面以实施乡村振兴为抓手，以促进农民就业增收为目标，通过一二三产业融合发展，延长产业链，发展新产业、新业态和富民乡村产业，增加农民在农业内部就业的规模容量，最大化降低农村劳动力不充分的就业状态和失业风险。三是千方百计增加农民收入。应对收入危机最好的办法，就是采取非常规的办法，中西部地区由中央负责，东部地区由地方政府负责，给农民群众发放一次性收入补贴，对贫困农民要加大给钱给物的支持力度。同时，要制订农民收入增长计划和防止农民收入下滑的预案，特别是通过增加农民工失业补贴、发放消费券等多种方式，调整国民收入初次分配和再分配格局，使农民收入不低于GDP增长速度和城镇居民收入增长速度。努力保持农民收入增长势头不发生逆转，缩小城乡居民收入差距，为实现共同富裕奠定坚实的基础。四是坚持对外开放方针不动摇。在严防死守粮食总量安全和口粮绝对自给的前提下，继续秉承“两种资源，两个市场”的思路，扩大增加农产品进出口国家和目的地，特别是强化农业“一带一路”合作共享共赢理念。要全球化，而不是孤立化，降低贸易风险和不确定性，确保中国农产品供给数量充足，品种多元，最大限度地满足中国城乡居民对农产品多元化、差异化、高端化和绿色化需求。

（四）重中之重在于目标任务要求的落实

中国是富有东方文化传承的国家，组织能力、动员能力和执行能力在全球堪称范例，此次新冠肺炎疫情在最短的时间内得到有效防控就是最好的证明。现阶段无论是有关经济社会发展的长期目标和阶段性任务，抑或是应对疫情出台的若干政策措施，应该讲已覆盖了经济社会发展的各个领域。既表达了政府的意志，也回应了人民群众的诉求。但无论是从维持农业农村经济健康可持续发展的要求来推进，抑或是从应对疫情的近期措施来审视，重中之重还是在于各项目标任务要求的真正落实到位。为此，一是要加快构建农业农村经济常规运行与应对经济社会突发事件处置办法相结合的管理体制，强化常态管理与危机管理相结合的监测预警机制。换言之，当前确保农业产业安全，刺激农民充分就业，增加农民收入，维护农产品国际贸易秩序的措施要与乡村振兴战略目标相衔接，与脱贫攻坚后续政策出台相衔接，与正在研究制定的“十四五”农业农村发展规划相衔接。二是建立完善各项目标任务要求落实监督机制。坦率地讲，近期无论是常规政策，抑或是应急举措，出台的若干政策目标很明确，任务很具体，但关键在于抓好落实。实践中看，目标任务要求从中央落实到基层，层层加码的也多，层层弱化的也不少，但最终完成效果如何一直缺乏科学的研判标准。对此，要认真研究加以改进。

从单一的公共卫生事件到全球经济社会动荡，新冠肺炎疫情是一场突如其来的危机。如何转危为机，保持农业农村经济与国民经济同步健康运行，是历史赋予我们的使命，也是对我们治理能力的检验。我们没有退路和别的选项，唯有勇往直前才能争取最终的胜利。

完善城乡居民基本养老保险制度研究①

随着经济社会发展和医疗技术水平的提高，人类平均寿命不断延长，老年风险日益普遍化和社会化。社会养老保险制度在我国经济社会中扮演着日趋重要的角色，有文字记载，中国养老思想可以追溯到《礼记·礼运》中："大道之行也，天下为公，选贤与能，讲信修睦。故人不独亲其亲，不独子其子，使老有所终，壮有所用，幼有所长，矜、寡、孤、独、废疾者，皆有所养"。

我国的社会养老保险制度是新中国成立后逐步建立起来的，已经经历了半个多世纪的发展。由于新中国成立之后实行"重城市，轻农村；重工业，轻农业"的城乡二元分割治理体制机制，导致社会养老保险制度起步相对较晚，城乡两大社会养老保险制度一直处于不均衡发展状态。随着我国工业化和城市化的推进，又出现了新的群体，比如农民工、被征地农民等。为了让这些群体能得到相应的保障，各地又专门为他们设计了相应的社会养老保险制度。因此，我国在城乡二元分割的格局下形成了多元的社会养老保险制度。为保障农村居民的老年基本生活，共享社会发展成果，中国政府于2009年实施了新型农村社会养老保险制度（以下简称"新农保"），2010年，开始推进城镇居民社会养老保险制度（以下简称"城居保"）的运行。两项制

① 本报告是清华大学中国农村研究院2019年重点研究课题"完善城乡居民基本养老保险制度研究"的研究成果，在收入本书时有所删减，报告观点仅代表课题组的看法。课题负责人：许庆，上海财经大学财经研究所博士生导师、教授。报告执笔人：刘进、杨青、陆钰凤、周天舒。

度运行之后迅速扩面，有力地推动了社会养老保险制度对全民的覆盖，但两个制度分别建立运行不利于缩小城乡差距以及社会保障制度的公平发展与持续推进，而且两项制度在资金筹集、缴费档次、给付水平、补贴方式等环节具有趋同性。2014 年，国务院印发《关于建立统一的城乡居民基本养老保险制度的意见》（国发〔2014〕8 号），将新农保和城居保两项制度合并实施，在全国范围内建立统一的城乡居民基本养老保险制度。

一、现阶段城乡居民基本养老保险制度的研究背景、取得成就与存在问题

（一）研究背景

70 余年来，中国工业化和城镇化快速发展，已经进入人口、经济与社会结构加快转型阶段，关键领域改革进入深水区，老龄化进程加深，经济增速趋于放缓，养老保障体系面临越来越严峻的挑战，其中公平性与可持续性问题尤为突出，如何构建一个共享的养老保障体系是应对矛盾与挑战的关键所在。一方面，随着中国工业化和城镇化发展，农村青壮年劳动力不断往城市迁移，加上户籍制度约束和人口年龄结构的转型，农村人口老龄化趋势发展迅猛，农业劳动力日渐老龄化，农业内部出现劳动力供给不足（蔡昉，2010；陈锡文等，2011；许庆、刘进，2015）。更为重要的是，农业劳动力老龄化是内生于经济社会发展的一种现象，并将在未来较长一段时期内表征为一种常态（黄季焜、靳少泽，2015）。换言之，未来中国农业生产面临如何切实有效地挖掘农业劳动力潜力问题。实施城乡居民基本养老保险制度以来，该制度的运行卓有成效：首先，普惠性基础养老金给付制度运行稳定；其次，基础养老金给付标准得到提高；再次，参保人数增加明显；最后，各

地区地方政府加大了对个人账户缴费的补贴力度（边恕，2017）。

2017年10月，党的十九大报告进一步提出，完善城乡居民基本养老保险制度和城镇职工基本养老保险制度，实现基本养老保险的全国统筹。目前，我国已初步建立了以城乡居民养老保险、城镇职工基本养老保险为核心内容，覆盖城乡全体居民的现代养老保障体系，制度层面上实现全覆盖，正在加快走向人员全覆盖，养老保障待遇也在逐步提高。经过几年的发展，至2018年底，全国城乡居民基本养老保险参保人数已达5.2392亿人，实际领取待遇人数1.5898亿人，有4900多万贫困人口直接受益。从政策的实施效果来看，尽管与城镇相比，农村养老金保障水平有待于进一步提高，但是养老金收入已成为农村老人收入的重要来源，为老年人提供了稳定的经济保障，提高了福利水平，基本实现了使农村居民“老有所养”的主要目标。

在此背景下，如何完善现有的城乡居民基本养老保险制度在保障其福利再分配功能的同时也促进劳动力市场运行效率，构建“就业友好型”的社会保险制度，是当前进一步全面深化户籍制度改革、释放养老保障制度红利、提升全要素生产率的核心内容所在。作为一项蕴含复杂内容和关系的社会保障制度安排，除了发挥保障农村居民基本生存的作用之外，城乡居民基本养老保险对正处于深刻变化的农村劳动力市场产生何种作用？养老金收入除了保障农村居民“老有所养”之余，是否还能有所作为？对于这一问题的回答，不仅关系到以城乡居民基本养老保险为代表的社会保障制度改革，而且又涉及今后较长时间内中国农业生产发展。

城乡居民基本养老保险制度通过增加城乡居民转移性收入而给收入分配带来直接的影响，已经成为当前学界、政策研究部门和社会大众关注的重要问题。当下，中国正处在社会保障发展和收入分配制度改革的关键时期，我国收入分配城乡和地区间不平衡不充分发展问题依然突出，新的城乡居民基本养老保险制度面临着问题和挑战（邓大松等，2015），降低城乡居民老年贫困发生率和抑制收入差距扩大，成为新时代“三农供给侧改革”和“打赢脱贫攻坚战”的重大挑战。在中国老龄化问题日趋严重、减贫形势依然严峻的情况下，探讨我国城乡居民基本养老保险制度对我国城乡居民家庭收入的影响效应，对降低城乡居民老年贫困概率，防范贫弱人口陷入持续贫困状态，实现居民收入稳定增长具有重要的现实意义。

（二）现阶段城乡居民基本养老保险取得的成就

我国城乡居民基本养老保险制度经历了以下两个时期。第一个时期为新农保和城居保独立运行期（2009—2013 年）。2009 年国务院印发《关于开展新型农村社会养老保险试点的指导意见》（国发〔2009〕32 号），探索建立个人缴费、集体补助、政府补贴相结合的新农保制度，实行社会统筹与个人账户相结合，与家庭养老、土地保障、社会救助等其他社会保障政策措施相配套，保障农村老年居民基本生活。2009 年，试点覆盖面为全国 10% 的县（市、区、旗），2010 年，全国参保人数超过 1 亿人次，其中达到领取待遇年龄的参保人数为 2862.6 万人次。2011 年全国参保人数超过 3 亿人次，达到领取待遇年龄的参保人数为 8921.8 万人次。2010 年 10 月 28 日，《中华人民共和国社会保险法》通过，自 2011 年 7 月 1 日起施行。2011 年 6 月，国务院印发《关于开展城镇居民社会养老保险试点的指导意见》（国发〔2011〕18 号），城镇居民基本养老保险基金主要由个人缴费和政府补贴构成。参保人自主选择档次缴费，多缴多得。政府对符合待遇领取条件的参保人全额支付城镇居民基本养老保险基础养老金。养老金待遇由基础养老金和个人账户养老金构成，支付终身。2012—2015 年全国城镇居民养老保险参保人数逐年上升，突破 5 亿人次大关，累计结余 2015 年达到 0.46 万亿元。在这一时期，新农保和城居保虽然实现全覆盖运行平稳顺利，但两个制度分别建立运行，难以适应城乡之间劳动力和人口流动逐渐加大的形势，不利于缩小城乡差距以及社会保障制度的公平持续发展。

第二个时期是整合并轨统一运行时期（2014 年至今）。2014 年 2 月，国务院印发《关于建立统一的城乡居民基本养老保险制度的意见》（国发〔2014〕8号），要求以社会统筹与个人账户相结合的制度模式，巩固和拓宽个人缴费、集体补助、政府补贴相结合的资金筹集渠道，完善基础养老金和个人账户养老金相结合的待遇支付政策，并于“十二五”末，在全国基本实现新农保和城居保制度合并实施，并与职工基本养老保险制度相衔接。2020年前，全面建成公平、统一、规范的城乡居民基本养老保险制度。2015年1月，国务院发布《关于机关事业单位工作人员养老保险制度改革的决定》（国发〔2015〕2号），该决定从2014年10月1日起，对机关事业单位工作人员养老保险制度进行改革，标志着养老金“双轨制”的破冰。

1. 城乡居民基本养老保险实际覆盖面逐年扩大

（1）参保人数不断上升

由于新农保和城居保的分别运行难以适应城乡之间的劳动力和人口流转，不利于缩小城乡差距，且两项制度在资金筹集、缴费档次、给付水平、补贴方式等环节具有趋同性。2014年2月7日，国务院决定合并新农保和城居保，建立全国统一的城乡居民基本养老保险制度。2017年中央一号文件《中共中央 国务院关于深入推进农业供给侧结构性改革加快培育农业农村发展新动能的若干意见》指出，“完善城乡居民基本养老保险筹资和保障机制。健全农村留守儿童和妇女、老人、残疾人关爱服务体系”。如表1所示，截至2018年底，全国城乡居民养老保险参保人数达到52391.7万人次，其中实际领取待遇人数为15898.1万人，参保率达到85%以上。统一城乡居民基本养老保险的参保人数越来越多，这是由于该制度的设计日趋完善，缴费标准因地制宜，不断调整，补贴加大，尤其对重度残疾人等缴费困难群体高度重视。我国城乡居民基本养老保险实际覆盖面虽未达到全覆盖，但仍然在逐年扩大，随着我国城乡居民基本养老保险制度的不断完善，居民参保意识越来越强，实际覆盖面仍在扩大。

表1　　2012—2018年全国城乡居民基本养老保险情况

年份	参保人数（万人）	实际领取待遇人数（万人）	基金收支情况（亿元）		
			基金收入	基金支出	累计结余
2012	48369.5	13382.2	1829.2	1149.7	2302.2
2013	49750.1	14122.3	2052.3	1348.3	3005.7
2014	50107.5	14741.7	2310.2	1571.2	3844.6
2015	50472.2	14800.3	2854.6	2116.7	4592.3
2016	50847.1	15270.3	2933.3	2150.5	5385.2
2017	51255.0	15597.9	3304.2	2372.2	6317.6
2018	52391.7	15898.1	3837.7	2906.5	7250.3

资料来源：《中国统计年鉴》。

（2）城乡居民基本养老保险基金收支稳定增长

目前，我国城乡居民基本养老保险收支正在稳定增长。党的十八大以来，城乡居民基本养老保险基金收入由2012年的1829.2亿元逐年增加到2018年的3837.7亿元。基金支出由2012年的1149.7亿元逐年增加到2018年的2906.5亿元。根据《2019年度人力资源和社会保障事业发展统计公报》，2019年城乡居民基本养老保险基金收入为4107亿元，基金支出为3114亿元，年末基金累计结存8249亿元。可见基金收支规模逐年增大，有力地保障了城乡居民养老保险有序运行，在保障城乡老年居民基本生活、调节收入分配、促进社会和谐稳定等方面发挥了积极作用。

2. 城乡居民基本养老保险待遇水平逐年提高

（1）基础养老金省际差异明显，但标准逐年提高

我国的基础养老金是由中央确定其最低标准，各级地方人民政府可以根据实际情况适当提高基础养老金标准。由表2可知，2014—2017年全国各省份城乡居民基本养老保险月基础养老金情况。一方面自统一的城乡居民基本养老保险制度确立以来，多地基础养老金标准有一定提高，具体体现在2014—2017年全国平均月基础养老金从年118元上升到144元。全国多地月基础养老金增长率为正，2017年基础养老金涨幅最高省份为内蒙古，年增长率为22.22%，其次是北京为19.61%。另一方面，各省份最低基础养老金

待遇水平差异显著，尤其是两极分化问题突出。2014 年，全国最高的基础养老金地区上海（540 元）是最低地区贵州、安徽等（70 元）的 7.7 倍，截至 2017 年，省际最高地区上海（850 元）与最低地区贵州、安徽、湖北（70 元）相比已经扩大到 12.1 倍，可见各省份最低基础养老金调整进度不同进一步加大了省份间基础养老金待遇水平的差距。综上所述，随着城乡居民基本养老保险制度的逐渐完善，我国基础养老金总体来说不断上涨，但同时省际的差距也在不断增加。

表2　2014—2017年全国各省份城乡居民基本养老保险养老金情况

省份	基础养老金（元 / 月）				基础养老金替代率（%）			
	2014 年	2015 年	2016 年	2017 年	2014 年	2015 年	2016 年	2017 年
全国标准	55	70	70	70				
上海	540	645	750	850	30.58	33.35	35.27	37.01
北京	430	470	510	610	25.51	27.42	27.43	30.38
天津	235	245	261	277	16.57	15.91	15.6	15.33
青海	125	125	140	155	20.6	18.91	19.39	19.88
海南	135	145	145	145	16.34	16.03	14.69	13.6
西藏	140	140	140	140	22.83	20.38	18.03	16.7
浙江	100	120	120	135	6.19	6.82	6.3	6.56
宁夏	100	115	115	120	14.27	15.13	14.01	13.53
广东	95	100	110	120	9.31	8.98	9.1	9.19
新疆	100	115	115	115	13.73	14.64	13.55	12.55
江苏	105	105	115	115	8.42	7.75	7.84	7.26
内蒙古	80	85	90	110	9.62	9.47	9.3	10.53
山东	75	85	100	100	7.57	7.89	8.6	7.96
福建	85	85	100	100	8.06	7.4	8	7.41
重庆	95	95	95	95	12.01	10.85	9.87	9.14
广西	90	90	90	90	12.44	11.41	10.43	9.65
河北	70	75	80	90	8.25	8.14	8.05	8.39
甘肃	80	85	85	85	15.29	14.71	13.68	12.67
云南	75	75	75	85	12.07	10.92	9.98	10.47
湖南	75	75	80	85	8.95	8.19	8.05	7.92
辽宁	85	85	85	85	9.11	8.46	7.92	7.33

续表

省份	基础养老金（元/月）				基础养老金替代率（%）			
	2014年	2015年	2016年	2017年	2014年	2015年	2016年	2017年
山西	80	80	80	80	10.9	10.15	9.52	8.82
河南	78	78	78	80	9.94	8.62	8	7.6
黑龙江	70	70	70	80	8.04	7.57	7.1	7.51
吉林	70	75	80	80	7.79	7.95	7.92	7.33
江西	70	80	80	80	8.3	8.62	7.91	7.32
陕西	75	75	75	75	11.35	10.36	9.58	8.87
四川	75	75	75	75	9.63	8.78	8.03	7.44
贵州	70	70	70	70	12.59	11.37	10.38	9.61
安徽	70	70	70	70	8.47	7.76	7.17	6.64
湖北	70	70	70	70	7.74	7.09	6.6	6.11
全国均值	118	126	134	144	12.9	12.72	12.46	12.43

资料来源：《中国统计年鉴》

（2）个人缴费标准不断调整，财政补贴不断增加

2017 年，全国不同省份的缴费与补贴标准，如表 3 所示。各地政府对个人缴费的补贴不断增加，缴费激励机制不断完善。一方面多地提高了针对不同缴费档次的财政补贴，鼓励当地城乡居民按高标准缴费。如北京市规定自 2017 年起，对选择最低缴费至 2000 元以下标准的，每人每年补贴 60 元；选择 2000 元至 4000 元以下的，每人每年补贴 90 元；选择 4000 元至 6000 元以下的，每人每年补贴 120 元；选择 6000 元至最高缴费标准的，每人每年补贴 150 元。另一方面各地缴费档次更加因地制宜且人性化，例如，2017 年上海缴费档次调整为 10 个，河南调整为 16 个，福建设定为 20 个。此外，多地更加关注弱势群体，例如，包括甘肃等地在内的省份对贫困人口、低保对象、重度残疾人等困难群体保留最低缴费档次，由当地政府为其代缴全部或部分个人缴费。

由此可见，各地政府越来越重视城乡居民基本养老保险制度的发展，个人缴费标准的不断调整和财政补贴的不断增加，有利于激励城乡居民选择高标准缴费。

表3　2017年全国各省份城乡居民基本养老保险缴费和补贴标准对比

	城乡居民基本养老保险缴费和补贴标准
北京	自 2017 年缴费年度开始，调整缴费补贴标准并增加缴费补贴档次。对选择最低缴费至 2000 元以下（不含 2000 元，以下类同）标准的，每人每年补贴 60 元；选择 2000 ~ 4000 元以下的，每人每年补贴 90 元；选择 4000 ~ 6000 元以下的，每人每年补贴 120 元；选择 6000 元至最高缴费标准的，每人每年补贴 150 元
上海	个人缴费标准设定为每年 500 元、700 元、900 元、1100 元、1300 元、1700 元、2300 元、3300 元、4300 元、5300 元共 10 个档次。对应的缴费补贴标准为每年 200 元、250 元、300 元、350 元、400 元、450 元、525 元、575 元、625 元、675 元
天津	个人缴费标准设定为 10 个档次，一档缴费 600 元补贴 60 元，二档缴费 900 元补贴 70 元，三档缴费 1200 元补贴 80 元，四档缴费 1500 元补贴 90 元，五档缴费 1800 元补贴 100 元，六档缴费 2100 元补贴 110 元，七档缴费 2400 元补贴 120 元，八档缴费 2700 元补贴 130 元，九档缴费 3000 元补贴 140 元，十档缴费 3300 元补贴 150 元
重庆	个人缴费标准调整为 12 个档次，分别为年缴 100 ~ 1000 元的 10 个档次和 1500 元、2000 元的 2 个档次。对应的缴费补贴标准分别为一档 30 元、二档 40 元、三档 50 元、四档 60 元、五档 70 元、六档 80 元、七档 90 元、八档 100 元、九档 110 元、十档 120 元、十一档 130 元、十二档 140 元
广东	个人缴费标准设定为每年 120 元、240 元、360 元、480 元、600 元、960 元、1200 元、1800 元、2400 元、3600 元共 10 个档次。对选择低档次标准（每年 120 ~ 360 元）缴费的，补贴标准不低于每人每年 30 元；对选择较高档次标准（每年 480 元及以上）缴费的，补贴标准不低于每人每年 60 元
福建	个人缴费标准目前设定为每年 100 ~ 2000 元 20 个档次（每 100 元一档），各地可根据实际情况增设缴费档次。选择缴费档次 100 元的，政府补贴 30 元；每提高一个缴费档次，政府补贴增加 5 元；选择 1000 ~ 2000 元的，政府补贴均为每人每年 75 元
安徽	个人缴费标准目前设定为一年 200 元、300 元、400 元、500 元、600 元、700 元、800 元、900 元、1000 元、1500 元、2000 元、3000 元共 12 个档次。缴 100 元补 30 元、缴 200 元补 35 元、缴 300 元补 40 元、缴 400 元补 50 元、缴 500 元及以上的补 60 元
江西	个人缴费标准调整为每年 300 元、400 元、500 元、600 元、700 元、800 元、900 元、1000 元、1500 元、2000 元、3000 元共 11 个档次。对于选择 300 ~ 500 元缴费档次的，缴费 300 元补贴 40 元，缴费 400 元补贴 50 元，缴费 500 元补贴 60 元；对于选择 600 元及以上缴费档次的，每提高一个缴费档次，政府补贴在 60 元基础上分别增加 5 元（即缴费 600 元补贴 65 元，缴费 700 元补贴 70 元，依此类推，缴费 2000 元补贴 95 元，缴费 3000 元补贴 100 元）
浙江	个人缴费标准目前设定为每年 100 元、200 元、300 元、400 元、500 元、600 元、700 元、800 元、900 元、1000 元、1500 元、2000 元共 12 个档次。参保人所在市、县（市、区）财政对参保人缴费给予补贴，补贴标准不低于每人每年 30 元，对选择较高档次标准缴费的，适当增加补贴金额，其中，对选择 500 元以上档次标准缴费的，补贴标准不低于每人每年 80 元

续表

	城乡居民基本养老保险缴费和补贴标准
江苏	个人缴费标准目前设定为每年100元、300元、400元、500元、600元、700元、800元、900元、1000元、1500元、2000元、2500元共12个档次。备注：100元的缴费档次，原则上只适用于重度残疾人等缴费困难群体。（1）选择100 ~ 400元标准缴费的，补贴标准不低于每人每年30元；（2）选择500 ~ 800元标准缴费的，补贴标准不低于每人每年40元；（3）选择900 ~ 1200元标准缴费的，补贴标准不低于每人每年50元
湖南	个人缴费标准目前统一设定为每年100元、200元、300元、400元、500元、600元、700元、800元、900元、1000元、1500元、2000元、2500元、3000元14个档次。政府对参保人员缴纳城乡居民基本养老保险费给予补贴：年缴纳100元、200元档次的，每人每年补贴不低于30元；年缴纳300元、400元档次的，每人每年补贴不低于40元；年缴纳500元及以上档次的，每人每年补贴不低于60元。因故中断缴费的，允许补缴，但不享受缴费补贴
湖北	个人缴费标准在原来的每年100 ~ 1000元10个档次（每100元一档）的基础上再增加1500元和2000元两个标准。对参保人员选择100元档次缴费标准的，补贴标准不低于每人每年30元；对选择200 ~ 400元档次标准缴费的，补贴标准不低于每人每年45元；对选择500元及以上档次标准缴费的，补贴标准不低于每人每年60元
河北	个人缴费标准设定为：200元、300元、500元、1000元、3000元、5000元、8000元共7个档次。补贴标准为：100元、200元档次补贴30元，200元以上档次，缴费每增加一档，政府补贴增加15元
山西	个人缴费标准设定为12个档次，分别是每年100元、200元、300元、400元、500元、600元、700元、800元、900元、1000元、1500元、2000元。最低补贴标准为：缴100元补30元、缴200元补35元、缴300元补40元、缴400元补50元、缴500 ~ 600元补60元、缴700 ~ 900元补70元、缴1000 ~ 2000元补80元
河南	个人缴费标准设定为16个档次，分别是每年100元、200元、300元、400元、500元、600元、700元、800元、900元、1000元、1500元、2000元、2500元、3000元、4000元、5000元。选择100 ~ 400元档次标准缴费的，补贴标准不低于每人每年30元，其中省财政每人每年补贴20元，省辖市财政每人每年补贴不低于10元；对选择500元及以上档次标准缴费的，补贴标准不低于每人每年60元，其中省财政每人每年补贴40元，省辖市财政每人每年补贴不低于20元。省直管县（市）对参保人的缴费补贴全部由省财政承担
陕西	个人缴费标准目前设定为每年100元、200元、300元、400元、500元、600元、700元、800元、900元、1000元、1500元、2000元共12个缴费档次。对符合领取城乡居民基本养老保险待遇条件的参保人全额支付基础养老金，其中中央财政给予55元的补助，省级财政给予5元的补助，市县根据财力情况给予一定补助
贵州	个人缴费标准目前设定为每年100元、200元、300元、400元、500元、600元、700元、800元、900元、1000元、1200元、1500元、2000元13个档次。对选择100 ~ 400元档次标准缴费的，按每人每年30元给予补贴，省、市（州）和县（市、区、特区）人民政府各负担10元；对选择500 ~ 900元档次标准缴费的，补贴标准每人每年60元，省、市（州）和县（市、区、特区）人民政府各负担20元；对选择1000 ~ 2000元档次标准缴费的，补贴标准每人每年90元，省、市（州）和县（市、区、特区）人民政府各负担30元

续表

	城乡居民基本养老保险缴费和补贴标准
广西	从2019年1月1日起，将城乡居民基本养老保险缴费档次由原来的100 ~ 2000元12个缴费档次调整为200 ~ 6000元共15个档次，相应将城乡居民基本养老保险缴费补贴标准调整为35 ~ 200元
甘肃	从2018年1月1日起，将最低缴费标准调整为200元，对建档立卡贫困人口、一、二类低保对象、重度残疾人、特困人员、计划生育“两证户”等困难群体，保留最低100元的缴费档次，由当地政府为其代缴全部或部分个人缴费，所需资金纳入同级财政预算。从2019年1月1日起，增加2500元和3000元两个缴费档次。从2020年起，将全省最低缴费档次提高到300元。对选择400元及以下缴费档次的城乡居民，省级财政补贴30元；对选择500 ~ 2000元缴费档次的城乡居民，省级财政补贴60元；对选择2500元和3000元缴费档次的城乡居民，省级财政补贴90元
辽宁	从2019年1月1日起，全省城乡居民基本养老保险缴费标准调整为每年200元、300元、500元、800元、1000元、2000元、3000元共7个档次。各地缴费补贴应不低于40元、50元、70元、100元、120元、140元、160元
吉林	个人缴费标准目前设定为每年100元、200元、300元、400元、500元、600元、700元、800元、900元、1000元、1500元、2000元共12个档次。缴费100元补贴30元、缴费200元补贴40元、缴费300元补贴50元、缴费400元补贴60元、缴费500元补贴70元、缴费600元补贴80元、缴费700元补贴90元、缴费800元补贴100元、缴费900元补贴110元、缴费1000元补贴120元、缴费1500元补贴145元、缴费2000元补贴170元，所需资金由省和市、县（市）政府按6：4的比例分担
山东	个人缴费标准上，最高缴费标准原则上不超过当地灵活就业人员参加职工基本养老保险的年缴费额。最低缴费标准，每5年调整1次，对重度残疾人等缴费困难群体，可保留现行最低缴费标准。缴费补贴方面，根据现行居民基本养老保险个人缴费标准，对选择300元缴费标准的，补贴标准不低于每人每年30元；对选择500元、600元缴费标准的，补贴标准不低于每人每年60元；对选择800元及以上缴费标准的，补贴标准不低于每人每年80元
黑龙江	设立12个个人缴费标准档次，缴费标准分别是每年100元、200元、300元、400元、500元、600元、700元、800元、900元、1000元、1500元、2000元。对个人的现行补贴标准为缴费100元的补贴30元，缴费200元的补贴40元，缴费300元的补贴50元，缴费400元的补贴60元，缴费500元及以上的补贴70元
海南	个人缴费标准设定为每年200元、300元、400元、500元、600元、700元、800元、900元、1000元、1500元、2000元、3000元、5000元13个档次。对选择300元及以上缴费档次的，政府除给予40元的基础补贴外，每增加一个缴费档次另给予不少于10元的补贴
四川	个人缴费标准设定为每年一档缴费金额4297.68元，其中个人缴纳3581.40元、政府补贴716.28元；二档缴费金额3438.12元，其中个人缴纳2865.12元、政府补贴573元；三档缴费金额2578.56元，其中个人缴纳2148.84元、政府补贴429.72元；四档缴费金额1719.12元，其中个人缴纳1432.56元、政府补贴286.56元；五档缴费金额859.56元，其中个人缴纳716.28元、政府补贴143.28元

续表

	城乡居民基本养老保险缴费和补贴标准
云南	在每年100元、200元、300元、400元、500元、600元、700元、800元、900元、1000元、1500元、2000元共12个缴费标准档次的基础上，增设3000元缴费档次。依次享受30元、40元、50元、60元、70元、80元、90元、100元、110元、120元、130元的政府缴费补贴，选择2000元及以上缴费档次的，按照参保人所选档次标准的6.5%享受政府缴费补贴
内蒙古	每年100元、200元、300元、400元、500元、600元、700元、800元、900元、1000元、1500元、2000元、3000元共13个缴费档次。政府将按照13个城乡居民基本养老保险缴费档次给予相应的补贴，即对选择100 ~ 400元缴费档次的分别补贴30元、35元、40元、45元；对选择500 ~ 1000元缴费档次的分别补贴60元、65元、70元、75元、80元、85元；对选择1500元、2000元、3000元缴费档次的均补贴85元
西藏	个人缴费标准为每年100 ~ 1000元、1500元、2000元共12个缴费档次。高于2000元标准的，以100元为一个缴费档次，由参保人自主选择。允许参保人选择高于2000元的标准缴费，最高不超过3000元。在参保人缴费的基础上，对参保人自愿选择100 ~ 2000元缴费档次的，每年分别给予40元、45元、50元、55元、60元、65元、70元、75元、80元、85元、90元、95元的缴费补贴。对参保人选择高于2000元标准进行缴费的，政府补贴为95元
新疆	个人缴费标准为每年200元、300元、400元、500元、600元、700元、800元、900元、1000元、1500元、2000元、2500元、3000元、3500元共14个缴费档次，增加缴费补贴分别不低于5元、10元、15元、20元、25元、30元、35元、40元、45元、70元、95元、120元、145元、170元
宁夏	个人缴费标准为每年100元、300元、500元、1000元、2000元、3000元共6个缴费档次，财政对应补贴分别为30元、50元、70元、120元、200元、320元

资料来源：作者根据各省、自治区、直辖市政府相关文件整理而得。

（三）现阶段城乡居民基本养老保险存在问题

从可持续发展与公平的视角来看，在肯定我国养老保险制度不断发展建设的同时，也应理性认识到城乡居民基本养老保险依旧存在可持续性发展风险和社会公平困境等相关问题。这些现实不足也深层次地内嵌于整体社会保障体系。

1. 可持续性发展风险

（1）养老保险基金的不可持续

养老保险基金由个人缴费、集体补助、政府补贴三方面构成。在保费来源方面，贫困地区个人收入水平低，居民个人缴费能力不足。参保率较低的地区大部分位于我国中西部地区，经济条件相对落后，基层政府补贴保险基金能力不足。在养老金支出方面，虽然我国基本养老金结余体量大，但是支出增速一直快于收入增速。截至2017年底，养老金结余仅占我国GDP比重约为6%，远低于美、日、欧等发达国家和地区。养老保险基金管理体制存在不足。近年来，通过一系列改革措施我国养老保险基金统筹层次由县级提升至省级层面，但由于地区之间无法进行调剂，养老保险基金累计结余很多与收不抵支并存的问题依然存在。同时，我国养老保险基金的投资效率较低。目前，我国对养老保险基金管理运营的管制已逐步放松，允许养老金入市，但对养老金的投资管制依然十分严格。从安全性的角度出发，大部分的养老金结余仍采取银行协议存款和购买国债的投资方式，这就导致了养老保险基金的投资收益率依然偏低，甚至难以跑赢通货膨胀率。此外，有些部门身兼养老保险基金的管理者和投资者等角色身份，容易使目标出现分歧，导致养老保险基金管理混乱。这些情况都表明我国养老保险基金面临着不容忽视的保值增值压力，养老保险基金的可持续性面临着严峻考验。

（2）财政补贴机制的不可持续

财政补贴机制是城乡居民基本养老保险制度顺利推行的关键。但随着这项制度不断发展和完善，财政补贴占筹资比重越来越大，制度对财政的依赖性越来越严重。在福利刚性和社会保障棘轮效应的影响下，基础养老金面临“只可上不可下”的窘境，势必对财政补贴力度提出高要求。此外，不同社会养老保险制度（如城镇职工基本养老保险和城乡居民基本养老保险）待遇差距，也会增加财政补贴的压力。

一方面，制度筹资结构中财政补贴和个人缴费从最初几乎各占一半演变为财政补贴占主体。2010—2016年，制度基金收入从453亿元增加到2933亿元，其中财政补贴从217亿元增加到2201亿元，个人缴费从225亿元增加到732亿元，财政补贴增速明显高于个人缴费增速，并且二者之间差距越来越大。个人缴费占总筹资的份额从2010年的49.7%下降为2016年的

25%。另一方面，财政收入经历了 10 余年近 20% 的快速增加后，增速大幅回落。两者之差反映了在相对宽松的财政环境下，财政补贴对于弥补社会保障历史欠账的贡献。当制度基本定型，参保比例大幅提高以后，财政补贴的规模就会稳定下来。2016 年，财政补贴城乡居民基本养老保险增长率降至历史最低的 2.13%，并且增速小于财政总收入和财政总支出的增长率。这一拐点意味着财政补贴快速增长趋势暂时中断。在未来较长时期总体经济保持中高速增长的背景下，考虑到财政收入增速下降将快于经济增长下降速度，人们对加大财政补贴力度的预期与财政收入放缓的客观条件存在矛盾，这种以财政补贴为筹资主体的制度模式不可持续（王雯，2017）。

（3）制度定位模糊

城乡居民基本养老保险制度实质并不符合社会保险的特征。

首先，没有风险共担机制。社会养老保险通过筹集社会保险缴费，形成社会保险基金，实现长寿者和短寿者的互助共济。而城乡居民基本养老保险并不具有这种风险分担机制。个人的缴费完全进入个人账户，是具有私有产权的强制个人养老储蓄。基础养老金也是由政府财政补贴按人头发放，并没有建立社会保险基金。

其次，城乡居民基本养老保险制度不具有强制性。理论上，为避免个人道德风险、实现风险共担和收入再分配，社会保险的主要特征之一是强制性。然而，由于城乡居民基本养老保险制度的覆盖对象缴费能力较低，并且参保群体尤其是农村居民对保险的认知度不高，为了防止其把此项制度与“乱摊派、乱收费”混淆，这项制度明确了自愿参保原则。而自愿原则导致制度不能实现全覆盖目标，引发逆向选择，还加大了扩大覆盖面的行政成本。

最后，个人的权利、义务不对等，是“强福利 + 弱保险”的混合模式。城乡居民基本养老保险制度虽然也规定个人参保缴费作为领取养老金的前提，但相对而言，个人的缴费义务只是获得制度保障的必要门槛，而基础养老金的发放标准远大于个人账户养老金。每个参保人的权利都大于其缴费义务，制度有着明显的福利特征。这种权利与义务的不对等性也是导致了逆向选择的重要原因。城乡居民基本养老保险制度是一个“强福利 + 弱保险”的混合制度模式。“强福利”体现在以下三个方面：一是养老金筹资环节，财政补贴进入个人账户。二是城乡居民基本养老保险制度实施时已年满 60 周岁、没有领取国家规定的基本养老保障待遇的参保人，可以不用缴费就能按月领取城乡居民养老保险的基础养老金。重度残疾人等缴费困难群体参保，其个人应承担的缴费部分或者全部由财政承担。三是养老金发放环节，基础养老金全部由财政支出构成，其实质是非缴费型养老金，并且总体上基础养老金数额远远高于个人缴费形成的个人账户养老金税额。“弱保险”体现在制度设计借鉴了社会保险制度的外壳，在形式上具有“保险”的特征，但却没有“保险”的实质。比如，参加制度的条件是需要个人向个人账户缴费，领取养老金需要满足最低缴费年限等。制度并不具备社会保险的实质，即风险分担机制。总之，该制度具有“社会”属性，体现为政府的积极倡导和财政补贴，因而应被视为一种特殊的社会福利制度。其特殊性体现在，将“社会保险”的参保缴费原则“嫁接”到财政支持的社会福利制度上，以个人的参保缴费作为获得福利的前提条件。这种社会保险“福利化”倾向混淆了社会保险和社会福利。

2. 社会公平困境

（1）区域制度发展不平衡

分区域看，养老保险基金运行的主要突出问题是区域之间的不平衡。东部沿海经济发达地区优势明显，发展水平相对较高，吸引了大量青年劳动力，基金出现缴费低、结余多、待遇好的情况。而中西部地区经济发展水平和财政收入相对较低，且青壮年人口外流，养老基金面临巨大考验。不平衡还表现在老年抚养比区省际差异明显。如表 4 所示，2012 年，重庆（18.26%）、四川（16.42%）、湖南（15.81%）、江苏（15.26%）、安徽（14.42%）、山东（14.33%）、湖北（14.32%）、广西（13.70%）、贵州（13.49%）、天津（13.44%）等 10 个省份的老年人口抚养比超过全国平均水平（12.68%）；

至2018年超过全国平均水平（16.77%）的省份有12个，从高到低依次为山东（22.69%）、四川（21.83%）、重庆（21.09%）、辽宁（20.00%）、上海（19.88%）、江苏（19.86%）、安徽（19.35%）、河北（18.43%）、湖南（18.36%）、浙江（17.71%）、湖北（17.31%）、贵州（17.08%），而且鲁、沪、浙、苏等省份老龄化迅速。这不仅使单位劳动人口赡养老人的压力不断加大，也对社会养老金的支付造成巨大压力。此外，赡养老人的独生子女群体不得不面对“上有老、下有小”带来的经济负担和生活压力。

表4　　2012—2018年全国各省份老年抚养比情况　　单位：%

	2012年	2013年	2014年	2015年	2016年	2017年	2018年
全国	12.68	13.10	13.70	14.33	14.96	15.86	16.77
北京	10.48	10.53	10.52	13.45	15.17	16.32	14.38
天津	13.44	14.81	15.06	12.94	14.62	14.57	13.85
河北	12.46	12.55	12.94	14.21	15.44	16.80	18.43
山西	10.44	10.45	11.12	12.13	11.45	11.92	13.94
内蒙古	10.06	11.00	12.10	12.35	12.14	14.33	12.81
辽宁	12.47	12.87	15.68	16.81	17.37	18.57	20.00
吉林	9.67	12.29	13.10	14.16	14.19	16.18	16.42
黑龙江	11.18	11.31	11.89	13.79	15.30	15.58	15.82
上海	10.92	13.30	12.07	16.47	16.76	18.82	19.88
江苏	15.26	16.47	16.26	17.21	18.56	19.19	19.86
浙江	11.09	11.66	12.28	14.86	15.43	16.56	17.71
安徽	14.42	14.83	14.53	15.74	16.15	19.14	19.35
福建	11.50	10.89	10.14	12.27	13.87	13.23	12.86
江西	11.49	12.63	13.20	13.04	13.87	14.21	13.91
山东	14.33	14.93	15.77	16.20	16.32	18.64	22.69
河南	12.49	12.70	12.46	14.24	14.57	15.88	16.34
湖北	14.32	13.18	13.90	15.27	15.87	17.00	17.31
湖南	15.81	14.85	15.35	15.95	17.01	17.53	18.36
广东	9.11	9.52	10.99	9.62	10.18	10.27	11.04
广西	13.70	13.42	13.91	14.44	14.06	14.33	14.72
海南	9.89	11.15	10.45	11.77	11.45	11.38	11.30
重庆	18.26	18.62	20.00	18.69	19.79	20.60	21.09
四川	16.42	18.05	20.04	18.18	19.47	19.83	21.83

续表

	2012 年	2013 年	2014 年	2015 年	2016 年	2017 年	2018 年
贵州	13.49	13.52	13.43	13.92	14.13	14.47	17.08
云南	10.67	11.13	12.06	11.60	11.62	11.56	13.24
西藏	7.50	7.23	7.86	8.07	7.01	8.22	8.04
陕西	12.10	13.09	14.25	13.87	14.43	15.14	14.99
甘肃	12.45	11.98	11.96	12.73	13.62	14.32	15.92
青海	9.69	9.81	9.52	9.74	9.89	10.96	10.42
宁夏	9.20	9.72	9.22	10.15	10.65	11.56	12.67
新疆	9.34	8.75	9.54	10.03	10.30	10.43	10.19

资料来源：《中国统计年鉴》。

（2）效率效益损失的不平衡

效率效益的损失具体体现在缴费激励不足与待遇水平较低等挑战。城乡居民基本养老保险实施以来，政府采用“差别化”的财政补贴方式达到激励居民缴费的效果。各地政府虽然不断完善缴费标准，增加相应的财政补贴，看似增加了参保人员的选择，但实际上并没有达到很好的激励效果。如表 5 所示，城乡居民个人缴费从 2012 年的 594 亿元逐年增加到 2017 年的 810 亿元，人均缴费变化不大，从 2012 年的 122.8 元增加到 2017 年的 158.0 元。城乡居民是否参保以及缴费档次、缴费时间的长短是一个理性选择的过程，即在家庭养老和社会养老之间，在收入约束和各种消费储蓄需求之间追求效用的最大化。从纯理论分析的角度不难发现，在收入允许的情况下，以低缴费档次参保，按照最少的缴费年限缴费，以及在临近领取养老金的时候缴费是经济理性的。即以最少的缴费达到制度门槛，得到完全由财政补贴的基础养老金和财政匹配个人账户缴费的部分补贴。同时最小化了制度不确定性可能带来的损失：最小化缴费对当期消费的挤占，最小化个人账户低投资收益率的损失。2014 年的数据显示，全国有 80.9% 的参保者选择 100 元的最低缴费档次，选择 200 ~ 500 元缴费的有 15.7%，选择 500 元以上缴费的仅为 3.4%（李红岚，2015）。这种缴费选择对个体而言是经济理性的，但是对制度的影响却是负面的——降低了个人账户养老金水平，从而拉低了制度整体的保障水平，进一步加剧了制度对财政的依赖程度。由此可见，城乡居民按低档次缴费的现象仍然很严重，缴费激励机制仍有待完善。因此，如何激励居民按高档次缴费仍然是我国城乡居民基本养老保险制度发展的一个难题。

表5　　2012—2017年城乡居民基本养老保险缴费情况

年份	个人缴费（亿元）	参保人数（亿人）	人均个人缴费（元）
2012	594	4.84	122.8
2013	636	4.98	127.8
2014	666	5.01	132.9
2015	700	5.04	138.7
2016	732	5.08	144.0
2017	810	5.13	158.0

资料来源：2012—2017年《人力资源和社会保障事业发展统计公报》。

3. 社会基本养老保障制度体系的现实不足

（1）社会基本养老保障发展不平衡与不充分

我国社会基本养老保障制度体系整体而言仍在一定程度上受城乡二元结构运行的限制。2014年以后，新农保和城居保虽然整合为统一的城乡居民基本养老保险制度，但是受历史因素、经济发展水平等影响，在不同的社会群体中的覆盖面和收益情况有巨大的差别，既体现在保险收益水平、基金统筹水平、养老金待遇等方面，也体现在对农民工、失地农民、失独老人、留守人员等群体福利水平有待进一步提高的"福利缺位"现象。

社会基本养老保障制度体系的不平衡与不充分也体现在针对不同人群的社会养老保障制度自成一体，衔接不畅。随着城乡之间的人员流动日益频繁，外出务工的人员参加城镇职工养老保险以及离职后返乡务农购买城乡居民基本养老保险的现象较为普遍，然而，两种保险在经办机构、缴费标准、待遇计发办法等方面并不相同。城乡居民在两种保险制度之间转换时缺少可行的依据，导致前一保险的缴费年限无法有效计入后一保险的缴费年限等问题产生，对于参保对象有失公平。碎片化的制度严重限制了社会保障的兜底能力。可见，现阶段城乡居民基本养老保险制度存在以下问题：有多重模式而统一性不足；有责任分担机制而权责关系依然不清晰；有现实保障能力而可持续性依然不足。这就需要深化城乡居民基本养老保险制度改革，优化养老基金筹资和保值增值结构。

（2）养老保障公共服务体系滞后

与快速增长的养老服务需求相比，我国养老保障公共服务体系的供给能力明显不足，主要表现为：基金监管制度建设滞后，基层服务平台薄弱；全国养老保障公共服务机构人力、财力投入相对不足，严重影响到公共服务系统服务能力的提升；社会养老保障的规范化、信息化、专业化建设受到制约，存在地区分割壁垒，服务手段难以改进，影响服务效率。不仅如此，从社会保障制度整体角度而言，社会保障公共服务体系改革明显滞后于社会保障制度建设，在机构设置、人员配备、保险统管以及信息化建设等诸多方面，管理体制缺乏前瞻性的发展规划，社会保障公共服务机构独立性不强，机构设置分散且名称多样，这些问题制约着社会保障公共服务能力的提升和行业的可持续发展（李春根等，2018）。

二、国际经验借鉴

（一）运行方式

目前，国际上普遍通行的社会养老保险制度的类型，是依据养老金性质及养老基金的筹集、管理、发放方式等划分为三种，即社会保险型养老保险制度、国家福利型养老保险制度、强制储蓄型养老保险制度。

1. 社会保险型养老保险制度

社会保险型养老保险制度，即以个人或雇主缴纳养老保险费为主，政府给予部分财政补贴的养老金制度。该类型制度最早发源于 19 世纪 80 年代俾斯麦时期的德国，随后在工业化国家如美国、日本、韩国、奥地利等国家发展起来，它既是世界上出现最早的现代社会养老保险制度模式，也是目前世界上农村社会化养老的主流模式。该类型制度的施行主要有两种形式：一种是针对农村人口设立专门独立的社会养老保险制度，如德国、法国、波兰等；另一种是直接将其城市社会养老保险制度向农村延伸覆盖农村人口，如日本、美国、韩国等。社会保险型养老保险制度受德国历史学派和“国家干预主义”“凯恩斯主义”理论影响，在公平与效率的目标选择上侧重于效率提高，强调农民养老“个人责任”及“援助自助者”的权利与义务相结合的原则，国家只承担有限财政责任，养老金的筹集由政府、雇主、雇员共同承担，养老保险待遇水平与个人收入、缴费年限密切关联，政府承担有限的养老金补贴责任，不过发达国家政府给予农民的养老金补贴相对较多。社会保险型养老保险制度一般实行现收现付制与基金积累制相结合的财务运行模式。

2. 国家福利型养老保险制度

国家福利型养老保险制度是指国家对全体公民提供普惠型的养老金制度，其养老基金主要来源于国家税收，全部或大部分由国家财政支付，个人基本不缴纳或缴纳很少的保险费。该类型最早出现于第二次世界大战后的英国，以英国、瑞典、加拿大等国家为典型代表。国家福利型养老保险制度受庇古的福利经济学理论的影响，强调通过财政经济政策的调节作用，由国家高度统一管理和支配，保障老年人晚年生活；在公平与效率的价值取向上把“公平”放在突出的位置，消除贫困及收入均等化为制度的社会政策目标。该类型强调社会养老的“国家责任”，国家是最主要的养老保障责任主体，由国家为全体国民提供全面的养老保障；公民资格及其权利是享受社会养老保障待遇的依据，农民和其他国民一样享有同等的养老待遇。该类型制度具有福利普遍性、保障全面性特点，财务运行实行现收现付制模式。

3. 强制储蓄型养老保险制度

强制储蓄型养老保险制度是一种自我储蓄投保型的社会养老金制度。该类型发端于 19 世纪 50 年代后的新加坡，20 世纪 80 年代以后在智利、阿根廷等拉美国家得到推广。强制储蓄型养老保险制度主要以智利为典型代表。

强制储蓄型养老保险制度以国家储蓄基金制度为理论基础，强调社会养老个人责任，主张以家庭为中心维持社会稳定和经济发展。该类型制度以强制性储蓄为核心，实行完全积累制财务运行模式，其养老基金来源于雇主和雇员按照工资收入的一定比例缴纳的保险费或由独立劳动者个人按照收入的一定比例缴纳的保险费，政府不给予投保补助，而仅给予一定的政策性优惠。但通常情况下政府会承担最低养老金和养老金投资最低回报率补贴。如智利政府规定如果投保者从个人账户中领取的养老金不能达到政府规定的最低养老金，则由政府补足差额部分。这种类型的养老保险属于个人完全积累的筹资模式，对国家财政压力较小，但互济性差，参保人之间不能共担养老风险，违背了社会保险制度的基本性质。

（二）资金筹集

养老保险资金筹集模式有三种：一是现收现付制；二是完全积累制；三是现收现付制与完全积累制相结合的部分积累制。

1. 现收现付制

现收现付制是指从全社会的角度来说，把今天的缴费用于今天社会保障的养老、失业和医疗需求，现收现付制实际上是一种静态平衡模式。其优点是收支关系简单清楚，管理方便，无资金贬值的风险与保值增值的压力；其缺点是因各期支付额不同而造成费（税）率波动大，给企业的成本核算带来负面影响，养老金的完全代际转移不仅使劳动者社会保险的权利与义务的关系难以得到准确体现，而且容易造成劳动者代际之间的矛盾激化。

2. 完全积累制

完全积累制也可称为基金制或总平均保险费制或预提分摊方式。该模式是在对有关社会经济发展指标如退休率、伤残率、通货膨胀率等进行宏观上的长期测算后，从追求养老保险收支的长期平衡角度出发，确定适当的费率标准，将养老保险较长时期的支出总和按比例分摊到整个期间并向企业与个人征收，同时对已筹集的养老保险基金进行有效运营与管理。其特点是强调长期平衡，费率较为稳定，能够积累起养老保险基金。其优点在于能够预防人口老龄化的冲击，使资金的收取与企业的经济条件相匹配，劳动者的权利与义务关系较为紧密。缺点则是固定的费率标准难以适应经济的发展变化，通货膨胀导致基金贬值风险的客观存在又使资金的保值增值压力倍增。

3. 部分积累模式

部分积累模式，其实不是一个独立的模式，是介乎于现收现付和完全积累两种模式之间的养老保险资金筹集模式。它兼具两种模式的长处，与此同时，又回避两者的短处，也正因如此，它受到重视。部分积累模式具有完全积累模式与现收现付模式的特点：对已退休人员，实行现收现付模式；对新参加投保的劳动者实行完全积累模式。其优点在于既能满足一定时期内的养老保险基金支出，又能有一定的资金积累；既不会超过企业与劳动者个人的经济承受能力，又因阶梯时间不太长而易于预测，面临的保值增值压力亦不会太大。

各国选择的模式通常与本国的养老保险制度直接相关。从欧洲各国的养老保险实践来看，一般是起始于积累方式，但随着时代的变迁，积累方式逐渐向现收现付制演变，而后又因人口老龄化与养老保险基金支付的压力，开始考虑部分积累制。1937 年，瑞典进行财政方式改革，开始同时使用积累方式和现收现付制的筹资模式，但为了适应人口老龄化的需要，积累制在部分国家开始“回归”，这也是因为部分积累制在应付经济变化和搞好宏观调控方面具有一定优势。

（三）缴费模式与给付水平确定模式

1. 缴费模式

养老保险缴费模式包括给付确定模式和缴费确定模式。最初是美国在商业保险公司经办的企业年金中运用的两种不同的年金分配准则，后来被引进社会保险范畴，用以说明养老保险金的两种计发和给付方式。

所谓给付确定模式，是先设定养老保险金为保障一定的生活水平需要达到的替代率，以此确定养老保险金的给付标准，再结合相关影响因素进行测算，来确定养老保险费的征缴比例。因此，这种模式实质上是“以支定收”模式。给付确定模式维持的是短期内的横向平衡，一般没有结余。这种模式通常和现收现付模式联系在一起。

所谓缴费确定模式，是结合未来的养老负担、基金的保值增值、通货膨胀率、企业的合理负担、现行劳动力市场和工资水平等因素，经过预测，确定一个相当长时期内比较稳定的缴费比例或者标准，再根据这个缴费标准来筹集养老保险基金，完全或部分地存入劳动者的个人账户，在劳动者失去劳动能力后，以其个人账户中的金额作为养老保险金或养老保险金的一部分。这种模式实质上是“以收定支”。缴费确定模式维持的是长期内的纵向平衡。这种模式通常和完全积累或部分积累模式联系在一起。

20 世纪 90 年代以前，瑞典养老金的筹资模式一直都是现收现付型，可谓是典型的“高福利、高税收”。但是由于世界性经济危机的原因，瑞典社会保障制度从 20 世纪 70 年代就开始面临严重的困境。很长一段时间，瑞典的劳动生产率大幅下降，财政赤字严重，救济人数增多，再加上人口老龄化速度明显加快，从而让瑞典政府不得不改革这种现收现付型筹资模式的养老保险制度，逐步建立起现收现付型筹资与部分积累型相结合的养老金筹资模式。与此同时，从过去的给付确定模式转变为缴费确定模式。瑞典的养老保险模式于 1998 年转向了新制度。改革后的瑞典养老保险制度呈现新的特点，瑞典重新界定政府和个人的责任，引入名义个人账户制度，使个人缴费记录明晰，个人养老责任意识大大加强（余梦秋，2014）。政府责任向后，个人责任向前，同时解除了对私营部门的管制，允许以营利为目的的第三方机构提供养老保险服务，实现了养老体系中多元主体的互动。一系列的改革使得瑞典养老保险制度具备了应对经济动荡和人口老龄化风险的能力，形成了一套运作效率高、政府责任明晰、监管严密的养老保险体系，使制度更加有效、财政生命力重新焕发，保证了养老保险事业发展的可持续性。

2. 给付水平确定模式

按养老保险金的给付标准是否与享有者工作期间的收入水平有关，可将养老保险给付水平确定模式划分为普遍生活保障模式和收入关联模式。

普遍生活保障模式强调对所有老年居民都提供养老保险，养老保险的标准是统一均等的，水平高低与消费水平有关，与老年人是否是工薪阶层劳动者、退休前工资收入高或低、职业是否稳定等没有关系，一般是保障基本生活水平。普遍生活保障模式的养老保险制度生存下去的基石是政府财政的有力支持。该模式由于过分强调普遍性和福利性，20 世纪 70 年代以来“福利病”逐渐暴露出来，福利国家负担日益沉重，经济增长速度放慢。

收入关联模式强调社会保险费一般由雇主、雇员和国家三方共同负担，如英国、德国和意大利等工业国家，这种方式最为普遍。其规定社会保险的缴费额度和养老保险金的给付标准与劳动者退休前的工资收入有关联。由于这是一种与收入水平有关联的制度模式，也就自然而然地将非工薪阶层，如农民排除在这种模式安排的养老保险制度之外。与普遍生活保障模式相比，收入关联模式更强调权利与义务的平衡。

（四）基金管理

各国养老保险基金管理其共同点在于一般将养老保险体系划分为政府主导的公共养老保险基金和企业或个人主导的补充性养老保险基金，由政府主导的公共养老保险基金主要用于满足当期的养老金需求，一般实行现收现付制。

作为建立在现收现付制基础上的典型缴费型主权养老保险基金，与日本、韩国、加拿大、西班牙等国家缴费型主权养老保险基金相比，与只能投资于国债的美国联邦信托基金相比，英国国家保险基金的投资运营可以说极其保守。一方面，英国着力降低第一支柱在养老保险体系中所承担的责任，而且基金因人口老龄化、通货膨胀、金融危机等因素不断贬值，在可预见的将来，基金盈余将迅速耗尽、财政补贴将大量增加；另一方面，对英国来说，由于给付确定模式的基本性质及基金在整个养老保险体系中的基础性地位和作用，传统的风险厌恶和金融危机教训，英国政府仍不为所动，高流动性和安全性始终是最高追求。对于基本养老保险基金的管理与投资运营，不能只基于本身的保值增值逻辑，更需要将其纳入整个养老金保险体系进行考量，统筹风险和责任的分担。采取更积极的老龄化对策、延迟退休年龄、真正提高劳动生产率，才能真正解决老龄化的负担问题，这已成为一个共识。

对比美国的养老保险基金投资，美国的养老保险制度是一个“三支柱”体制。第一支柱是联邦政府管理下的社会保障，称之为基本养老保险，是全民都能享有的福利，主要特点是：现收现付制，结余比较少，投资运营也比较保守，仅限于财政部定向发行的特别债券。它主要是确保基本养老保险基金的安全性。第二支柱是指联邦，州和地方政府为其雇员提供的各种养老金计划和企业为雇员建立的企业养老金计划。主要特点是：投资渠道广泛，专业机构代为投资管理，能获得较高的收益，是其养老保险基金增值的主要部分。第三支柱是个人为养老而储备的资金。

对比智利的养老保险基金投资，智利主要特点是多元化投资，与中国类似，于 1981 年建立完全积累制的个人账户。个人账户由基本个人账户和补充个人账户组成。个人账户基金来源于雇员储蓄，交予专业的养老保险机构进行投资管理，养老保险管理公司将其合理投资于股票、债券、商业票据、银行定期存款等，以实现养老保险金的保值增值。在智利养老保险基金投资的探索发展中，投资的多元化是必然的趋势，从 1981 年到 2000 年，投资工具不断向多样化发展，同时仍保有一定固定收益类投资比例，在实现收益最大化时保证资金安全。除此之外，最低收益率担保也是智利养老保险基金运营的一大亮点，是智利保障养老保险基金安全运营行之有效的重要措施。养老保险管理公司为了追求利益最大化必然要提高本公司投资收益率，而各公司之间的竞争也将推进行业整体效率的提高，最终实现基金保值增值。

综上所述，美国的基本养老保险虽然收益较低，但安全性高，同时国外对补充养老保险金的投资限额相对较宽，鼓励对其自主投资，以获得更高的收益，从而实现资金的保值增值。例如，美国在基本养老保险外还为人民制订多种养老保险计划，供人民自主选择。智利在实行多元化投资的同时实行最低担保制度，大大鼓励了人民投资的积极性。在中国，基本养老保险基金中的社会统筹基金实行的是现收现付制，注重资金的安全性和流动性，所以可以以国债和银行存款为主要投资对象，保证资金的安全。而个人资金账户是一种完全积累式的养老金储蓄形式，因此可以效仿美国和智利，以实现资金的保值增值。

（五）小结

目前，国外农民的养老保险制度也没有统一的或者标准的制度模式，制度选择与国家农业政策、城镇化工业化进程、人口老龄化等因素密切相关，各国都是结合本国农业、农村及农民的实际情况，对农民采取相应的养老保险制度。因此，我国必须根据中国的实际情况，探索符合我国国情的中国特色养老保险制度体系。尽管各国的居民养老保险制度的实践不完全相同，我们仍能从中找出一些共性的优秀经验。

应充分发挥政府作用，解决养老金空账问题。首先，政府应承担居民养老保险制度的主导角色。我国养老保障事业的发展应充分考虑中央及地方政府的财政压力，在合适的时间内，从小范围做起，采取逐步做实增加积累的方式做实个人账户，避免养老金空账运行。同时，应多渠道筹集做实个人账户所需要的资金，加大政府财政支持力度，通过发行国债、融资等方式，引入社会力量解决资金问题。

应发挥家庭的保障作用，构建多层次的养老保险制度体系。我国的养老保险制度可以适当参考新加坡的养老保险模式，在社会变迁中把握家庭的新生价值，提振爱老、敬老、养老的社会风气。在充分发挥政府、市场、家庭三方作用的同时，充分调动社会力量参与养老，并改善已有条件，在农村地区探索以地养老模式，在城市地区探索以房养老模式等。同时应创新养老服务机制，实行养老服务分级制度，鼓励多种力量参与养老服务，形成社区护理院、照料中心、居家养老等不同层次的养老服务新格局。

应坚持走法治化道路。社会保障领域的改革与发展应建立在坚实的法治基础上，要注重养老保险法治建设，依法推进养老保险事业的发展。新加坡建立养老保险法，明确规定政府、企业、个人三方在养老保险事业中的具体权利与义务，以法律形式确定政府主体作用，并规定了企业和劳动者缴费的义务。我国养老保险事业可以借鉴新加坡的经验，形成从总体制度设计到具体操作实施的完整的法治体系，促进养老保险事业的健康发展。

三、对策和建议

城乡居民基本养老保险制度是国家根据经济社会发展和城乡居民的期盼作出的重大制度决策。它是采取个人缴费，集体补助和政府补贴相结合，社会统筹与个人账户相结合的方式，对符合参保条件并按规定参保缴费的人员予以养老保障的新型社会养老保险制度。这一决策的重要意义，主要体现在以下三个方面。一是贯彻落实党中央决策部署和依法行政的重大举措。二是统筹城乡、推进基本公共服务均等化的重大举措。建立统一的城乡居民基本养老保险制度，有利于加快社会保障城乡统筹步伐，从制度上消除影响劳动力和人口合理流动的障碍，逐步缩小城乡差距，实现基本公共服务均等化。同时也有利于使群众增强社会安全感，对民生改善有稳定预期，促进社会和谐稳定，这对于拉动消费、鼓励创新创业都具有重要的作用。三是建立更加公平可持续社会保障制度的重大措施。建立统一的城乡居民基本养老保险制度，有利于在更高层面上实现城乡统筹、制度平等和分享社会经济发展成果，从而推动建立更加公平可持续的社会保障制度。2017 年 10 月 18 日，习近平总书记在党的十九大报告中指出，加强社会保障体系建设。这意味着不仅要全面建成覆盖全民、城乡统筹、权责清晰、保障适度、可持续的多层次社会保障体系，而且还要完善城镇职工基本养老保险和城乡居民基本养老保险制度，尽快实现养老保险全国统筹，完善统一的城乡居民基本医疗保险制度和大病保险制度。完善失业、工伤保险制度。建立全国统一的社会保险公共服务平台。

（一）进一步优化缴费标准

1. 参照有效缴费标准区间和居民缴费能力来设定缴费档次

缴费标准太低，未来领取的养老金也低，无法满足基本的养老需求；缴费标准太高，城乡居民又无法承受。只有按照有效缴费标准区间缴费，才能保证城乡居民未来领取的养老金既满足基本的生活需求，又能够负担得起。因此，建议按照有效缴费标准区间来设定若干缴费档次。同时，考虑到部分低收入群体不存在有效缴费标准区间的现实，建议再参照低收入居民的最大缴费能力，设定若干低缴费档次，以保证其有能力参保。

2. 根据收入增长情况逐年提高缴费标准，适时改为比例费率制

城乡居民的收入在逐年增长，若缴费档次不变，则相当于变相地降低了缴费标准，进而会降低居民未来的养老金水平；同时，由于当前城乡居民基本养老保险的缴费激励性不强，直接导致居民的逆向选择，即大多数居民都选择最低缴费档次来缴费，若最低缴费档次长期不变，会直接导致城乡居保的保障能力不足。建议根据城乡居民的收入增长情况每年调整一次缴费标准，尤其是最低缴费档次，每年都要提高。从长期来看，建议适时将缴费标准改为比例费率制，具体可以参照浙江省嘉兴市的做法，以当地上年度的城镇居民人均可支配收入、农民人均纯收入以及两者平均数为缴费基数，按照

一定比例来缴费。

3. 提高最低缴费年限

首先，提高城乡居民最低缴费年限。目前我国的城乡居民最低缴费年限为 15 年，在相同的替代率条件下，若根据科学计算，适当延长最低缴费年限，有利于缓解居民的缴费压力，降低居民的经济负担。在相同的合意替代率①下，缴费年限越长，其合意缴费补贴②就越低。可见增加缴费年限可以在保证合意替代率的基础上降低缴费负担。建议国家颁布政策法规，采用强制性措施提高城乡居民基本养老保险的最低缴费年限，由目前的 15 年适当延长。

（二）适当完善补贴机制

1. 适当增加城乡居民基本养老保险的计发系数和记账利率

适当增加城乡居民基本养老保险的计发系数有利于老年人权益的切实保障和城乡居民基本养老保险的可持续发展。通过调整退休居民预期余命和养老金计发系数从制度设计上增进个人账户养老金的精算平衡，消除基金缺口，从而将中央和地方的财政补贴责任明确限于统筹账户基础养老金补贴和个人账户缴费补贴。

提高记账利率，增强利息收益对“多缴”的吸引力，完善城乡居民养老保险个人账户完全积累的制度设计，使记账利率对个人账户积累额增长有很大影响。保持较高记账利率是提高参保人缴费积极性的有效手段，从长远来看，是最为重要的政策手段之一。目前，城乡居民基本养老保险基金管理普遍存在规模小、管理层次低、保值增值渠道狭窄、运营手段落后、缺乏专业人员等不利因素，下一步，要将基金统筹层次提高到省级，实行专业化运营，切实做到保值增值。

---

① 个人账户合意替代率，是指领取的个人账户养老金能使居民生活达到合意水平时的替代率。

② 合意缴费补贴，是指为了使个人账户替代率达到合意替代率，地方政府应给予的缴费补贴。

2. 完善激励制度

在地方制度设计方面，地方政府应建立与城乡居民的实际情况相结合的缴费档次，完善“多缴多得、长缴多得”的激励机制。第一，制定周期性的缴费标准调整机制。根据居民收入情况定期调整缴费标准有利于提高其未来的养老金水平。第二，激励城乡居民按较高档次缴费。例如，可以将个人账户利率透明化，使城乡居民切实感受到基金的增值，有利于提高城乡居民按高标准缴费的积极性。第三，对已参加城乡居民养老保险的居民按缴费年限增加基础养老金的补贴档次，达到“长缴多得”的激励目的。第四，需以拉平男女退休年龄、做实全民参保、提高缴费率为首要目标，在缴费激励方面不宜过度鼓吹“多缴多得”的制度导向，避免给财政支付带来沉重负担。

3. 过渡至普惠制的老年津贴制度

首先，普惠制老年津贴制度在本质上属于社会福利项目，不需要个人缴费，体现为完全由政府财政负担的老年收入保障。改革后，城乡居民基本养老保险制度这样一个选择性的、缴费式的福利制度就转变为普享型的福利制度，能够避免城乡居民因缺乏缴费能力而被排除在制度之外的情况，可以实现制度的全覆盖。

其次，普惠制老年津贴制度有助于制度的整合和简化，能减少制度成本。在现有城乡居民基本养老保险制度下，部分的困难群体由财政补贴的方式代缴一部分或者全部个人缴费，待参保人年满60周岁时再发放养老金。这类群体不需缴费就可以领取养老金，与福利养老金在本质上无异，但额外增加了管理实施成本，加剧老年收入保障体系的复杂性。实施普惠制老年津贴制度，就可以与部分地区现行的高龄津贴、福利养老金等制度合并实施，简化制度运行，减少制度成本。普惠制老年津贴制度的性质不再是社会保险，而是一项惠及全体城乡居民的福利制度，个人不需缴费就可以得到养老金。津贴水平的高低取决于政府财政能力，具有一定的弹性，在一定程度上也可以减少不同社会保险制度间的攀比，还能避免城乡居民基本养老保险制度和城镇职工基本养老保险制度之间转移接续难的问题。

（三）坚持延迟退休改革导向

1. 厘定延迟退休改革目标，明晰退休政策调整方向

针对人口老龄化出现的人口福利减退和养老基金缺口的问题，我国需要积极借鉴国际延迟退休年龄的做法并加以适合国情的改造。在现行退休体制下，出现了养老基金缴费年限越短，养老保险缴费内部回报率反而越高的问题。这一方面客观上为人们提前退休提供了经济动力，影响社会统筹账户和个人账户的资金平衡，加剧了社会养老保险基金收不抵支的亏空风险，增加了国家财政的支付压力。另一方面，也会影响青年群体对于国家社会养老保险投资选择的信心与风险考虑，从而可能导致部分青年群体放弃社会养老保险的养老选择，转向其他方式的养老投资，间接影响国家养老保险基金的可持续发展，进而衍生养老退休保障等一系列的民生问题。延迟退休年龄政策为降低养老保险缴费率创造可能性，且能保证养老保险基金的可持续运行。随着平均受教育年限的提高，人力资本存量回收期相应延长，通过延迟退休，进一步开发和挖掘老年劳动供给潜力，能提高整个社会的人力资本利用率。因此，坚持延迟退休的政策改革导向是实现基本养老基金可持续发展的必由之路。

发达国家退休政策调整的目标具有多重性特征，保障国民老年生活充足、公共养老财政可持续、社会养老资源分配公平以及管理有效是其核心目标。退休年龄调整之所以成为西方偏好的政策工具，并不仅仅是因为其能够缓解公共养老金财政压力，更重要的是由于它所具有的生产性特征、自然性特征和共担性特征，在一定程度上能够同时实现不同人口、不同经济社会发展阶段背景和要求下的退休政策调整的多重目标和多种任务。

2. 建立退休年龄政策的约束与激励机制

退休年龄作为劳动者在职劳动贡献与退休后享受养老金待遇的临界值，其应满足最低工作年限的刚性约束与最高退休年龄的弹性激励。最低的退休年龄工作年限指标必须具有一定的政策刚性，它是劳动者要享受退休待遇应

尽的义务，因而其适用于所有入职劳动者享受退休待遇的基本要求，对于在这一最低指标下提前退休者应该建立严格的甄别与资格准入条件。最高的退休年龄指标应赋予弹性激励，对于在最高的法定退休年龄指标后自愿延迟退休者，则应该在养老金计发中给予相应的激励。这就要求进一步修订完善养老金计发办法，通过降低基本养老保险中个人的缴费率，彰显基本养老保险的再分配功能。规范退休后继续劳动者的养老金管理，在计发办法中增加延迟退休或延迟领取养老金的待遇权值。严格制定提前退休的资格条件和审批程序，以减少因提前退休造成的社会不公。

3. 以激励性灵活退休年龄体系为长期方向，以增量改革为基本宗旨

弹性退休体系是我国退休政策调整的基本方向，灵活退休年龄体系的构建则是重中之重。中国弹性退休体系是包括退休年龄灵活化、退休方式渐进化、退休待遇多元化和工作环境柔性化，退休制度安排、退休政策设计和退休环境相互衔接的多层次弹性系统。退休年龄灵活化要求打破在某一时点退休的传统观念，准许劳动者在超过一定年龄之后的 10 ~ 15 年内自行决定退休时间，这进而要求我们创建提前和延迟退休制度、构建退休年龄与退休金支付的关联机制，调整病残退休政策规定，从而建立退休年龄弹性化的制度体系。

（四）建立健全养老保险全国漫游制度

1. 加速实现养老保险城乡一体化进程

健全的法律法规体系是实现城乡一体化养老保险制度的保障。在规制城乡居民基本养老保险制度方面，现行的相关法律规范、政策文件中虽有提及养老保险有关制度，但规定太少且并不具体。要进一步健全完善符合我国基本国情的全国城乡养老保险法，强化建立一体化养老保险体系的法律依据和法律约束，为消除城乡差别扫清法律障碍，使养老保障制度有法可依。

要努力推动城乡协调发展。城乡发展不平衡是制约我国实现城乡一体化的养老保险制度的一个根本障碍。要认真贯彻落实党的十九大精神，统筹实施乡村振兴战略和协调发展战略，大力推进新型城镇化建设，努力消除城乡差别，增加财政收入，实现地方财政收入的稳定增长，切实解决社会保障资金的紧缺问题，扩大和稳定养老保险金收入来源，努力提升广大农村地区养老保障水平，为构建城乡一体化养老保险制度奠定坚实基础。

2. 完善养老保险基金管理体制

要进一步提高养老保险基金的统筹层次，建立全国统一的养老保险基金管理机构。虽然我国的一系列改革措施已经取得了显著的成效，帮助我国养老保险基金的统筹层次上升到省级层面，但依然无法完全解决我国地区间差异显著的问题。由于地区之间无法进行调剂，依然存在部分地区的养老保险基金累计结余很多，同时部分地区却收不抵支，并致使我国养老保险基金总量上存在结余的现象。进一步提高统筹层次不但有助于养老保险基金结余在全国范围内进行调剂，抹平城乡区域间存在的差异，也有助于实现养老保险基金的统一管理，提高管理效率。完善养老保险基金管理体制和中央调剂制度，避免省份陷入只能使用财政补贴抑或动用其他保险基金弥补养老保险基金的窘境。

3. 坚持养老保险全国统筹的改革方向

要坚持城乡居民基本养老保险全国统筹的改革方向。目前，城乡居民基本养老保险制度基本实现省级统筹，为下一步的全国统筹阶段积累实践经验。全国统筹包括基本养老保险制度全国统筹、基本养老保险基金全国统筹、基本养老保险管理全国统筹、基本养老保险技术全国统筹，实现统一调度使用基金，统一经办管理，以统一的信息系统为主线，从而最终实现全国城乡基本养老保险事业的统筹协调发展。为促进城镇职工养老保险制度与城乡基本养老保险制度的有效衔接，可以探索建立缴费互认制度，妥善处理两种保险制度转换时在缴费金额和年限上的折算方式，在衔接的过程中进行差额补足，尽力确保转换时的公平对等，这将更有力推进城乡居民参加保险的积极性。通过以上几个方面的制度完善逐步实现城乡居民基本养老保险与职工基本养老保险在制度上的合轨，从而实现真正意义上的城乡居民基本养老保险的全国漫游与全覆盖。

（五）增强养老保险基金可持续性

1. 建立完善全国统一的管理部门

第一，建立全国统一的管理部门。这不仅有助于提高养老保险经办效率，也有助于养老保险的一体化实施。建立并完善独立的养老保险基金监管机构，保障养老保险基金的有效使用和高效管理。第二，通过信息化建设，使制度运行更加公开透明。随着电子政务与信息公开的推行，包括养老保险在内的社会保障成为百姓社会参与的重要板块，将养老保险基金管理上升至网络化，实现业务管理信息公开，不仅有利于提高养老保险基金设立使用的效率，也有助于避免资金的侵占或挪用，是完善养老基金设立使用发展的必然趋势。

2. 构建养老保险基金市场化投资制度

我国养老保险财政投入较多，但是基金保值增值的能力有所欠缺。在实际养老金不能满足需求的同时，养老保险基金存在大量结余。应建立完善养老保险基金管理机制，增加多种渠道筹集养老保险基金，采取多种方法盘活养老保险基金，从而实现基金的保值增值。一般而言，基金投资的收益与风险具有正向替代的关系，而养老保险基金尤其需要在收益目标与安全目标之间进行权衡，在保值过程中实现增值。城乡居民基本养老保险的个人账户基金投资适宜选取证券组合，实现指数化投资，通过投资产品组合多元化分散风险，利用市场化投资体制实现个人账户基金的保值增值，并参考现实投资回报率设置个人账户利率进而加快养老基金投资步伐，提高账户缴费的回报率。

参考文献

[1] 蔡昉．人口转变、人口红利与刘易斯转折点．经济研究，2010（4）

[2] 陈锡文，陈昱阳，张建军．中国农村人口老龄化对农业产出影响的量化研究．中国人口科学，2011（2）

[3] 丛春霞，邵大妞．养老金收支失衡对地区发展环境的影响研究．社会保障研究，2019（4）
[4] 董克用，施文凯．从个人账户到个人养老金：城乡居民基本养老保险结构性改革再思考．社会保障研究，2019（1）
[5] 封进，赵发强．新中国养老保险70年：经验、问题与展望．社会保障研究，2019（6）
[6] 何文炯．论社会保障的互助共济性．社会保障评论，2017（1）
[7] 何文炯．中国社会保障：从快速扩展到高质量发展．中国人口科学，2019（1）
[8] 解垩．养老金与老年人口多维贫困和不平等研究——基于非强制养老保险城乡比较的视角．中国人口科学，2017（5）
[9] 李春根，熊萌之，夏珺．从社会主要矛盾变化看我国社会保障制度改革方向．社会保障研究，2018（2）
[10] 刘昌平，刘威．公共财政视角下城乡居民基本养老保险最优缴费档次研究．社会保障研究，2019（3）
[11] 刘伟兵，杨扬．地区差异与城镇职工基础养老金全国统筹：矛盾及其化解．社会保障研究，2019（1）
[12] 刘央央，钟仁耀．城乡低保对象认定标准中增加支出标准的合理性分析——基于悬崖效应的视角．社会保障研究，2019（1）
[13] 刘子兰，郑茜文，周成．养老保险对劳动供给和退休决策的影响．经济研究，2019（6）
[14] 穆怀中，陈曦．基础养老保险缴费率新模型及实证检验．中国人口科学，2019（4）
[15] 聂明隽．阿根廷养老保险私有化改革的教训与启示．中国社会保障，2018（12）
[16] 王雯．城乡居民基本养老保险财政补贴机制研究．社会保障研究，2017（5）
[17] 许庆，刘进．“新农合”制度对农村妇女劳动供给的影响．中国人口科学，2015（3）
[18] 阳义南，肖建华，黄秀女．我国养老金不平等对家庭代际经济交换的影响．社会保障研究，2019（4）
[19] 张翔，宋寒冰，吴博文．收入、预期寿命和社会养老保险收入再分配效应．统计研究，2019（3）
[20] 张向达，方群．共享、融合与创新：城镇低收入群体多层次养老保险体系设计．社会保障评论，2019（3）
[21] 张勇．基本养老保险基金的调剂效果研究．统计研究，2019（6）
[22] 郑功成．多层次社会保障体系建设：现状评估与政策思路．社会保障评论，2019（1）

农村全面小康短板研究：精准扶贫与特色产业发展——以黔东南地区农村为例[①]

改革开放以来，我国经济快速发展，在改革进程中取得了伟大成就，转型过程中各阶段建设目标逐步搭建并完成。党的十八大明确到2020年全面建成小康社会的奋斗目标，作为中华民族自古以来追求的理想社会状态，如期全面建成小康社会，这无论是在中华民族的发展史上，还是在世界之林的发展史上，都有着无比重要的意义。而实现小康的重点、难点就取决于“三农”。“小康不小康，关键看老乡”。脱贫攻坚质量怎么样、小康成色如何，很大程度上要取决于“三农”的工作成效。

以1978年中共十一届三中全会为标志，到2020年全面建成小康社会的收官之年，历时40余载的改革，中国有组织、有计划、大规模地开展农村扶贫开发，直到探索一条具有中国特色的扶贫开发道路，农村的扶贫问题和发展问题取得了很大的进展。但在其发展的背后，还存在着诸多短板问题，这些短板问题直接关系着2020年是否能决胜全面建成小康社会、推进乡村全面振兴。而在补齐短板的同时，如何为乡村下一步发展打好基础，提前布局，也是当前需要研究和探讨的重要问题。

---

① 本报告是清华大学中国农村研究院2019年重点研究课题“农村全面小康短板研究：精准扶贫与特色产业发展——以黔东南地区农村为例”的研究成果，报告观点仅代表课题组的看法。课题负责人：严飞，清华大学社会学系副教授、系副主任，清华大学社会治理与发展研究院副院长。报告执笔人：刘畅、廖天航、龙臣、刘龙、邵静怡、葛健豪、马雨欣。

一、农村全面小康现状与短板研究

（一）农村全面建设小康的成果

党中央、国务院高度重视扶贫减贫，通过出台一系列中长期扶贫规划，探索一条符合中国国情的农村减贫之路，为全面建成小康社会打下牢靠基础。农村贫困人口大幅度减少，农村贫困群众生活水平蒸蒸日上，农村贫困地区面貌焕然一新，这不光是距离实现中华民族伟大复兴更近一步，也为全球的减贫事业做出巨大贡献。

1. 贫困人口大幅减少，精准扶贫成就举世瞩目

（1）国内扎实推进脱贫攻坚已取得巨大成效

据国家统计局全国农村贫困监测调查显示，依照现行国家农村贫困标准测算，2019 年末，全国农村贫困人口 551 万人，比上年末减少 1109 万人，下降 66.8%；贫困发生率为 0.6%，比上年下降 1.1 个百分点。党的十八大以来，全国农村贫困人口已经累计减少超过 9000 万人（见图 1、表 1）。[①] 为 2020 年如期实现打赢脱贫攻坚战、全面建成小康社会的战略目标奠定了信心。

（2）中国的扶贫经验为世界减贫提供宝贵财富

自从 20 世纪 70 年代末以来，我国累计有 7 亿人脱离贫困，中国已经成为世界上最早实现联合国千年发展目标中减贫要求的发展中国家，从数据来看，对全球减贫的贡献率超过 70%。依据世界银行数据显示，1981—2015 年，中国累计减少贫困人口 7.28 亿人，这一数字比拉美或欧盟国家的总人口还要多，而同期世界其他地区的脱贫人口仅有 1.52 亿人[②]。除此以外，中国在实践中总结探索许多成功模式，如整村推进扶贫模式、雨露计划扶贫模

① 方晓丹：“2019年全国农村贫困人口减少1109万人”，国家统计局，2019年。

② 数据来源于世界银行网站，http://iresearch.worldbank.org/PovcalNet/povOnDemand.aspx。

式、产业化扶贫模式以及特困地区综合治理扶贫模式等，这些成功模式也为提前实现联合国千年发展目标中贫困人口减半的目标贡献出中国方法与中国智慧，用数据和事实赢得世界范围内的国际组织和许多发展中国家的广泛赞誉。[①]

图1 2014—2019年末全国农村贫困人口和贫困发生率

资料来源：国家统计局。

表1 2019年全国农村贫困数据变化

	全国农村贫困数据变化
区域	2019年末农村贫困人口均减少，减贫速度均超上年。西部地区农村贫困人口323万人，比上年减少593万人；中部地区农村贫困人口181万人，比上年减少416万人；东部地区农村贫困人口47万人，比上年减少100万人
省际	2019年各省贫困发生率普遍下降至2.2%及以下。其中，贫困发生率在1%～2.2%的省份有7个，包括广西、贵州、云南、西藏、甘肃、青海、新疆；贫困发生率在0.5%～1%的省份有7个，包括山西、吉林、河南、湖南、四川、陕西、宁夏

资料来源：国家统计局。

① 董天美：“中国的扶贫模式已成为世界减贫的宝贵财富”，2016，中国网，http://opinion.china.com.cn/opinion_62_144562.html。2007年9月，南非副总统姆兰博·努卡访华时表示，“中国的扶贫经验非常重要，值得南非进行深入的学习和借鉴”。2007年11月，委内瑞拉外长马杜罗访华时表示：“中国在扶贫方面取得的经验对委内瑞拉非常重要，中国的扶贫工作既从宏观上制定政策、协调整合力量，又根据不同情况采取不同扶贫措施，在村一级实施规划，这些创新值得委内瑞拉学习和借鉴。”2019年10月17日，联合国秘书长古特雷斯的扶贫日致辞中指出，“中国的经验可以为其他发展中国家提供有益借鉴”。

2. 农业农村全面进步，农民幸福感大幅提升

党的十八大以来，动员全党全社会力量，广泛参与消除农村贫困的斗争，脱贫攻坚取得决定性成就，不光是建立健全推进全面小康建设的制度框架，如促进农民持续增收制度、农村精准扶贫脱贫制度、新型农村合作医疗制度等；也夯实奠定了农村全面小康建设的物质基础，如农村现代化建设不断加快、农业综合生产能力明显提高、农民生活质量明显提升等。事实证明，在贯彻实行党的十九大提出的乡村振兴战略上，就推动乡村产业振兴、推动乡村人才振兴、推动乡村文化振兴、推动乡村生态振兴和推动乡村组织振兴这五项指标而言，全面小康工作也取得了明显成效（见表2）。

表2　　全面小康和乡村振兴的五项指标

指标	措施	成效
推动乡村产业振兴	加快构建现代农业产业体系、生产体系、经营体系，推进农业由增产导向转向提质导向	（1）2017年粮食产量61791万吨，连续5年稳定在6亿吨以上； （2）2017年主要农产品加工转化率超过65%； （3）截至2017年末，休闲农业和乡村旅游各类经营主体已经达到33万家，营业收入近5500亿元
推动乡村人才振兴	培育好新型职业农民，建设好农村专业人才队伍，建设好农村专业人才队伍	（1）截至目前，新型职业农民规模已经超过1400万人； （2）截至2017年末，各类返乡下乡创业人员超过了700万人
推动乡村文化振兴	加强农村思想道德建设和公共文化建设，培育文明乡风、良好家风、淳朴民风	（1）全国县级及县级以上，文明村和文明乡镇占比达到50%以上； （2）截至2016年末，有体育健身场所的村达到59.2%；有农民业余文化组织的村达到41.3%
推动乡村生态振兴	坚持绿色发展，加强农村突出环境问题综合治理，让良好生态成为乡村振兴支撑点	（1）2017年水稻、玉米、小麦三大粮食作物，化肥利用率为37.8%，农药利用率为38.8%，提前实现到2020年化肥农药零增长的目标； （2）2018年新增高标准农田8000万亩以上。高效节水灌溉面积2000万亩； （3）2018年耕地轮作休耕试点面积增加到3000万亩

续表

指标	措施	成效
推动乡村组织振兴	打造农村基层党组织，培养优秀的农村基层党组织书记	（1）截至2016年，全国共有约85%的村建立村民会议或村民代表会议制度； （2）截至2016年，全国98%的村建立村规民约或村民自治章程

资料来源：国家统计局。

（二）农村全面建设小康的短板

何谓“全面”，何谓“小康”？“小康”指的是发展水平，“全面”指的是发展的均衡性、协调性以及可持续性。中国发展门户网的数据表明，截至2020年，剩余的贫困人口主要集中在深度贫困地区，全国仍然有9个省份的贫困人口超过了10万人，9个地、州、市的贫困人口超过了5万人，39个县的贫困人口超过1万人，还有16个县的贫困发生率超过了5%。[①] 可以看出，彻底解决农村最后的贫困问题，是全面建成小康社会无法绕开和回避的一座大山，但是要打赢脱贫攻坚战绝非易事。目前各地在农村全面建设小康中存在的较为普遍的短板主要有以下几个方面。

1. 农村基础设施落后，与现代农业发展需求不匹配

农村基础设施作为农村经济发展的物质基础，农村各项事业的开展和农民生活水平的提高都离不开设置科学、开发合理的基础设施，它涉及农村经济、社会、文化等方方面面，是我国新农村建设中不可忽视的一环。当前我国农村基础设施建设已经取得不小的成就，但还是与现代农业发展的需求不匹配，制约着我国农村消费潜力的释放，也阻碍着我国农村经济的发展。这背后不乏农村规划滞后、投资渠道窄、资金使用缺乏有力监督和农民意愿未予以重视等原因。农村基础设施落后一般表

① 李云龙，“2020年，擂响亿万农民跨入全面小康的战鼓”，中国网，http://cn.chinagate.cn/news/2020-02/07/content_75681514_2.htm。

现为以下几点。

（1）农村道路建设滞后

截至2019年末“贫困”摘帽的地区，大多位于大山与河沟深处，这对实现道路通畅的目标形成了现实困难。由于道路养护花销不小，管理任务繁重，抗灾能力弱，后期维护不善，一些刚脱贫地区也会出现乡村道路建设质量不高的问题。

（2）农村电网设备差且用电成本高

农村电力设备的老旧现象已经是老生常谈，这是农村建设电网最严重的问题之一。除了遇到刮风下雨等恶劣天气时会断电，出现供电不正常的问题以外，有些电线设备破损严重，十分容易出现安全事故。同时由于前期规划并不合理等原因，农村的平均电价实际上比城镇要高，这使一些农民因用电成本高而宁愿放弃用电。

（3）农村互联网普及情况低于城镇

中国互联网络信息中心的统计显示，截至2016年6月，我国农村互联网普及率保持稳定，达到31.7%，但城镇地区互联网普及率超过农村地区35.6个百分点，城乡差距仍然较大，这说明农村互联网的基础设施普及仍然任重道远。

（4）公共服务供给不足，不能满足农民的美好生活需要

农村公共服务是农民最基本的民生需求，也是当前中国农村民众亟待解决的现实问题，其范围囊括了保障基本民生需求的教育、就业、社会保障、医疗卫生、计划生育、住房保障、文化体育等领域的公共服务。目前，我国农村的公共服务供给不足、发展不均衡的问题仍然显著，具体表现为：在教育方面，一些地区依然存在贫困家庭孩子辍学的问题，同时，教育资源在城乡之间分配不均衡；在医疗方面，因病致贫、因病返贫也是目前部分农村地区存在的客观现象，医保基金使用效率低，药品供应保障体系不完善，医院分类管理办法落后，基本医保、大病保险等医疗救助和保障措施还未完全到位，是其背后潜藏的原因。

2. 农村产业发展缓慢，尚未形成可持续发展的良性规模

“三农”问题中首要的就是农民，农民最主要的诉求之一就是增收。农村产业的发展能为农民增加收入方式、拓宽收入渠道。当前，虽然我国农村产业结构不断调整和优化，产业发展加快，但仍然是巩固脱贫和农村全面建设小康社会和推进乡村全面振兴的薄弱环节。目前，在部分地方存在的问题主要有：有产品没产业，有产业没特色，有特色但没品牌，多地产业形不成规模、达不到集群，缺乏可持续发展的内生动力。各地对特色产业的帮扶水平参差不齐，农村贫困群众仍然缺少创业增收的有效途径，导致精准扶贫政策落地之后，还存在返贫现象。

农村产业发展缓慢具体表现为：①产业融合发展层次仍然不高。不少农村产业融合企业数量小而散，农产品加工深度不足，产品质量和档次有待提高，产品品牌竞争力不强。②协同推进机制尚不健全。中央和地方之间、各有关部门之间的协同配合仍有待加强。③要素瓶颈制约仍较突出。土地、资金、人才、技术等关键要素支撑仍不到位，融资难、融资贵、用地难、人才缺等问题还没有得到很好解决。④农户与新型经营主体二者之间的利益联结机制还不够紧密，导致农户不能充分地分享二三产业增值收益。

3. 农村发展不平衡问题依然突出

一方面，受制于生态与环境因素，部分农村地区尤其是老少边穷地区的农民在满足基本生活保障后，需要进一步提高的能力受限，与此同时，城镇化进程的发展，使城乡差距拉大，大量青壮年劳动力向城市转移，留守儿童与老人成为农村主要的人口组成部分，这造成深度贫困地区的后续脱贫乏力，存在“返贫”风险，彻底脱贫的重点在于如何为缺乏后续发展动力的扶贫帮扶对象提供发展动力。另一方面，贫困人口的多维扶贫需求与单一扶贫方向间的矛盾。我国长期的扶贫政策对人口收入增长的单一趋向重视，使得社会保障与精神文明建设方面有所欠缺，社会保障制度设计范围的有限性、碎片化、低水平促使因病致贫、儿童健康受损、营养水平有限等问题不断积累，扶贫工作的有效性欠缺，部分已脱贫人口在经济脱贫后，思想精神文明建设扶贫却处于滞后状态，这导致部分脱贫人口在脱贫后沉迷于赌博、非法文艺活动，不利于达成全面建成小康社会的目标。这也带来了在治理过程中，贫困人口、贫困社区以及私营部门的参与程度实际不高的问题。

（三）小结

2020 年是全面建成小康社会，也是实现脱贫攻坚的收官之年。突然而至的新冠肺炎疫情，对全面建成小康社会、实现脱贫攻坚、消除绝对贫困关键环节的农村，带来了重大考验和新的冲击。全面建成小康社会，最难攻坚的两大领域是深度贫困地区和特殊贫困群体，最突出的短板就在“三农”。农村基础设施不足、公共服务落后是农民群众反映最强烈的民生问题，也是城乡发展不平衡、农村发展不充分的直观体现。农村产业结构单一薄弱，缺乏特色产业、特色产业发展缓慢，是阻碍农民进一步增收、实现彻底脱贫致富的重要原因。因此，要补足全面小康的短板，弥补农村基础设施不足、公共服务落后两大缺陷是前提，帮扶农村特色产业规划与发展是动力。当前的政策重点是补短板，但并不是农村发展的终点，找到下一步可持续发展之路才是未来农村经济社会发展的重中之重。要解决这一问题，需要激发乡村发展的内生活力，把过去乡村从属于城市被动发展，逐步转变为内生驱动的融合发展，重塑真正的新型城乡关系。因此，本报告从精准扶贫和产业发展有效融合出发，研究如何通过产业扶贫，来激发农村内生活力，为实现乡村振兴添砖加瓦。只有解决了短板问题，才能确保农业稳产保供和农民增收，推进农业高质量发展，保持农村社会和谐稳定，提升农民群众获得感、幸福感、安全感，才能全力为全面建成小康社会跑好“最后一公里”。

二、精准扶贫和特色产业的关系研究

精准扶贫和特色产业是中国扶贫的两样“制胜法宝”。采取精准扶贫，能够合理制定扶贫目标、准确定位扶贫对象，科学采取治贫方法；依靠特色产业发展，能够突破传统产业扶贫的疲软态势，增加全新经济增长点，让闲置的特色优势资源得到充分发挥。为此，本部分从特色产业的概念与发展战略、发展模式，精准扶贫和特色产业间的关系入手，充分把握精准扶贫和特色产业在扶贫工作中的优势特点，在此基础上深入认识理解二者的优势差异结合对收尾阶段的扶贫工作的重要意义。

（一）特色产业的概念、发展战略与发展模式

特色产业是在消除贫困的宏观目标背景下提出的。因为单单依靠精准扶贫，无法为扶贫发展提供持续动力，真正要脱贫，就要促进产业扶贫与贫困人口脱贫对接，使贫困人口真正受益。因此，2016 年，农业部等九部门联合印发《贫困地区发展特色产业促进精准脱贫指导意见》，而这也成为各地推动产业扶贫工作的指导性文件。同时，产业扶贫也是“五个一批”中排名首位的扶贫措施[①]。

1. 产业扶贫的内涵

产业扶贫，是指“以市场为导向，以龙头企业为依托，利用贫困地区所特有的资源优势，逐步形成‘贸工农一体化、产加销一条龙’的产业化经营

① 2001年，中共中央、国务院印发的《中国农村扶贫开发纲要（2001—2010）》正式提出产业化扶贫的概念。

体系，持续稳定地带动贫困农民脱贫增收"[①]。具体而言就是要依靠特色产业发展，为扶贫工作提供经济动力，依托产业结构升级，带动人民脱贫致富。

依据国务院发布的"十三五"脱贫攻坚规划来看，产业扶贫主要涵括以下五个方面（见图 2）。一是农林产业扶贫。包括种植业、养殖业、林产业、重点产业的各自融合发展，加快提升农村一二三产业，推动现代化产业体系建设。二是旅游扶贫。加快建设旅游扶贫工程，促进乡村旅游产品工程建设、提升休闲农业和乡村旅游建设。三是电商扶贫。电子商务作为新型商业化运作模式，依托手机互联网等新型传播渠道，成为全新的产业扶贫帮扶手段，通过改善农村电子商务发展环境，促进交通商贸流通，能够更好地带动农村产业发展。四是资产收益扶贫。组织开展资产收益扶贫工作，带动贫困户通过将自身的土地承包经营权入股企业等经营主体，形成利益共同体，分享共同的经营收益。具体包括，如光伏扶贫工程、水库移民脱贫工程、农村小水电扶贫工程。五是科技扶贫。从短期上，包括促进科技成果向贫困地区转移，依托高等院校、科研院所等组织对产业发展的研究，推进科技成果落地；从长期上，产业扶贫要求搭建贫困地区创新平台，精准助力企业发展，稳定提高贫困人口创新能力。

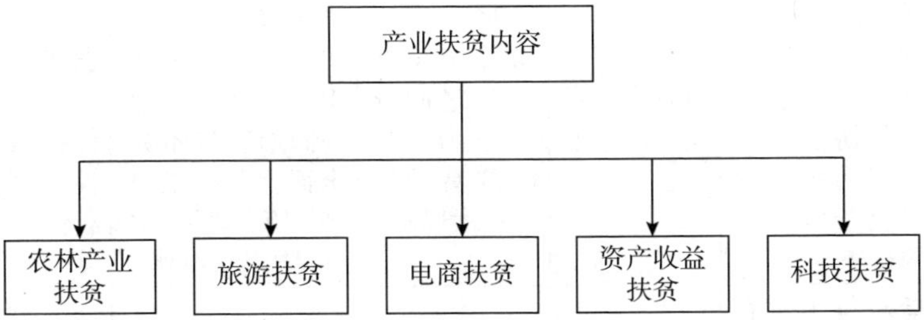

图 2 产业扶贫的内容

2. 特色产业下的不同类型村庄及发展战略

产业扶贫是宏观战略，要真正落地实施，需要在产业扶贫发展的大方向上，结合各地情况，制定不同的发展战略；必须先对不同类型的村庄作出区

① "中国的农村扶贫开发"，中国政府网，http://www.gov.cn/zwgk/2005-05/26/content_1293.htm。

分，确定不同类型村庄的优势、劣势资源特点，以及相互适应的发展战略，总结不同乡村的发展模式，才能予以推广（见表3）。

表3　　　　不同类型村庄的发展战略

村庄类型	特点	优势	劣势	适应产业	发展战略
集聚提升类村庄	现有规模较大的中心村和其他仍将存续的一般村庄	人口较多、村民组织完善，良好的农业基础	劳动力流失、缺乏区位优势和特色产业、难以找到增长点	鼓励发挥自身比较优势，强化主导产业支撑，支持农业、工贸、休闲服务等专业化村庄发展。从产业、生态、人居环境等多方面实现村庄的振兴发展	在原有规模基础上有序推进改造提升，激活产业、优化环境、提振人气、增添活力，保护保留乡村风貌，建设宜居宜业的美丽村庄
城乡融合类村庄	城市近郊区以及县城城关镇所在地的村庄，具备成为城市后花园的优势，也有向城市转型的条件	交通便利、居民收入水平相对较高	在发展中越来越接近城市，原有村貌、村民组织受到一定冲击	综合考虑工业化、城镇化和村庄自身发展需要，加快城乡产业融合发展、基础设施互联互通、公共服务共建共享	在形态上保留乡村风貌，在治理上体现城市水平，逐步强化服务城市发展、承接城市功能外溢、满足城市消费需求能力，为城乡融合发展提供实践经验
特色保护类村庄	指历史文化名村、传统村落、少数民族特色村寨、特色景观旅游名村等自然历史文化特色资源丰富的村庄	可发展特色文旅产业	发展、生态与传统文化保护之间存在张力，村民贫富差距有扩大风险	切实保护村庄的传统选址、格局、风貌以及自然和田园景观等整体空间形态与环境，全面保护文物古迹、历史建筑、传统民居等传统建筑	这类村庄要统筹保护、利用与发展的关系，努力保持村庄的完整性、真实性和延续性
搬迁撤并类村庄	指对位于生存条件恶劣、生态环境脆弱、自然灾害频发等地区的村庄，因重大项目建设需要搬迁的村庄，以及人口流失特别严重的村庄				可通过易地扶贫搬迁、生态宜居搬迁、农村集聚发展搬迁等方式，实施村庄搬迁撤并，统筹解决村民生计、生态保护等问题

3. 特色产业下的乡村发展模式

不同的村庄类型，拥有的资源优势不同，与自身相适应的产业类型也有所区分。而要发展特色产业，就必须明确目前以特色产业为导向的乡村发展模式有几种类型，以及它们的核心驱动力。结合现实情况及调查，本部分将目前的乡村发展模式大致分为四种，即科技驱动型、文旅驱动型、康养驱动型和艺术驱动型（见表 4）。

表4 不同的乡村发展模式

发展模式	特点	案例
科技驱动型	“科技”主要有两种：一种是农业科技；另一种是高科技产业。需要政策的支持，良好丰富的自然环境和便利的基础设施	日本神山町
文旅驱动型	依托区位、自然资源、人文资源、特色产业、特色社区等优势发展旅游产业，并使之与其他相关产业、居住社区、其他旅游区（或风景区）发生交互关系的特定区域；文旅产业是小镇的核心产业、主导产业	周庄、乌镇、西塘
康养驱动型	服务系统：健康医疗、文化教育、农业生产、居家生活	多利桃花源
艺术驱动型	艺术介入乡村，复兴当地的乡村精神，使艺术真正融入乡村，成为乡村的代名词	日本越后妻有

（二）精准扶贫与特色产业发展的关系

精准扶贫重点在于不让一个人在脱贫路上落后，特色产业重点在于让脱贫具有持续性，脱贫人口不再“返贫”。精准扶贫要真正实现脱贫离不开特色产业发展的动力供给，产业发展的成效大小，需要精准扶贫的准确定位，二者缺一不可。

1. 扶贫优势差异

精准扶贫与特色产业是做好扶贫工作的基础与关键。精准扶贫强调的是，运用科学程序对扶贫对象实施精确识别、精确帮扶、精确管理。通过精准扶贫，我们可以更好地识别真正需要扶贫的对象，分离出已经脱贫但仍然占用扶贫资源的人群，使扶贫资金资源等落在实处，与此同时，精准扶贫更加重视扶贫过程及举措的科学性，缺乏精准定位的扶贫举措是对扶贫资源的浪费；与精准扶贫不同的是，特色产业强调对地区特色资源的充分利用以及持续性问题，这也是扶贫问题的关键所在。发展特色产业是贫困地区保持自我发展能力的根本举措，同时产业扶贫内涵丰富，涉及对象数量庞大、层次维度广阔，当前贫困地区特色产业发展总体水平较低，各个地区虽然有良好的资源优势却未能及时转化为产业优势，成为新的经济增长点。

2. 扶贫持续性

精准扶贫与特色产业事关扶贫工作的短期与长期问题。精准扶贫着眼于贫困人民目前亟须解决的问题，研究点在于如何通过及时有效的措施，帮助人民现时脱贫；特色产业扶贫则主要重视的是长期解决人民的温饱问题，同时提高人民的生活质量。我国扶贫工作开展已经数年，经历了从粗放式向精准式的转变。在此期间国家投入的资金巨大，但是中央大规模“输血”式扶贫从长期来看具有不确定性，要实现真正的脱贫，最终仍然需要聚焦于特色产业发展。从国家长期扶贫规划角度来看，精准扶贫与特色产业发展是现时脱贫与长期扶贫必不可少的关键。

3. 精准扶贫与特色产业扶贫

结合目前我国面临的扶贫新挑战，需要将精准扶贫与特色产业扶贫相互结合，在实现全面小康的基础上，抓住精准扶贫完成的机会窗口，把特色产业发展作为推手，推动贫困地区乡村振兴战略的顺利实施。贫困地区具备发展特色产业的潜力，难点在于如何将特色资源优势转化为产业优势，关键要推动特色产业的高质量发展，以品牌效应为提升市场价值的重要抓手，优化产业结构，形成生产、加工、流通、销售等产业链以实现产业化。未来可以朝着以下几个方向努力。

首先，在明确深度贫困地区发展资源禀赋特征的基础上，找准乡村发展突破区与着力点，制定科学合理且具有特色的乡村基础设施与产业发展项目等乡村综合发展规划，进一步引领并融合深度贫困地区脱贫攻坚规划与乡村振兴发展规划，做到规划协同①。传统的产业发展面临着带动经济增长疲软的现状，其中最重要的原因在于未能更准确地定位目前地方贫困所面临的究竟是怎样的困境，如在某些地区通过资产收益扶贫，大量的农民已经通过易地搬迁成了城镇人口，但是对于财政资源补贴仍然落在对于农作物的补贴上，对于现阶段农民的需求并没有及时地作出更新回应。因此，要想真正实现产业扶贫，这一时期需要的是根据本地区人民的现状变化，更新引进全新的产业促进新的经济增长。

其次，利用市场机制实现全面减贫，通过实施工业项目促进农村贫困农户摆脱贫困。对产业的扶贫，要夯实农业生产能力，深化农业供给侧结构性改革，构建现代农业产业化体系；将先进的科学技术应用到农业当中，加强农业生产设备设施建设；因地制宜发展当地特色产业；结合先进互联网技术，开展"互联网+"的农业产业；易地扶贫搬迁，对人口分布不合理的地区及时调控，对搬出的农户给予其后续产业，稳定其经济水平；加大基础设施的资金投入，建设绿色新乡村②。

最后，切实发挥乡村振兴试点村的引领作用③。由于自然环境、经济条件以及历史文化等方面的差异性、特色性，综合确定乡村振兴试点村、示范区等先行先试地区，将在试点村得以有效实施的乡村振兴政策推广至周边地区，更好地发挥乡村振兴战略政策溢出效应，加快乡村振兴战略实施进程、提高乡村振兴战略的实施效度。

（三）小结

精准扶贫是对粗放式扶贫的改进，从前扶贫工作的大规模无区分性，虽

① 黄承伟："精准扶贫与乡村振兴的内在逻辑"，今日中国，http://www.hnsfpb.gov.cn/sitesources/hnsfpb/page_pc/dcyj/llyj/articlec8554ae6c2bd4ec386de939788b6eb0e.html。

② 章文光："精准扶贫与乡村振兴战略如何有效衔接"，《人民论坛》2019年第4期，第106—107页。

③ 韩瑶："乡村振兴战略下通过产业发展'造血式'扶贫模式研究——以山东省为例"，"中国商论"2020年第6期，第218—245页。

然帮助大批人脱贫，但是在扶贫工作进入深水区后，面临脱贫攻坚的“硬石头”时，却收效甚微，这时也只有精准扶贫才能更好地定位问题、解决问题，实现脱贫。同样，特色产业扶贫也是在消除贫困，给脱贫提供持续动力下提出的。传统“输血”式扶贫的非持续性需要产业扶贫来为扶贫“造血”，但是简单的产业扶贫不能更好地发挥地区特色资源，特色产业扶贫应势而生，特色产业扶贫强调的是依据各地区不同资源优势差异来进行差别产业扶贫。精准扶贫与特色产业扶贫具有内生性的关联。就像“放大镜”与“利剑”之间的关系。只有精准扶贫，扶贫工作的长期有效性将受到限制，而没有精准扶贫的特色产业发展，其科学性也将大大降低。真正解决现时贫困问题与防止“返贫”问题，需要两者的相互结合。

三、农村全面小康评价指标体系

我国已进入全面建成小康社会的最后阶段，随着脱贫攻坚战进入最后一个年头，农村全面小康即将建成，如何评价全面小康成为一个重要的问题。“小康”是中国改革开放以来的一个重要内容，是中国共产党领导人民必须实现的一个阶段性奋斗目标。“小康社会”从提出到完善，再到逐步建成，在这个过程中，对“小康社会”实现程度的评价十分必要。一套科学完整的评价指标体系不仅可以检验社会发展的成果，也能反映其自身短板和存在问题，并为下一步的发展提供方向和指导，从而更好地保障全面建成小康社会这一伟大目标的实现。

（一）现有指标体系存在的问题

长期以来，农村居民的收入增加和贫困消除一直是社会发展的重要议题。根据2019年国家统计局数据显示，贫困人口减少量和贫困发生率下降程度分别达到7亿多人和96%以上。这些成就离不开政府的大力支持、农村居民自身的勤奋努力和对美好生活的不懈追求。但仅凭数据还不能客观全面地衡量农村全面小康，我们不但要评价农村居民物质生活，也应包含精神生活富裕程度以及可持续发展等内容方面的评价。目前，对全面小康的评价主要通过构建指标体系来衡量。较为普遍的主要有：官方评价体系、地方出台指标、学界主张。

1. 官方评价体系

官方对于农村全面小康评价指标体系的研究，大部分采用的都是统计指数法，其中最有代表性的是国家统计局的小康指标体系。这种指标体系的缺点在于不直观，可比性不足。

2. 地方出台指标

从国内对农村全面小康评价指标的研究上看，大部分地方出台指标都更关注于经济收入，但这种评价方式有不足之处，因为实际收入并不能简单地等同于生活质量，也无法表现居民的精神生活。

3. 学界主张

一些评价指标在具体选择上过于注重人文发展，脱离了农村的实际发展现状与农村居民的实际需求。构建农村全面小康评价体系，为的是要全面衡量农村小康建设发展状况，而不是单就某个方面进行。

客观地说，指标是评价的一个有力工具。近几年来，关于农村全面小康评价指标体系研究进程加快，现有的指标体系也突出了当前工作的重点。但因为我国不同地区地理、经济差异巨大，当前全面小康评价指标体系依然不够全面，特别是在后农村全面小康时代，农村发展的可持续性，贫困重新发生的可能性，是当下农村全面小康评价指标体系需要囊括的内容。鉴于此，本报告试图提出一个农村全面小康建设评价指标体系与评价方法，旨在考察农村小康社会发展的现实情况，找出农村发展短板，建立一套有效的，特别是在后农村全面小康社会时代的衡量指标值。并将其用于贵州省黎平县地扪村农村全面小康建设水平的实证评析。

（二）数据来源

根据农村全面小康评价指标体系的构建原则和要求，考虑到数据的可得性和可操作性，本报告选取贵州省黎平县地扪村作为评价对象。通过给不同的指标赋值权重来计算地扪村全面小康建设状况，然后根据全面小康评价指标指数进行分析。[①]

（三）指标体系构建

随着中国特色社会主义事业进程的不断推进，农村小康是全面小康社会的重要组成部分，这就要求在攻坚建成全面小康社会之际的新时期，我们需要面临的问题已经有了根本性改变，实现农村全面建成小康社会的目标需要攻坚克难，巩固和发展农村全面小康社会更需要精益求精。而建立一套切实有效的农村全面小康评价指标体系就显得很有必要。

1. 指标体系的构建原则

（1）客观性原则

指标体系的构建要遵循经济、社会与生态发展的客观规律，尽量揭示农村全面小康建设的目标与深刻内涵。各指标之间要相互联系、各有侧重，还要避免交叉重叠，力求从不同角度反映农村全面小康建设的真实水平。

（2）可行性原则

指标体系应是一个可操作性的方案，尽可能利用现有统计数据，并选

---

① 该研究数据主要来源于2019年《中国统计年鉴》《中国农村统计年鉴》《中国人口与就业统计年鉴》《中国区域经济统计年鉴》，部分数据指标来自笔者搜集所在省、区、市政府工作报告中的数据、政府新闻发布会数据以及实际访谈调研。其中部分指标数据可以从年鉴中直接获取，对于一些无法直接从年鉴中查找的数据，则通过一些简单运算得到，如有效灌溉率、农业劳动生产率、农业土地生产率、农产品商品率、乡镇企业数量与农业就业人数比等。对于个别缺失值参照历年地扪村数据进行加权平均后得出。

取具有代表性、可比性、认知度高的指标。指标经济含义要明确，口径要一致，以便横向、纵向比较，确保指标比较结果的合理性、公正性及可被借鉴性。指标要注重数据的可得性和可操作性，体现指标的科学性和可对比性等要求。

（3）系统性原则

农村全面小康发展涵盖经济、社会、民生、环境等若干维度。因此，指标体系也应该是一个包含若干维度的有机体。选取的指标不仅要全方位、多层次地反映各维度的发展水平，还要体现关联性，以反映各维度之间的协调程度。

因此，农村全面小康评价指标体系的构建将围绕客观性、可行性以及系统性三个原则进行。农村全面小康评价指标体系需要着眼全局并具有可持续性，体现新时代农村全面小康的新面貌，从而有助于探索一套能够自我维持和发展的农村全面小康系统。

2. 评价指标介绍

全面建成小康社会评价指标体系的基本框架由五部分构成：一是经济发展水平；二是社会进步程度；三是生态环境状况；四是可持续建设；五是政治文明建设。经济发展、社会进步、生态环境、可持续性建设和政治文明建设是五个一级指标。每个一级指标由考察内容不同的若干个二级指标构成，每个二级指标下设置三级指标。表 5 详细地列出了所有指标的名称、权重及其所代表的含义。

（1）经济发展

经济发展反映了农村物质文明，体现了农民生活水平的改善程度。建立农村“小康社会”，经济发展是基础，主要表现在经济发展总量、农民收入状况等方面。农村全面实现“小康社会”，农业发展是关键，技术进步是保障。通过提高农业生产率，可以向第二、第三产业提供原始积累及土地和劳动力，同时提供良好的生态环境。因此，二级指标选择收入分配、农业发展水平、劳动力现状这三个方面。

由农村人均GDP及增长率、农村居民人均纯收入、收入差异－基尼系数等赋予正权重的三级指标，以及农村居民家庭恩格尔系数上升率、城乡收入差距增长率等赋予负权重的三级指标组成。

农业发展水平二级指标，由农业机械化率、技术员比率等赋予正权重的三级指标组成，以及农业收入占农民总收入比例等赋予负权重的三级指标组成。

劳动力现状二级指标，由新增就业人数及增长率等赋予正权重的三级指标组成，以及失业率、非农劳动力占社会就业比重等赋予负权重的三级指标组成①。

（2）社会进步

社会进步主要体现在农村教育事业的进步、文化的繁荣、社会保障以及居民的思想道德等方面。社会进步程度也是农村全面小康的重要内容，因此选择教育水平、生活质量、基础设施、社会保障、乡风文明这五个方面作为二级指标考察的内容。

教育水平二级指标，由高中毕业人数占比及高中入学率、农村劳力平均受教育年限、幼儿园及学校数量等赋予正权重的三级指标组成。

生活质量二级指标，由超市及小卖部数量、消费－恩格尔系数、移动电话普及率等赋予正权重的三级指标组成。

---

① 相关三级指标含义：

（1）农村人均GDP及增长率是衡量农村居民生活水平的综合性指标。

（2）农民人均纯收入是衡量农村居民人均收入水平的综合性指标。

（3）收入差异采用基尼系数方法计算。国际一般判断标准为：低于0.2 表示收入绝对平均，0.2～0.3表示比较平均，0.3～0.4表示相对合理，0.4～0.5 表示收入差距较大，0.6以上表示收入差距悬殊。

（4）城乡收入差距反映农村与城镇的差异。

（5）农业机械化率是农业现代化的重要组成部分。

（6）技术员比率，技术员可以提高农业劳动生产率、土地产出率、资源利用率及保护生态环境。

（7）农业收入占农民总收入比例反映农业收入对于农民的重要性。

（8）新增就业人数及增长率反映就业水平。

（9）非农劳动力占社会就业比重，反映劳动就业结构。

（10）非农劳动力占社会就业比重反映农村居民就业水平。

（11）失业率反映农村居民就业情况。

基础设施二级指标，由计算机和网络普及率、水井及大坝数量、饮用自来水人口占农村人口比重、人均生活用电量等赋予正权重的三级指标组成。

社会保障二级指标，由社保覆盖率、每千人拥有职业医生人数等赋予正权重的三级指标组成。

乡风文明二级指标，由文化广场及村民图书馆、每年举办文化活动次数等赋予正权重的三级指标组成[①]。

（3）生态环境

农业生产条件在发展经济的同时，要解决好环境保护和资源利用问题，其本质是促进人与自然的和谐，推动社会走上可持续发展的道路，打造一个生态宜居的农村环境。因此，保护生态环境、增强可持续发展能力的同时为农村居民创造一个环境友好型居住条件是小康社会建设的重要内容。因此选择生态环境、生态宜居、生态保护设施这三个方面作为二级指标的考察内容。

生态环境二级指标，由耕地保有量、森林覆盖率、3类以上水质标准的水体面积及增长率、优良空气质量比率等赋予正权重的三级指标组成。

生态宜居二级指标，由人均居住面积、别墅式及公寓式住宅比率、建成区绿化率、道路照明率（路灯数量）等赋予正权重的三级指标组成。

---

① 相关三级指标含义：

（1）高中毕业人数占比及高中入学率反映高中教育普及程度。

（2）农村劳动力平均受教育年限表明当前劳动力的受教育水平。

（3）幼儿园及学校数量说明教育资源的情况。

（4）超市及小卖部数量是一个地区生活便捷程度的体现。

（5）消费–恩格尔系数，表明生活质量改善程度。

（6）移动电话普及率是一个地区移动网络覆盖程度的体现。

（7）计算机和网络普及率是计算机网络等设施在农村的普及程度。

（8）水井及大坝数量是一个地方水资源、农业的重要基础设施。

（9）饮用自来水人口占农村人口比重是该地区饮用水质量的重要指标。

（10）人均生活用电量反映居民生活水平。

（11）社保覆盖率是社会保障的重要指标。

（12）每千人拥有职业医生人数衡量一个地区的医疗水平。

（13）文化广场及村民图书馆表明农村地区的文化进步。

（14）每年举办文化活动次数反映居民的精神生活。

生态保护设施二级指标，由环卫工人、垃圾箱数量、污水处理设施、垃圾处理率、污水处理率等赋予正权重的三级指标组成[①]。

（4）可持续性

农村全面小康的建成，不只是静态的数据，暂时的一个状态，更应该是一个能够长久维持、可持续发展的动态模式，因此可持续性是农村全面小康社会的一个重要内容。在农村后全面小康时代，我们需要做的是巩固现有成果，结合产业让农村全面小康能够长久维持，所以选择产业现状、产业前景、利益联结、新技术运用等四个方面作为二级指标的考察内容。

产业现状二级指标，由第一、二、三产业占比、产业配套设施（特色产业）、产业融资现状（政策）、产业配套政策（规划、落实）等赋予正权重的三级指标组成。

产业前景二级指标，由生态影响（是、否）、投资收益率、可持续增长率、适龄劳动人口占比等赋予正权重的三级指标组成。

利益联结二级指标，由居民收入结构、产业收入占贫困户收入比率、从事相关产业人员比率等赋予正权重的三级指标组成。

新技术运用二级指标，由清洁生产率、电商融合度等赋予正权重的三级

---

① 相关三级指标含义：

（1）耕地保有量是一个地区耕地资源的体现。

（2）森林覆盖率是一个地区的森林资源的重要指标。

（3）3类以上水质标准的水体面积及增长率是一个地区水资源的衡量标准。

（4）优良空气质量比率是空气质量的体现。

（5）人均居住面积体现居民居住质量。

（6）别墅式及公寓式住宅比率表现居民的居住质量。

（7）建成区绿化率是一个地区绿化情况的表现。

（8）道路照明率（路灯数量）反映一个地区的道路基础设施的情况。

（9）环卫工人、垃圾箱数量等可以说明一个地区的垃圾处理水平。

（10）污水处理设施反映该地区污水处理水平。

（11）垃圾处理率反映农村环境治理和环境保护的力度。

（12）污水处理率反映农村环境治理和环境保护的力度。

指标组成[①]。

（5）政治文明

发展社会主义民主政治，建设社会主义政治文明，是全面建设小康社会的重要内容。政治文明主要包括坚持和完善社会主义民主制度，加强社会主义法制建设，以及党风、社会风气的进一步好转，社会秩序的稳定和社会安定和谐程度的提高等方面。政治文明建设的内容很多，不易量化，且代表性的指标不易确定。因此，选择一些易于量化的指标。综上本报告选择基层民主、法制建设、社会组织三个方面作为二级指标的考察内容。

基层民主二级指标，由村民参与率、政务公开度、政务喇叭及宣传板、群众投诉办结率及变化率、公众对政府效率满意度及上升率、公务员人数占人口比例等赋予正权重的三级指标组成。

法制建设二级指标，由村民来访人数比率、村民法制意识普及率、犯罪率等赋予正权重的三级指标组成。

社会组织二级指标，由祠堂、庙宇数量等赋予正权重的三级指标

---

① 相关三级指标含义：

（1）第一、二、三产业占比表现产业发展现状。

（2）产业配套设施（特色产业）表明未来产业发展的前景。

（3）产业融资现状（政策）反映当下产业融资的不足、收入结构分析等影响农村居民的收入的因素。

（4）产业配套政策（规划、落实）是一个地区产业扶贫的重要保障。

（5）生态影响（是、否）是产业可持续发展的重要前提。

（6）投资收益率反映当下投资的回报情况。

（7）可持续增长率是当前债务等情况下所能达到的增长率。

（8）适龄劳动人口占比反映该地区劳动力资源。

（9）居民收入结构反映收入分配的情况。

（10）产业收入占贫困户收入比率反映贫困户与产业发展的利益相关度。

（11）从事相关产业人员比率表明产业对于该地区就业的影响。

（12）清洁生产率衡量的是生产活动对于环境的影响。

（13）电商融合度是新时代产业发展的要求。

组成[①]。

表5 全面小康社会评价指标体系

一级指标	分值	二级指标	三级指标	权重	目标值
合计	100	—	—	1.00	
经济发展		社会收入分配 农业发展水平 劳动力现状	农村人均 GDP 及增长率 农民人均纯收入 收入差异－基尼系数 城乡收入差距 农业机械化率 技术员比率 农业收入占农民总收入比例 新增就业人数及增长率 非农劳动力占社会就业比重 失业率		≥ 60100 元 ≥ 13500 元 0.4 ≤ 0.35 ≤ 5%
社会进步		教育水平 生活质量 基础设施 社会保障 乡风文明	高中毕业人数占比及高中入学率 农村劳力平均受教育年限 幼儿园及学校数量 超市及小卖部数量 消费－恩格尔系数 移动电话普及率 计算机和网络普及率 水井及大坝数量 饮用自来水人口占农村人口比重 人均生活用电量 每千人拥有职业医生人数 社保覆盖率 文化广场及村民图书馆 每年举办文化活动次数		≥ 90% ≥ 10.5 ≤ 40% ≥ 75% ≥ 50 ≥ 90% ≥ 1.95 ≥ 93%

① 相关三级指标含义：

（1）村民参与率反映农村民主自治程度，也是评价政治文明的重要指标。

（2）政务公开度是指地方行政管理部门在管理项目、数据以及决策等方面公开接受群众监督的程度。

（3）政务喇叭、宣传板可以反映该地区政策宣传的力度。

（4）群众投诉办结率及变化率能够反映政府效率。

（5）公众对政府效率满意度及上升率可以表现政府工作成效。

（6）公务员人数占人口比例能够反映政府治理能力。

（4）村民来访人数比率是指来访的村民数占全村具有选民资格人数的比重，通过村民来访比率反映群众关心的热点、难点和焦点问题存在情况。

（5）村民法制意识普及率，反映村民知法、守法、用法的意识和水平，可以用具有法制意识的农民数占总具有选民资格人数的比重来表示。

（6）犯罪率是犯罪统计的一个重要内容。

（7）祠堂、庙宇、教会数量等是一个地区社会组织发展的一个体现。

续表

一级指标	分值	二级指标	三级指标	权重	目标值
生态环境		生态环境 生态宜居 生态保护设施	耕地保有量 森林覆盖率 3类以上水质标准的水体面积及增长率 优良空气质量比率 人均居住面积 别墅式及公寓式住宅比率 建成区绿化率 道路照明率（路灯数量） 环卫工人、垃圾箱数量等 污水处理设施 垃圾处理率 污水处理率		≥ 50% ≥ 85% ≥ 40 ㎡
可持续性		产业现状 产业前景 利益联结 新技术运用	一二三产业占比 产业配套设施（特色产业） 产业融资现状（政策） 产业配套政策（规划、落实） 生态影响（是、否） 投资收益率 可持续增长率 适龄劳动人口占比 居民收入结构 产业收入占贫困户收入比率 从事相关产业人员比率 清洁生产率 电商融合度		
政治文明		基层民主 法制建设 社会组织	村民参与率 政务公开度 政务喇叭及宣传板 群众投诉办结率及变化率 公众对政府效率满意度及上升率 公务员人数占人口比例 村民来访人数比率 村民法制意识普及率 犯罪率 祠堂、庙宇数量等		88%

资料来源：作者整理。

3. 研究方法

全面建成小康社会评价指标体系权数确定采用如下方法，即“分层构权法+德尔菲法+循环法”。其基本程序为：将指标体系的总体框架分为五大部分。首先，确定五大部分的权数；其次，在每个层次内确定每个指标的权数；再次，确定每个指标对总目标的权数；最后，重复上述步骤，直到专家意见大体一致时停止下一轮意见征询。

该方法的特点在于能够最大限度地集中专家的智慧和经验，并在不断地反馈和修正中得到比较满意的结果，通过多次征求专家意见，意见大体一致后确定最终权重，最终指标权重如表5所示。与已有的研究成果相比，进一步淡化了GDP导向，适当增加了可持续性指标的权重，从而有利于经济社会生态发展的平衡性、协调性和连贯性。

（四）小结

农村全面小康评价指标体系的构建包含经济发展、社会进步、生态环境、可持续性以及政治文明等五个方面。从短期来看，其中经济发展水平与社会进步程度是从数据上判断是否达成全面小康的基本指标。全面小康不只是意味着物质层面的小康，也意味着精神层面的富足，因此全面小康社会精神文明必不可少。而从长期来看，后农村全面小康时代不仅需要脱贫，更需要能够长久维持，防止返贫，生态环境的好坏是评价当前发展模式是否能够被自然环境承载，而可持续性能够衡量一个地区产业、经济、收入来源的可持续性，从而保障农村全面小康的长久维持。

四、农村全面建成小康社会在黔东南地区的进展及对策——以地扪村为例

“老少边穷”地区是革命老区、少数民族自治地区、陆地边境地区和欠

发达地区的统称。其中，在少数民族自治县中，有223个县属于欠发达县，占民族自治县的35%[①]，可见全面小康在少数民族地区面临严峻考验。“老少边穷”地区是全面建成小康社会的薄弱环节，也是“三农”问题最突出的地区。黔东南地区作为典型的“老少边穷”地区，是农村全面建成小康社会的难点和重点。近年来，当地政府落实各类扶贫政策，但由于该地区经济基础薄弱、贫困程度深，小康建设仍然面临一系列突出矛盾和问题。因此，对黔东南地区全面建成小康社会的现状和实现路径进行考察研究，具有重要的理论意义和现实价值。

（一）黔东南地区及地扪村介绍

贵州省是全国脱贫攻坚主战场，黔东南地区是贵州省深度贫困地区脱贫攻坚的主战场。黔东南地区，即黔东南苗族侗族自治州，位于贵州省东南部，也是少数民族自治地区。州府为凯里市，下辖16个县、市。目前居住有苗族、侗族、汉族、布依族、水族等44个民族，2018年末常住人口为353.83万人，户籍人口为481.19万人，少数民族人口占总户籍人口的81.3%，其中苗族人口占43.2%，侗族人口占30.4%[②]。

改革开放以来，我国政府高度重视民族地区经济社会发展，中央对地方加大政策支持力度和财政转移支付力度，全国各地积极响应对口支援行动。随着扶贫政策落地，近年来，黔东南地区经济社会发展取得了巨大进步，人民生活水平显著提高。但由于该地区经济基础薄弱、产业发展单一、可持续发展力不强等现实原因，黔东南地区如期实现全面小康任务仍然严峻。

根据国家统计局贵州调查总队编撰的《贵州统计年鉴（2019版）》，黔东南地区2018年地区生产总值为1036.62亿元，人均地区生产总值为29385元，在贵州省9市（州）里位列倒数第二；人均地区生产总值比上年增长

① 冯方祥：《欠发达民族地区科学发展研究：以内蒙古呼伦贝尔市为例》，经济日报出版社2013年版。

② 数据来源：黔东南苗族侗族自治州人民政府门户网：www.qdn.gov.cn，2020年2月26日。

7.4%，位列倒数第一。可见，黔东南地区经济在全省范围内处于显著落后的地位。

黔东南地区各县具体情况不一，实现全面小康能力也有差异。本部分将以黎平县地扪村为例，分析其现有扶贫模式及落实情况，探究农村全面小康建设短板，并提出补齐短板政策建议。

2020 年 2 月 25 日，贵州省扶贫开发领导小组公示，经县级申请、市级初审、省级审核和第三方实地评估，2019 年拟脱贫摘帽的黎平县符合摘帽标准，拟摘帽退出贫困县[①]。全国脱贫任务进入攻坚拔寨时期，黎平县退出贫困县之列，经济社会得到长足发展，贫困状况得到缓解。

但是，脱贫并不等于全面小康。脱贫是实现全面小康的基础，全面小康是脱贫的最终目标。一方面，在当前时间紧、任务重的脱贫局势面前，脱贫人口又返贫的现象一直存在，甚至已经成为阻碍我国农村扶贫开发进程的顽疾。另一方面，农村全面小康并不局限于经济社会进步，还涵盖物质文明、精神文明、政治文明、生态文明等方面的概念。如何摆脱“贫困—脱贫—返贫”困境，构建农村可持续扶贫模式，实现乡村振兴是本部分探讨的主题。

（二）地扪村现有扶贫模式与措施

地扪侗族传统村落位于黎平县西部茅贡镇北面约 5 公里处，核心村寨范围为 1.5 平方公里，耕地面积为 2086 亩，林地面积为 2716.9 公顷，是黎平县西部地区粮食和杉木主产区。同时，地扪村是仅次于肇兴的第二大侗寨，目前有 5 个自然寨，分别为母寨、寅寨、芒寨、模寨、维寨。2012 年，地扪侗寨入选住建部、文化部、财政部公布的第一批中国传统村落名录；2014 年，地扪侗寨入选第六批中国历史文化名村。据 2018 年统计，村内有 588

---

① 贵州省扶贫开发办公室网站，“贵州省2019年度贫困县脱贫摘帽公示”，http://fpb.guizhou.gov.cn/xwzx/jrtt/202002/t20200225_51546082.html。

户，共2764人。

总体而言，地扪村的扶贫政策包括两方面[①]，一是以精准扶贫、精准脱贫为主线的政府兜底政策，如对贫困人口进行精细化管理、推进基础设施建设、文化教育及社保服务；二是以产业扶贫为重点的政策支持，以提升贫困人口自我发展能力为目标，增加贫困村和贫困人口收入，如发展优势农作物产业、乡村旅游产业。

（三）地扪村全面小康建设评价及问题

与农村全面小康的要求相比，地扪村经济、社会、资源环境等面临一系列突出的矛盾和问题，当地发展水平与全面小康的一般标准存在差距。但地扪村在“老少边穷”地区特殊的经济社会背景之下，如果用一般性的全面小康标准衡量，无法反映当地农村建设的真正情况，也不符合具体问题具体分析的要求。基于此，本部分将以上一部分中设计的全面小康评价指标体系为

---

① 根据《茅贡镇“十三五”时期脱贫攻坚实施方案》及地扪村落实情况，由镇人民政府牵头的地扪村扶贫模式与现状如下：

（1）精准识别对象，实行精细化管理。地扪村内，由下派的第一书记和网格员进行扶贫政策宣传、文件精神落实、核实情况、贫困户建档等。

（2）推进基础设施建设，改善人居环境。在交通方面，建成境内百里侗寨智慧旅游公路（肇兴—双江—地扪）；在水利方面，实施地扪渠道建设，扩大有效灌溉面积，提高农业综合生产力；在村寨基础设施建设方面，完善寨步道、排污、路灯、厕所基础设施建设，推进农村环境综合整治。

（3）大力发展优势产业，带动贫困户增收。建设“农业产业园区”，重点发展覆盖地扪等5个村的灵芝、何首乌为代表的“北部大健康保健类中药材”。

（4）发展乡村旅游产业，构建旅游扶贫新机制。规划将地扪旅游服务区前置到茅贡镇政府所在地。在地扪等百里侗寨沿线建设民居接待点、农家乐10家以上，鼓励群众组建民族文化表演队。建设地扪村的旅游基础设施，游客服务中心、旅游驿站、停车场、旅游公厕等。

（5）大力发展文化教育事业，推动文化教育扶贫。地扪村建设村寨幼儿园。

（6）实现社保政策兜底，保障贫困人口如期脱贫。落实城乡养老保险、大病医疗保险、新农合等工作。

（7）加快提升医疗卫生服务水平，推进医疗健康扶贫。完善村级卫生室（计生室）基础设施建设，全面落实新形势下人口计划生育宣传教育。

（8）引导社会力量包干扶贫，探索创新扶贫机制。利用地扪生态博物馆建立的社会资源平台，搭建社会力量参与帮扶，实现城市家庭与茅贡镇居民手拉手定制服务。

标准，对地扪村经济社会发展进行科学评价，探讨地扪村建设全面小康社会的成果、差距、重点难点及对策（见表6）。

研究团队实地走访黎平县地扪村，拜访当地村委会和生态博物馆，采访村民及贫困户，调研了相关产业发展情况，考察了侗族民居保护状况与生态环境，采集到相关数据。结合国家统计局与黔东南扶贫开发办公室网站官方数据，以及《2017中国传统村落保护利用和发展检测预警报告》①（以下简称《传统村落报告》）的“地扪分报告”，对地扪村全面小康进行分析。

表6　全面小康建设评价指标表——以地扪村为例

评价子系统	评价内容	基本指标	目标值
经济发展	人均经济总量	人均GDP及增长率	16570元（黎平县）
	收入状况	农民人均纯收入	耕地2086亩
	农业科技水平	技术员比重	
	农业机械化水平	农业机械化率	黔东南机械总动力298.36万千瓦，大型拖拉机37台，小型拖拉机5414台
	劳动力就业结构	非农劳动力占社会就业比重	
	农业生产条件	技术员比重	
社会进步	受教育程度	高中毕业人数占比	2%（2018年数据）
		农村劳动力平均受教育年限	
	基础设施建设	公路、交通、水电、网络覆盖率	规划给水管网供水干管DN150，配水管DN100；给水管网采用环枝结合的方式布置
		水井、大坝数量	水井9口
		水电路气房设施	
	文化事业	幼儿园及学校数量	一所地扪小学（兼地扪农业文化技术学校）
	医疗保障水平	每千人拥有职业医生人数	

① 2017年8月，该报告由联合国教科文组织世界遗产培训及研究中心（上海）、同济大学城乡规划高等研究院、上海同济城市规划设计研究院·城市与社会研究中心、复旦大学国土与文化资源研究中心、安徽大学农村改革与经济社会发展研究院联合发布。

续表

评价子系统	评价内容	基本指标	目标值
社会进步	生活质量	超市及小卖部数量	自动售卖店、村品寄卖处
		消费－恩格尔系数	
		人均生活用电量	
	乡风文明	文化广场及村民图书馆	9个广场、1个博物馆、1个养老院
		每年举办文化活动次数	“千三节”“萨玛节”“六月六”等
		标语、宣传板数量	鼓楼旁的小广场有宣传栏
生态环境	环境保护	主干道绿化率	70%以上
	生态宜居	道路硬化率	硬化路面5871+5646.3平方米
	生活质量	污水处理设施	在母寨、寅寨修建污水管道，博物馆附近建污水处理池，但由于污水干管未建成，村民仍需自建化粪池
	环卫设施	森林覆盖率	林地2716.9公顷
		环卫工人、垃圾箱数量等	垃圾池4个，垃圾箱70个，4公里外有垃圾焚烧点
		别墅式及公寓式住宅	部分建筑“罗马柱式”“金属贴面”，采用现代建筑
		周边水质状况	三什江水库二类水，五里江水库三类水，亮江二类水，洪州河二类水，清水江一类水
		路灯数量	投资30万元新建路灯，少部分被损坏，大约100盏
可持续性	产业现状	一二三产业占比	村内有2086亩耕地，无荒田。主要农作物为杂交水稻，每户仍保有3～5亩田地，荷花、何首乌的种植增加，为70亩。村民畜牧少，以机械代替。养殖以养鱼为主。侗族手工艺布、纸。而在旅游业方面，村民主观不积极，政府偏向保守，旅游产品较低级，旅游业发展甚至呈下降趋势
	产业前景	人口年龄结构	
	利益联结	居民收入结构	
		投资收益率	
		产业配套设施（特色产业）	
		产业配套政策（规划、落实）	
		产业融资现状（政策）	
		贫困户利益相关度（收入、就业）	
		生态影响（是、否）	
		清洁生产率	

续表

评价子系统	评价内容	基本指标	目标值
政治文明	基层民主	村民参与率	村规村约不受重视。但对于文物遗产相关事宜，村民积极度高，参与度高
	法制建设	村民来访	
	社会组织	政务公开度	
		政务喇叭及宣传板	
		村民法制意识普及率	
		犯罪率	
		祠堂、庙宇数量等	

从经济社会发展来看，受益于茅贡镇的贫困人口精细化管理政策，近年来地扪村经济发展水平有明显提高，同时村民收入水平也有所增长。根据团队实地走访数据，2018 年，地扪村建档立卡贫困人口为 672 人；2019 年，59 人（16 户），贫困发生率显著降低。致贫原因集中在缺技术、因学致贫。地扪村贫困人口中，缺技术为 28 人，占 47%；因学致贫 20 人，占 34%。

从社会进步来看，地扪村基础设施建设、社会保障体系日益完善，村民生活水平切实提高。根据茅贡镇人民政府“十三五”扶贫规划，完善农村水、电、路、信、房、寨、消防、厕所等建设，完善基础设施配套功能，使村庄基础设施进一步提升，面貌焕然一新（见图 3）。

图 3　地扪村远景图

从生态环境来看，村落生态宜居度提高，但由于居民对传统建筑保护意识不强，新建民居破坏整体村落风格。近年来，大部分地扪传统村落保护的资金流向了卡房、寨门、鼓楼等公共建筑以及道路、路灯等基础设施的维修与建设，成效明显；但少量资金投入村民的民居新建与维修上，部分建筑采用现代建材，严重破坏了整体村落风格，同时村民反映资金来源不稳定，补助落实困难[①]。

从可持续性来看，村民仍然普遍以农业为主要收入来源，其中多数青壮年选择外出务工，农村空心化问题突出，可持续脱贫程度较低。目前，茅贡镇人民政府大力发展覆盖地扪等五村的“农业产业园区”，荷花、何首乌是近年来地扪村引进的经济作物，主要分布在地扪—登岑一线，成为村民新增农业经济来源。畜牧业方面，开始改用拖拉机代替耕牛，机械化程度有一定提高。当地政府对贫困户采取产业扶贫政策，如提供生猪 1 ~ 2 头、辣椒田 1 ~ 2 亩，以提高农户自主脱贫可能性，取得较好成果[②]。在手工业方面，与地扪生态博物馆结合不够紧密，原本设想的村民制作、平台推广的产业链尚未形成。地扪村当地较为丰富和独特的旅游资源，保存完好，但旅游产业仍在初级阶段，政府较为保守，没有规范旅游设施和成熟的旅游项目，游客少。

从政治文明来看，基层民主、法制建设和社会组织都较为薄弱。根据团队实地调研及《2017 年茅贡镇脱贫攻坚和行动奔小康工作汇报》所得，村民参与村内公共事务积极性低，部分村干部对扶贫政策知之不多、知之不深；换届频繁，对历史遗产管理方面话语权下降。由于村民受教育年限普遍较短，对村落保护意识比较淡薄，脱贫内生动力不足，对产业扶贫、就业脱贫积极性低，不愿意去搞产业、搞生产，“等、靠、要”思想非常严重。

总体来看，地扪村扶贫政策有明显的效果，通过扶贫精细化管理和产业政策，从贫困村到“脱贫摘帽”，使百余名贫困户实现脱贫。但是，地扪村的脱贫仍然存在“返贫”风险，在可持续性、精神文明等需要较长时间进行

① 根据《传统村落报告》数据，地扪村用于传统村落保护的主要资金来源：2011—2012年，一事一议示范村建设项目，资金额度为289.45万元；2012—2013年，美丽乡村建设项目，资金额度为200万～300万元；2013—2014年，危房改造项目，资金额度为每户2000～50000元不等；2014年开始，贵州传统村落保护发展项目，资金额度为300万元；2015年开始，文物保护修缮项目，资金额度为600万元。

② 根据张媚团队提供的《地扪村贫困户享受产业帮扶统计信息》，166个贫困户中，有50个享受产业政策脱贫。

“脱贫”方面，发展相对滞后。

（四）地扪村全面建成小康的路径分析

“贫困—脱贫—返贫”的怪圈屡见不鲜，这严重阻碍了贫困地区持续脱贫，持续发展，走向全面小康。毋庸置疑，脱贫和农村全面小康之间有一段路要走，能不能走出来关键就在于是否能截断“脱贫”与“返贫”之间的可能性。如何补齐短板，如何防止“返贫”成为地扪村当务之急。

在地扪村的统计中，贫困户中有小学文化、文盲或半文盲占总数的47.3%[①]。可见，地扪村贫困户缺乏专业技术培训、思想观念相对落后，长期以来沿袭科技含量较低的农耕作业，竞争力弱，极大可能阻碍地扪村可持续脱贫。供体扶持的不可持续性在于外部经济资源的制约，包括农村扶贫制度存在缺陷、供给资金不足、基础设施和公共服务落后等问题。

黔东南地区践行“摘帽不摘政策”的脱贫原则，黎平县退出贫困县之列后，仍需长期坚持对于贫困地区的资金援助、政策帮扶。载体循环的不可持续性即贫困地区生态宜居程度低，使脱贫人口重返贫困的可能性增加。而对于第二大侗寨地扪村来说，扶贫要与保护传统村落结合，村民新建民居与旅游业发展都应当重视与原始风貌保持一致，维持传统山水格局、农田景观。

（五）地扪村全面建设小康SWOT[②]分析与建议

SWOT 是一种对企业或组织行之有效的战略分析方法，也为我们研究地扪村全面小康的实现路径提供了一个思路。通过对地扪村优势、劣势、机会和威胁四个方面的关注，帮助总结相对关键的因素，以确立最终的对策和建议。

---

② 地扪村贫困户信息，2019年更新。

② S（strengths）是优势，W（weaknesses）是劣势，O（opportunities）是机会，T（threats）是威胁。按照企业竞争战略的完整概念，战略应是一个企业“能够做的”（即组织的强项和弱项）和“可能做的”（即环境的机会和威胁）之间的有机组合。

如表 7 所示，地扪村最大的问题在于人的问题。劳动力流失严重，农村空心化显著，农村资源向城市流动的趋势没有得到逆转。同时，人口空心化直接导致村建设施使用频率不高，闲置废弃加剧。

表7　对地扪村全面小康建设进行SWOT分析

优势	劣势
地扪村属于黔东南地区民俗村落，民族特色建筑保护良好，生态环境未被破坏	少数民族村落，村民劳动力流失严重，普遍教育水平较低，公共基础设施相对不健全
机会	**威胁**
政府扶贫政策支持；围绕地扪生态博物馆，社会力量参与地扪村帮扶	“年年扶贫年年贫”，由于主体、供体、载体的不可持续性，存在返贫风险

围绕着乡村振兴的“二十字方针”：产业兴旺、生态宜居、乡风文明、治理有效、生活富裕，我们提出了对地扪村发展的五点建议：

1.“产业兴旺”是实现可持续扶贫的重要手段

“授人以鱼，不如授人以渔”。仅靠上层建筑的整体规划，缺少本地产业自发性成长，扶贫只能是“空中楼阁”。产业发展，是贫困群众的“造血干细胞”，内生动力的源泉。地扪村与邻近村落形成何首乌、荷花经济作物种植区，可以最大限度挖掘整合上下游资源，实现规模化生产。在这个过程中，一方面，政府需要因势利导，给予政策和资金支持。另一方面，产业发展的品牌化、市场化则需要依靠依托地扪村生态博物馆搭建的社会平台、社会资源，从而实现现代农业三代体系，即产业体系、生产体系、经营体系的建构和完善。

2.“生态宜居”是实现可持续扶贫的环境基础

宜居的生态环境需要实现乡村自然生态环境与开发利用和谐统一，使“生态宜居”的村落既是美好乡村生活所在地，又是农民创收增收的源泉。地扪村过去推动村容整洁，但更侧重于“外表的整洁”，如道路硬化、厕所革命、路灯安装等。而生态宜居要求注重人与自然和谐共生，即维持地扪村完整、原始的传统民居建筑，以“侗族村寨”为基础进行合理的旅游产业发展；同时，加强对不和谐、不规范新建民居的管理。

3.“乡风文明”是实现可持续扶贫的文明基础

乡风文明建设周期长、见效慢，常被忽视，但在乡村振兴中，精神文明建设关乎新时代乡村价值定位，关乎多种城乡要素流动。首先，地扪村要从学生入手启智，培养城乡平等的价值观念，认识乡村价值。其次，村寨加强文化和自然遗产保护，完善各类文化基础设施建设，开展多种民俗文化活动。

4.“治理有效”是实现可持续扶贫的治理基础

乡村治理强调多元参与和协同性，对乡村社区组织进行必要赋权，也要充分发挥社区集体组织自主性与能动性。地扪当地村民对参与村内公共事务积极性不高，因此，需要通过文化水平较高、群众威信高、语言朴实生动的新乡贤，将新时代精神深入基层，培养新乡贤文化有助于激发基层治理创新，也能增强村民对小康建设的归属感与认同感。

5.“生活富裕”是可持续扶贫的民生基础，也是最终目标

具体而言，就是要消除乡村贫困，增加乡村居民收入，缩小城乡居民在收入和社会保障方面的差距。地扪村应坚持对贫困人口进行精细化管理，找准脱贫需求，制定脱贫规划，动态管理。对退出的贫困户在攻坚期内应当维持原有扶持政策，避免出现边脱贫、边返贫的现象。同时，对全体村民实行政策兜底、产业扶贫的“两手抓、两手都要硬”，实现全面小康的“生活富裕”目标。

（六）小结

我国是一个地区差异较大的发展中国家，各地区自然条件与区情千差万别，发展状况不同，但大部分贫困地区都面临着如何补齐发展的短板、如何实现从脱贫向全面小康迈进的问题。本部分选择地扪村作为“老少边穷”地区典型代表，使用科学的全面小康评价指标进行评估，分析其脱贫模式与现状、存在问题及对策。迈向全面小康的关键在于以惠及所有民众的政策为兜底，借助社会平台发展本地特色产业，增强脱贫内在动力，实现城乡双向流动的人才机制，实现可持续性脱贫。

五、结语

改革开放40多年，中国扶贫创造了举世瞩目的成果。党的十八大以来，以习近平同志为核心的党中央高度重视脱贫攻坚工作，举全党全社会之力，深入推进脱贫攻坚，取得了一系列成就。但正如习近平总书记指出的："全面建设小康社会最艰巨最繁重的任务在农村"[①]，农村的脱贫攻坚工作仍然颇具挑战，农村全面建设小康仍存在短板。具体而言，农村基础设施落后、公共服务供给不足和农村产业发展缓慢是短板的三类主要表现。其中，基础设施和公共服务的完善是支撑起农村发展的必要保障，进一步调整优化农业产业结构和发展特色产业则是实现乡村振兴的根本动力。

精准扶贫概念的提出就是为了补齐农村全面建设小康的短板，针对扶贫工作进入深水区后而作出的政策调整。与传统粗放式扶贫相比，精准扶贫可以达到精确识别、精确帮扶和精确管理的扶贫效果，治贫的科学性和有效性得到了明显的提高。然而，单依靠精准扶贫仍然无法使农村进入具有持续性的发展阶段，必须与产业扶贫，即农村特色产业的发展相结合，两者共同为农村提供良好的发展驱动力，从根本上防止"返贫"现象的出现。

为了衡量农村地区全面小康水平，本报告设计了一套综合评价体系，以更好地明确全面小康水平的评价标准，为广大农村地区未来的发展提供参考。农村全面小康评价指标以客观性、可行性和系统性为指导原则，包含经济发展水平、社会进步程度、生态环境状况、可持续建设和政治文明建设五个部分。"老少边穷"地区是全面建成小康社会的薄弱环节和短板，因此，要把解决这些地区的问题作为重点和切入点。有鉴于此，本报告选择了黔东南地区的地扪村作为"老少边穷"地区的代表。

---

① 李虹霖："习近平在贵州召开部分省区市党委主要负责同志座谈会上的讲话"，新华网。http://www.china.com.cn/lianghui/fangtan/2016-03/01/content_37908434.htm，2016年3月1日。

地扪村目前在精准扶贫和产业扶贫方面都有相关配套政策的支持，但实际的全面小康水平仍与一般性标准存在差距。为了更好地评价地扪村的经济社会发展现状，本报告以新提出的农村全面小康评价指标为标准，结合实地调研数据，对地扪村的全面小康状况进行了分析。总体而言，地扪村扶贫政策有明显的成效，该村在经济社会发展和社会进步程度方面有着较为良好的发展。但是地扪村的扶贫工作仍然任重道远，“返贫”风险仍然存在，在可持续性、精神文明和生态环境等方面仍需改善。

参考文献

[1] 丁志刚，王杰. 中国乡村治理70年：历史演进与逻辑思路. 中国农村观察，2019（4）

[2] 张强，张怀超，刘占芳. 乡村振兴：从衰落走向复兴的战略选择. 经济与管理，2018（1）

[3] 马晓河，刘振中. 农村基础设施和公共服务需要明确攻坚方向. 中国党政干部论坛，https://mp. weixin. qq. com/s/eEdH6azGzy_xE0fxuNEqfg，2020（1）

[4] 凌慧敏，徐晓林. 重塑城乡关系 合理引导人口迁移. 学习与实践，2018（10）

[5] 郭晓鸣. 乡村振兴战略的若干维度观察. 社会科学文摘，2018（7）

[6] 孙宁波，段瑞娟. 乡村振兴战略与精准扶贫的关系研究. 现代经济信息，2019（1）

[7] 徐晓军，张楠楠. 乡村振兴与脱贫攻坚的对接：逻辑转换与实践路径. 湖北民族学院学报（哲学社会科学版），2019（6）

[8] 章文光. 精准扶贫与乡村振兴战略如何有效衔接. 人民论坛，2019（4）

[9] 韩瑶. 乡村振兴战略下通过产业发展“造血式”扶贫模式研究——以山东省为例. 产业经济，2020（3）

[10] 王伟. 乡村振兴视角下农村精准扶贫的产业路径创新. 重庆社会科学，2019（1）

[11] 李新平. 乡村振兴和精准扶贫的关系研究. 劳动保障世界，2018（32）

[12] 卞文忠. 别让“人才短板”制约乡村振兴. 人民论坛，2019（1）

[13] 赵颖文，吕火明. 农村全面小康建设评价体系的构建及区域差异性研究. 农业经济问题，2016（4）

[14] 王健，王立鹏. 全面建成小康社会的评价方法及指标体系. 人民论坛·学术前沿，2017（6）

[15] 谢志强，王剑莹. 如何构建全面小康社会的评价指标体系. 人民论坛·学术前沿，2016（18）

[16] 陈友华. 全面小康的内涵及评价指标体系构建. 人民论坛·学术前沿，2017（9）

农村全面小康补短板问题研究①

2020年是决胜全面建成小康社会之年、决战脱贫攻坚之年和“十三五”规划收官之年。贯彻落实近些年中央经济工作会议和中央农村工作会议精神，以及中共中央关于统筹推进新冠肺炎疫情防控和经济社会发展工作总体部署，系统梳理全面建成小康社会农业农村领域存在的短板，评估短板所在和短板程度，并提出补上突出短板、确保如期全面建成小康社会的政策举措，具有特殊重要意义。

一、全面建成小康社会及农村全面建成小康社会的评价指标体系

“小康”一词自古有之，代表了一种理想的生活状态，是普通百姓对富裕、殷实、安定、和睦生活的向往和追求。学界普遍认为，小康思想的发展经历了古代、近代和现代三个主要阶段。古代小康思想是中国封建制度下传统的小康思想，近代小康思想萌生和发展于中国内忧外患的时代背景，现代

---

① 本报告是清华大学中国农村研究院2019年重点研究课题“农村全面小康补短板研究——基于宏观测度和典型县市的实证分析”的研究成果，在收入本书时有所删减，报告观点仅代表课题组的看法。课题负责人：刘红岩，农业农村部管理干部学院副处长、副研究员。报告执笔人：刘红岩。

小康思想则经历了从告别温饱到总体小康、全面建设小康再到全面建成小康社会的发展阶段。

（一）全面建成小康社会的进程

1957 年，毛泽东在《关于正确处理人民内部矛盾的问题》中提出要把我国建设成一个“具有现代工业、现代农业和现代科学文化的社会主义国家”，后来与国防现代化形成“四个现代化”，为小康思想发展和小康社会创建奠定了坚实的理论和现实基础。1984 年，邓小平会见日本首相中曾根康弘时正式提出了“小康社会”概念，认为国民生产总值人均达到 800 美元，就是到 20 世纪末在中国建立一个小康社会，这标志着小康社会理论的初步形成。同年，我国正式宣布基本解决温饱问题。1997 年，以江泽民为核心的党的领导集体在党的十五大报告中提出了全面建设小康社会。2000 年，我国正式宣布如期实现总体小康，这是中华民族现代化进程的一个里程碑。2002 年，党的十六大报告提出，“全面建设小康社会”的目标是一个全面综合的目标体系，包括物质文明、政治文明、精神文明、生态文明的协调发展和社会的全面进步，强调人与社会协调发展。2012 年，以胡锦涛为核心的党的领导集体在党的十八大报告中提出了全面建成小康社会的新要求，即经济持续健康发展，人民民主不断扩大，文化软实力显著增强，人民生活水平全面提高，资源节约型、环境友好型社会建设取得重大发展，形成经济建设、政治建设、文化建设、社会建设、生态文明建设“五位一体”全面建成小康社会总布局。

以习近平同志为核心的党中央领导集体提出了许多新论断。一是“八个更”诠释全面建成小康社会的科学内涵。“八个更”即全面建成小康社会意味更好的教育、更稳定的工作、更满意的收入、更可靠的社会保障、更高水平的医疗卫生服务、更舒适的居住条件、更优美的环境、更丰富的精神文化生活。“小康”讲的是发展水平，“全面”讲的是发展的平衡性、协调性、可持续性。二是“中国梦”揭示全面建成小康社会的新方位和重要意义。习近平总书记于2012年11月29日参观《复兴之路》展览时提出并阐述了“中国梦”[①]，2014年在第六届部长级会议上他指出，中国已进入全面建成小康社会的决定性阶段，这是实现中华民族伟大复兴中国梦的关键一步。三是全面建成小康社会进入决胜阶段。2015年中共十八届五中全会提出了全面建成小康社会新的目标要求：经济保持中高速增长，产业迈向中高端水平，人民生活水平和质量普遍提高，国民素质和社会文明程度显著提高，生态环境质量总体改善，依靠改革开放推动制度建设，标志着我国全面建成小康社会进入决胜阶段。2016年，“十三五”规划纲要总结概括了全面建成小康社会的新目标要求，添加了创新驱动成效显著、各方面制度更加成熟更加定型两项内容，构成了全面建成小康社会决胜阶段的实质内涵。2017年，党的十九大报告指出，从现在到2020年，是全面建成小康社会决胜期，并要求突出抓重点、补短板、强弱项，使全面建成小康社会得到人民认可、经得起历史检验。2019年，中央经济工作会议要求继续抓重点、补短板、强弱项，确保全面建成小康社会（见图1）。

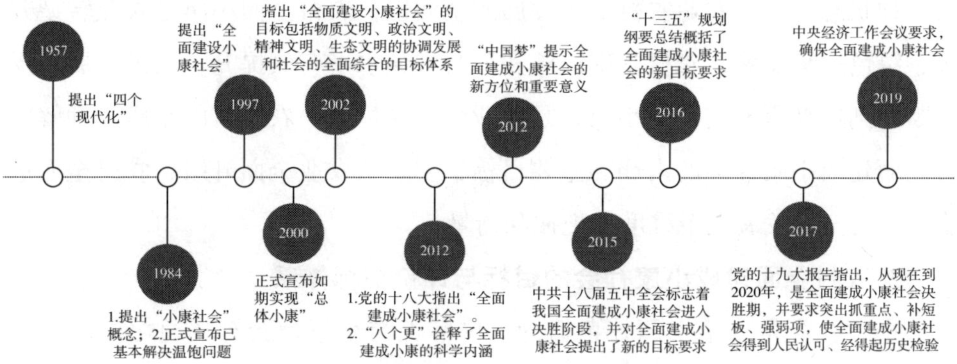

图1　全面建成小康社会的发展演进

（二）农村全面建成小康社会的内涵、目标与指标体系

全面建成小康社会，最艰巨、最繁重的任务在农村，最广泛、最深厚的

① 新华网，http://www.xinhuanet.com/politics/2019-11/23/c_1125266183.htm。

基础在农村，最大的潜力和后劲也在农村。“小康不小康，关键看老乡”。没有农村小康就没有全面小康，农村全面建成小康社会决定着亿万农民的获得感和幸福感，决定着我国全面小康社会的成色和社会主义现代化的质量。

1. 农村全面建成小康社会的内涵

就学术研究看，学者普遍从全面小康涵盖的领域、要求及其核心等方面理解全面小康（凌昌玉，2003；李晓娥等，2004；马桂萍和曲直，2017；孙文华，2017）；对农村全面建成小康社会内涵的研究，也主要从上述角度开展（陈丽霞，2005；杨志成，2015）。就实践进展看，从“进入”到“全面建设”再到“全面建成”，小康社会的建设要求也更严格、更全面，从只注重经济层面到追求经济、政治、文化、社会、生态五大方面共同发展。本报告认为，农村全面建成小康社会的重点体现在两个“全面性”：一是建设领域的全面性，与“五位一体”的总体布局相一致，农村全面建成小康社会涵盖经济、政治、文化、社会、生态等多个系统目标，包含政治、经济、文化、社会、生态文明、党的建设等六大建设，且是多领域、多层次齐头并进的一种状态。二是农业农村农民发展的全面性，农村全面小康是农业转型升级、绿色持续发展，农村基础设施和公共服务水平有效提升，农民发展需要不断得到更高程度满足的小康，是农业强、农村美、农民富的小康。理解农村全面建成小康社会的内涵和主要目标，主要从农业全面升级、农村全面进步、农民全面发展三个维度来把握和衡量。

2. 农村全面建成小康社会的目标与评价指标体系

小康社会是一个中国特色概念，国际上与小康社会有相通之处的是现代化。现代化的测度可粗略地分为三类。①单一指标法。包括人均 GDP 法和恩格尔系数法。②社会统计指标体系。包括箱根模型，布莱克标准，英格尔斯标准，以及世界财富论坛上提出的现代化标准。③社会发展综合评价指标。包括物质生活质量指数（PQLI），人类发展指数，ASHA 指数，以及新近联合国统计署和统计委员会在已确定的 6 套指标及其体系中筛选的三级指标 123 个项目。

国内相关部门和学者自 20 世纪 90 年代开始建立指标体系，量化分析小康社会实现程度。国家相关部门的研究较早、更具持续性和权威性。1992 年国家统计局提出了小康社会质量的量化标准，指标体系涵盖宏观经济条件、生活质量和生活效果三个方面 12 个指标，具体指标分为全国、城市和农村三类标准。20 世纪 90 年代中期，国家计划委员会、农业部与国家统计局联合制定了全国人民小康生活水平、全国农村小康生活水平和全国城镇小康生活水平的基本标准共三套标准体系，涉及经济水平、物质生活、人口素质、精神生活、生活环境五个方面 16 个指标。2003 年，国家统计局提出了农村全面小康社会评价标准，包括经济发展、社会发展、人口素质、生活质量、民主法制和资源环境六个维度 18 项指标。2008 年，国家统计局制定《全面建设小康社会统计监测方案》，对经济发展、社会和谐、生活质量、民主法制、文化教育和资源环境六大方面 23 个指标提出了具体要求。2013 年，国家统计局依照全面建成小康社会新要求修改了 2008 年指标体系，修改后的指标体系包括经济发展、民主法制、文化建设、人民生活和资源环境 5 个维度 39 个指标，并规定了全国及不同地区 2020 年各指标的发展目标。

本报告吸纳国内外相关研究成果，构建农村全面建成小康社会评价指标体系。全面建成小康社会，不是一个“数字游戏”或“速度游戏”，而是一个实实在在的目标，它有两个检验标准，一是得到人民的认可；二是经得起历史的考验。“得到人民的认可”是指让人民有获得感、幸福感、满足感。因此，农村全面建成小康社会评价指标体系，不仅包括宏观层面的指数型指标，还包括区域层面的满意度指标；不仅包括数量型指标，还包括描述性要素；两类指标互补，以全面科学反映农村全面建成小康社会的短板及短板程度。满意度指标围绕农业农村农民全面发展设计了 55 个项目赋分值。指数型指标遵循客观性、系统性、导向性、代表性、可行性原则，兼顾数据可得性，参考国家统计局 1990 年、1996 年、2003 年、2008 年、2013 年关于全面小康和农村全面小康的指标体系设计，以及“十三五”规划、“十三五”农业现代化规划和《乡村振兴战略规划（2018—2022 年）》中的相关指标体系而构建。

农村全面建成小康社会评价指标体系包括三级指标。一级指标对应农业全面升级、农村全面进步、农民全面发展。二级指标有农业生产条件与经营状况、农业绿色发展、农村人居环境整治、农村基础设施、农村公共服务、农村治理、农村居民就业与收入及脱贫攻坚8个领域。三级指标从不同层面反映二级指标的发展状况，具体如下。

（1）农业全面升级

借鉴现代农业产业体系、经营体系、生产体系内容，设计2个二级指标。一是农业生产条件与经营状况，包含7项满意度指标和4个指数型指标，粮食综合生产能力反映国家粮食安全保障能力；农业科技进步贡献率和农业劳动生产率（按2015年价格计算）反映农业科技水平和生产效率；农作物耕种收综合机械化率反映农业技术装备水平。二是农业绿色发展情况，包含8项满意度指标和2个指数型指标，农田灌溉水有效利用系数和农产品质量安全例行监测总体合格率反映农业绿色发展水平。

（2）农村全面进步

参考乡村振兴战略相关指标体系，设计4个二级指标。一是农村人居环境整治，包含8项满意度指标和3个指数型指标，对生活垃圾进行处理的行政村比例、对生活污水进行处理的行政村比例和农村卫生厕所普及率反映农村人居环境情况。二是农村基础设施，包含8项满意度指标和5个指数型指标，农村互联网普及率、建制村通硬化路率、建制村通客车率、农村自来水普及率、农村社区综合服务设施覆盖率反映当前需要改进的水、路、网等农村基础设施建设情况。三是农村公共服务，包含13项满意度指标和7个指数型指标，农村义务教育学校专任教师本科及以上学历比例反映农村义务教育质量；农村每千人口执业（助理）医师数反映农村医疗卫生服务质量；农村每千老年人口养老床位数反映农村养老服务情况；农村基本养老保险覆盖率和农村基本医疗保险覆盖率反映农村社会保障情况；农村居民教育文化娱乐支出占比反映农村居民精神文化生活水平；农民对社会治安的满意度反映农村安全情况。四是农村治理，包含 3 个指数型指标，村党支部书记兼任村委会主任的村占比反映农村基层党组织建设情况；县级以上文明村占比反映农村精神文明建设情况；农村居民对村委会民主选举和村务公开情况的满意度反映村民自治进展情况。

（3）农民全面发展

农民全面发展包含经济、政治、文化等方面的内容，因与农业全面升级和农村全面进步密切相关，且在前述两个方面已有阐述，在此主要从经济层面反映。一是农民就业与收入，包括 11 项满意度指标和 3 个指数型指标，农村居民人均可支配收入增长反映农村居民收入增长情况；农村居民恩格尔系数（逆指标）和城乡居民收入比（以农村为 1，逆指标）反映农村居民生活水平。二是脱贫攻坚，本报告将在采纳专门机构专门评价的基础上，主要以农村贫困人口数（现行标准，逆指标）反映脱贫攻坚成效。农村全面建成小康社会评价指标体系与 2020 年的目标任务见表 1。

表1　农村全面建成小康社会评价指标体系与2020年的目标任务

一级指标	二级指标	序号	三级指标	指标类型	计量单位	2020 年目标值	目标设定依据	资料来源
农业全面升级	农业生产条件与经营状况	1	粮食综合生产能力	指数型	万吨	>60000	《乡村振兴战略规划（2018—2022 年）》	国家统计局
		2	农业科技进步贡献率		%	60	同上	同上
		3	农业劳动生产率（按 2015 年价格计算）		万元 / 人	4.7	同上	同上
		4	农作物耕种收综合机械化率		%	70	《全国农业现代化规划（2016—2020 年）》	农业农村部
		5	农村耕地质量	满意度	赋值	5	问卷设计参考指标	问卷调查
		6	高标准农田					
		7	农村水利设施					
		8	农田有效灌溉					
		9	村级电子商务配送站点覆盖					
		10	农产品产量					
		11	农产品优质优价					

续表

一级指标	二级指标	序号	三级指标	指标类型	计量单位	2020年目标值	目标设定依据	资料来源
农业全面升级	农业绿色发展	12	农产品质量安全例行监测总体合格率	指数型	%	>97	《全国农业现代化规划（2016—2020年）》	水利部
		13	农田灌溉水有效利用系数		%	>0.55	同上	农业农村部
		14	农膜回收	满意度	赋值	5	问卷设计参考指标	问卷调查
		15	药瓶、药袋集中处理					
		16	畜禽粪污综合利用					
		17	秸秆（尾菜、落果）等废弃物资源化利用					
		18	秸秆综合利用					
		19	化肥减量使用					
		20	主要农作物测土配方施肥					
		21	农药减量使用					
农村全面进步	农村人居环境整治	22	对生活垃圾进行处理的行政村比例	指数型	%	90	《乡村振兴战略规划（2018—2022年）》	住房和城乡建设部
		23	对生活污水进行处理的行政村比例		%	50	国家统计局参照“2017年对生活污水进行处理的建制村比例为47.06%”设定	同上
		24	农村卫生厕所普及率		%	85	《乡村振兴战略规划（2018—2022年）》	国家卫生健康委员会
		25	村级垃圾分类处理情况	满意度	赋值	5	问卷设计参考指标	问卷调查
		26	农村生活污水集中处理情况					
		27	村级排污口分布情况					
		28	村级雨水排放口分布情况					
		29	农村卫生改厕情况					
		30	农村生活垃圾处理情况					
		31	村级垃圾收集池分布情况					
		32	家庭使用卫生厕所情况					
		33	农村互联网普及率		%	>51.6	《“十三五”全国农业农村信息化发展规划》	国家网信办

续表

一级指标	二级指标	序号	三级指标	指标类型	计量单位	2020年目标值	目标设定依据	资料来源
农村全面进步	农村基础设施	34	建制村通硬化路率	指数型	%	100	《“十三五”现代综合交通运输体系发展规划》	交通运输部
		35	建制村通客车率		%	99	同上	同上
		36	农村自来水普及率		%	83	《乡村振兴战略规划（2018—2022年）》	水利部
		37	农村社区综合服务设施覆盖率		%	50	《城乡社区服务体系建设规划（2016—2020年）》	文化和旅游部
		38	建制村通客车情况	满意度	赋值	5	问卷设计参考指标	问卷调查
		39	农村危房改造情况					
		40	农村住房安全情况（如防震）					
		41	村民饮用水水质情况					
		42	农村宽带网络通达情况					
		43	农村通自来水情况					
		44	建制村通公路情况					
		45	农村用电情况					
	农村公共服务	46	农村义务教育学校专任教师本科及以上学历比例	指数型	%	65	《乡村振兴战略规划（2018—2022年）》	教育部
		47	农村每千人口执业（助理）医师数		人	>2.5	《“十三五”卫生与健康规划》	国家卫生健康委员会
		48	农村每千老年人口养老床位数		张	35 ~ 40	《民政事业发展第十三个五年规划》	民政部
		49	农村基本养老保险覆盖率		%	90	《人力资源和社会保障事业发展“十三五”规划纲要》	人力资源和社会保障部
		50	农村基本医疗保险覆盖率		%	>95	同上	同上
		51	农民对社会治安的满意度		%	90	—	国家统计局
		52	农村居民教育文化娱乐支出占比		%	12.6	《乡村振兴战略规划（2018—2022年）》	同上
		53	农村养老设施条件					问卷调查

续表

一级指标	二级指标	序号	三级指标	指标类型	计量单位	2020 年目标值	目标设定依据	资料来源
农村全面进步	农村公共服务	54	农村医师情况	满意度	赋值	5	问卷设计参考指标	
		55	农村文化娱乐设施情况					
		56	农村幼儿园、托儿所覆盖情况					
		57	农村医疗卫生设施条件					
		58	农村基本养老保险情况					
		59	农村中小学就学距离情况					
		60	农村义务教育师资情况					
		61	农村基本医疗保险情况					
		62	农村便民服务情况					
		63	农村低保情况					
		64	农村义务教育设施条件					
		65	农村社会治安情况					
	农村治理	66	村党支部书记兼任村委会主任的村占比	指数型	%	35	《乡村振兴战略规划（2018—2022 年）》	国家统计局
		67	县级以上文明村占比		%	50	同上	同上
		68	农村居民对村委会民主选举和村务公开情况的满意度		%	85	国家统计局相关调查	同上
农民全面发展	脱贫攻坚	69	农村贫困人口数（现行标准，逆指标）	指数型	万人	0	《全国农村经济发展“十三五”规划》	同上
	农民就业与收入	70	农村居民人均可支配收入增长	指数型	%	>6.5	《全国农业现代化规划（2016—2020 年）》	同上
		71	农村居民恩格尔系数（逆指标）		%	30.2	《乡村振兴战略规划（2018—2022 年）》	同上
		72	城乡居民收入比（以农村为 1，逆指标）		—	2.69	同上	同上
		73	城乡居民收入差距缩小情况					

续表

一级指标	二级指标	序号	三级指标	指标类型	计量单位	2020年目标值	目标设定依据	资料来源
农民全面发展	农民就业与收入	74	村民教育文化娱乐消费情况	满意度	赋值	5	问卷设计参考指标	问卷调查
		75	村民财产性收入情况					
		76	村民种植业收入情况					
		77	村民农业生产经营收入情况					
		78	村民人均可支配收入情况					
		79	村民养殖业收入情况					
		80	村民低保/救济/贫困补贴/养老金收入情况					
		81	村民外出务工就业机会					
		82	村民外出务工收入情况					
		83	村民外出务工工资及时发放					

二、基于宏观指标测度的全面建成小康社会农业农村领域的短板及短板程度

基于全国层面和省份层面的宏观数据，对标对表全面建成小康社会2020年目标值，测算农业农村各领域各项目的目标实现程度、年均增长速度、2020年预期实现值（见表2），综合评价全面建成小康社会农业农村领域的突出短板及短板程度。其中，正向指标的目标实现程度＝年度实现值/2020年目标值 ×100%，逆向指标的目标实现程度=2020年目标值/年度实现值 ×100%。

（一）农业生产条件有待巩固和提升

两项指标已实现目标值。我国粮食总产量在 2012 年已超过 60000 万吨的目标值，达到 61222.62 万吨，2019 年我国粮食生产再创历史新高，达到 66384.00 万吨，目标实现程度为 110.60%，2012—2019 年年均增长速度为 1.16%。2019 年农作物耕种收综合机械化率达到 70% 以上，目标实现程度为 100%，2015—2019 年年均增长速度为 2.67%。

两项指标距目标值尚有距离。2019 年农业科技进步贡献率为 59.20%，目标实现程度为 98.70%，2012—2019 年年均增长速度为 1.12%，以此速度增长，2020 年预期实现值为 59.86%，仍达不到 2020 年 60% 的目标值。2018 年农业劳动生产率（按 2015 年价格计算）为 3.12 万元，目标实现程度为 66.38%，2015—2018 年年均增长速度为 6.54%，以此速度增长，2020 年实现值为 3.54 万元，距 2020 年 4.7 万元的目标仍有相当差距。这表明，当前我国农业生产条件不足，加快推进农业科技创新发展成为当务之急（见图 2）。

	粮食总产量	农作物耕种收综合机械化率	农业科技进步贡献率	农业劳动生产率（按2015年价格计算）
目标实现程度（%）	110.60	100	98.70	66.38
年均增长速度（%）	1.16	2.67	1.12	6.54

图 2　农业生产条件相关指标实现程度及年均增长速度

资料来源：国家统计局、农业农村部、交通运输部、人力资源和社会保障部、生态环境部、水利部、民政部。

（二）农业绿色发展实现预期目标

两项指标已实现目标值。2018 年农田灌溉有效利用系数为 0.55，已达到 2020 年目标值 0.55 的水平，目标实现程度为 110.80%，2012—2018 年年均增长速度为 1.19%。2019 年农产品质量安全例行监测总体合格率为 97.40%，目标实现程度为 100.40%，2015 年就已实现目标值 97.00% 的水平，近几年持续保持在高于目标值的水平上。

（三）农村人居环境整治任务偏重

三项指标均未达到目标值。2019 年 90% 的村庄开展了清洁行动，农村卫生厕所普及率达到 60.00%，目标实现程度为 70.59%，2015—2019 年年均增长速度为 11.02%，以此速度增长，2020 年预期实现值为 66.61%，距离 2020 年 85% 的目标值仍有很大差距。2018 年对生活垃圾进行处理的行政村比例为 88.20%，目标实现程度为 98.00%，2012—2018 年年均增长速度为 20.09%，以此速度增长，2020 年预期实现值为 127.21%，预期能实现 2020 年目标值。2018 年对生活污水进行处理的行政村比例为 29.80%，目标实现程度为 59.60%，2012—2018 年年均增长速度为 25.30%，以此速度增长，2020 年预期实现值为 46.79%，距离目标值仍有差距（见图 3）。总体看，当前农村人居环境整治任务偏重，尤其是农村“厕所革命”任务较重。

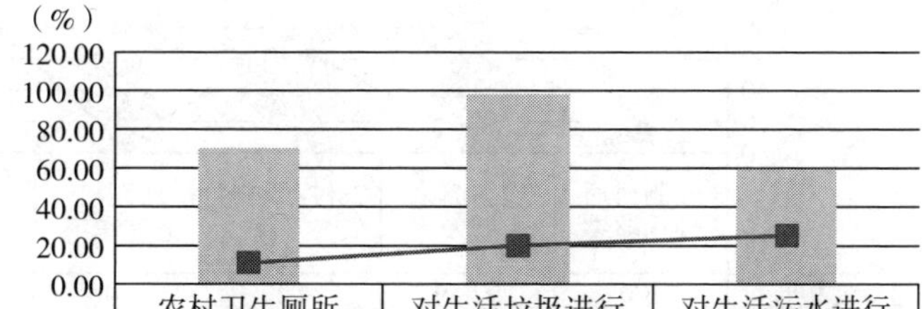

	农村卫生厕所普及率	对生活垃圾进行处理的行政村比例	对生活污水进行处理的行政村比例
目标实现程度	70.59	98.00	59.60
年均增长速度	11.02	20.09	25.30

图 3　农村人居环境整治相关指标实现程度及年均增长速度

资料来源：国家统计局、农业农村部、交通运输部、人力资源和社会保障部、生态环境部、水利部、民政部。

（四）农村基础设施建设仍然不足

一项指标已达到目标值。2019 年具备条件的建制村已全部通硬化路，提前一年实现 2020 年目标值。

四项指标尚未达到目标值。2018 年，农村自来水普及率的实现值为 81.00%，目标实现程度为 97.59%，2012—2018 年年均增长速度为 1.38%，2020 年目标值为 83.00%，以此速度增长，2020 年的预期实现值为 83.25%，预期能按时完成目标任务。2018 年农村互联网普及率为 38.40%，目标实现程度为 74.42%，2012—2018 年年均增长速度为 8.00%，以此速度增长，2020 年的预期实现值为 44.79%，距离 2020 年 51.6% 的目标值仍有一定距离。2018 年建制村通客车率为 96.50%，目标实现程度为 97.48%，2015—2018 年年均增长速度为 0.78%，以此速度增长，2020 年预期实现值为 98.01%。但 2019 年 6 月交通运输部公布的该指标数据为 98.02%，预期能按时完成目标任务。2018 年农村社区综合服务设施覆盖率为 45.30%，目标实现程度为 90.60%，2015—2018 年年均增长速度为 12.52%，以此速度增长，2020 年预期实现值为 57.35%，预期能按时完成目标任务（见图 4）。总体看，农村基础设施建设进展顺利，但离目标任务仍有差距，尤其是要强化农村互联网的建设力度。

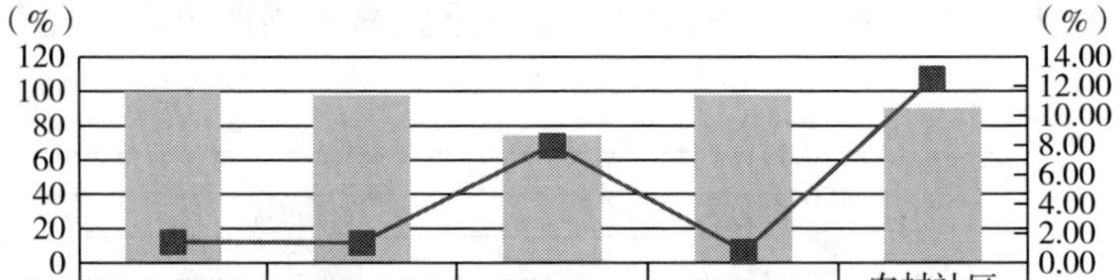

	建制村通硬化路率	农村自来水普及率	农村互联网普及率	建制村通客车率	农村社区综合服务设施覆盖率
目标实现程度	100	97.59	74.42	97.48	90.60
年均增长速度	1.44	1.38	8.00	0.78	12.52

图 4　农村基础设施相关指标实现程度及年均增长速度

资料来源：国家统计局、农业农村部、交通运输部、人力资源和社会保障部、生态环境部、水利部、民政部。

（五）农村公共服务亟待完善

目前已完成三项指标任务。农村基本养老保险和农村基本医疗保险已于 2015 年实现全覆盖。2018 年农民对社会治安的满意度达到 93.3%，提前两年完成目标任务。

四项指标尚未达到目标值。2018 年农村义务教育学校专任教师本科及以上学历比例为 63.07%，目标实现程度为 97.03%，2015—2018 年年均增长速度为 6.42%，以此速度增长，2020 年预期实现值为 71.43%，预期能完成 2020 年目标任务。2018 年农村每千老年人口养老床位数仅为 29.15 张，目标实现程度为 83.29% ~ 72.88%，与 2020 年 35 ~ 40 张的目标值差距不小，且 2016 年以来该数据以 57.16% 的年均降速处于不断下降态势，2015—2018 年该指标数据分别为 30.31 张、31.62 张、30.92 张和 29.15 张，这表明老年人口的增长速度超过养老床位数的增长速度，满足老年人口养老床位的目标任务十分艰巨。2018 年农村每千人口执业（助理）医师数为 1.82 人，目标实现程度为 72.80%，2012—2018 年年均增长速度为 4.47%，若以此速度增长，2020 年实现值为 1.99 人，与 2.5 人有相当差距。2018 年农村居民教育、文化、娱乐支出占比为 10.74%，目标实现程度为 85.23%，2012—2018 年年均增长速度为 6.07%，以此速度增长，2020 年预期实现值为 12.08%，与 2020 年 12.6% 的目标值仍有差距（见图 5）。总体看，城乡公共服务一体化进程在加快，农村公共服务日趋完善，但养老、医疗服务供给与目标要求仍有较大差距。

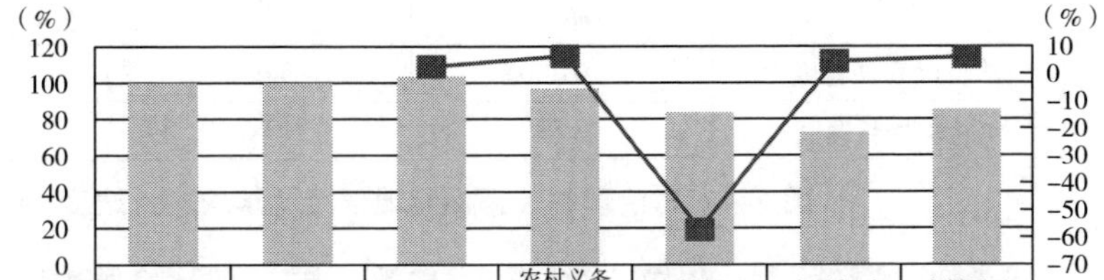

	农村基本养老保险覆盖率	农村基本医疗保险覆盖率	农民对社会治安的满意度	农村义务教育学校专任教师本科及以上学历比例	农村每千老年人口养老床位数	农村每千人口执业（助理）医师数	农村居民教育、文化、娱乐支出占比
目标实现程度（%）	100	100	103.67	97.03	83.29	72.80	85.23
年均增长速度（%）	—	—	2.64	6.42	−57.16	4.47	6.07

图 5　农村公共服务相关指标实现程度及年均增长速度

资料来源：国家统计局、农业农村部、交通运输部、人力资源和社会保障部、生态环境部、水利部、民政部。

（六）农村治理能力有待提升

一项指标已实现目标值。2018 年村党支部书记兼任村委会主任的村庄占比为 35.37%，已达到 2020 年 35% 的目标值，目标实现程度为 101.06%，提前两年完成目标任务。

两项指标尚未达到目标值。2018 年县级以上文明村占比 27.4%，目标实现程度为 54.80%，2016—2018 年的年均增长速度为 13.69%，以此速度增长，2020 年预期实现值为 35.41%，距离 2020 年 50% 的目标值仍有相当差距。2018 年农村居民对村委会民主选举和村务公开情况的满意度为 78.7%，目标实现程度为 92.59%，2015—2018 年的年均增长速度为 26.79%，以此速度增长，2020 年预期实现值为 85.20%，预期能完成 2020 年目标任务（见图 6）。总体来看，农村治理已有相当进展，但有效善治仍是一个长期性课题。

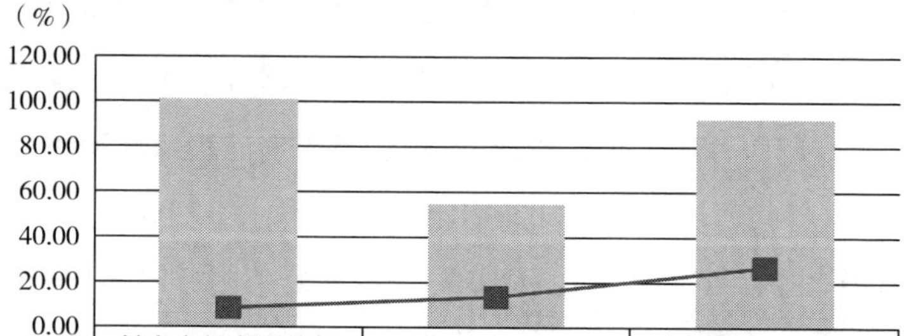

	村党支部书记兼任村委会主任的村庄占比	县级以上文明村占比	农村居民对村委会民主选举和村务公开情况的满意度
目标实现程度（%）	101.06	54.80	92.59
年均增长速度（%）	8.59	13.69	26.79

图 6　农村治理相关指标实现程度及年均增长速度

资料来源：国家统计局、农业农村部、交通运输部、人力资源和社会保障部、生态环境部、水利部、民政部。

（七）农村居民收入的压力加大

三项指标均已实现目标值。2015 年以来，农村居民人均可支配收入增长均在 8% 以上、超过 2020 年 6.5% 的目标值，2019 年增长速度为 9.61%，目标实现程度为 147.77%。农村居民恩格尔系数（逆指标）在 2018 年为 30.10%，已实现 2020 年 30.20% 的目标值，目标实现程度为 100.33%。2018 年城乡居民收入比目标实现程度为 100.19%，2012—2018 年年均增长速度为 0.89%；2019 年为 2.64，已实现 2020 年 2.69 的目标值，目标实现程度为 101.74%（见图 7）。单从收入指标看，农村居民收入已提前一年实现比 2010 年翻一番的目标，但近几年来支撑农民收入增长的动能在减弱，工资性收入和经营性收入在下降，受新冠肺炎疫情影响，农民持续增收面临较大的压力。

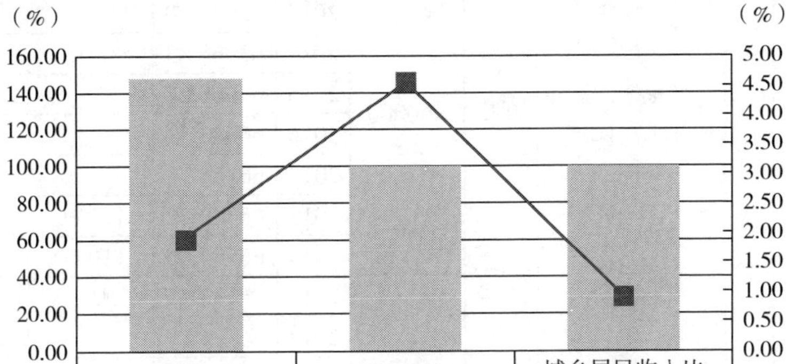

	农村居民人均可支配收入增长	农村居民恩格尔系数（逆指标）	城乡居民收入比（以农村为1，逆指标）
目标实现程度（%）	147.77	100.33	100.19
年均增长速度（%）	1.92	4.55	0.89

图 7　农村居民收入相关指标实现程度及年均增长速度

资料来源：国家统计局、农业农村部、交通运输部、人力资源和社会保障部、生态环境部、水利部、民政部。

（八）剩余脱贫攻坚任务依然艰巨

2019 年底，我国剩余贫困人口 551 万人，贫困发生率降至 0.6%，脱贫攻坚目标任务接近完成。全国还有 52 个贫困县未摘帽、2707 个贫困村未出列、建档立卡贫困人口未全部脱贫，且都是贫中之贫、困中之困，是最难啃的硬骨头。剩余建档立卡贫困人口中老年人、患病者、残疾人的比例达到 45.7%，剩余脱贫攻坚任务依然艰巨。

综上分析，可以判断：农业生产条件、农村公共服务、农村人居环境、农村居民收入是突出短板，农业绿色发展、农业基础设施、农村治理是相对短板，剩余脱贫攻坚任务艰巨。

表2　　农村全面建成小康社会评价指标的实现水平

一级指标	二级指标	序号	三级指标	计量单位	2020年目标值	年份	全国层面	目标实现程度（%）	年均增长速度（%）	2020年预期实现值
农业全面升级	农业生产条件与经营状况	1	粮食综合生产能力	万吨	>60000	2012	61222.62			
						2013	63048.20			
						2014	63964.83			
						2015	66060.27			
						2016	66043.51			
						2017	66160.72			
						2018	65789.22	109.60	1.206	
						2019	66384.00	110.60	1.16	
		2	农业科技进步贡献率	%	60	2012				
						2013				
						2014				
						2015	56.00			
						2016	56.65			
						2017	57.50			
						2018	58.30	97.17	1.35	
						2019	59.20	98.70	1.12	59.86
		3	农业劳动生产率（按2015年价格计算）	万元/人	4.7	2012				
						2013				
						2014				
						2015	2.58			
						2016	2.75			
						2017	2.92			
						2018	3.12	66.38	6.54	3.54
		4	农作物耕种收综合机械化率	%	70	2012				
						2013				
						2014				
						2015	63.00			
						2016	65.20			
						2017	66.00			
						2018	67.00	95.71	2.073	
						2019	70.00	100.00	2.67	

续表

一级指标	二级指标	序号	三级指标	计量单位	2020年目标值	年份	全国层面	目标实现程度（%）	年均增长速度（%）	2020年预期实现值
农业全面升级	农业绿色发展	5	农田灌溉水有效利用系数	%	>0.55	2012	0.52			
						2013	0.52			
						2014	0.53			
						2015	0.53			
						2016	0.54			
						2017	0.55			
						2018	0.55	110.80	1.19	0.575
		6	农产品质量安全例行监测总体合格率	%	>97	2012				
						2013				
						2014				
						2015	97.00			
						2016	97.50			
						2017	97.80			
						2018	97.50	100.52	0.17	
						2019	97.40	100.40	0.10	
农村全面进步	农村人居环境整治	7	对生活垃圾进行处理的行政村比例	%	90	2012	29.40			
						2013	36.60			
						2014	48.20			
						2015	62.20			
						2016	65.00			
						2017	74.00			
						2018	88.20	98.00	20.09	127.21
		8	对生活污水进行处理的行政村比例	%	50	2012	7.70			
						2013	9.10			
						2014	10.00			
						2015	11.40			
						2016	20.00			
						2017	25.00			
						2018	29.80	59.60	25.30	46.79

续表

一级指标	二级指标	序号	三级指标	计量单位	2020年目标值	年份	全国层面	目标实现程度（%）	年均增长速度（%）	2020年预期实现值
农村全面进步	农村人居环境整治	9	农村卫生厕所普及率	%	85	2012				
						2013				
						2014				
						2015	39.50			
						2016	44.00			
						2017	44.90			
						2018	56.00	65.88	12.34	70.67
						2019	60.00	70.59	11.02	66.61
	农村基础设施	10	农村互联网普及率	%	51.6	2012	24.20			
						2013	28.10			
						2014	28.80			
						2015	32.30			
						2016	33.10			
						2017	35.40			
						2018	38.40	74.42	8.00	44.79
		11	建制村通硬化路率	%	100	2012				
						2013				
						2014				
						2015	94.45			
						2016	96.69			
						2017	98.35			
						2018	99.44	105.28	1.73	
						2019	100.00	100.00	1.44	
		12	建制村通客车率	%	99	2012				
						2013				
						2014				
						2015	94.28			
						2016	95.37			
						2017	95.85			
						2018	96.50	97.48	0.78	98.01
						2019	98.02	99.01（2019年6月）		

续表

一级指标	二级指标	序号	三级指标	计量单位	2020年目标值	年份	全国层面	目标实现程度（%）	年均增长速度（%）	2020年预期实现值
农村全面进步	农村基础设施	13	农村自来水普及率	%	83	2012	74.60			
						2013	76.40			
						2014	79.00			
						2015	76.00			
						2016	79.00			
						2017	80.00			
						2018	81.00	97.59	1.38	83.25
		14	农村社区综合服务设施覆盖率	%	50	2012				
						2013				
						2014				
						2015	31.80			
						2016	37.30			
						2017	40.90			
						2018	45.30	90.60	12.52	57.35
	农村公共服务	15	农村义务教育学校专任教师本科及以上学历比例	%	65	2012				
						2013				
						2014				
						2015	52.33			
						2016	55.92			
						2017	59.83			
						2018	63.07	97.03	6.42	71.43
		16	农村每千人口执业（助理）医师数	人	>2.5	2012	1.40			
						2013	1.48			
						2014	1.51			
						2015	1.51			
						2016	1.61			
						2017	1.68			
						2018	1.82	72.80	4.47	1.99

续表

一级指标	二级指标	序号	三级指标	计量单位	2020年目标值	年份	全国层面	目标实现程度（%）	年均增长速度（%）	2020年预期实现值
农村全面进步	农村公共服务	17	农村每千老年人口养老床位数	张	35～40	2012	21.48			
						2013	24.39			
						2014	27.20			
						2015	30.31			
						2016	31.62	90.34～79.05	10.15	46.55
						2017	30.92	88.34～77.30	7.56	38.47
						2018	29.15	83.29～72.88	5.22	32.27
		18	农村基本养老保险覆盖率	%	90	2012				
						2013				
						2014				
						2015	制度全覆盖			
						2016				
						2017				
						2018				
		19	农村基本医疗保险覆盖率	%	>95	2012				
						2013				
						2014				
						2015	制度全覆盖			
						2016				
						2017				
						2018				
		20	农民对社会治安的满意度	%	90	2012				
						2013				
						2014				
						2015	87.60			
						2016				
						2017	90.90			
						2018	93.30	103.67	2.64	

续表

一级指标	二级指标	序号	三级指标	计量单位	2020 年目标值	年份	全国层面	目标实现程度（%）	年均增长速度（%）	2020 年预期实现值
农村全面进步	农村公共服务	21	农村居民教育、文化、娱乐支出占比	%	12.6	2012	7.54			
						2013	10.09			
						2014	10.26			
						2015	10.51			
						2016	10.56			
						2017	10.69			
						2018	10.74	85.23	6.07	12.08
	农村治理	22	村党支部书记兼任村委会主任的村占比	%	35	2012				
						2013				
						2014				
						2015				
						2016	30			
						2017				
						2018	35.37	101.06	8.59	
		23	县级以上文明村占比	%	50	2012				
						2013				
						2014				
						2015				
						2016	21.2			
						2017				
						2018	27.4	54.80	13.69	35.41
		24	农村居民对村委会民主选举和村务公开情况的满意度	%	85	2012				
						2013				
						2014				
						2015	72.7			
						2016				
						2017	73.9			
						2018	78.7	92.59	26.79	85.20

续表

一级指标	二级指标	序号	三级指标	计量单位	2020年目标值	年份	全国层面	目标实现程度（%）	年均增长速度（%）	2020年预期实现值
农村全面发展	农村居民收入	25	农村居民人均可支配收入增长	%	>6.5	2012				
						2013				
						2014	11.20			
						2015	8.90			
						2016	8.20			
						2017	8.60			
						2018	8.82	135.68	0.31	
						2019	9.61	147.77	1.92（自2015年起）	
		26	农村贫困人口数（现行标准，逆指标）	万人	0	2012	9899.00			
						2013	8249.00			
						2014	7017.00			
						2015	5575.00			
						2016	4335.00			
						2017	3046.00			
						2018	1660.00			
						2019	551.00			
		27	农村居民恩格尔系数（逆指标）	%	30.20	2012	39.30			
						2013	37.70			
						2014	37.90			
						2015	33.00			
						2016	32.20			
						2017	31.20			
						2018	30.10	100.33	4.55	

续表

一级指标	二级指标	序号	三级指标	计量单位	2020 年目标值	年份	全国层面	目标实现程度（%）	年均增长速度（%）	2020 年预期实现值
农村全面发展		28	城乡居民收入比（以农村为 1，逆指标）	—	2.69	2012	2.88			
						2013	2.81			
						2014	2.75			
						2015	2.73			
						2016	2.72			
						2017	2.71			
						2018	2.69	100.19	0.89	
						2019	2.64	101.74		

资料来源：国家统计局、农业农村部、交通运输部、人力资源和社会保障部、生态环境部、水利部、民政部。

此外，基于省级层面可获数据，分析判断各区域全面建成小康社会农业农村领域的短板发现，东部地区农村公共服务供给亟待完善，尤其是农村居民消费结构需要优化。中部地区农村消费结构相对较优，但农村公共服务和基础设施建设水平有待进一步提升。西部地区农村居民人均可支配收入增速较高，农村居民增收潜力大，但农村基础设施建设、公共服务供给、农村人居环境整治等还有待于进一步加强建设、加快发展。

三、基于满意度测度的农村全面建成小康社会农业农村领域的短板及短板程度

满意度问卷调查[①]于 2019 年 8 ~ 10 月开展。问卷借鉴李克特量表法的“五点”量表，请受访者对关涉农业农村领域全面建成小康社会的 55 个指标

① 为研究需要，对应指数型指标体系，本研究设计了满意度调查问卷。

项目赋分，分值区间设定为 1 ～ 5，5 表示满意程度最高，4 至 1 表示满意程度依次递减。赋值小于等于 2 表示很不满意、非常突出的短板，小于等于 3 表示不满意、突出短板，居于 3 ～ 4 视为基本满意、相对短板，大于 4 表示满意。问卷发放、回收有效样本皆为 220 份。样本覆盖 28 个省份，东、中、西部地区分别占比 37.7%、31.8% 和 30.5%，县级及以上干部、乡镇干部、村干部、新型农业经营主体负责人及普通农户分别占比 25.91%、20.91%、12.73%、25.45% 和 15.0%，样本具有代表性。

（一）总体情况分析

满意度调查内容涉及农业生产条件与经营状况、农业绿色发展、农村人居环境整治、农村基础设施、农村公共服务、农民就业与收入 6 个领域的 55 个项目（见表 3）。总体看，受访者赋值平均为 3.26，为相对短板。

1. 分领域看

农村人居环境整治和农业绿色发展分别赋值 2.86 和 2.99，是突出短板领域。农业生产条件与经营状况、农民就业与收入、农村公共服务、农村基础设施分别赋值 3.20、3.21、3.39 和 3.81，是相对短板领域。

2. 分项目看

村级垃圾分类处理情况（2.52）、农村生活污水集中处理情况（2.58）、农膜回收（2.60）、村级排污口分布情况（2.61）、药瓶和药袋收集处理（2.61）、农村养老设施条件（2.73）、村级雨水排放口分布情况（2.76）、畜禽粪污综合利用（2.85）、秸秆（尾菜、落果）等废弃物资源化利用（2.86）、城乡居民收入差距缩小（2.95）、秸秆综合利用（2.97）、村民教育文化娱乐消费（2.98）、化肥减量使用（2.98）、主要农作物测土配方施肥（2.98）、村民财产性收入（2.99）是农业农村发展中的突出短板。农村用电（4.33）、农药减量使用（4.07）是受访者最为满意的项目，水、路、房、网等是受访者相对满意的方面。

表3　　全面建成小康社会农业农村领域满意度赋值

领域	项目指标	赋值	均值
农业生产条件与经营状况	农村耕地质量	3.11	3.20
	农村高标准农田	3.14	
	农村水利设施	3.21	
	农田有效灌溉	3.28	
	村级电子商务配送站点覆盖	3.16	
	农产品产量	3.36	
	农产品优质优价	3.12	
农业绿色发展	农膜回收	2.60	2.99
	药瓶和药袋集中处理	2.61	
	畜禽粪污综合利用	2.85	
	秸秆（尾菜、落果）等废弃物资源化利用	2.86	
	秸秆综合利用	2.97	
	化肥减量使用	2.98	
	主要农作物测土配方施肥	2.98	
	农药减量使用	4.07	
农村人居环境整治	村级垃圾分类处理	2.52	2.86
	农村生活污水集中处理	2.58	
	村级排污口分布	2.61	
	村级雨水排放口分布	2.76	
	农村卫生改厕	3.03	
	农村生活垃圾处理	3.06	
	村级垃圾收集池分布	3.07	
	家庭使用卫生厕所	3.27	
农村基础设施	建制村通客车	3.46	3.81
	农村危房改造	3.62	
	农村住房安全（防震）	3.67	
	村民饮用水水质	3.76	
	农村宽带网络通达	3.76	
	农村通自来水	3.95	
	建制村通公路	3.95	
	农村用电	4.33	

续表

领域	项目指标	赋值	均值
农村公共服务	农村养老设施条件	2.73	3.39
	农村医师	3.10	
	农村文化娱乐设施	3.22	
	农村幼儿园和托儿所覆盖	3.23	
	农村医疗卫生设施条件	3.25	
	农村基本养老保险	3.26	
	农村中小学就学距离	3.28	
	农村义务教育师资	3.40	
	农村基本医疗保险	3.54	
	农村便民服务	3.55	
	农村低保	3.55	
	农村义务教育设施条件	3.73	
	农村社会治安	3.96	
农民就业与收入	城乡居民收入差距缩小	2.95	3.21
	村民教育文化娱乐消费	2.98	
	村民财产性收入	2.99	
	村民种植业收入	3.10	
	村民农业生产经营收入	3.17	
	村民人均可支配收入	3.17	
	村民养殖业收入	3.19	
	村民低保、救济、贫困补贴、养老金收入	3.55	
	村民外出务工就业机会	3.48	
	村民外出务工收入	3.55	
	村民外出务工工资及时发放	3.56	

资料来源：调查问卷。

（二）区域分类比较分析

西部地区受访者对农业农村发展状况的满意度最低、赋值为3.07，中部和东部地区受访者的相应赋值分别为3.26和3.36。但农村住房安全（如防震）、农村危房改造、农村幼儿园和托儿所覆盖、农村中小学就学距离、农村社会治安、农村便民服务、农村生活垃圾处理、村级垃圾池收集分布、垃圾分类处理、村级雨水排放口分布、农村高标准农田、农产品产量、主要农作物测土配方施肥、畜禽粪污综合利用等项目，中部地区受访者的满意度高于东部地区相应满意度。村民财产性收入、城乡居民收入差距缩小、村民教育文化娱乐消费、农村基本养老保险、秸秆综合利用、秸秆（尾菜、落果）等废弃物资源化利用等项目，西部地区受访者满意度高于中部地区相应满意度。

西部地区受访者认知的突出短板有 24 项。农村人居环境整治赋值为 2.56，农业绿色发展赋值为 2.79，农村公共服务赋值为 2.84，农民收入赋值为 2.93。此外，农村耕地质量赋值为 2.96。就极值看，满意度最低的项目为村级垃圾分类处理，赋值为 2.18，最高为农村用电，赋值为 4.18。

中部地区受访者认知的突出短板有 15 项。农村人居环境整治赋值为 2.75，农业绿色发展赋值为 2.81，农村公共服务赋值为 2.85，农民收入赋值为 2.86。就极值看，满意度最低的项目为农村生活污水集中处理赋值为 2.51，最高为农村用电，赋值为 4.34。

东部地区受访者认知的突出短板有 11 项。农村养老设施条件赋值为 2.75，农村人居环境整治赋值为 2.8，农业绿色发展赋值为 2.83。就极值看，最不满意的项目是农膜回收，赋值为 2.63，最满意的项目是农村用电，赋值为 4.43。

（三）主体分类比较分析

村干部的赋值最低，为 2.47，其次由低到高排序分别是普通农户，赋值为 2.79，新型农业经营主体负责人赋值为 3.02，县级及以上干部赋值为 3.29，乡镇干部的赋值最高，为 4.89。

普通农户认知的突出短板项目有 39 项。农业绿色发展赋值为 2.34，农民就业与收入赋值为 2.45，农村人居环境整治赋值为 2.48，农村公共服务赋值为 2.71，农业生产条件与经营状况赋值为 2.75。就极值看，农村生活污水集中处理和农膜回收是普通农户最不满意的项目，赋值均是 2.0，农村用电是最满意的项目，赋值为 4.64。

新型农业经营主体负责人认知的突出短板有 33 项。农村人居环境整治赋值为 2.55，农业绿色发展赋值为 2.56，农村公共服务赋值为 2.76，农业生产条件与经营状况赋值为 2.78，农民就业与收入赋值为 2.85。就极值看，农膜回收是新型农业经营主体负责人最不满意的项目，赋值为 2.17，药瓶和药袋收集处理是最满意的项目，赋值为 4.89。

村干部对农业农村发展的赋值最低，赋值低于 2 的有 8 项，包括农膜回收（1.0）、农村幼儿园和托儿所覆盖（1.17）、农村养老设施条件（1.33）、药瓶和药袋收集处理（1.33）、城乡居民收入差距缩小（1.67）、农产品优质优价（1.67）、村级垃圾分类处理（1.83）、农村水利设施（1.83）为很不满意的项目，是非常突出的短板。赋值为 2 ~ 3，判断为突出短板的有 36 项。农业绿色发展赋值为 2.28，农村人居环境整治赋值为 2.29，农业生产条件与经营状况赋值为 2.33，农村公共服务赋值为 2.45，农民就业和收入赋值为 2.54。就极值看，农膜回收是村干部最不满意的项目，赋值为 1.0，农村用电是最满意的项目，赋值为 4.33。

乡镇干部对农业农村发展项目的赋值相对较高，最低为村级垃圾分类处理，赋值为 3.94，这也是唯一一项赋值低于 4 的项目；最高为农村社会治安，赋值为 4.72。

县级及以上干部认知的突出短板项目有 14 项。农村人居环境整治赋值为 2.72，农村公共服务赋值为 2.79，农业绿色发展赋值为 2.84，农民就业与收入赋值为 2.97。就极值看，垃圾分类处理是县级及以上干部最不满意的项目、赋值为 2.48，农村用电是最满意的项目，赋值为 4.42。

总体来看，受访者的总体满意度评价为 3.26，表明距离建成全面小康社会，农业农村领域还存在一定的差距。分领域看，农村人居环境整治和农业绿色发展是亟待补齐的突出短板，农业生产条件与经营状况、农民就业与收入、农村公共服务、农村基础设施是需要重点关注的相对短板。分项目看，除农村人居环境整治和农业绿色发展相关项目外，农村养老设施条件、城乡居民收入差距缩小、村民教育文化娱乐消费、村民财产性收入是亟待补齐的短板。

四、全面建成小康社会农业农村领域的短板及短板程度

对照2020年全面建成小康社会的目标任务，梳理当前各项任务的现实状况，并在分析宏观层面和区域层面、指数型指标和满意度指标实现水平基础上，结合中共中央和相关政府部门的政策文件要求[①]，综合判断当前全面建成小康社会农业农村领域的短板及短板程度。

（一）脱贫攻坚

1. 实现状况

总体来看，我国脱贫进度符合预期，成就举世瞩目。脱贫攻坚目标任

① 资料来源包括《中共中央 国务院关于坚持农业农村优先发展做好“三农”工作的若干意见》《关于加强和改进乡村治理的指导意见》《住房和城乡建设部办公厅关于开展农村住房建设试点工作的通知》《中共中央 国务院关于实施乡村振兴战略的意见》《农村人居环境整治三年行动方案》《交通运输部关于推进“四好农村路”建设的意见》《深度贫困地区教育脱贫攻坚实施方案（2018—2020年）》《水利部 国务院扶贫办 国家卫生健康委关于坚决打赢农村饮水安全脱贫攻坚战的通知》《国土资源部关于全面实行永久基本农田特殊保护的通知》《中央农办 农业农村部 国家卫生健康委 住房城乡建设部 文化和旅游部 国家发展改革委 财政部 生态环境部关于推进农村“厕所革命”专项行动的指导意见》《生态环境部 农业农村部关于印发农业农村污染治理攻坚战行动计划的通知》《住房城乡建设部 财政部关于印发农村危房改造脱贫攻坚三年行动方案的通知》《国务院办公厅关于全面加强乡村小规模学校和乡镇寄宿制学校建设的指导意见》《医疗保障扶贫三年行动实施方案（2018—2020年）》《国务院关于建立粮食生产功能区和重要农产品生产保护区的指导意见》《全国农村环境综合整治“十三五”规划》《教育脱贫攻坚“十三五”规划》《全国农村经济发展“十三五”规划》《全国农业现代化规划（2016—2020年）》《“十三五”全国农业农村信息化发展规划》《国务院办公厅关于完善支持政策促进农民持续增收的若干意见》《中共中央 国务院关于落实发展新理念加快农业现代化实现全面小康目标的若干意见》《农业资源与生态环境保护工程规划（2016—2020年）》《中共中央关于制定国民经济和社会发展第十三个五年规划的建议》《中共中央 国务院关于打赢脱贫攻坚战的决定》。

务接近完成。贫困人口从2012年底的9899万人减到2019年底的551万人，贫困发生率由10.2%降至0.6%，连续7年每年减贫1000万人以上。到2020年2月底，全国832个贫困县中已有601个宣布摘帽，179个正在进行退出检查，未摘帽县还有52个，区域性整体贫困基本得到解决。贫困群众收入水平大幅度提高。2013—2019年，832个贫困县农民人均可支配收入由6079元增加到11567元，年均增长9.7%，比同期全国农民人均可支配收入增幅高2.2个百分点。全国建档立卡贫困户人均纯收入由2015年的3416元增加到2019年的9808元，年均增幅30.2%。贫困群众"两不愁"质量水平明显提升，"三保障"突出问题总体解决。贫困地区基本生产生活条件明显改善。具备条件的建制村全部通硬化路，村村都有卫生室和村医，10.8万所义务教育薄弱学校的办学条件得到改善，农网供电可靠率达到99%，深度贫困地区贫困村通宽带比例达到98%，960多万贫困人口通过易地扶贫搬迁摆脱了"一方水土养不起一方人"的困境。贫困地区群众出行难、用电难、上学难、看病难、通信难等长期没有解决的老大难问题普遍解决，义务教育、基本医疗、住房安全有了保障。

2. 目标差距

一是剩余脱贫攻坚任务艰巨。全国还有52个贫困县未摘帽、2707个贫困村未出列、建档立卡贫困人口未全部脱贫。虽然同过去相比总量不大，但都是贫中之贫、困中之困，是最难啃的硬骨头。剩余建档立卡贫困人口中，老年人、患病者、残疾人的比例达到45.7%。二是巩固脱贫成果难度很大。已脱贫的地区和人口中，有的产业基础比较薄弱，有的产业项目同质化严重，有的就业不够稳定，有的政策性收入占比高。据各地初步摸底，已脱贫人口中有近200万人存在返贫风险，边缘人口中还有近300万人存在致贫风险。三是2020年收官之年，新冠肺炎疫情带来新的挑战。主要表现在外出务工受阻、扶贫产品销售和产业扶贫困难、扶贫项目停工、帮扶工作受到影响等。

从实践看，脱贫攻坚政策保障、资金支持和工作力量是充足的，各级干部也积累了丰富经验，只要我们绷紧弦、加把劲，坚定不移地把党中央决策部署落实好，完全有条件有能力如期完成脱贫攻坚目标任务。

（二）农民持续增收

1. 实现状况

农业农村工作，说一千、道一万，增加农民收入是关键。检验农村工作实效的一个重要尺度，就是看农民的钱袋子鼓起来没有。在各级各部门的共同努力下，从 2010 年开始，我国农民收入增幅连续 10 年高于 GDP 增幅和城镇居民收入增幅。2019 年，农村居民人均可支配收入高攀 16021 元，实际增长 6.2%，提前一年实现比 2010 年翻一番的目标。农村劳动力创业就业方面，2019 年农民工总量达到 2.9 亿人，比上年增加 241 万人，增长 0.8%；月均收入 3962 元，比上年增加 241 元，增长 6.5%。以农民工为主体的返乡创业人员超过 850 万人，带动就业 4000 多万人。促进贫困地区农村劳动力转移就业脱贫，累计帮扶 1126 万贫困劳动力实现就业。

2. 目标差距

就宏观层面的指数型指标看，2019 年，城镇居民收入是农村居民收入的 2.64 倍；2018 年，农村居民恩格尔系数降至 30.10%，均已实现 2020 年设定的 2.69 和 30.20% 的目标值。就区域层面的满意度指标看，农民就业与收入赋值 3.21，属于相对短板。其中，城乡居民收入差距缩小、村民教育文化娱乐消费和村民财产性收入的情况分别赋值为 2.95、2.98 和 2.99，属于非常突出的短板。

3. 综合判断

农民收入的持续增长以低基数为前提，城乡收入的差距依然很大，同时，考虑到近年来宏观经济总体情况，农民的增收动能乏力、增收渠道单一等问题也亟待解决，在新冠肺炎疫情影响下，农民持续增收的难度更加凸显，是应该密切关注的突出短板。

（三）农村公共服务

1. 实现情况

农村公共服务有效改善，农村教育、医疗、社保、养老、公共安全保障水平全面提升。县域内城乡教育一体化发展统筹推进，99.8% 的义务教育学校办学条件达到“20 条”底线要求。全科医生特岗计划实施范围扩大到 19 个省份。农村低保年人均标准提高到 5336 元。2018 年，人力资源和社会保障部与财政部建立城乡居民基本养老保险待遇确定和基础养老金正常调整机制的指导意见，截至 2019 年 10 月底，全国参保人数达到 5.28 亿人，较 2018 年底增加 398 万人，实现领取待遇 1.58 亿人，全国月人均养老金水平约 160 元。

2. 目标差距

就宏观层面的指数型指标看，农村义务教育学校专任教师本科及以上学历比例，农村每千老年人口养老床位数，农村每千人口执业（助理）医师数，农村居民教育、文化、娱乐支出占比的目标实现程度分别为 97.03%、83.29% ~ 72.88%、72.80% 和 85.23%，按照年均增长速度测算，2020 年后三者仍不能实现目标值，亟待加大力度强化供给，尤其养老、医疗服务供给，需要提升和完善。就区域层面的满意度指标看，农村公共服务赋值为 3.39，为相对短板；但农村养老设施条件赋值仅为 2.73，为非常突出的短板。

3. 综合判断

农村公共服务是需要补齐的非常突出的短板。农村教育方面，乡镇寄宿制学校建设还需要强化，乡村小规模学校办学条件还比较薄弱，乡村学校教师队伍配置还有待优化。农村医疗卫生服务方面，农村医疗卫生条件还有待改善，乡村医疗卫生人才队伍也有待加强。此次新冠肺炎疫情也启示我们，要在农村开展爱国卫生运动，提倡文明健康、绿色环保的生活方式。农村社会保障方面，农村养老保险和低保标准仍然偏低，低收入家庭中重病重残人员缺乏政策支持，专项救助政策对相对贫困人员支持不足，乡镇敬老院的改造提升和规范化建立力度不足。农村留守儿童和困境儿童关爱服务能力较弱。

（四）农村人居环境整治

1. 实现情况

农村人居环境整治扎实推进，农村生态环境治理持续加强，各省份借鉴浙江“千万工程”经验，抓好农村污染治理，开展乡村绿色行动，90% 的村庄开展了清洁行动，卫生厕所普及率达 60%，生活垃圾收运处置体系覆盖 84% 的行政村，农村群众生活条件明显改善。

2. 目标差距

就宏观层面的指数型指标看，对生活垃圾进行处理的行政村比例、农村卫生厕所普及率、对生活污水进行处理的行政村比例，目标实现程度分别为 98.00%、70.59%、59.60%，依据年均增长速度预测，2020 年后两者的实现值距离目标值仍有相对差距。就区域层面的满意度指标看，农村人居环境整治赋值为 2.86，为突出短板，尤其是村级垃圾分类处理、农村生活污水集中处理、村级排污口分布、村级雨水排放口分布等情况，赋值分别仅为 2.52、2.58、2.61 和 2.76。

3. 综合判断

农村人居环境整治是亟待补上的非常突出的短板，尤其是农村“厕所革命”任务较重。完成三年行动方案目标，2020 年全面完成县域村庄布局规划编制，并结合实际逐村编制“多规合一”实用性村庄规划，仍需付出巨大努力。

（五）农村基础设施建设

1. 实现情况

农村基础设施提档升级，全国新改建农村公路 25.4 万公里，所有具备条件的行政村实现通硬化路全覆盖。深化农村邮政和快递网点普及，全国乡镇快递覆盖率达 96.4%。4G 网络基本实现行政村全覆盖。

2. 目标差距

从宏观层面的指数型指标看，农村自来水普及率、建制村通客车率、农村社区综合服务设施覆盖率和农村互联网普及率的目标实现程度分别为97.59%、97.48%、90.60%和74.42%，以年均增长速度预测，2020年，农村互联网普及率的实现值距51.6%的目标值仍有一定的差距。从区域层面的满意度指标看，农村基础设施赋值为3.81，是相对短板，且除建制村通客车情况赋值为3.46外，各个项目赋值均高于3.60，且农村用电情况赋值达到4.33。

3. 综合判断

农村基础设施是需要补齐的相对短板，尤其需要强化的是农村互联网建设力度。农村饮水安全方面的剩余任务是：提高520万农村人口供水保障水平，完成2019—2020年提升6000万农村人口供水保障水平的目标任务。“四好农村路”方面需要攻关的是，实现具备条件的乡镇和建制村通客车。村级综合服务设施方面，截至2019年6月，全国45.7%的村建有综合服务设施，要实现2020年50%的目标值，还有约2.32万个村待建。“新基建”方面，农村互联网普及率仅为38.40%，农村数字医疗远未普及，数字化基础设施薄弱，高质量物流通道滞后，传统基础设施短板突出。

（六）农村治理

1. 实现情况

农村基层党组织建设持续推进，党在乡村治理中的核心领导作用不断增强。乡村治理工作体系不断健全，各地的探索创新井喷式出现，乡村治理能力持续提高。农村精神文明建设和平安乡村建设稳步进展，农村社会保持和谐稳定。

2. 目标差距

从宏观层面的指数型指标看，县级以上文明村占比和农村居民对村委会民主选举和村务公开情况的满意度的目标实现程度分别为 54.80% 和 92.59%，以年均增长速度预测，前者距离 2020 年 50% 的目标值仍有一定的差距。

3. 综合判断

农村治理是需要持续推进的相对短板。农村基层党组织作用发挥不充分，弱化、虚化、边缘化的农村基层党组织仍然存在。村民自治作用发挥不够，有些地方村内事务村民议村民定、村民建村民管的机制还不健全。农民参与乡村建设的主动性不够，在调动农民积极性上办法不多、手段不够。

（七）国家粮食安全与粮食综合生产能力

1. 实现情况

2019 年，粮食播种面积稳定在 17.4 亿亩以上，粮食总产量再创历史新高，达到 13277 亿斤，连续 5 年稳站 1.3 万亿斤台阶。生猪产能稳步回升，肉牛、肉羊等草食畜牧业生产稳定增长。农业基础不断夯实，完成粮食生产功能区和重要农产品生产保护区划定任务，高标准农田建设任务稳步推进，农业科技进步贡献率达到 59.2%，农作物耕种收综合机械化率超过 70%，主要农作物自主选育品种提高到 95%。乡村产业发展势头良好，特色优势产业发展壮大，国家现代农业产业园和农业产业强镇数量不断实现新突破，农村一二三产业融合加快发展，乡村旅游接待游客约 32 亿人次，累计认定绿色、有机和地理标志农产品 5.3 万个，遴选全国乡村特色产品 880 个，打造了 742 个全国“一村一品”示范村镇。

2. 目标差距

就宏观层面的指数型指标看，当前农业科技进步贡献率、农业劳动生产率（按 2015 年价格计算）的目标实现程度分别为 98.70%、66.38%，以年均增长速度预测，2020 年的实现值与目标值之间仍有差距，特别是农业劳动生产率的实现难度较大。就区域层面的满意度指标看，农业生产条件与经营状况赋值 3.20，为相对短板，且各个项目赋值均居于 3.10 ~ 3.40。

3. 综合判断

我国农业生产条件仍是相对短板，尤其是农业科技驱动能力亟待充分释放。当前农产品市场价格总体低迷，农业生产效益呈下滑态势，农民种粮积极性下降，部分地区出现抛荒弃种现象，现代农业设施支撑不足，农业稳产保供仍然存在风险隐患，需要进一步夯实农业生产基础，压实粮食生产责任。

（八）农业绿色发展

1. 实现情况

农业绿色发展取得明显成效。截至 2019 年底，化肥农药施用量连续第 3 年负增长，三大主粮化肥利用率达到 39.2%，农药利用率达到 39.8%，分别比 2015 年提高 4 个和 3.2 个百分点，成为重要的历史性变化。整建制推进 585 个畜牧大县畜禽粪污资源化利用，实施东北地区秸秆处理和西北地区农膜回收行动，秸秆、畜禽粪污综合利用率分别达到 85%、74%，西北地区农膜回收率近 80%。耕地轮作休耕试点面积扩大到 3000 万亩，启动实施长江重点流域禁捕。新认定 41 个国家农业绿色发展先行区。

2. 目标差距

就区域层面的满意度指标看，农业绿色发展满意度赋值为 2.99，属于较为突出的短板。除农药减量使用赋值为 4.07 外，其他项目赋值均低于 3.0。

3. 综合判断

多年来的粗放式、掠夺式经营方式，导致农业资源约束趋紧、环境污染加重，农业发展的资源环境条件约束尚未得到根本转变，农业绿色发展是非常突出的短板。

（九）总体判断

综上所述，全面建成小康社会农业农村领域的短板情况见表4。

表4　　全面建成小康社会农业农村领域的短板情况

领域	短板及短板程度		非常突出的短板项目
	相对短板	非常突出短板	
农民就业与收入		√	城乡居民收入差距缩小
			村民教育文化娱乐消费
			村民财产性收入
农村公共服务		√	农村义务教育学校专任教师本科及以上学历比例
			农村每千老年人口养老床位数
			农村每千人口执业（助理）医师数
			农村居民教育、文化、娱乐支出占比
农村人居环境整治		√	农村卫生厕所普及率
			对生活污水进行处理的行政村比例
			村级垃圾分类处理
农业绿色发展		√	农膜回收
			药瓶和药袋集中处理
			畜禽粪污综合利用
			秸秆（尾菜、落果）等废弃物资源化利用
			秸秆综合利用
			化肥减量使用
			主要农作物测土配方施肥
农业生产条件	√		农业科技进步贡献率
			农业劳动生产率（按2015年价格计算）
农村基础设施	√		农村互联网普及率
农村治理	√		县级以上文明村占比
脱贫攻坚	受新冠肺炎疫情影响，剩余脱贫攻坚任务更加艰巨		

五、加快补上农业农村领域突出短板，决胜全面建成小康社会

从摆脱贫困到总体小康再到全面小康，我们已取得举世瞩目的成就。在最后的冲刺和收官阶段，要在做好疫情防控工作的前提下，迎难而上，锐意进取，加快补上短板弱项，确保全面建成小康社会，得到人民认可、经得起历史检验。

（一）总体思路

1. 党的领导，优先发展

补齐全面建成小康社会农业农村领域突出短板，时间紧、任务重，必须毫不动摇地坚持和加强党对农村工作的领导，健全党管农村工作领导体制机制，建立党在农村地区的基层组织。建立健全五级书记抓乡村振兴的实施细则，严格督查考核，确保集中资源、集中力量逐项攻坚销账。制定并执行好农业农村优先发展指导意见和具体实施办法，聚焦薄弱环节和基础性工作，增强紧迫感，采取硬措施，同政绩考核连在一起，做到动真格、能考核、见实效。

2. 因地制宜，分类施策

我国地域辽阔，各地情况千差万别，不同区域、不同村庄的短板和问题各异，各地要根据自己的实际情况和短板弱项，制定适宜自己的应对举措。短板和短板程度也因主体认知不同而不同，要根据农民的满意度、认知和意愿制定补短板的对策和优先顺序。2020 年，补短板是补全面建成小康社会的短板，而不是补现代化的短板，要根据全面建成小康社会的目标任务，梳理任务清单，制定有针对性的政策举措。

3. 拓宽渠道，保障投入

公共财政更大力度向“三农”倾斜，确保投入力度不断增强、总量持续增加。深入推进涉农资金整合，支持地方结合硬任务统筹安排资金，提高省级部门统筹使用资金的能力和空间。推动债权融资向“三农”倾斜，明确地方一般债支出用于补“三农”短板的义务和要求。打通金融和社会资本下乡的赌点，发行乡村振兴专项债，带动各类社会资本加大投入。提高土地出让收入用于农业农村比例。落实好跨省域补充耕地国家统筹和城乡建设用地增减挂钩节余指标跨省域调剂政策。加大政策性金融支持力度。

4. 农民主体，激发活力

发挥农民的主体作用，引导并支持村集体和农民参与项目建设及管护运营。建立政府、村集体、村民等各方共谋、共建、共管、共评、共享机制，激发农民群众的积极性、主动性、创造性，为全面建成小康社会提供强大动力。深化农村改革特别是集体产权制度改革，让农村沉睡的资源资产活起来、转起来，激发内生活力，为完成硬任务、补齐短板提供有力支撑。

（二）政策举措

1. 加大农村基础设施建设力度

加速推进有条件的村的光纤宽带渗透率和接入能力升级改造。加快建立“从源头到龙头”的农村饮水安全工程建设和运行管护体系，全面解决农村贫困人口饮水安全问题，基本解决饮水型氟超标问题。实施“毛细血管”疏通工程，将农村公路建设要求延伸至通自然村、通村小组，实现具备条件的乡镇通客车。建设一批农产品冷藏保鲜库，拓展物流配送功能。整合邮政、供销、快递公司等多方资源，完善县乡村三级物流网络。推进天然气下乡，推动供气设施向农村延伸，加快农村地区天然气干支线管网建设，着力改善农村能源结构。

2. 加快完善农村公共服务

完善农村小规模学校、教学点基本办学条件，尽快实现“两免一补”政策城乡全覆盖，推动优质普惠学前资源向农村地区倾斜。推进县乡村三级医疗卫生机构标准化和乡村医疗卫生队伍建设，尤其是完善山区、少数民族地区和边境地区县乡村三级医疗卫生服务体系建设。以标准化为抓手，加强农村公益性养老服务设施建设，提高农村养老服务水平。推动城乡低保、社会救助、抚恤安置等制度统筹，提高农村居民保障水平。

3. 完成农村人居环境整治任务

因地制宜选择适宜技术模式，加快推进户用卫生厕所建设和改造，同步实施厕所粪污治理。抓好生活垃圾收运处置体系建设和非正规垃圾堆放点整治，加快农村生活垃圾处理设施建设。加强农村污水处理设施和管道建设，鼓励有条件的地方推动城镇化污水管网向周边村庄延伸覆盖，实现上水、下水通网通管。健全长效管护机制，确保“工程建一处，服务一方群众”。

4. 持续推进农业绿色发展

继续推进农药化肥减量行动，研究制定不同地区、不同产品、不同时期化肥农药使用强度控制标准，明确各地区化肥农药总量控制目标，分类梯次推进，实行“双减双控”。支持新型肥料、农药研发和应用，加大对推广有机肥替代化肥的支持力度。探索实现农村生产生活污水无害化处理和资源化利用的有效方式，开展农膜和农药化肥包装物回收处理。

5. 夯实和提升农业生产基础

培育适度规模经营主体，发挥好技术培训、信息服务、监督引导等方面作用，增强农村微观主体活力，促进农村一二三产业融合发展。加强高标准农田、农田水利、农业机械化等现代农业基础设施建设，提升农业科技创新水平。拓宽乡村产业发展用地渠道，落实农业配套设施用地政策。提高农业农村用地指标在年度土地利用计划分配中的比例。积极推进建设用地增减挂钩试点、农村土地整理节约的土地指标，全部用于农业农村。加大农业科技投入，加强农业科技成果转化。

6. 全力促进农民就业增收

加大政策扶持力度，丰富教育培训形式，优化培训项目，增强农民就业技能。搭建就业信息对接平台，完善就业服务。谋划实施一批农业农村基础设施提档升级重大工程，扩大“以工代赈”实施范围，优先吸纳农村劳动力。加大农村公益岗位开发力度，促进农民本地就业。大力发展富民乡村产业，在农业内部消化解决农村剩余劳动力，增加农民经营性收入和工资性收入。统筹考虑城乡低保制度，健全农村低保标准动态调整机制，稳定农民转移性收入。

7. 健全农村基层治理工作体系

培育和选树政治强、能带富、善治理的基层党组织带头人，加强基层党员干部队伍建设，加强基层党组织建设，强化党的领导。加强乡镇领导班子建设，制定乡镇基本公共服务标准体系和权责清单，实行一镇（乡）一清单管理，加强乡镇政府服务能力建设。总结推广乡村治理创新实践和经验，提升乡村治理水平。拓宽社会组织参与社会治理渠道，鼓励和引导社会组织及专业社会机构参与乡村社会治理，引导基层群众参与村级公共事务，打造共建共治共享的社会治理格局。持续推进平安乡村建设，深入开展扫黑除恶专项斗争，严厉打击农村黑恶势力，保证人民生命财产安全，切实提高农村居民安全感。

8. 高质量完成脱贫攻坚任务

健全监测预警机制，因户因人精准帮扶、及时施策。强化“互联网 +”扶贫平台建设，大力加强消费扶贫。抓住重大项目建设和企业复工复产时机，优先组织贫困劳动力返岗和外出务工，利用扶贫车间、公益岗位等促进受疫情影响无法外出务工的贫困劳动力就近就地就业。实施社会救助兜底脱贫行动，加强特殊困难群体关爱帮扶，用足用好农村低保、特困人员救助供养、临时救助等兜底保障政策，确保符合条件人口全部纳入兜底保障范围。

参考文献

[1] 毛泽东. 毛泽东选集（第4卷）. 北京：人民出版社，1991

[2] 毛泽东. 毛泽东文集（第8卷）. 北京：人民出版社，1999

[3] 邓小平. 邓小平文选（第2卷）. 北京：人民出版社，1994

[4] 邓小平. 邓小平文选（第3卷）. 北京：人民出版社，1993

[5] 马敏. 现代化的“中国道路”——中国现代化历史进程的若干思考. 中国社会科学，2016（9）

[6] 杜心灵，赵彦云. 小康社会的指标体系与综合评价. 统计与决策，2007（12）

[7] 傅晨，孟治全. 农村小康的内涵和指标体系探讨. 农村经济，1993（6）

[8] 郭强，席富群. 全面建设小康社会论. 苏州：苏州大学出版社，2003

[9] 马桂萍，曲直. 全面建成小康社会的理论思考. 科学社会主义，2017（3）

[10] 王兰坤. 从传统小康社会思想到全面建设小康社会理论. 学习论坛，2003（5）

[11] 王梦奎. 中国现代化进程中的两大难题：城乡差距和地区差距. 农业经济问题，2004（5）

[12] 张占斌，高立菲. 全面建成小康社会：衡量标准与科学内涵. 人民论坛•学术前沿，2016（18）

[13] 赵紫燕，于晓萍，董惠敏，赵博艺. 中国的全面小康指数——指标体系建构及综合评价. 国家治理，2016（32）

[14] 郑光顺，刘智雄. 总体上的小康水平与全面的小康社会. 统计与社会，2003（5）

[15] 刘奇. 做实“三个优先”力促乡村振兴. 中国发展观察，2019（14）

农业应对中美经贸摩擦对策研究[①]

一、引言

2018年3月，美国率先挑起贸易争端，中美贸易摩擦开始升级，对中美两国和全球的农产品贸易格局产生了巨大影响。2018年，中国从美国进口农产品金额仅为160.3亿美元，比2017年减少33.1%。中国从美国进口最主要的农产品是大豆，2018年从美国进口大豆金额为70.6亿美元，比2017年减少49.2%；除此之外，猪肉和猪杂进口减幅也较大，2018年从美国进口猪肉1.3亿美元，较上一年减少54.7%；猪杂进口3.4亿美元，较上年进口减少60.7%。2020年1月16日，两国正式签订中美双方第一阶段经贸协议，中方承诺：扩大采购和进口自美国的农产品，在2017年基数之上，中国2020年自美采购和进口规模不少于125亿美元，2021年自美采购和进口规模不少于195亿美元。2017年，中国自美国进口农产品约240亿美元，根据中方承诺，即2020年需从美国进口农产品365亿美元，2021年需从美国进口农产品435亿美元。

---

① 本报告是清华大学中国农村研究院2019年重点研究课题“农业应对中美经贸摩擦对策研究”的研究成果，在收入本书时有所删减，报告观点仅代表课题组的看法。课题负责人：陈志钢，浙江大学中国农村发展研究院院长，国际食物政策研究所高级研究员、博士生导师。报告执笔人：陈志钢、张玉梅、胡欣然、盛芳芳。

中美经贸摩擦不仅对两国农产品贸易产生影响，对中国国内农产品相关产业链也会产生一定影响。以大豆为例，对美国大豆加征 25% 关税将直接导致自美国进口大豆价格上涨，豆粕是大豆压榨的副产物，作为大豆的直接下游产品，大豆价格的提高也会拉动豆粕价格的提升。据预测，中国对自美大豆加征 25% 的关税，豆粕价格变动为 3300 ~ 3500 元 / 吨，比 3% 进口关税对应的豆粕价格 2500 ~ 2600 元 / 吨约提高 800 元 / 吨。大豆及豆粕价格上涨也将引发植物蛋白粕在饲用需求上的替代效应，对菜籽粕和花生粕等价格形成提振（周曙东等，2018）。此外，大豆供求发生变化，短期内会对我国国内生猪产业产生较大冲击，豆粕作为生猪养殖所需饲料的主要蛋白原料，豆粕价格的提升推动生猪养殖成本上涨，压缩养殖行业利润，进而可能导致生猪价格提高；但长期内，随着冲击力的衰减，相关影响会逐步减弱直至生猪市场价格恢复平稳。若中美经贸摩擦持续时间较长，国内作物种植结构也可能发生变化，大豆进口价格上涨，国内大豆价格受到影响可能提高，长期看来国内大豆种植面积可能增加，那么同季节农作物，例如玉米的种植面积就会减少，可能导致玉米价格上涨。

目前，虽然中美贸易摩擦第一阶段告一段落，但贸易摩擦仍在继续，持续时间也未可知，今后两国农产品贸易发展方向难以预估。因此，如何应对中美贸易摩擦带来的影响以及在 2020 年和 2021 年中方将如何履行在中美双方第一阶段经贸协议中达到自美国进口农产品 365 亿美元和 435 亿美元的承诺，这成为亟待解决的重要问题。

本报告将从以下六个方面进行研究。第一，对中美贸易摩擦各阶段涉及主要农产品的协定的具体情况和措施进行详细梳理和分析，总结与农产品贸易相关的政策变化，为模拟方案设定提供基础；第二，综述了国内外相关研究文献和研究进展；第三，介绍研究方法；第四，模拟中美贸易摩擦对中美两国农产品贸易带来的影响；第五，设计中美贸易摩擦的应对模拟方案，模拟分析不同的应对措施的作用效果；第六，为应对中美贸易摩擦及如何实现协定承诺提出可行的对策建议。

二、中美贸易现状

中美互为重要的农产品贸易伙伴。美国是中国第一大进口来源国和第三大出口市场。2017 年，中国从美国进口农产品总额达到 241.2 亿美元，占中国农产品进口总额的 19.2%，中国对美国农产品出口总额为 77.3 亿美元，占中国农产品出口总额的 10.2%，中国对美国农产品贸易逆差达到 163.8 亿美元。中国主要从美国进口油籽、畜产品、谷物、水产品和棉麻丝。2017 年，这 5 类产品的进口额合计为 209.6 亿美元，占从美国进口农产品总额的 87%。其中，油籽（主要是大豆）进口额最大，占从美国农产品进口总额的 58.2%。但 2018 年以来，中美两国之间贸易摩擦不断升级。2018 年 4 月 4 日，美国公布对华“301 调查”征税建议清单，涉及中国约 500 亿美元出口商品，建议税率为 25%。同日，中国商务部发布了《关于对原产于美国的部分进口商品加征关税的公告》，对包含原产于美国的大豆、玉米、小麦等农产品在内的同等规模进口商品加征 25% 的关税。由于中美贸易摩擦，2018 年，中国仅从美国进口农产品约 160 亿美元，较 2017 年的约 240 亿美元下降 33.3%，对中美双边贸易产生较大影响。

大豆是中美农产品贸易中最重要的产品之一，2017 年，中国从美国大豆进口额占中国从美国农产品进口总额的 58.2%。中国是全球第一的大豆消费国和进口国，但国内产量较低，主要依赖于进口。中国大豆对外依存度逐年增高，从 1997 年的 16.3% 增加到 2017 年的 87.2%，2018 年回落至 84.6%。中国对大豆的需求日益增长，大豆直接消费量由 1995 年的 138 万吨增加到 2017 年的 1096 万吨，2018 年回落至 1040 万吨。中国大豆进口量自 2000 年以来基本保持逐年递增的趋势，2017 年进口总量达到 9554 万吨。但受到中美贸易摩擦的影响，2018 年，中国大豆进口出现自 2011 年以来的首次下滑，降至 8803 万吨，同比减少 7.9%。

中国大豆进口高度集中于巴西、美国和阿根廷。自2013年以来，巴西对中国的大豆出口量快速增长，超过美国成为中国第一大大豆进口来源国。2018年的中美贸易摩擦使巴西大豆受益。2018年，巴西对华大豆出口量达到6610万吨，同比增长30%。近年来，阿根廷对中国的大豆出口量也逐年上升。2017年，中国进口阿根廷大豆658万吨，占进口总量的6.9%。但受自然灾害的影响，阿根廷的大豆出口量波动较大。2018年，中国从阿根廷进口大豆146万吨，减少512万吨。另外，中国从乌拉圭和加拿大分别进口大豆257万吨和204万吨，分别占中国大豆进口总量的2.7%和2.1%；世界其他国家占中国大豆进口总量的0.6%。中国是世界大豆出口国的重要市场。自2013年巴西超过美国成为中国第一大大豆进口来源国。巴西对中国大豆出口量占其大豆出口总量的比例一直保持在70%以上。2018年，由于中美贸易摩擦，巴西对中国的大豆出量占其出口总量的比例高达78.9%。自2009年美国对中国大豆出口量占其出口量的比例均高于50%。但受中美贸易争端的影响，2018年，美国对华大豆出口量骤减，减少至1664万吨，同比减少49%，仅占其出口总量的29.6%。中国是阿根廷最大的大豆出口国，阿根廷对中国大豆出口量基本保持在其出口总量的80%以上。其中，2012年，阿根廷对中国的大豆出口量占其大豆出口总量的比例高达95.7%。但2018年阿根廷对中国的大豆出口明显减少，仅占其出口总量的21.5%。

此外，猪肉也是中美农产品贸易中重要的农产品之一。2017年，中国从美国进口猪肉共11.6亿美元，占从世界进口生猪产品总额的27.0%，占美国对世界出口生猪产品总额的9%。2018年8月以来，非洲猪瘟的发生对中国生猪市场产生了巨大影响。2019年，中国生猪存栏及能繁母猪存栏分别下降27.5%和27.1%，生猪基础产能大幅下滑，2019年猪肉产量为4255万吨，下降21.3%，国内猪肉供给紧张，猪肉价格持续走高，11月达到最高点，全国猪肉平均价格为58.71元/公斤，同比上涨149.2%，为了弥补国内猪肉供给缺口，2019年猪肉进口大幅增加，为210.8万吨，增长76.8%。为了缓解国内猪肉供给压力，自2020年1月1日起猪肉进口关税由12%下降到8%。

降低冻猪肉进口关税税率，有利于降低进口成本，增加冻猪肉进口数量，缓解国内猪肉供给压力，对保障民生有重要作用。

2018年以来，中美贸易摩擦和争端不断升级。自2018年7月6日起，中国对美国发起第一轮反制，实施对原产于美国的冻猪肉等产品加征25%的关税；自2019年9月1日起，中国对美国实施第三轮反制，实施对原产于美国的冻猪肉加征10%的关税；自2020年2月14日起，财政部对部分已加征10%关税的商品（含猪肉），加征税率调整为5%。经过多轮调整，目前，中国对自美国进口猪肉加征30%的关税。中美贸易摩擦对中国进口美国猪肉产生了较大的影响，2018年，中国自美国进口猪肉数量为8.6万吨，比2017年减少48.2%。2019年，在非洲猪瘟的影响下，中国进口美国猪肉的数量增加到24.5万吨，这主要得益于9月中旬中国实施豁免部分进口美国大豆、猪肉的关税政策，即国家发展改革委、商务部等部门明确表示，中方支持相关企业按照市场化原则和WTO规则，自美采购一定数量大豆、猪肉等农产品，国务院关税税则委员会将对上述采购予以加征关税排除。

目前，中美双方第一阶段经贸协议已于2020年1月16日签署，在协议中，中方承诺，扩大采购和进口来自美国的农产品，在2017年基数之上，中国2020年自美采购和进口规模不少于125亿美元，2021年自美采购和进口规模不少于195亿美元。2017年，中国自美国进口农产品约240亿美元，根据中方承诺，即2020年需从美国进口农产品365亿美元，2021年，需从美国进口农产品435亿美元。那么中方应如何履行这一承诺，成为需要重点关注的问题。根据国务院新闻办就2020年第一季度进出口情况举行的发布会发布的数据显示：在进口方面，第一季度，自美进口农产品为355.6亿元，增长1.1倍。其中，进口大豆781.4万吨，增加2.1倍，价值为218.8亿元，增长2.1倍；进口猪肉16.8万吨，增加6.4倍，价值30.4亿元，增长16倍；进口棉花12.4万吨，增加43.5%，价值15.9亿元，增长17%。由此可见，随着中美贸易第一阶段经贸协议的逐步落地，中美贸易正在加快恢复，各主要农产品进口增长迅速。除此之外，由于2019年12月中美贸易达成第一阶段协议，暂时停战，中国政府向部分进口商发放了免征部分美国商品的额外关税豁免额度。

三、中美贸易摩擦各阶段政策变化

自中美贸易摩擦以来，中美贸易政策经过多次贸易摩擦升级和贸易协商，中美贸易政策不断调整变化。本报告按照时间顺序，梳理了中美贸易摩擦各阶段的政策变化，以更准确地把握中美农产品贸易政策变化，同时为模拟分析贸易摩擦影响提供政策依据和参考。

2017 年 8 月，美国对中国启动“301 调查”，审查所谓的“中国不公平贸易行为”，尤其针对中国在技术转让等知识产权领域的做法。2018 年初，美国对中国发起多项调查，并出台诸多贸易保护主义措施。2018 年 3 月 8 日，美国总统特朗普签署公告，认定进口钢铁和铝产品威胁美国国家安全，决定对其分别加征 25% 和 10% 的关税。2018 年 3 月 23 日，美国总统特朗普依据“301 调查”结果，对价值 600 亿美元的中国进口产品征收关税，并限制中国企业对美国投资并购。2018 年 4 月 1 日，中国正式宣布对原产于美国的水果及制品等 120 项商品加征 15% 的关税；对猪肉及制品等 8 项商品加征 25% 的关税（财政部，2018）。2018 年 4 月 4 日，美公布对华“301 调查”征税产品建议清单，涉及中国出口额约 500 亿美元，建议税率为 25%。同一天，中国政府作出回应，财政部发布公告，国务院关税税则委员会决定对原产于美国的大豆、汽车等 14 类 106 项商品加征 25% 的关税，具体实施日期视美国政府对我国商品加征关税的实施情况而定。2018 年 5 月 19 日，中美两国就双边经贸磋商发表联合声明，中国同意将采取有效措施实质性减少美对华货物贸易逆差，同意有意义地增加美国农产品和能源出口，双方就扩大制造业产品和服务贸易进行了讨论，就创造有利条件增加上述领域的贸易达成共识，加强知识产权保护的合作。2018 年 6 月 3 日，中方就中美经贸磋商发表声明，双方就落实两国在华盛顿的共识，在农业、能源等多个领域进行了良好沟通，取得了积极的、具体的进展。

2018 年 6 月 15 日，中美贸易摩擦升级，美国政府宣布将对从中国进口的约 500 亿美元的商品加征 25% 的关税，第一组中国关税涵盖 340 亿美元，于 2018 年 7 月 6 日起正式实施，美国贸易代表办公室将对剩余 160 亿美元的第二组关税进行进一步评估。6 月 16 日，中国正式对美国发起第一轮反制，财政部发布国务院关税税则委员会对原产于美国约 500 亿美元进口商品加征关税的公告（税委会公告〔2018〕5 号），对农产品、水产品等 545 项产品加征 25% 的关税，其中包括大豆和冻猪肉等，自 2018 年 7 月 6 日起实施（财政部，2018）。2018 年 7 月 11 日，美国政府发布了对从中国进口的约 2000 亿美元商品加征关税的措施，并就该措施征求公众意见。8 月 2 日，美方宣布拟对上述 2000 亿美元商品加征的关税税率由 10% 提高到 25%。2018 年 8 月 3 日，发布国务院关税税则委员会对原产于美国的 5207 个税目进口商品（第二批）（约 600 亿美元）加征 5%、10%、20% 和 25% 关税的公告（税委会公告〔2018〕6 号），实施日期视美国而定。其中并未涉及大豆、猪肉等农产品（财政部，2018）。8 月 8 日，美国宣布对华进口 500 亿美元商品中剩余的 160 亿美元加征关税，于 8 月 23 日起正式实施。同日，国务院关税税则委员会发布将对美 160 亿美元商品加征关税，于 8 月 23 日实施（税委会公告〔2018〕7 号）（财政部，2018）。

2018 年 9 月 18 日，美国总统特朗普指示美国贸易代表针对约 2000 亿美元的中国进口商品额外征收 10% 的关税，于 2018 年 9 月 24 日起实施，2019 年 1 月 1 日起将增至 25%。中国对此发起第二轮反制措施，2018 年 9 月 18 日国务院关税税则委员会决定对原产于美国的 5207 个税目，约 600 亿美元商品加征 5% 和 10% 的关税，自 9 月 24 日起实施（税委会公告〔2018〕8 号）（财政部，2018）。2018 年 12 月 1 日，中美贸易谈判暂落下帷幕，两国在原则上达成共识，自 2019 年 1 月 1 日起停止增加新的关税，并朝着取消所有附加关税的方向加紧磋商。12 月 14 日，国务院关税税则委员会发布公告称，暂停加征部分原产于美国的商品的关税，实施时间为 2019 年 1 月 1 日至 2019 年 3 月 31 日（税委会公告〔2018〕10 号）（财政部，2018）；2019 年 3 月 31 日发布公告，同 2018 年 12 月 14 日发布的内容相同，继续暂停加征关税，于 2019 年 4 月 1 日起实施（税委会公告〔2019〕1 号）（财政部，2019）。2019 年 5 月 9 日，美国政府宣布，自 2019 年 5 月 10 日起，对从中国进口的 2000 亿美元清单商品加征的关税税率由 10% 提高到 25%，中美贸易摩擦再次升级。2019 年 5 月 13 日国务院关税税则委员会发布对《原产于美国约 600 亿美元进口商品实施加征关税的公告》（税委会公告〔2018〕8 号）中部分商品提高加征关税税率的公告，加征税率按照税委会公告〔2018〕6 号实施，自 2019 年 6 月 1 日起实施（税委会公告〔2019〕3 号）（财政部，2019）。

2019 年 8 月，中美贸易摩擦持续升级，8 月 15 日，美国政府宣布，对从中国进口的约 3000 亿美元商品加征 10% 的关税，分两批自 2019 年 9 月 1 日、12 月 15 日起实施。中国于 8 月 23 日对美方发起第三轮反制措施，发布对原产于美国的约 750 亿美元进口商品分两批自 2019 年 9 月 1 日、2019 年 12 月 15 日加征 5% 或 10% 关税的公告（税委会公告〔2019〕4 号），其中涉及大豆、冻猪肉等农产品，大豆加征关税 5%，冻猪肉加征关税 10%，自 2019 年 9 月 1 日起实施（财政部，2019）；同日，继续发布税委会公告〔2019〕5 号，内容为恢复税委会公告〔2018〕10 号中暂停加征的关税，于 2019 年 12 月 15 日起实施（财政部，2019）。

2019 年 9 月 13 日，国家发展改革委、商务部等部门明确表示，中方支持相关企业按照市场化原则和 WTO 规则，自美采购一定数量的大豆、猪肉等农产品，国务院关税税则委员会将对上述采购予以加征关税排除，这实际上是中国政府公开豁免部分进口美国大豆、猪肉的关税，但只针对少数几家企业实施，为“定向”豁免。2019 年 10 月，据国家发展改革委表示，国内多家大型大豆压榨企业下发了进口美国大豆的关税豁免配额，截至 2020 年 3

月底，这些大豆压榨企业从美国进口的大豆将无须缴纳关税。但是中国政府没有公开关税豁免细节以及如何实施这些豁免配额。2019 年 12 月 6 日，财政部发布国务院关税税则委员会开展部分大豆、猪肉等自美采购商品的排除工作公告，宣布将豁免部分美国大豆和猪肉等部分产品的加征关税。关于豁免是基于部分企业对美国大豆和猪肉等产品进口的申请，公告中并未说明具体豁免的数量。2019 年 12 月 13 日，中美双方宣布就贸易争端达成第一阶段协议，美方暂停增加关税，并取消了部分之前加征的关税；中方在知识产权保护和农产品购买等方面作出让步。2019 年 12 月 15 日，国务院关税税则委员会发布公告，暂停加征部分进口商品的关税（财政部，2019）。2020 年 1 月 16 日，中美双方正式签订中美第一阶段经贸协议。财政部、国家发展改革委、农业农村部、商务部等联合发布了《中华人民共和国和美利坚合众国政府经济贸易协议》，在协议中，中方承诺：在 2017 年基数之上，扩大自美采购和进口制成品、农产品、能源产品和服务不少于 2000 亿美元，其中农产品方面，在 2017 年基数之上，中国 2020 年自美采购和进口规模不少于 125 亿美元，2021 年自美采购和进口规模不少于 195 亿美元。为促进中美经贸关系健康发展，2020 年 2 月 6 日，财政部发布公告，对 2019 年 8 月 23 日发布的公告中加征关税税率进行调整，其中大豆加征关税由 5% 调整为 2.5%，猪肉加征关税由 10% 调整为 5%（财政部，2020）。

截至 2020 年 5 月，中方对美方共实施三轮反制措施，经过三次加征关税变动，中国对自美进口大豆加征 27.5% 的关税，对自美进口冻猪肉加征 30% 的关税。

四、文献综述

国内外学者都在热议中美贸易摩擦可能会对双方产生的影响。农业是美国存在顺差的为数不多的行业之一，中国是美国最大的农产品出口市场。如果中国选择对自美国进口的猪肉和大豆等产品加征关税，主要会对美国的农业产生重要的负面潜在影响。Fred（2019）认为，其他国家不太可能像中国一样有对豆粕和豆油的强劲需求、政府对大豆压榨投资的支持以及有利于大豆进口的关税结构，因此，这使美国大豆出口很难开发出新的大豆市场来代替中国。王红（2018）分析认为，因大豆和猪肉均在关税清单上，中美贸易战将导致美国农民高达数十亿美元的出口损失，其中，中国猪肉自给率达 97%，美国在中国猪肉进口份额中的占比较低，中国进口猪肉价格每增加 1%，相应需求会下降 0.34% ~ 0.85%，进而加征 25% 的税会导致从美进口降到几乎为 0，中国或将这部分需求缺口选择从欧盟、加拿大、巴西和墨西哥等地区进口。中国是美国大豆的最大进口国，中国约占大豆产量的 1/3。中国进口大豆价格每增加 1%，相应需求会下降 0.4% ~ 1.1%，加征 25% 税可能意味着美国每年减少 15 亿美元的出口收入。如果依据最新的全球产品贸易模型，该损失可达到 17 亿美元到 30 亿美元，再考虑到大豆进口价格上涨等影响因素，25% 的税最终会对中美造成大约 30 亿美元的损失。Taheripour（2018）通过 GTAP 模型分析了中国对美国大豆施加关税对美国大豆生产及出口的影响，认为若中国对美国大豆施加 10% 的关税，美国大豆出口额将下降 18%，同时大豆生产减少 8%；若关税增至 30%，美国大豆出口将减少 40%，大豆生产下降 17%。此外，短期内施加关税还会使大豆价格急剧下跌，未来几年中大豆价格将分别下降 2%（税率为 10% 时）和 5%（税率为 30% 时），美国经济的年损失可达 17 亿 ~ 33 亿美元，同时中国也将遭受同等损失，甚至更多。中国宣布对美国猪肉、大豆等农产品加征关税，将大大减少美国印第安纳州和艾奥瓦州和爱荷华州的农民收入。ZHANG et al.（2018）运用全球局部均衡模型模拟中国对美国的大豆、棉花、高粱和猪肉增加关税，这些农产品价格下降 0.6% ~ 10.6%，导致对中国的出口也会显著下降，大豆下降 34.2%，棉花和高粱分别下降 18.8% 和 22.5%，猪肉下降 83%，而出口到其他国家会有所增加，美国农业生产者将会受到损失，如大豆生产者将损失 18 亿美元。Carin Smaller 和 David Laborde（2018）从作物争夺土地的角度分析了中美贸易摩擦可能的结果，认为中美贸易摩擦会导致中国从巴西、阿根廷等国家进口大豆，从而推升该地区的大豆价格，而美国国内大豆供大于求，价格下跌。此外，为满足大豆需求，中国会增加国外农业投资，导致大豆与其他作物争夺土地。

大部分研究表明，中国对美国农产品加征关税对中国农业的潜在影响有限，主要可能引发贸易转移，导致其他国家受益。李国祥（2018）认为，中美贸易摩擦在农业方面只会损害美国利益，对中国农业发展而言却是机遇，因为中国农产品进口可以分为客观需要所致的主动进口和价格差异导致的被动进口，如玉米、猪肉国内市场供给充足，但由于国际市场价格低廉导致的被动进口，对被动进口农产品加征关税将会缓解国内供需矛盾，同时中国农业应提高对外开放水平，抓住新一轮农业科技革命，提高农业国际竞争力。对美国农产品加征关税后对中国大豆的影响相对较大，因为中国大豆消费严重依赖进口，进口量占消费量的90%左右，国外进口替代空间有限，再加上国内大豆库存水平较低、需求存在相对刚性，使得供给减少之后，必然会带来价格波动，造成通货膨胀风险。但长期看，反制美国大豆进口将发生贸易转移效应，有可能形成新的全球大豆供给格局，有利于中国建立更加公平、合理、稳定、持续的全球大豆供应链（程国强，2018）。非洲猪瘟发生前，中国猪肉消费约占世界的一半，其中97%的猪肉消费来源于国内生产。因此，国内猪肉供给的缺口会导致进口需求大幅增加，而各国向中国供应猪肉的能力将在很大程度上受到本国非洲猪瘟发生情况的影响（Shao等，2018）。ASF的发生也改变了中国猪肉的贸易格局，截至2019年5月，虽然自2018年4月美国上调了猪肉关税，但中国对美国猪肉的进口量依然增加，美国向中国出口的势头将取决于正在进行的贸易谈判结果，以及与欧盟相比的出口竞争力，欧盟在2018年对中国出口猪肉占其出口量的76%。预计欧盟2020年将会向中国出口更多的猪肉（Zhang等，2019）。就美国而言，各国非洲猪瘟的暴发将为美国猪肉出口带来巨大的增长机会，Carriquiry、Elobeid和Hayes（2019）通过假设亚洲生猪存栏下降30%，预计美国猪肉出口量将增加

340万吨，折合将超过70亿美元，与他们之前估计一致，即一旦中国取消非关税壁垒，美国猪肉出口可能增长89亿美元。然而，如果中美贸易摩擦持续下去，加征关税将不仅可能抵消美国猪肉出口增长，还可能继续下降。

针对中美贸易摩擦对我国农产品进出口造成的影响，众多学者提出了相应的应对措施。首先，从两国谈判角度来看，Lu等（2018）认为，两国应积极利用现有对话机制，促进通过对话机制解决贸易争端，找到双方都能接受的平衡点。其次，中国应扩大大豆等农产品进口来源多元化。崔宁波（2019）认为，需加强与“一带一路”沿线国家的合作，促进大豆等农产品进口来源的多元化，可充分利用“一带一路”沿线国家的农业资源禀赋与其展开农业合作，例如增加俄罗斯、乌克兰和加拿大等国的大豆进口。Wang（2019）也认为随着中俄“粮食走廊”的建立，中国可以通过黑龙江省建立粮食进口口岸，增加俄罗斯大豆的进口；Choe（2019）同样认为可以从俄罗斯、乌克兰和埃塞俄比亚等非传统供应国家进口大豆，可在一定程度上缓解美国大豆进口减少带来的影响。最后，挖掘国内大豆生产潜力，提高国内大豆自给率。杨军等（2019）提出，应以优质与高产为主攻方向，通过提高农业科技水平来提高大豆单产，进一步提升国内大豆自给率。陈伟等（2019）认为可以通过适当增加国内大豆的栽培面积，以增加大豆总产量。Wang等（2019）提出，我国应加快农业供给侧结构性改革，适当增加大豆种植补贴，鼓励大豆种植，加大研发投入，提高本国大豆的质量和数量。

五、研究方法——全球农产品局部均衡模型

本报告采用全球农产品局部均衡模型——“一带一路”农业模拟模型（SILK模型）模拟分析中国增加美国大豆进口对世界大豆产业的潜在影响。

SILK 模型是中国农业科学院海外农业研究中心、中国农业科学院农业经济与发展研究所和国际食物政策研究所联合开发的全球农产品局部均衡模型。该模型参考了美国宾夕法尼亚州立大学与美国农业部联合开发的全球农业贸易局部均衡贸易模拟模型（Partial Equilibrium Agricultural Trade Simulation Model，简称 PEATSim 模型）以及国际食物政策研究所的 IMPACT 模型（The International Model for Policy Analysis of Agricultural Commodities and Trade）等全球农产品局部均衡模型，并增加了双边贸易模块。

SILK 模型包含中国、美国、巴西、阿根廷等 24 个国家和地区，涵盖了稻谷、小麦、玉米、大豆、豆油、豆粕和畜产品等 31 种农产品及加工品。SILK 模型以农产品供需平衡表数据为基础，建立不同农产品的生产、消费、贸易和价格等指标的关系，构建不同国家和地区不同农产品间的贸易联系。SILK 模型不仅可以用于供求预测，而且可以用于政策模拟分析。目前，大部分全球局部均衡模型仅包含各国的进出口总量，较少考虑双边贸易问题。SILK 模型在模拟各国农产品进出口总量的基础上，进一步开发了双边贸易模块，能够模拟分析双边贸易政策变化对各国及全球农产品贸易格局的影响。SILK 模型的双边贸易模块包含了 24 个国家和地区 25 种农产品的贸易矩阵，数据来源于联合国粮农组织（FAO）发布的农产品贸易矩阵。为了平抑不同年份间贸易的波动，贸易矩阵的基准数据采用 2015—2017 年农产品进口量和出口量的平均值。SILK 模型首先模拟得到各国家和地区的进口总量和出口总量，然后将进口总量和出口总量与双边贸易模块进行链接，通过交叉熵平衡方法重新平衡贸易矩阵，模拟各国家和地区与其他国家和地区间双边贸易量的变化。SILK 模型的基准年为 2017 年，能够反映最新的农产品市场运行情况。SILK 模型用 GAMS 软件的混合互补优化求解。

为了反映中美贸易政策变化对中美大豆贸易格局的变化，本报告开发了双边贸易模块来分析农产品的双边贸易流通问题。由于影响农产品双边贸易的因素非常多，包括各个国家的供求情况和运费、贸易政策变化等，而这些信息又非常有限。所以，这里判断贸易总量在地区间的分配主要依赖于初始的历史双边贸易情况。由于贸易政策变化，打破了初始的双边贸易矩阵平衡。信息论中的交叉熵方法（cross entropy method, 简称 CE 方法）具有简洁有效的特点，被广泛应用于经济学的研究，包括平衡和更新投入产出表和社会核算矩阵等（Robinson 和 EI-Said，2001；陈锡康和杨翠红，2011；涂涛涛和马强，2012）。这里，也借鉴交叉熵方法来平衡双边贸易矩阵，通过最小化熵差值，求解一个与初始双边贸易矩阵最为接近的新的双边贸易矩阵。

六、中美贸易摩擦对大豆及猪肉贸易产生的影响

中美贸易摩擦对两国农产品贸易的影响主要是由于加征关税引起的。本部分以大豆和猪肉两种最具代表性的农产品为例，利用全球局部均衡模型——“一带一路”农业模拟模型（SILK 模型）研究中美经贸摩擦对中美及全球大豆和猪肉贸易的影响。

（一）大豆

1. 模拟方案设计

2018 年 6 月 16 日，中国对美国发起第一轮反制，对原产于美国的大豆等产品加征 25% 的关税，自 2018 年 7 月 6 日起实施；2019 年 8 月 23 日，中国对美国实施第三轮反制，对原产于美国的大豆加征 5% 的关税，自 2019 年 9 月 1 日起实施；2019 年 12 月 6 日，财政部发布关于豁免部分美国大豆等产品的加征关税，但并未公布豁免数量。2020 年 2 月 6 日，财政部对 2019 年 8 月 23 日发布的公告中加征的税率进行调整，大豆由加征 5% 调

整为加征 2.5% 的关税。经计算，截至目前，中国对原产于美国的大豆加征 27.5% 的关税。且当前中国政府并没有出台明确政策确定是否减免已加征关税，因此模拟此方案探究继续加征关税对大豆贸易带来的影响。但由于中国政府对多家进口美国大豆的企业实施临时关税豁免，因此，在模拟过程中将加征关税设置为 25%。

基准方案将 2017 年作为基准年，模拟方案主要模拟在目前中国大豆进口关税 3% 的基础上，中国对美国大豆加征 25% 的进口关税，分析对大豆贸易市场的影响。另外，为了使分析更接近现实，考虑到 2019 年非洲猪瘟的影响还在继续，可能对中国生猪产业产生重大冲击，对豆粕的饲料需求会减少，进而对大豆需求产生重要影响。据中国农业科学院《中国农业产业发展报告 2019》估计，猪肉产量将可能下降 10%，对豆粕等的饲料消费下降 5% 左右。因此，在模拟时又分为是否考虑非洲猪瘟的影响两种情况，当考虑非洲猪瘟影响时，假设猪肉产量减少 10%。

2. 模拟结果分析

第一，继续对美国大豆加征进口关税会改变中国大豆贸易格局，巴西大豆份额显著增加。中国作为美国大豆的第一出口国，增加美国大豆进口关税，会改变中国进口大豆主要来源国的贸易量。SILK 模型估计结果表明，增加美国大豆进口关税后，预计美国对中国大豆出口量减少 1896 万吨，比 2017 年下降 57.7%。同时为了弥补中国大豆需求的缺口，中国将会增加对巴西和阿根廷的大豆进口量，分别增加 535 万吨和 268 万吨，比 2017 年增加 10.5% 和 40.8%。非洲猪瘟不仅减少了中国国内猪肉产量，而且减少了对豆粕的饲料需求。在考虑非洲猪瘟影响的情况下，中国大豆进口总量将进一步减少 315 万吨，其中，中国从美国进口的大豆数量将减少 2019 万吨，比不考虑非洲猪瘟影响时多减少 123 万吨，而中国从巴西和阿根廷进口大豆数的增加量相比于未考虑猪瘟时也有所减少（见表 1）。

表1　　加征关税情景下世界各国对中国大豆出口量的变化情况

国家	基期（2017 年）	模拟方案（不考虑非洲猪瘟的影响）		模拟方案（考虑非洲猪瘟的影响）	
	出口量（万吨）	增加值（万吨）	增长率（%）	增加值（万吨）	增长率（%）
美国—中国	3286	−1896	−57.7	−2019	−61.4
巴西—中国	5093	535	10.5	412	8.1
阿根廷—中国	658	268	40.8	201	30.6

资料来源：UN COMTRADE、SILK模型模拟结果。

第二，增加美国大豆进口关税会导致中国大豆价格上涨，消费量下降。模拟结果显示，国内大豆价格比 2017 年上涨 9.0%，压榨消费量下降 10.8%。中国大豆进口总量也会减少，比 2017 年基准年减少 1166 万吨，下降 12.2%。国内大豆价格上涨会刺激国内大豆生产，但作用十分有限，国内大豆产量仅比 2017 年增加 34 万吨，增加 2.6%。如果考虑非洲猪瘟的影响，中国大豆进口总量将减少 1481 万吨，比 2017 年基准年下降 15.5%，比不考虑非洲猪瘟影响时多减少 315 万吨；中国大豆产量比 2017 年增加 49 万吨，增加 3.7%（见表 2）。

表2　　加征关税情景下中国大豆产业的变化情况

国家	基期（2017 年）	模拟方案（不考虑非洲猪瘟的影响）		模拟方案（考虑非洲猪瘟的影响）	
	出口量（万吨）	增加值（万吨）	增长率（%）	增加值（万吨）	增长率（%）
美国—中国	3286	−1896	−57.7	−2019	−61.4
巴西—中国	5093	535	10.5	412	8.1
阿根廷—中国	658	268	40.8	201	30.6

资料来源：SILK模型模拟结果。

第三，增加美国大豆进口关税使得美国大豆出口骤减，生产者利益受到损害。受到加征关税的影响，美国大豆出口总量会大幅度减少，比 2017 年减少 1795 万吨，其中对中国大豆出口量减少 1896 万吨，对印度尼西亚、墨西哥等国的大豆出口量有小幅增加，但是增加量远不及对中国的出口减少量。美国大豆价格由于出口减少而下降，比2017年下降12.1%，大豆产量比2017年减少574万吨，美国大豆生产者利益受到损害。受到非洲猪瘟的影响，美国大豆出口总量下降幅度更大，比2017年减少1897万吨，降幅高达33.2%（见表3）。

表3　加征关税情景下美国大豆产业的变化情况

指标	基期（2017年）	模拟方案（不考虑非洲猪瘟的影响）		模拟方案（考虑非洲猪瘟的影响）	
	绝对值	增加值	增长率（%）	增加值	增长率（%）
出口量（万吨）	5715	-1795	-31.4	-1897	-33.2
产量（万吨）	11952	-574	-4.8	-598	-5.0
国内价格（美元/吨）	343	-42	-12.1	-43	-12.6
压榨消费（万吨）	5290	1016	19.2	1090	20.6

资料来源：SILK模型模拟结果。

第四，增加美国大豆进口关税会增加巴西和阿根廷的大豆进口，使大豆生产者受益。在模拟方案下，巴西和阿根廷的大豆出口总量有所增加，分别增加954万吨和315万吨，比2017年上涨14.0%和42.5%。出口增加拉动巴西和阿根廷大豆生产价格分别比2017年上涨9.9%和3.7%，产量分别增加458万吨和115万吨，巴西和阿根廷大豆生产者因此受益。非洲猪瘟造成中国大豆需求下降，对巴西和阿根廷的出口增加量有所影响，增加量相较于不考虑非洲猪瘟影响的情况有所下降，增长率分别由14.0%下降到13.1%和42.5%下降到35.1%（见表4）。

表4　加征关税情景下其他国家大豆产业的变化情况

国家	指标	基期（2017年）	模拟方案（不考虑非洲猪瘟的影响）		模拟方案（考虑非洲猪瘟的影响）	
		绝对值	增加值	增长率（%）	增加值	增长率（%）
	世界价格（美元/吨）	266	-32	-12.1	-34	-12.6

续表

国家	指标	基期（2017年）	模拟方案（不考虑非洲猪瘟的影响）		模拟方案（考虑非洲猪瘟的影响）	
		绝对值	增加值	增长率（%）	增加值	增长率（%）
巴西	出口量（万吨）	6815	954	14.0	893	13.1
	产量（万吨）	11460	458	4.0	435	3.8
	国内价格（美元/吨）	396	39	9.9	36	9.2
	压榨消费（万吨）	4210	–497	–11.8	–455	–10.8
阿根廷	出口量（万吨）	740	315	42.5	260	35.1
	产量（万吨）	5497	115	2.1	99	1.8
	国内价格（美元/吨）	386	14	3.7	12	3.1
	压榨消费（万吨）	4445	–204	–4.6	–156	–3.5

资料来源：SILK模型模拟结果。

（二）猪肉

1. 模拟方案设计

2018年6月16日，中国对美国发起第一轮反制，对原产于美国的冻猪肉等产品加征25%的关税，自2018年7月6日起实施；2019年8月23日，中国对美国实施第三轮反制，对原产于美国的冻猪肉加征10%的关税，自2019年9月1日起实施；2020年2月6日，财政部对2019年8月23日发布的公告中加征的税率进行调整，冻猪肉由加征10%调整为加征5%的关税。经计算，截至目前，中国对原产于美国的冻猪肉加征30%的关税。但中国政府对多家进口美国猪肉的企业实施临时关税豁免，因此，在模拟过程中将加征关税设置为25%更贴合实际。

基准方案：以 2017 年为基期。模拟方案：综合考虑新冠肺炎疫情猪肉进口关税下调和中国对自美国进口猪肉加征 25% 关税的情景下，对猪肉贸易市场的影响。

2. 模拟结果分析

在综合考虑新冠肺炎疫情和猪肉进口关税下降的影响下，中国猪肉进口总量为 393 万吨，比 2017 年增加 271.3 万吨。在中国对美国猪肉加征关税的情况下，中国自美国猪肉进口量仍会增加，比 2017 年增加 35.5 万吨，但占中国进口总量的份额从 13.6% 下降到 13.2%。欧盟仍然是中国最大的猪肉进口来源国，进口量比 2017 年增加 157.5 万吨，占中国进口总量的 59.5%。中国从巴西进口猪肉数量显著增加，所占份额从 2017 年的 4.0% 上涨到 14.7%（见表 5）。

表5　新冠肺炎疫情猪肉进口关税下降和加征关税综合因素下中国猪肉进口

项目	基期（2017 年）		模拟方案		
	绝对值（万吨）	所占份额（%）	增加值(万吨)	增长率（%）	所占份额（%）
进口总量	121.7	100	271.3	222.9	100.0
中国—欧盟	76.5	62.9	157.5	205.9	59.5
中国—加拿大	16.7	13.7	18.6	111.5	9.0
中国—美国	16.6	13.6	35.5	213.7	13.2
中国—巴西	4.9	4.0	52.8	1077.6	14.7
中国—其他	7.3	5.8	6.9	94.3	3.5

资料来源：UN COMTRADE、SILK模型模拟结果。

七、应对措施模拟方案设计及模拟结果分析

本部分将结合当前中美两国贸易摩擦形势，针对贸易谈判成功与否两种情形分别进行方案设定及模拟。第一，中美贸易谈判成功和谈，模拟实施对

各主要农产品例如大豆和猪肉减免关税措施；第二，中美贸易谈判未成功和谈，针对大豆将模拟实施减免关税、提高国内单产和扩大大豆进口多元化等措施来应对中美贸易摩擦。分别探讨实施这些应对措施对我国国内各农产品产业以及其贸易情况会带来怎样的影响。

（一）模拟方案设计

1. 应对方案一：假设中国取消对原产于美国大豆、猪肉等农产品加征的关税

据中国海关数据显示，2019 年 12 月，中国从美国进口大豆 309 万吨，是上年同期的 44 倍；2020 年前两个月中国从美国进口大豆共 610.1 万吨，比上年同期增加六倍；此外，根据美国肉类出口协会（USMEF）2020 年 3 月 27 日发布的报告，尽管来自美国的猪肉和牛肉在中国仍要受到报复性关税限制，但这种情况已有所改善。对于原产于美国的猪肉，冷冻肉切块的有效税率可以从 63% 降至 33%，冷冻肉切块有效税率可从 75% 降至 45%，对于冷冻猪杂，税率可由 67% 降至 37%。由此可见，已有部分中国进口商可按照加征关税之前的税率从美国进口大豆、猪肉和牛肉等农产品。因此，模拟此方案来探究减免关税这一措施会对大豆及猪肉贸易市场带来的影响。

2. 应对方案二：假设中国大豆单产提高 50%

从长期来看，若中美双方贸易摩擦一直持续，中国应采取其他措施以应对中美经贸摩擦带来的持续影响。中国政府于 2019 年实施大豆振兴计划，通过稳定并扩大大豆种植面积，提高大豆单产这两个方面振兴我国大豆产业。中国目前仅种植非转基因大豆，单产较低，较世界平均水平仍存在较大差距。2014—2018 年中国大豆平均单产水平为 1.79 吨 / 公顷，世界大豆平均单产为 2.74 吨 / 公顷。若中国大豆单产提升至世界平均水平，则可在一定程度上提高我国大豆自给率，减小对外依存度。因此，本报告设定将中国大豆单产提高至世界单产水平，即中国大豆单产需提高约 50%。

3. 应对方案三：假设俄罗斯大豆单产水平提高 30%

俄罗斯是除美国、巴西和阿根廷之外中国的主要大豆进口来源国，若中国同这类国家进行农业开发合作来提高其大豆单产，其单产潜力值参照周边相似国家中最大单产。俄罗斯和哈萨克斯坦同属黑海地区，2017 年黑海地区大豆单产水平最高的国家是哈萨克斯坦，为 2 吨 / 公顷，因此，俄罗斯以哈萨克斯坦为参照，其单产水平需提高 30%。

4. 应对方案四：假设降低关税、提高国内单产及提高他国单产同时作用

前三个方案分别研究模拟单向措施带来的影响，而结合现实情况，前三个应对方案可能同步进行，因此，分析模拟前三个应对方案同时作用产生的影响也具有重要意义（见表 6）。

表6　　模拟方案设计

模拟方案	模拟措施
应对方案一	取消对原产于美国大豆、猪肉等农产品加征的关税
应对方案二	国内大豆单产提高 50%
应对方案三	俄罗斯大豆单产提高 30%
应对方案四	应对方案一、二和三同时作用

（二）模拟结果分析

1. 取消对原产于美国的大豆、猪肉等农产品加征的关税带来的影响

对中国大豆产业来说，降低原产于美国的大豆的进口关税会导致中国大豆进口增加，生产者价格下降。模拟结果显示，大豆进口量较 2019 年增长 7%，预计进口增加约 620 万吨。国内大豆进口增加，大豆压榨消费和总消费也随之增加，预计分别增长 6.1% 和 5.8%。国内大豆进口的增加导致生产者价格下跌 4.4%，这可能是由于大豆进口价格低于国内价格，对国内大豆生产者价格造成了一定程度的冲击，在一定程度上损失了国内大豆生产者的利润，使得豆农种植大豆的积极性下降，进而导致国内大豆产量有所下降。对中国及世界大豆贸易格局来说，如表 8 模拟结果显示，由于对美关税降低，从美国进口大豆数量会大幅增加，预计从美国进口大豆较 2019 年增长 168.3%，约增加 2863 万吨，比 2017 年增加 1278 万吨；从美国大幅增加进口会导致从其他国家的进口有所减少，从巴西进口预计比 2019 年减少 15%，约为 866 万吨，较 2017 年减少 191 万吨；从阿根廷的进口将较 2019 年减少 80.3%，约为 707 万吨，比 2017 年减少 485 万吨（见表 7、表 8）。

表7　　　　取消加征关税对中国大豆产业的影响

	基期（2019 年）	模拟方案（取消加征关税）	增加值	增长率（%）
产量（万吨）	1847	1809	-38	-2.0
进口量（万吨）	8851	9471	620	7.0
压榨消费（万吨）	9485	10065	580	6.1
总消费（万吨）	10701	11326	625	5.8
生产者价格（美元 / 千克）	2.7	2.6	-0.1	-4.4

资料来源：SILK模型模拟结果。

表8　　　　取消加征关税对中国大豆进口格局的影响

	基期（2019 年）（万吨）	模拟方案（取消加征关税）（万吨）	增加值（万吨）	增长率（%）
美国—中国	1701	4564	2863	168.3
巴西—中国	5768	4902	-866	-15.0
阿根廷—中国	880	173	-707	-80.3

资料来源：SILK模型模拟结果。

取消中国对美国猪肉进口加征关税，会大幅增加美国对中国猪肉的出口。在中美贸易摩擦发生以前，美国是中国猪肉进口的来源国之一，2016 和 2017 年美国对中国猪肉出口量分别为 21.6 万吨和 16.6 万吨，分别占美国总出口量的 13.4% 和 9.6%。2018 年受到中美贸易摩擦的影响，中国自美国进口猪肉量骤减，比 2017 年下降 48.2%。在非洲猪瘟和猪肉进口关税下降的影响下，取消中国对美国猪肉进口加征关税，会使中国猪肉进口进一步增加，预计 2020 年中国猪肉进口总量为 319.1 万吨，比 2017 年增加 197.4 万吨。美国是仅次于中国和欧盟的猪肉生产大国，也是中国猪肉进口的主要来源国，取消对美国猪肉进口加征关税，会使得美国对中国猪肉出口大幅增加，出口量高达 67.3 万吨，比 2017 年增加 50.7 万吨，成为中国猪肉进口第二大来源国。中国自加拿大进口猪肉也会相应地增加，但增加量有限，为 18.3 万吨，仅比 2017 年上涨 109.8%（见表 9）。

表9　　取消加征关税对猪肉贸易市场的影响

	基期（2017 年）	模拟方案（取消加征关税）	
	绝对值（万吨）	增加值（万吨）	增长率（%）
进口总量	121.7	197.4	162.2
中国—欧盟	76.5	115.7	151.3
中国—加拿大	16.7	18.3	109.8
中国—美国	16.6	50.7	305.2
中国—巴西	4.9	6.8	138.8
中国—其他	7.3	5.9	80.4

资料来源：SILK模型模拟结果。

2. 中国大豆单产提高带来的影响

国内大豆单产水平提高使国内产量增加，进口减少，对国内大豆产业影响很小。如模拟结果显示，单产和种植面积是影响大豆产量的最主要因素，中国大豆单产提高 50% 使得中国大豆总产量提高 49.5%，较 2019 年约增长 915 万吨。国内产量提高，供给增加，在一定程度上弥补了大豆需求的缺口，使得大豆进口量减少 7.5%，预计较 2019 年减少进口约 664 万吨。国内压榨消费和总消费涨幅微小，均增长 1.4%；对国内生产者价格影响极小，未对国内大豆生产者造成损失（见表 10）。

表10　　提高中国大豆单产对国内大豆产业的影响

	基期（2019 年）	模拟方案（提高中国大豆单产）	增加值	增长率（%）
产量（万吨）	1847	2762	915	49.5
进口量（万吨）	8851	8187	–664	–7.5
压榨消费（万吨）	9485	9620	135	1.4
总消费（万吨）	10701	10848	147	1.4
生产者价格（美元 / 千克）	2.7	2.6	0.0	–1.7

资料来源：SILK模型模拟结果。

提高中国大豆单产导致从几个主要进口来源国进口大豆数量均有所减少。中国大豆单产提高，导致大豆产量增加，国内供给增加，导致中国大豆总进口量减少，因此，各主要来源国对中国出口大豆量也相应减少。其中，从美国进口较2019年减少16.3%，预计减少277万吨；从巴西进口较2019年减少4.9%，预计减少281万吨；从阿根廷进口较2019年减少11.0%，预计减少97万吨（见表11）。

表11 提高中国大豆单产对中国大豆进口格局的影响

	基期（2019年）（万吨）	模拟方案（提高中国大豆单产）（万吨）	增加值（万吨）	增长率（%）
美国—中国	1701	1424	–277	–16.3
巴西—中国	5768	5487	–281	–4.9
阿根廷—中国	880	783	–97	–11.0

资料来源：SILK模型模拟结果。

3. 俄罗斯大豆单产水平提高带来的影响

俄罗斯的大豆单产水平提高并未直接增加对中国的大豆出口，但会对中国进口大豆带来有利影响。将俄罗斯的大豆单产提高30%会使其大豆产量增加35%，但总出口量并没有显著增加，对中国的大豆出口也并没有增加。这是由于俄罗斯既是大豆出口国又是大豆进口国，单产提高后，大豆产量增加约200万吨，几乎全部用于国内供给，使得进口量大幅减少，减幅达到96%，出口量并未发生明显变化。尽管没有对中国直接出口大豆，但俄罗斯大豆进口量减少会使全球大豆进口需求下降，需求下降对国际大豆价格产生影响，大豆进口价格下降，这对中国大豆进口会带来有利影响（见表12）。

表12 提高俄罗斯大豆单产水平对中国大豆进口格局的影响

	基期（2019年）（万吨）	模拟方案（提高俄罗斯单产）（万吨）	增加值（万吨）	增长率（%）
美国—中国	1701	1678	–23	–1.3
巴西—中国	5768	5758	–10	–0.2
阿根廷—中国	880	884	4	0.4
俄罗斯—中国	71	71	0	0.0

资料来源：SILK模型模拟结果。

4. 综合措施带来的影响

对国内大豆产业来说，如模拟结果所示，在降低美豆进口关税、提高我国大豆单产以及提高其他大豆进口来源国单产的共同作用下，国内大豆产量大幅增加，进口量增幅很小，总消费上涨，生产者价格下跌。

国内大豆单产提高使总产量增长46.6%，对国内大豆的供给增加；同时降低美国大豆关税，美国大豆进口价格下降，会导致我国大豆进口增加，但由于国内产量涨幅较大，对国内大豆的供给较2019年增长近50%，因此进口需求增幅不大，进口量仅增加约124万吨，增长1.4%。国内大豆供给和大豆进口量均增加导致压榨消费以及大豆总消费均上升，压榨消费增加857万吨，增长9.0%，大豆总消费增加927万吨，增长8.7%，但生产者价格下跌0.2美元/千克，跌幅为7.2%。原因可能有以下两点，首先，国内大豆产量增加导致供给增加，会导致国内大豆价格下跌；其次，大豆进口的增加使大豆进口价格更加低于国内价格，导致国内大豆价格下跌，使生产者利润受损，会在一定程度上影响豆农种植大豆的积极性，这对国内大豆产业会产生一定冲击（见表13）。

表13　综合措施对中国大豆产业的影响

	基期（2019年）	模拟方案（综合措施）	增加值	增长率（%）
产量（万吨）	1847	2707	860	46.6
进口量（万吨）	8851	8975	124	1.4
压榨消费（万吨）	9485	10342	857	9.0
总消费（万吨）	10701	11628	927	8.7
生产者价格（美元/千克）	2.7	2.5	−0.2	−7.2

资料来源：SILK模型模拟结果。

对中国大豆进口格局来说，降低美豆关税使得中国从美国进口的大豆大幅上涨，涨幅比2019年增长145.0%，约增长2484万吨，较2017年增加899万吨；从美国大幅增加大豆进口导致从其他国家的进口减少，其中从巴西的大豆进口减少，减幅为 18.0%，预计减少 1027 万吨，较 2017 年减少 352 万吨；从阿根廷进口预计减少 722 万吨，较 2017 年减少 500 万吨。帮助俄罗斯提高其大豆单产使其大豆产量提高，并没有导致该国对中国的大豆出口量直接增加，但俄罗斯大豆进口量减少会使全球大豆进口需求下降，需求下降对国际大豆价格产生影响，大豆进口价格下降，对中国大豆进口有一定的有利影响（见表 14）。

表14　综合措施对中国大豆进口格局的影响

	基期（2019 年）（万吨）	模拟方案（综合措施）（万吨）	增加值（万吨）	增长率（%）
美国—中国	1701	4185	2484	145.0
巴西—中国	5768	4741	–1027	–18.0
阿根廷—中国	880	158	–722	–82.1
俄罗斯—中国	71	69	–2	–3.2

资料来源：SILK模型模拟结果。

八、结论与政策建议

（一）结论

1. 中美贸易摩擦影响

（1）大豆

研究结果表明，在中国增加美国大豆和猪肉进口关税的模拟方案中，中国大豆进口总量减少，尤其大幅度减少进口美国大豆，但仍然会增加进口巴西和阿根廷大豆。中国作为美国大豆第一出口国，占美国出口总量的 60%，美国大豆生产者将因对中国的出口大幅减少而受损严重，巴西和阿根廷等国家的大豆生产者将会受益。当考虑增加美国大豆关税和非洲猪瘟的双重影响时，中国对美国大豆的进口量的减幅将更为显著，美国大豆产业受到的冲击将更大。

（2）猪肉

在猪肉产量下降 10% 的假设下，中国大豆进口总量将进一步减少 315 万吨，其中从美国进口大豆将进一步减少 123 万吨。中国自美国猪肉进口量仍会增加，比 2017 年增加 35.5 万吨，但占中国进口总量的份额从 13.6% 下降到 9.0%。欧盟仍然是中国最大的猪肉进口来源国，进口量比 2017 年增加 157.5 万吨，占中国进口总量的 40.1%。中国从巴西进口猪肉量增加显著，所占份额从 2017 年的 4% 上涨到 13.4%。

2. 应对措施

（1）取消中国对美国大豆进口加征关税

中国大豆总进口有所增加，压榨量和总消费也有所增加，主要影响是大豆进口贸易格局变化较大，取消美豆进口关税会大幅增加美国对中国大豆的出口，预计较 2019 年增加 2863 万吨，较 2017 年增加 1278 万吨；同时，减少巴西和阿根廷对中国出口大豆，尤其是巴西。同样地，取消中国对美国猪肉进口加征关税，会大幅增加美国对中国猪肉的出口，出口量高达 67.3 万吨，美国将成为中国猪肉进口第二大来源国。

（2）提高中国大豆单产 50% 会使大豆总产量提高 49.5%，进口量较 2019 年减少约 664 万吨，下降 7.5%，对外依存度下降，对国内总消费及国内大豆产业影响很小。

（3）提高"一带一路"沿线国家（例如俄罗斯）的大豆单产水平会使其大豆产量增加，虽然对中国的大豆出口量没有直接增加，但对中国进口大豆会带来有利影响。

（4）以上措施综合作用会使中国国内大豆产量大幅增加，涨幅为 46.6%，大豆进口量增幅很小，仅上涨 1.4%，总消费上涨 8.7%，生产者价格下跌 7.2%。对大豆进口格局来说，从美国进口的大豆将大幅增加，从巴西和阿根廷进口的大豆将减少，尤其是巴西，减幅较大。"一带一路"沿线国家（例如俄罗斯）单产提高后，其大豆产量增加，虽然对中国的大豆出口量并未直接增加，但其从世界的进口量有所减少使得国际大豆进口价格降低，对中国大豆进口将产生有利影响。

（二）政策建议

中美经贸摩擦导致中国大豆供求发生了变化，除大豆贸易外，也会对豆粕、豆油及生猪等产业带来影响。目前，中美经贸摩擦第一阶段告一段落，已正式签订中美双方第一阶段经贸协议，中方承诺扩大进口自美农产品。但经贸摩擦仍在继续，今后两国农产品贸易方向难以预估，若中美双方今后在长时间内不能就经贸问题达成一致，那么针对大豆这一两国最主要的贸易农产品，我国应积极寻求其他进口途径并提高国内大豆的竞争力。因此，本报告给出以下政策建议：

首先，两国可以积极利用现有机制，通过贸易谈判等对话机制，促进贸易战和平解决，减免因贸易摩擦引起的加征的关税，以此促进中美双方农产品贸易的良性发展。

其次，加大投入国内大豆研发技术，提高单产水平。例如，黑龙江省和内蒙古自治区拥有全国最大的大豆种植面积，但单产水平较低，目前还低于全国平均水平，若提高这两个省份的大豆单产水平，可使国内大豆产量有所提升，在一定程度上提高我国大豆自给率。

再次，可同其他大豆出口国，例如“一带一路”沿线国家进行农业合作，共同开发研究大豆相关科学技术，帮助此类国家提高大豆单产水平，进而提高产量，增加其对中国的直接出口，使中国扩大大豆进口多元化；或增加其对世界的大豆出口，以此降低大豆进口价格，降低中国大豆进口成本。

最后，可增加大豆或豆粕替代品的进口以减少国内大豆及豆粕需求。例如，加大豆油替代品（菜籽油和棕榈油等）的进口力度；加快生猪饲料原料的进口替代生产；畜牧产业也可通过研发新的饲料配方，采用低蛋白饲料配方降低豆粕需求等。

参考文献

[1] Wang Q. The Countermeasures of Sino–US Trade War—Based on the Perspective of Industrial Policy, 2019.

[2] Wang Y, Wang H, Guo S. Research on Dynamic Game Model and Application of China' s Imported Soybean Price in the Context of China–US Economic and Trade Friction, Complexity, 2019.

[3] Choe J, Hammer A B, Montgomery C. US Soybean Exports to China Crushed Amid Rising Trade Tensions, *Executive Briefings on Trade* (*EBOTs*), 2019.

[4] Fred G, C. Valdes and M. Ash, (2019), Interdependence of China, United States, and Brazil in Soybean Trade., USDA: A Report from the Economic Research Service.

[5] Wang, H.H., 2018, "Impacts of the Tariff between U.S. and China on American Agriculture", *Journal of Agricultural and Resource Economics*, 44 (2):291 - 310.

[6] Taheripour F., W.E. Tyner, (2018), "Impacts of Possible Chinese 25% Tariff on U.S. Soybeans and Other Agricultural Commodities", *Choices: The Magazine of Food, Farm, and Resource Issues*, *Agricultural and Applied Economics Association*, 33 (2):1–7.

[7] Zhang, W.D., D.J. Hayes, et al., (2019), "African Swine Fever in China: An Update", *Agricultural Policy Review*, 2019 (1):2–5.

[8] Wan L, Fu Y. New Trend of International Trade Friction and the Countermeasures–A Case Study of Sino–US Trade Friction (2018), International Conference on Education, Economics and Social Science (ICEESS 2018). Atlantis Press, 2018.

[9] Shao Yongtong, Li Minghao, Zhang Wendong, Ji, Yongjie and Hayes, Dermot J. (2018), "World's Largest Pork Producer in Crisis: China' s African Swine Fever Outbreak," *Agricultural Policy Review: Vol.* 2018 : Iss. 3, Article 1.

[10] Zhang Wendong, Hayes, Dermot J., et al., (2019), "African Swine Fever in China: An Update," *Agricultural Policy Review*: Vol. 2019 : Iss. 1, Article 2.

[11] Carriquiry, Miguel; Elobeid, Amani; Hayes, Dermot J.; and Zhang, Wendong (2019), "Impact of African Swine Fever on US and World Commodity Markets," *Agricultural Policy Review*: Vol. 2019 : Iss. 3, Article 4. Available at: https://lib.dr.iastate.edu/agpolicyreview/vol2019/iss3/4.

[12] 周曙东，郑建，卢祥. 中美贸易争端对中国主要农业产业部门的影响. 南京农业大学学报（社会科学版），2019（1）

[13] 罗光强，邓帅. 中美贸易摩擦背景下我国生猪市场价格波动实证分析. 价格月刊，2019（7）
[14] 李国祥. 中美贸易摩擦给中国农业发展带来的思考. 农经，2018（5）
[15] 程国强. 评中国大豆生产困境与出路研究. 农业技术经济，2018（2）
[16] 陈伟，朱俊峰，田国强. 中美贸易摩擦对中国大豆的影响及对策分析. 大豆科学，2019（1）
[17] 肖志敏，杨军. 中美大豆贸易摩擦的经济影响及其启示——基于GTAP模型测算. 农业经济与管理，2019（3）
[18] 崔宁波，刘望. 全球大豆贸易格局变化对我国大豆产业的影响及对策选择. 大豆科学，2019（4）
[19] 财政部，国务院关税税则委员会对原产于美国的部分进口商品中止关税减让义务的通知，2018
[20] http://gss.mof.gov.cn/gzdt/zhengcefabu/201804/t20180401_2857769.htm
[21] 财政部，国务院关税税则委员会关于对原产于美国500亿美元进口商品加征关税的公告，2018. http://gss.mof.gov.cn/gzdt/zhengcefabu/201806/t20180616_2930325.htm
[22] 财政部，国务院关税税则委员会关于对原产于美国的部分进口商品（第二批）加征关税的公告，2018. http://gss.mof.gov.cn/gzdt/zhengcefabu/201808/t20180803_2980950.htm
[23] 财政部，国务院关税税则委员会关于对原产于美国约600亿美元进口商品实施加征关税的公告，2018. http://gss.mof.gov.cn/gzdt/zhengcefabu/201809/t20180918_3022592.htm
[24] 财政部，国务院关税税则委员会关于对原产于美国的汽车及零部件暂停加征关税的公告，2018
[25] http://gss.mof.gov.cn/gzdt/zhengcefabu/201812/t20181214_3093439.htm
[26] 财政部，国务院关税税则委员会关于对原产于美国的汽车及零部件继续暂停加征关税的公告，2019
[27] http://gss.mof.gov.cn/gzdt/zhengcefabu/201903/t20190331_3209705.htm
[28] 财政部，国务院关税税则委员会关于对原产于美国的部分进口商品提高加征关税税率的公告，2019
[29] http://gss.mof.gov.cn/gzdt/zhengcefabu/201905/t20190513_3256788.htm
[30] 财政部，国务院关税税则委员会关于对原产于美国的部分进口商品（第三批）加征关税的公告，2019
[31] http://gss.mof.gov.cn/gzdt/zhengcefabu/201908/t20190823_3372928.htm
[32] 财政部，国务院关税税则委员会关于对原产于美国的汽车及零部件恢复加征关税的公告，2019
[33] http://gss.mof.gov.cn/gzdt/zhengcefabu/201908/t20190823_3372941.htm
[34] 财政部，国务院关税税则委员会关于暂不实施对原产于美国的部分进口商品加征关税措施的公告，2019
[35] http://gss.mof.gov.cn/gzdt/zhengcefabu/201912/t20191215_3441954.htm
[36] 财政部，国务院关税税则委员会关于调整对原产于美国的部分进口商品加征关税措施的公告，2019
[37] http://gss.mof.gov.cn/gzdt/zhengcefabu/202002/t20200206_3466540.htm

完善农业支持保护政策体系：国际经验的启示与思考[①]

加强对农业的支持保护是世界各国的普遍做法，美欧等发达国家实施农业支持保护政策已有悠久的历史，而我国实施农业补贴等支持保护政策起步相对较晚，仍处于探索阶段（朱晶，2017；叶兴庆，2020）。现阶段我国农业正处于转型发展的关键时期，最近几年在农业转方式、调结构、促改革等方面开展了一系列积极探索，为深入推进农业转型升级打下了一定的基础。然而，农产品供求结构失衡、要素配置不合理、资源环境压力大、农民持续增收动能不足等问题仍然较为突出。推动农业供给侧结构性改革，当前的重点是发挥好政策“指挥棒”“导航仪”的作用，完善强农惠农富农政策，解决农业资源要素的错配扭曲问题，加快健全与转方式、调结构相适应的农业支持保护政策体系，发挥支持保护对农业供给侧结构性改革的促进作用。

本报告旨在以欧盟、美国和日本为例，在总结发达国家农业支持保护政策发展的规律及经验教训的基础上，明确新时期调整我国农业支持保护政策的基本方向和原则，探讨改革我国农业支持保护政策的思路与路径，以期能够为完善新时期农业支持保护政策体系、深入推进农业供给侧结构性改革提出针对性的参考建议。

---

① 本报告是清华大学中国农村研究院2019年重点研究课题“建立符合世贸规则的农业补贴制度研究”的研究成果，在收入本书时有所删减，报告观点仅代表课题组的看法。课题负责人：朱晶，南京农业大学经济管理学院院长、教授，清华大学中国农村研究院学术委员会委员。报告执笔人：朱晶、李天祥、曹历娟、王学君、臧星月。

一、发达国家和地区农业支持保护政策的演变及主要做法

与中国相比，欧盟、美国和日本等发达国家和地区实施农业支持保护政策起步早，且伴随着经济发展及内外部环境变化，这些国家和地区农业支持保护政策体系经历了不断发展和完善的过程，在政策设计与实践等方面均积累了较为丰富的经验。

（一）欧盟共同农业政策演进历程及主要做法

从1958年《罗马条约》正式生效至今，欧盟的共同农业政策历经多次变革，政策目标实现了从关注“促增产”“促增收”到“促可持续发展”的转变，政策工具侧重点也随之发生变化，从价格支持逐渐转向与价格和生产脱钩的其他支持。欧盟现行的农业国内支持政策，包括补贴、环境保护以及不同群体的利益分配制度等，更加强调农民收入、环境外部性、公平等问题，推动欧盟农业朝着绿色、和谐的方向发展。

1. 国内支持政策中的补贴制度

为了解决农产品过剩问题，欧盟在1992年麦克沙里改革中首次通过“蓝箱”对满足限产条件的农户进行收入补贴。“蓝箱”与当期产量仍然挂钩，本质上属于对生产扭曲程度稍小的“黄箱”政策。随后的《2000年议程》中，欧盟在进一步降低支持价格的同时提高了“蓝箱”补贴金额。2003年改革中，为了使国内支持政策更加符合WTO规则要求，在世界农产品价格持续上升的背景下，欧盟采用“单一支付方案”替代“蓝箱”补贴，自此脱钩补贴取代挂钩补贴成为欧盟最重要的农业补贴手段。2013年改革中，“单一支付方案”被纳入第一支柱中“基本支付计划”部分，其金额被限定在直补总额的70%及以下。作为收入补贴的配套，欧盟实施了“交叉达标”

制度，即农户获取“单一支付方案”的前提是在农业生产过程中要达到环境保护、公共卫生、动物福利等相关一系列标准要求。同时，为了保证“单一支付方案”“交叉达标”的实际执行效果，欧盟还配套执行了“农场咨询系统”，向农民提供生产过程中达到相关标准和良好操作规范的咨询服务及定期对农场生产要素的投入水平进行审查。“单一支付方案”“交叉达标”“农场咨询系统”共同构成了欧盟现行国内支持政策中的补贴制度体系，并一直沿用至今。

2. 环境保护政策

《罗马条约》生效之初，农业环境保护在欧盟共同农业政策中并未受到特别关注。然而，随着集约化生产带来的资源过度使用、环境污染问题越来越严重，欧盟自 1987 年开启了共同农业政策与环境政策一体化进程，并在多个场合强调一体化的重要性。1992 年改革中，欧盟将环境保护纳入共同农业政策体系中，并通过颁布《农业环境法》及出台多个环保领域的具体指令，对休耕、生态脆弱地区、植树造林等环保行为提供直接支付等形式来保护农业环境。2003 年改革中，环境保护的重要性在政策制定中进一步加强，欧盟不仅发布了《可持续农业发展的远景》规划，还将环境保护作为“交叉达标”的标准之一，成为农户获取“单一支付方案”的前提条件。2013 年改革中，农业可持续发展成为共同农业政策的重要目标及调整方向。环境保护在共同农业政策的“第一支柱”和“第二支柱”中均有体现，且现行的环境保护政策工具除了“交叉达标”措施下的环保规则之外，还包括绿色直接支付措施及农村发展措施下的环保规则，影响范围包含欧盟绝大部分农户和大部分农地。

3. 不同规模农户的利益分配政策

由于欧盟主要的国内支持政策，包括支持价格、挂钩与脱钩补贴等均直接或者间接与面积相联系，使得转移支付的分配向大规模农户倾斜，容易造成不同规模农户收入差距扩大的事实。为了避免贫富差距过大引起社会问题，2013 年改革后，欧盟通过对大规模农户补贴封顶以及“累退制补贴”等手段限制大规模农户收入，并通过再分配机制及提供一般性服务支付等加强对小规模农户的直接支付，从而尽量平衡不同规模农户的利益分配（Erjavec，2015）。

（二）美国农业支持保护政策演进历程及主要做法

自 1933 年《农业法案》出台起，美国从法律层面开启了对农业的支持和保护。总体而言，为应对国内外市场行情、财政状况、WTO 规则等情况的变化，美国的农业支持保护政策大致经历了从价格支持到挂钩的目标价格补贴，再到脱钩的固定直接收入补贴，再到半脱钩化的目标价格补贴与目标收益补贴的过程。同时，还建立了高度发达的农作物保险计划、农业灾害救助计划、营销援助计划等一系列的政策和措施，形成了完备的农业支持保护政策体系，为农民提供风险保障和收益保证，从而维护国家粮食安全、农业竞争力及农业可持续发展。

1. 市场价格支持政策

美国最初实施的价格支持政策是 1933 年《农业法案》推出的“无追索权贷款”。该政策的实质，一方面是为农户提供资金信贷支持；另一方面则是发挥市场托底、平价收购的功能。20 世纪 80 年代中期，由于价格支持造成了生产过剩、市场扭曲、财政负担加重等一系列问题，美国政府逐渐将“无追索权贷款”变成了有追索权的“营销援助贷款”。政策调整的实质是，继续给农民提供资金信贷支持，同时废除政府对过剩农产品的托底收购。此后，“营销援助贷款”政策与其他农业支持保护政策配合并长期沿用。

2. 差额补贴政策

1973 年美国《农业法案》建立了与市场价格和当期生产量挂钩的目标价格差额补贴制度。1996 年，美国暂时取消了目标价格补贴，改为脱钩的“生产灵活性补贴”。由于“生产灵活性补贴”不能应对价格风险、缺乏效率，2002 年恢复了目标价格补贴，将其改名为“反周期补贴”，并与当期生产量脱钩。自 2008 年起，为保障农民由于产量下降导致的收入减少，美国政府新增了基于目标收益的差额补贴，即“平均作物收入选择计划”。2014 年《农业法案》进一步优化“反周期补贴”和“平均作物收入选择计划”的操作方式，并将其更名为“价格损失保障”和“农业收入风险保障”。半脱钩化的目标价格差额补贴和目标收益差额补贴政策在保护农民收益、发挥市场作用、管理价格风险、提高补贴效率、应对 WTO 规则约束等方面都取得了较好的效果。

3. 支付补贴政策

1995 年，为适应 WTO 规则，美国取消了目标价格补贴，重新设立了脱钩的固定直接支付补贴，即“生产灵活性补贴”。只要农场主自愿执行政府制定的环境资源保护计划和沼泽地保护条款，保证不改变农用地用途，并与政府签订为期 7 年的“弹性生产合同”，就可得到按平均补贴基准和合同种植面积计算的补贴。“生产灵活性补贴”虽能较好适应 WTO 规则，但却难以有效管理农产品价格风险、缺乏效率，最终 2014 年《农业法案》取消了该政策。

4. 农业保险支持政策

美国对财政补贴农业保险的探索始于 1938 年，且从 20 世纪 80 年代开始，美国不断加大对农业保险的财政支持力度。1996 年，农业保险进入收入风险管理领域。2014 年《农业法案》拓展了农业保险计划，基于农业保险的目标定位与发展模式，从经营农业保险的费用构成出发，建立了针对农民和保险公司的双向财政补贴机制。该机制不仅全面保障农业生产风险，而且实现对农业保险风险的全过程保障，使其成为农业安全网的核心。

（三）日本农业支持保护政策演进历程及主要做法

二战后，日本农业支持保护政策历经了从以政府干预为主导向以市场机制为主导的转变，最终形成了以多功能性为主导的可持续发展综合理念。农业支持保护政策体系的建立、改革和完善，为战后日本农业经济的恢复重建及现代化发展发挥了重要的作用。然而，由于人地关系紧张，日本一直把“保障粮食安全”作为农业问题的根本，粮食安全保障政策始终是农业支持保护体系的重中之重。随着国内外环境变化，日本粮食安全保障政策历经了从“提高自给率”向“提高竞争力”的转变。

1. 粮食安全保障观念的转变及主要保障措施

受资源禀赋的约束，日本粮食自给率一直不高，且长期处于下降的趋势，引发了政府和民众的普遍担忧。日本国内部分专家学者认为，日本的热量自给率的公开数据其实是被低估的，原因是它并没有考虑鲸肉、酒精、畜产品及乳制品中含有的脂肪所提供的热量，且传统的粮食自给率指标只反映了土地生产力未充分利用的情形，并不能真实地反映日本的粮食自给能力。有鉴于此，日本于 2015 年提出“粮食自给力”的概念，并开发了相应的计算方法。“粮食自给力”概念的提出表明日本的粮食自给观念由原来的重视提高即期粮食产量向关注提高潜在粮食生产能力、提升产能的方向转变（安琪、朱晶等，2017）。针对这一转变，日本政府对消费者、生产者、食品加工者以及地方公共团体等均提出了相应的要求，具体如下：消费方面，鼓励消费本国农产品，以刺激生产；生产方面，充分开发利用水田资源，提高复种指数，提高效率，利用新技术，以保障粮食的产量和质量；食品加工方面，鼓励食品加工公司以本国农产品为加工原材料，与本国农产品生产者形成一体化生产运营体系；地方公共团体方面，要求地方公共团体确保农业耕地面积，维护农业生产者的权益，积极开发和普及先进的农业技术。

2. 农业海外投资战略的转变及主要投资举措

农业海外投资作为日本保障粮食安全的重要手段之一，起步早且经验丰富。早期，日本进行农业海外投资的主要方式是耕地投资，即通过购买或长期租赁海外农地进行农业生产。政府以股权参与的形式直接涉足，主要在美国等农业基础发达的国家进行。20 世纪 90 年代后，日本海外农业投资开始由北美、拉美向亚洲和非洲转移。但在投资风险提高及国际舆论的双重压力下，日本这种“海外屯田”方式遇到了挑战，政府不得不调整农业海外投资策略。一方面，通过构建“官民一体”的海外投资模式为企业进行农业海外投资创造良好环境，降低投资风险；另一方面，通过发展多种投资方式减弱“土地掠夺”的形象，并积极参与国际投资规则制定，力图打造“负责任的国际农业投资国”形象。

3. 日本农业竞争力提升理念的转变及主要提升途径

随着工业化的发展，传统小农经营成为日本农业发展最根本的弱点，阻碍了劳动生产率的提高，致使日本农业生产成本高、国际竞争力低。20 世纪 60—90 年代，日本政府主要以“降低成本”为导向实施了一系列提升农业竞争力的政策措施。如：推行农业经营规模化；培育新型经营体；推进农业生产机械化等。然而，由于耕地面积狭小、农地价格高涨及农户兼业化等原因，上述政策措施并未达到预期的效果。进入 21 世纪，随着食品安全意识的增强，农业“三产融合”理念的提出，日本政府开始以“提升品质”为导向，通过实施农业标准化战略、“六次产业化”战略等提高农产品的品质竞争力和产业链竞争力，从而提升农业整体竞争力。“六次产业”战略的实质是，以第一产业的农业为基础，综合发展农产品加工等第二产业和农产品直销、饮食业、休闲农业等第三产业，形成集生产、加工、销售、服务为一体的链条，让农业的增值收益更多地留在农民手中。以产业链为基础的企业，其竞争力来自企业在品牌培育、信息掌控、风险管理及市场推广等方面的能力，来自对加工增值和农户二次返利的能力。

二、发达国家和地区农业支持保护政策发展规律及其启示

纵观欧盟、美国、日本等发达国家和地区农业支持保护政策演变的历程，其一度也曾以价格支持为主对农业进行支持和保护。然而，鉴于价格支

持导致的农产品过剩、财政负担加大、市场调节失灵、农业竞争力下降等问题，以及乌拉圭回合与多哈回合农业谈判中面临的压力，欧美国家从 20 世纪 90 年代开始加大了推进农业支持政策改革的力度，逐步朝着市场化方向发展。通过减少政府的价格干预、削减价格支持，转向与价格和生产脱钩的其他支持。同时，改革也更加强调农民收入风险管理、环境外部性及农业国际竞争力等问题。总体而言，从发达国家农业支持保护政策的演进轨迹和发展规律来看，农业支持保护政策改革大致遵循如下三个原则。

（一）根据发展阶段，适时调整政策目标及政策指向

发达国家和地区农业支持保护政策体系经过长期的发展，最突出的特点便是与时俱进，即政策目标、政策指向会随着发展阶段、经济条件和社会条件的变化而不断调整。

从政策学的角度来看，国家对农业的政策干预通常包括多重目标，包括保证农产品供给稳定、农产品市场与价格、推动农业可持续发展、提高农业的国际竞争力、增加农民收入或缩小城乡收入差距、维持农村社会稳定等（全世文、于晓华，2016）。然而，这些目标相互之间并非总是完全一致的，甚至可能还会出现矛盾，因而往往需要政策制定者结合特定发展阶段的主要问题选择核心的政策目标。同时，任何政策的有效性都有一定的前提条件。例如，在国内粮价显著低于国外价格的情况下，采用价格支持政策提高国内粮价可以兼顾粮食增产和农民增收的目标；但在国内外价格大幅倒挂的情况下，国内价格支持只涨不跌便极易导致进口大量增长、库存压力加剧、财政负担沉重等问题。因此，只有随着经济发展阶段、国内外市场条件、财政状况等的变化，不断调整政策指向与政策目标，才能提高政策有效性，防止政策僵化带来其他问题和扭曲。

欧盟共同农业政策改革和调整的历程很好地遵循了上述原则。具体而言，共同农业政策初期旨在增加农产品产量、稳定农产品供应，而市场价格

支持作为对生产的刺激作用最直接的方式成为当时支持农业最主要的手段。20 世纪 80 年代，随着农产品供给问题的解决，农产品生产过剩、财政负担沉重和国际竞争加剧等问题日益突出，欧盟将政策目标调整为稳定农民收入、增强农产品竞争力，并相应改革了政策机制，如何通过直接补贴的方式提高农民收入成为该阶段共同农业政策的核心。进入 21 世纪以后，伴随着国际农产品价格持续处于高位，欧盟农产品竞争力上升，保障农民收入的紧迫性有所下降，从 2003 年改革开始，农村发展逐渐成为欧盟共同农业政策目标的新焦点。从主要关注农业生产到农民收入再到农村发展，欧盟的农业政策目标既是顺应形势的结果，同时也代表了其未来农业政策调整的方向。

美国也随着内外部环境的变化持续调整农业支持保护政策目标与政策指向。20 世纪 30 年代大萧条以后，面对农产品大量过剩、农民收入大幅下降，美国采取了以提高农民收入为目标的市场价格支持、信贷支持、控制生产等政策。20 世纪 70 年代初期，随着国际农产品市场需求大增，国内库存迅速清仓、价格暴涨，为了保护农民利益刺激生产以满足国内外巨大需求；保护消费者利益并维持出口竞争力；控制国内农产品价格过快上涨，美国又适时采取了挂钩的目标价格补贴政策。20 世纪 80 年代中期，随着经济全球化的推进，农产品市场竞争加剧，为改变农业过度依赖政府的现状，美国开始试图让农业支持保护向市场化过渡。当农业收益降低导致许多农民破产风险增加时，2002 年，美国又开始实施直接补贴和半脱钩的目标价格补贴，增加对农民的收入补贴和构建收入安全网。2014 年《农业法案》进一步加强了农业风险保障补贴，针对农业生产经营的自然风险对农民进行补贴。这些政策调整的中心思想都旨在保护农民利益与生产积极性，也起到了较多积极作用。

总体来说，发达国家和地区的经验表明，农业支持保护政策的目标应当随着经济发展阶段和政策适用条件的变化而适时进行调整。同时，在实行农业补贴政策的初期阶段，为防止政策目标泛化、提高政策的有效性，应当根据具体的政策目标采取相应的措施，并努力做到各种补贴支持措施目标清晰、指向明确、分工合理，以避免各类补贴措施出现整合一体、边际效应下降等问题。

（二）把握国际趋势，不断优化政策设计与政策手段

除了根据本国发展阶段和政策适用条件的变化调整政策目标和政策手段之外，在开放的条件下，无论是发达国家还是发展中国家，农业支持保护政策的设计还受到国际规则的影响和约束。1994 年，乌拉圭回合谈判结束以后，尤其是 WTO《农业协议》达成以来，在 WTO 框架和规则的约束下，发达国家普遍对国内的农业支持保护政策进行结构性改革，总的转变是以市场化改革为导向，逐步削减扭曲生产和贸易的市场价格支持，转向与价格和当期生产脱钩的其他支持。概括而言，为适应国际规则和市场化改革导向的要求，发达国家农业支持保护政策设计、政策手段调整与改革大致体现出如下 5 个方面的趋势。

1. 支持目标由生产支持向非生产支持转型

尽管从发达国家农业政策演变的历程来看，保障农业生产、促进农民增收始终是农业政策高度关注的核心内容，但随着世界范围内食物供求关系日趋宽松、居民收入增长及消费、休闲、环保意识的逐步提高，保护生产环境、保障食品质量安全、维护乡村发展等方面的诉求日益增长，农业支持保护政策的目标和手段也随之丰富化和广泛化，由对农业的生产性支持逐步转向非生产支持。例如，欧盟进入 21 世纪以后农业政策目标逐渐从生产支持转向了对食品安全、农业竞争力和可持续发展以及农村社会发展的支持，将农民职责与农业功能从单一的食物生产扩展到乡村旅游、商业创业与文化活动促进等更广泛领域。美国自 2002 年开始，将保障农民收入、提升农产品竞争力作为首要目标，致力于构建农民收入、资源环境和食物有效供给三大“安全网”，并采用更加多元化的风险管理方法来替代农业生产支持，提升农

业支持保护政策效能和财政可持续性。

2. 支持范围由特定支持向一般服务支持[①]转型

在降低价格扭曲、让市场机制发挥更大作用的国际潮流下，发达国家农业支持保护的范围由针对具体农产品、特定生产者向更加一般化、服务化的方向发展，包括农业科技创新和推广、检验检疫和控制、基础设施建设与维护、公共储备等在内的一般公共服务投入越来越成为发达国家支持农业的重要方式之一（程郁、叶兴庆，2017）。按照 OECD 提供的数据，如表 1 所示，欧盟对农业的一般服务支持占农业支持总量的比重由 20 世纪 80 年代末的 8.2% 提高到近年来的 10.5%；美国对农业的一般服务支持比重也由 6.4% 提高至 10.6%；日本对农业的一般服务支持比重也由 14.9% 提高至 18.1%。鉴于一般服务支持中的大部分措施都有降低农业生产者成本开支的溢出效应和替代效应，这些国家强化对农业的一般服务支持，不仅符合 WTO 规则要求，而且对于提高其农产品的国际竞争力也会产生较大助益（朱晶、晋乐，2016；叶兴庆，2017）。

表1　1986—2018年欧盟、美国、日本农业支持总量及结构变化的比较

国家和地区	项目	1986—1988 年（平均）	1995—1997 年（平均）	2013—2015 年（平均）	2016—2018 年（平均）
欧盟	农业总支持（亿欧元）	1007.6	1070.1	979.4	1009.5
	价格支持占比（%）	74.2	50.6	20.5	16.9
	投入支持占比（%）	4.5	6.1	11.9	11.3
	非生产支持占比（%）	0.0	0.0	38.5	36.0
	一般服务支持占比（%）	8.2	8.1	12.1	10.5
	生产者补贴等值占比（%）	39.2	33.8	19.0	19.8

① 一般服务支持是OECD的农业政策分类，其大部分内容属于WTO口径的“绿箱”政策，如基础设施建设和维护、科技研发和培训、市场推广等。参见叶兴庆（2017）“我国农业支持政策转型：从增产导向到竞争力导向”，《改革》2017年第3期。

续表

国家和地区	项目	1986—1988 年（平均）	1995—1997 年（平均）	2013—2015 年（平均）	2016—2018 年（平均）
美国	农业总支持（亿美元）	485.3	482.9	876.1	943.9
	价格支持占比（%）	24.7	23.5	10.3	12.6
	投入支持占比（%）	14.6	13.8	9.9	9.1
	非生产支持占比（%）	0.7	7.4	8.9	4.2
	一般服务支持占比（%）	6.4	8.8	10.3	10.6
	生产者补贴等值占比（%）	21.2	11.9	8.8	10.1
日本	农业总支持（亿日元）	85180.0	83180.0	54150.0	56925.0
	价格支持占比（%）	76.5	67.9	66.1	67.2
	投入支持占比（%）	3.5	3.6	2.8	1.7
	非生产支持占比（%）	2.7	1.5	6.6	5.5
	一般服务支持占比（%）	14.9	24.7	16.5	18.1
	生产者补贴等值占比（%）	64.0	58.1	48.2	46.5

注：（1）表中“农业总支持”代表农业支持总量，各国的单位分别为对应的本国货币，即欧盟为亿欧元，美国为亿美元，日本为亿日元；（2）表中的“占比”数据除生产者补贴等值占比为该项目占农业总支出金额的比重外，其余均为相关项目之金额占农业总支持量的比重，单位是%；（3）非生产支持包括不对当期生产作出要求而基于过去生产面积、产量或收入等发放的脱钩补贴。

资料来源：OECD（2016）: Agricultural Policy Monitoring and Evaluation（历年）。

3. 支持手段由价格支持向收入补贴转型

价格支持政策属于 WTO“黄箱”支持政策的范畴，具有指向明确、操作简单、作用直接、见效快等优点，同时在一定条件下还可兼顾促进农业生产、保障农产品供给、增加农民收入等多重作用。但价格支持的缺点也很明显，即扭曲了市场价格信号，如果长期实施可能会导致农产品生产过剩、财政负担加重、触犯 WTO 规则等问题（Orden 等，2017；叶兴庆，2017）。基于这样的原因，为了减少农产品过剩、缓解财政支出压力、适应 WTO 规则要求，发达国家的农业支持保护政策开始逐步调减价格支持而转向直接收入补贴。表 1 的数据显示，美国的价格支持占农业支持总量的比例已由 20 世纪 80 年代的 24.7% 下降到 12.6%。欧盟这一比例下降更多，由 74.2% 下降至约 16.9%。这既减轻了欧盟的财政压力，又把对农业的支持从“黄箱”转为“绿箱”，同时也增强了欧盟农民对市场信号的反应能力。

4. 补贴措施由挂钩补贴向脱钩、半脱钩补贴转型

由价格支持逐步向收入补贴转型的过程中，发达国家均经历了补贴发放标准由与生产挂钩到逐步脱钩或半脱钩的转变过程。以欧盟为例，2003 年欧盟共同农业政策改革在进一步降低市场支持价格的基础上，开始采用“单一农场补贴”的政策替代“蓝箱”支持政策，实现了与产量和价格的脱钩化。再以美国为例，1996 年《农业法案》把与实际产量挂钩的目标价格补贴改为完全脱钩的生产灵活性补贴；2002 年《农业法案》提出的反周期补贴政策和 2014 年《农业法案》提出的价格损失保障政策，都是与价格挂钩而与生产脱钩的半脱钩化的目标价格补贴政策，至此半脱钩化成为美国农产品目标价格补贴政策的重要特征（齐皓天等，2016）。半脱钩化的差价补贴方式既可以相对提高补贴效率，又可以利用“非特定产品补贴”的“黄箱”空间。

5. 补贴方式由面向多数人的普惠制向针对特定人群的条件制转型

以特定的条件作为发放和获取直接补贴的前提是欧美发达国家的普遍做法。例如，欧盟在 2003 年改革之前，“蓝箱”支持补贴的发放和获取最重要的是要满足休耕的条件，并对不同规模农场的休耕比例及可获得补贴的上限作出明确规定。而在 2003 年改革之后，“单一农场补贴”计划则通过设置“交叉达标”机制，将农场主补贴资金的获取与保护农业生产环境、应对气候变化、保障食品安全相挂钩，如果农场主没有很好地达到相关标准要求，将根据实际情况按比例削减对其直接支付金额；反之，也会对农场主的增益性生态服务给予额外的补贴奖励。同样地，美国也从四个方面对农业支持补贴的发放范围及发放办法进行了限定，即仅限于符合条件的农业生产者适用、仅限于符合条件的农产品适用、仅限于在发生市场价格损失后提供补贴、仅限于在一定数量限额内提供补贴等（秦中春，2015）。这种针对特定人群和特定目的的、附带限定条件的补贴发放方式，一方面有助于提高补贴的针对性和补贴效率，控制财政支出的规模；另一方面也可以通过设置不同的限定条件来引导农户的生产行为，为政府通过政策干预来实现转方式、调结构、促改革等政策目标预留了充足的操作空间。

（三）结合实际需要，持续完善政策体系与政策配套

在根据发展阶段和适用条件动态调整政策目标及政策指向、遵循国际规则和市场导向不断优化政策设计与政策手段之外，欧美发达国家农业支持保护政策调整和改革的经验也表明，为保证政策的有效执行和顺利落实，还应当结合具体的实践需要持续完善农业支持保护政策体系和政策配套，表现在如下四个方面：

1. 实现多重目标有赖于多种政策工具的有机结合

发达国家农业支持保护政策改革的历程表明，单一的农业支持保护政策工具很难兼顾多个政策目标，为了实现多重政策目标，需要利用不同的政策工具来发挥不同的政策功能、相互组合配套，以产生更好的政策效果。以日本为例，为确保粮食的稳定供应，持续提高粮食自给力，在国内，日本政府不仅通过提出“粮食自给力”的概念来转变国民的粮食安全观念，而且针对生产者、消费者、加工业者及公共团体等不同的利益相关方都出台了一系列具体的政策举措；而在海外，为了克服国内资源禀赋限制，日本政府一方面通过与粮食出口国建立良好的合作关系，稳定粮食进口；另一方面又采取官民一体的海外投资模式实施海外农业战略，鼓励企业进行海外投资，渗入主要产粮国和全球粮食贸易网络。通过国内与国外的一系列政策举措的协调配合，以达到保证稳定本国粮食供应来源和维护国家粮食安全的目的。

2. 保障政策有效性有赖于增强政策变量调整的灵活性

任何政策的有效性都是有条件的，为了不断纠正政策效果的扭曲并适应新的历史条件下政策目标的变化，发达国家根据不同历史背景下国内外市场行情、政府财政状况、WTO 规则等条件的变化对农业政策进行动态调整。再以日本为例，尽管日本很早就意识到经营规模过小是阻碍本国农业国际竞

争力提升的关键因素，并在20世纪60—90年代力图通过推动土地规模经营、补贴农业新型经营主体等一系列措施来降低农业生产成本，以克服先天竞争力劣势，但当这些政策效果不佳且依然难以与美欧等国的农产品在国际市场正面对抗时，日本政府适时调整了竞争策略，绕开“拼成本”的老路，开辟“拼产值”的新路，开始以“提升品质”为导向，通过实施农业标准化战略、“六次产业化”战略等来提高农产品的品质竞争力和产业链竞争力，从而提升农业整体竞争力。

3. 保证政策执行效果需要必不可少的配套措施及监督机制

发达国家在推进目标价格补贴和直接收入补贴等政策的过程中均制定了一系列配套措施以保障其顺利实施。其中，欧盟在实施“单一支付补贴”政策过程中通过设置“交叉达标”和“农场咨询系统”等配套机制和措施来保证政策的执行效果，便是很好的一例。“单一支付补贴”与历史土地面积挂钩，根据基期的情况将单一补贴发放给农户。从性质上来看，该补贴是与生产脱钩的，农户生产与否并不决定其是否获得补贴，因而存在农户不生产便可获得补贴的道德风险问题。考虑到上述情况，欧盟在“单一支付补贴”制度之外还配套了“交叉达标”机制，以“交叉达标”的若干标准作为领取补贴的约束条件来降低道德风险。同时，在具体实践中，为了避免农户难以有效掌握“交叉达标”中所涉及的环境保护、食品安全、动物健康等标准要求的细节信息，也为了对补贴是否全额发放、削减比例确定及农民获得补贴的资质等具体问题作出权威界定，避免补贴标准不统一或遭受外界质疑等问题，“农场咨询系统”应运而生。“农场咨询系统”运行的费用由欧盟农村发展基金支付，它不仅是为农民提供按照相关标准和操作规范进行农业生产活动的专业咨询服务机构，而且也承担了定期对农场生产投入情况及获取补贴的资质条件进行监督与审查等相关职能。该系统的设置有效保证了“单一支付补贴”及“交叉达标”的实施及其政策效果。

4. 保证政策顺利开展的重要前提是具有高质量的基础数据支撑

发达国家的经验均表明，各类农业补贴和支持政策的实施都需要有完备的基础数据支持。事实上，无论补贴的形式如何调整，其实施的关键都在于价格、面积、单产和生产者信息等准确数据的支撑（齐皓天等，2016）。欧盟的“农场咨询系统”一定程度上承担了收集和提供高质量农业信息数据的职能；而美国农业部门则建立了完善的农业信息监测预警工作机制，通过及时发布农产品市场信息，引导农产品生产、消费和贸易，来自全世界各地的生产商、农业组织、农业企业、立法者和政府机构都会参考这些报告进行决策；日本政府也通过农业信息化平台公布国家的供需情况以及各产地的生产动态，为生产者的经营决策提供相应的信息及援助。

三、发达国家和地区农业支持保护改革经验在我国的适用性及约束条件

前文分析表明，发达国家和地区农业支持保护政策调整的主要方向是加大农业支持力度、创新补贴方式、发展绿色生产。欧盟的共同农业政策改革一方面加大了农业财政支持投入，提高资金使用效率；另一方面继续加强对农民补贴和农村支持，切实发挥农业政策的收入保障职能，并强调农业发展、农民增收与环境保护的协调发展，具有明显的生态化指向。美国新的《农业法案》虽然大幅削减了农业直接补贴额度，但仍然通过农业保险补贴等途径加强了对农业的支持与保护，农业补贴力度不但没有削弱，反而还有一定程度的加强。总体而言，尽管欧美发达国家农业支持保护政策调整的方向大致相似，但鉴于国情不同，仍然各有特色且侧重点有所不同：美国的农业支持保护政策调整和改革基本上始终是围绕如何促进农民增收、为农民提供风险保障这一宗旨展开的，在目标价格（收益）差额补贴、农作物保险计划、农业灾害救助计划等制度和措施的设计方面积累了丰富的经验；而欧盟共同农业政策的调整和改革则在不同时期侧重于不同目标，大致经历了从关

注“促增产”到“促增收”再到“促可持续发展”的过程，无论是“蓝箱”还是“绿箱”补贴，抑或是“交叉达标”“农场咨询系统”设置，均实现了多重目标的兼容，且被证明是较为成功的范例。

中国的农业政策改革同样面临着保障国家粮食安全、保护农民收益、提高农产品竞争力、促进农业可持续发展等多重政策目标。考虑到政策目标和出发点的相似性，发达国家已有的经验做法可能会对中国目前及今后一段时期深入推进农业供给侧结构性改革和完善农业支持保护政策体系具有一定的参考意义与借鉴价值。但需要特别注意的是，中国与欧美发达国家的农业基础条件不同，开展农业支持保护面临的障碍和约束也存在诸多差异。显然不能简单地套用发达国家经验，而应根据本国国情及实际状况，明确相关政策的适用性问题和所面临的约束条件，以便更好地从发达国家经验中取其精华、为我所用。

（一）市场条件不同

中国与美国、欧盟所面临的市场条件不同，对于设置挂钩的目标价格差额补贴制度或脱钩的固定支付制度的效果可能会造成较大的影响。

当前我国农产品市场面临的现实情况是：一方面，大宗农产品的国内价格普遍远高于国际价格；另一方面，国内部分农产品的市场价格甚至低于生产成本，并且生产成本还呈现上升趋势。2001—2018 年，我国稻谷、小麦和玉米三大谷物平均单位产品总成本年均上涨 5.5%，人工成本和土地成本所占的比重分别从 36.7%、12.1% 上升到 38.3%、20.6%。如表 2 所示，受人工成本和土地成本上涨推动，我国主要土地密集型农产品单位产品总成本已先后超过美国。2018 年，我国主要土地密集型农产品单位总成本比美国高 48% ~ 145%，其中，单位产品人工成本比美国高 5 ~ 19 倍。考虑到我国工业化、城镇化尚未完成，人工成本和土地成本仍将持续上升，由成本倒挂决定的价格倒挂或将成为一种常态。

表2　　中美主要农产品单位产品生产成本的比较　　单位：倍

品种	中国单位产品生产成本超过美国的拐点年份	2018 年中国单位产品成本为美国的倍数		
		总成本	人工成本	土地成本
稻谷	2011	1.48	5.04	1.82
小麦	2010	1.58	7.27	1.57
玉米	2001	2.23	19.05	2.05
大豆	2004	2.45	14.04	2.93
棉花	2012	1.50	8.20	1.79
花生	2010	1.69	10.11	2.81

资料来源：历年《全国农产品成本收益资料汇编》。

如果借鉴美国 20 世纪 70—80 年代的做法，设置完全挂钩的目标价格补贴，按照“成本 + 利润”确定目标价格水平，并与当年的种植面积或交易量挂钩来确定差额补贴水平，那么在成本与价格倒挂的条件下，极易形成目标价格是生产者唯一有利可图的价格信号的局面，同时也会引发生产成本和目标价格螺旋式上升的问题。在此情况下，农民的生产收益完全依赖于财政补贴，不仅政府的补贴支出规模可能会不可控地增长，而且农民也没有节约生产成本及退出边际的、无效率的生产的动力。最终可能会导致无效率的生产规模进一步扩大、竞争力进一步下降、财政负担愈加沉重。因此，在借鉴美国目标价格政策时，需要考虑目标价格水平的设定要逐步由市场趋势来决定，将差额补贴限定在由市场波动造成的损失上，农产品生产成本仅作为一定的参考。目标价格的补贴范围可以考虑和基期的交售量或面积挂钩，实现与当期生产脱钩，这样既可以减少补贴总量不可控的风险，也可以在向 WTO 通报时将补贴解释为“蓝箱”。

如果借鉴欧盟“单一支付补贴”的做法，设置完全脱钩的固定直接补贴，这意味着农户生产与否并不决定其是否获得补贴，因而该政策的实施容易存在农户不生产便可以获得补贴的道德风险问题或“俱乐部效应”。当农户生产某种农产品具有盈利能力时，经营者会选择生产并获取补贴；而当农户确定其生产不能盈利时，就会不生产直接领取补贴。如果一个经济体中存在大量农户均因不能盈利而放弃生产的情况，那么该产业就会受到较大的冲击。因此，如果经济体不希望牺牲产业的话，设置脱钩补贴的前提应是大部分农户经营该农产品有盈利的可能性。否则，就需要设置获取直接补贴的前提条件。例如，必须要维持特定的生产规模或保护生产能力等。欧盟"单一支付补贴"在操作中考虑到了这些可能性：首先，该政策从2003年才得以推行，原因在于当时国际农产品价位很高，即使降低支持价格以后，农户仍可以通过出口盈利，从而避免了农户不生产直接获取补贴的道德风险；其次，欧盟在"单一支付补贴"之外还配套了"交叉达标"机制，以若干标准作为领取补贴的约束条件，有效降低了道德风险问题发生的概率。中国推行"市场化收购 + 补贴"的新机制时，如果借鉴欧盟经验采用脱钩补贴的方式，鉴于我国主要粮食产品缺乏竞争力，如果不加限制条件，可能会造成大量经营者放弃生产，进而威胁到粮食安全。因此，借鉴欧盟"单一支付补贴"政策的重点在于：第一，设置直接补贴机制时，需要附带生产能力保护、环境保护、保证食物安全等条件作为领取补贴的依据；第二，对不同的品种和不同的区域，需要采取差别化的政策，给予其必要的缓冲时间和援助支持。

（二）经营规模不同

美国农业经营主体以大规模农场为主。如表3所示，2017年美国农场数量约有204万个，其中种植业农场约96万个，占全部农场总数的47.30%，平均规模维持在441英亩（约160公顷）以上。尽管农场规模很大，但是这些农场基本上以家庭经营为主，比例超过85%。美国农户数量少、规模大，而且在20世纪70年代已经逐步形成优势产业带，建立起了完善的农业基础数据与信息系统、市场信息采集和发布制度，故其农业补贴政策的依据可以丰富的历史数据作为基准。比如，从反周期补贴、平均作物收入选择方案到后来的价格损失保障、收入风险保障，这些政策的落实过程中，目标价格、补贴单产和基础面积都是以历史数据为基准，尽量与当期的生产决策或市场价格脱钩。

我国人多地少水缺的资源禀赋决定了农业经营规模特别是土地经营规

模不可能达到美国的程度，而是以分散的、大量的小农家庭经营为主。据统计，目前全国户均耕地承保面积仅0.5公顷，户均达到5.7块，“家家包地，户户种田”的情形还将在较长时期存在。我国农户数量多、规模小、分布广，为建立完善的基础数据系统带来了很大的难度，同时在对获得补贴的农场生产情况的核实、监督和管理等方面都会面临烦琐的任务，增加精准施策的行政成本和监督成本。

表3　美国农场基本状况统计

农场类型	项目		1997年	2002年	2007年	2012年	2017年
全部农场	数量（个）		2215876	2128982	2204792	2109033	2042220
	经营方式	家庭（%）	86.76	89.7	86.46	86.71	85.75
		合伙（%）	8.38	6.09	7.9	6.54	6.37
		公司（%）	4.08	3.46	4.36	5.06	5.72
		其他（%）	0.78	0.75	1.28	1.69	2.16
	平均规模（英亩）		431	441	418	434	441
种植业农场	占全部农场比重（%）		47.20	46.30	47.70	50.00	47.30
	平均规模（英亩）		447	393	396	430	436

注：美国对农场经营方式的统计分为四类：家庭经营、合伙经营、公司经营、其他。

资料来源：USDA NASS：Census of Agriculture（历年）。

（三）外部压力不同

在开放条件下，国内政策设计还会不可避免地面临国际贸易和国际规则的压力。美国是世界上主要的农产品出口大国，在重要农产品出口方面掌握着主要话语权。而早期欧盟则采用差价税，来防止低价进口打压其农产品价格；现在的欧盟则使用关税高峰、季节税、从量税和关税配额等，来保障农产品价格不受进口冲击。反观中国，农业开放程度远高于欧盟，进口调控手段却比欧盟少得多，且面临更为严峻的国际压力。在此背景下，如何改革我国的农产品价格形成机制，保障粮食安全，防止价格大幅波动及农民收入风险，是我国不得不面对的严峻问题。

首先，我国在关税和非关税等边境措施空间上面临约束。按照入世协议，中国仅保留关税、关税配额等少数手段，且农产品关税水平设置较低。目前，中国农产品平均关税仅为15%，只相当于世界平均关税的1/4；粮、棉、糖等实行关税配额管理，配额量大、配额内关税低、配额外最高关税仅为65%（见表4）。相比欧美国家及WTO其他成员，我国既没有足够的关税政策空间和复杂的关税形式，也无法使用进口许可、数量限制等措施，农产品进口调控的政策手段十分有限。

表4 中国主要农产品的进口关税税率

种类	实施配额关税		实施单一关税	
	配额内税率	配额外税率（%）	种类	税率（%）
小麦	1	65	大豆	3
玉米	1	65	大麦	3
大米	1	65	高粱	2
食糖	15	50	木薯	5
羊毛和毛条	1	38	DDGS 饲料	5
棉花	1	40	油籽和植物油	9
			主要乳制品	10

资料来源：倪洪兴："开放条件下农产品价格形成机制与价格政策选择"，《中国粮食经济》2017。

其次，我国粮食补贴与支持政策已面临WTO规则下"黄箱"支持限制的实质性约束（王学君等，2020；Brink & Orden，2020）。中国入世承诺中将向特定农产品或非特定农产品提供的有利于生产者的"黄箱"支持水平的上限（微量允许）确定为农业生产总值的8.5%。随着国家农业政策向"多予少取"的方向转变，并持续对主要粮食品种实施以最低收购价、临时收储为代表的价格支持政策，我国"黄箱"支持的政策空间持续收窄，并面临越来越大的国际争端压力（Brink 等，2013；Orden & Brink，2018）。2019 年 2 月 28 日，WTO 发布美国起诉中国农业国内支持争端案件（DS511 案）的专家小组审查报告：驳回美国对玉米补贴的诉讼，同时裁定中国在2012—2015

年对小麦、粳稻、籼稻的市场价格支持超过了特定产品的微量允许水平，判定中国违反了《农业协议》第3.2条和第6.3条的约束承诺①。此次中美农业国内支持争端案件表明，国际农产品市场及贸易规则对中国农业政策制定的影响和约束日益增强。在今后越来越开放的条件下，中国的农业补贴政策和制度的设计不仅需要着眼国内，而且也不得不考虑国际规则、国际惯例和我们的国际承诺（朱晶等，2018；倪洪兴，2019）。

表5　2012—2015年专家小组对中国小麦、稻谷市场价格支持的审查结果

单位：百万元，%

类别	2012年	2013年	2014年	2015年
小麦：				
市场价格支持	31838	52211	66123	67860
特定农产品的微量允许水平	22284	24419	25873	25768
超出限额量	9554	27792	40250	42092
专家小组评估的市场价格支持占比	12.1	18.2	21.7	22.4
粳稻：				
市场价格支持	88047	110436	118970	120882
特定农产品的微量允许水平	31681	30993	32359	32189
超出限额量	56366	79443	86611	88693
专家小组评估的市场价格支持占比	23.6	30.3	31.3	31.9
籼稻：				
市场价格支持	25809	36615	42122	42425
特定农产品的微量允许水平	16447	16492	17288	16945
超出限额量	9362	20123	24834	25480
专家小组评估的市场价格支持占比	13.3	18.9	20.7	21.3

资料来源：Brink L, Orden D（2020）“Taking Stock and Looking Forward on Domestic Support under the WTO Agreement on Agriculture”。

① 课题组以DS511案为例，具体剖析了中美农业国内支持争端中的关键分歧及各自主张，并进一步研究裁决报告对于关键分歧的审查依据、审查结论及其中可争辩之处。参见王学君等（2020）。

最后，除国内支持补贴政策之外，我国其他方面的农业政策也正面临着愈加严重的国际规则压力和国际争端挑战。涉及的事由范围包括农业国内支持（DS511）、农产品进口关税配额管理（DS517）、农产品贸易经济措施（DS568）、动植物检验检疫标准及贸易便利化（DS589）等；涉及的产品范围则由加工食品、油料作物、食糖进一步扩展到稻谷、小麦、玉米等与我国粮食安全保障目标更加紧密相关的主粮产品。这对今后我们在与世界深度接轨的开放型环境下，调整和制定新时期的农业国内支持保护政策提出了严峻的挑战。

（四）支撑条件不同

美国的经验表明，目标价格差额补贴政策效应的发挥，关键在于价格、面积、单产等信息的准确核定。为此美国建立了一系列配套措施：一是完善的市场信息发布制度和发达的农产品现货期货市场，为制定目标价格和采集市场价格提供支撑；二是健全的统计调查规则和系统、互联网和遥感等信息技术应用，为确定种植面积和单产提供保证；三是互联互通的生产者信用信息和财务结算系统，降低了政策操作成本和道德风险。欧盟的“单一支付补贴”政策和“交叉达标”措施的实现也都需要大量精准的数据，而配套的“农均咨询系统”则承担了收集和提供这些数据的功能。日本也通过搭建农业信息化平台公布国家的供需情况以及各产地的生产动态，为日本农民提供了大量基础数据的支撑。

与上述发达国家相比，中国的农业基础信息采集平台建设的发展相对滞后。此外，我国在农产品期货市场、农业保险市场、农村信贷市场、农业征信系统的发展方面仍然很不完善，相关政策落实的配套条件建设仍然还有较长的路要走。

四、完善中国农业支持保护政策体系的方向与建议

作为一个人口众多、农业人口比重较高，但却已高度融入全球农产品市场的发展中国家，中国农业支持政策改革面临国内成本上涨与国际农产品价格下跌的双重压力，国内农业政策目标与WTO补贴限制的双重约束，应在借鉴发达国家经验的基础上，全盘谋划、系统设计和慎重推进。

（一）转变传统的粮食安全观念，明确政策调控目标

长期以来，保证粮食高产量和高自给率一直是我国农业政策追求的首要目标，资源配置、科技投入、政策调控等无不指向这一目标。尽管这种观念有其合理之处，在相当长一段时期内为保障国内粮食生产供应和国家粮食安全发挥了巨大的作用，但也引发了资源负荷超载、生态环境恶化、粮食进口过度等一系列严峻的问题。从追求农业可持续发展和保障长期粮食安全的角度出发，应当调整农业支持政策指向和国家粮食安全保障目标，从仅仅关注即期的粮食高产量和高自给率向更加关注粮食的综合生产能力或潜在的“自给力”的方向转变。

在转变传统的粮食安全观念的同时，需要进一步明确新时期国内农业政策调控的目标指向及任务要求。一是要区分农业多重目标的主次关系。在开放条件下，适度弱化粮食产量目标的同时，应积极推动农业支持政策导向由产量导向向竞争力导向转型（朱晶，2017；叶兴庆，2019；胡冰川，2019）。二是要区分政府与市场的作用定位。在农业领域，应积极发挥市场在资源配置中的决定性作用，尽可能避免政府干预对农产品市场运行产生直接影响或不利影响（叶兴庆，2020）。三是要处理好国内与国外的关系。今后的农业政策调整和改革需要有更加国际化的视野，在努力确保农产品关税不减让、

配额不扩大、国内支持空间不削减的条件下，立足国内，接轨国际。

（二）坚持市场化改革导向，完善支持保护政策措施

把“保收入”的功能从价格支持中分离出来，由补贴制度来承担，让农产品价格由供求决定，充分发挥价格信号对供求的调节作用，减少价格扭曲、降低支持价格使其趋近于市场价格，既符合 WTO 规则要求，也有利于提高我国农产品国际竞争力、缓解“三量齐增”的困境，是当前我国农产品价格支持政策改革的基本思路。鉴于近年来国内针对主要农产品的一系列价格支持政策改革在理顺市场价格机制、缓解库存压力、调整农业生产结构等方面已经取得了一定的成效，且美欧等发达国家的实践经验也表明以目标价格补贴为代表的“差额补贴”方式具有一定的效能，因而实施“市场定价、价补分离、价补统筹”的大方向应当坚持。

应在继续坚持“价补分离”和市场化导向的基础上，进一步完善我国的农业支持保护政策体系。一是要注重多种政策措施有机结合。例如，在实施目标价格补贴政策时，可考虑配套实施应急收购政策、灾害救助或灾害保险措施以及贷款支持政策。二是要加大对农业一般服务支持的力度，以促进农民提升能力、用公共投资代替私人投资以降低农民的生产经营成本的方式，达到“保收入”的功能。三是要建立完备的数据采集和政策执行监督机制。高质量的农业基础数据是农产品支持政策有效实施的关键支撑条件（齐皓天等，2016；程郁、叶兴庆，2017）。需要建立和完善科学的农业统计制度，注重历史数据的积累；健全农产品信息发布制度，发挥信息对市场的引导作用；完善农产品期货市场，发挥市场的价格发现功能；借助互联网、云技术、大数据、地理信息系统等现代信息技术手段，不断丰富数据统计及核准的手段等。

（三）创新国际规则约束下的补贴方式，用好可用的补贴空间

1. 可以继续扩大农业补贴规模，用足可使用的补贴空间

对于特定产品的“黄箱”支持补贴，尽管部分农产品可用的空间已经不多，但仍有一些重要农产品，如大豆、糖料等补贴仍在允许的范围，补贴空间依然存在（Brink & Orden，2020）。对于非特定产品的“黄箱”支持补贴，我国仍有充足的可用空间。需要创新机制设计，充分用好、用足这些空间，进一步加强对重要农产品的支持和补贴力度。

2. 应开拓和创新补贴发放的思路和方式

为有效规避 WTO 规则约束、提高财政补贴的效率，在确保国内粮食等重要农产品供应和国家粮食安全的基础上，未来可以考虑尝试进行一些探索：一是探索开展农产品生产的配额管理。参考欧盟的做法设置“蓝箱”补贴，“蓝箱”措施通常包括在限产计划下实施的基于固定的面积和产量的支付，及根据基期生产水平的 85% 或以下给予的直接支付，美国 1995 年实行的限产计划下的目标价格差额补贴也是作为“蓝箱”措施向 WTO 通报的。二是探索补贴方式的半脱钩化设计。参考美国的做法，“差价补贴”与当前价格挂钩与生产不挂钩，这种半脱钩化的补贴方式既可以利用 WTO 规则，又有利于种植结构调整，还可以减轻每年核实面积的行政成本。三是探索设置补贴发放的约束条件。参考欧盟的“交叉达标”方式，以特定条件或与特定目标挂钩作为领取补贴的前提条件，既有助于提高补贴针对性和补贴效率、控制财政支出的规模，又能为今后预留灵活的政策操作空间。

（四）参与国际规则的谈判和制定，争取更大的保护权益

1. 今后中国农业国内支持政策制定需要更多地考虑与国际规则的适应性，并明确一些注意事项

一是情理不能替代已成文规则。尽管中国对重点农产品予以支持和补贴

完全是情理之中的事情，但是在 WTO 规则等成文规则面前，不论其合理与否，只要规则没有改变，就是实际的“硬制约”。二是规则面前以书面文件为准。在中美农业国内支持争端中，政府部门出台的具有官方声明性质的文本在诉讼审查中毫无疑问是最容易被视为具有法律效力的证据，尽管在实际操作过程中各地会本着文件精神，基于当地实际具体确定实际收购量，而通常实际收购量是远小于当年产量，但政府出台的文件显然更倾向于被认定是具法律效力的证据。

2. 中国还应积极参与涉农领域国际规则的讨论和制定，争取更大的农业国内支持的政策空间

一是未来农业政策制定，在满足国内需要和适应国际规则的前提下，还应对国内外贸易环境变化有充分的评估和科学的判断。二是应更为注重官方文件中文字表述和措辞。对外应尽量避免出现“补贴”字眼，或可使用“价格损失保障”“基于市场风险的收入支持”等文字表述，以此避免在对外贸易交涉中不必要的压力和麻烦（朱晶等，2018）。三是在今后农业谈判方面，要深入了解和研判 WTO 文本规定的模糊地带，积极推动后续谈判，争取“黄箱”支持政策操作空间。虽然农业国内支持政策更为理想的是转向不易授人以柄的“绿箱”方式（朱晶、晋乐，2017），但不可否认的是，这种调整需要时间，不可一蹴而就，甚至未来也不可能完全放弃“黄箱”政策。因此，中国有必要对类似规则加强研究，在规则允许范围内或模糊地带，最大可能地争取自身利益，并在未来的政策设计中为我所用。

参考文献

[1] Brink L，Orden D，Datz G. “BRIC Agricultural Policies Through a WTO Lens.” *Journal of Agricultural Economics*，2013，64（1）: 197–216.

[2] Brink L，Orden D. Taking Stock and Looking Forward on Domestic Support under the WTO Agreement on Agriculture. IATRC Commissioned Paper 23，2020.

[3] Erjavec K，Erjavec E. “Greening the CAP” – Just a Fashionable Justification? A Discourse Analysis of the 2014 – 2020 CAP Reform Documents. Food Policy，2015（51）:53–62.

[4] Orden D，L Brink. China’s Price Support for Wheat，Rce and Corn under Dispute at the WTO: Compliance and Economic Issues. Selected Paper presented at the 2018 Agricultural & Applied Economics Association Annual Meeting，Washington，D.C.，5-7 August，2018.

[5] Orden D，L Brink and M Hejazi. The WTO Dispute on China’s Agricultural Support. Choices，2017. Available online: http://www.choicesmagazine.org/UserFiles/file/cmsarticle_583.pdf.

[6] 安 琪，朱 晶，林大燕. 日本粮食安全政策的历史演变及其启示. 世界农业，2017（2）

[7] 程 郁，叶兴庆. 借鉴国际经验改革中国农业支持政策. 学习与探索，2017（3）

[8] 胡冰川. 改革开放四十年农业支持保护制度：脉络与发展. 江淮论坛，2019（2）

[9] 倪洪兴. 开放视角下的我国农业供给侧结构性改革. 农业经济问题，2019（2）

[10] 倪洪兴. 开放条件下农产品价格形成机制与价格政策选择. 中国粮食经济，2017（6）

[11] 齐皓天，徐雪高，王兴华. 美国农产品目标价格补贴政策演化路径分析. 中国农村经济，2016（10）

[12] 秦中春. 引入农产品目标价格制度的理论、方法与政策选择. 北京：中国发展出版社，2015

[13] 全世文，于晓华. 中国农业政策体系及其国际竞争力. 改革，2016（11）

[14] 王学君，晋 乐，朱 晶. 中美农业国内支持争端：争议点分析及对今后的启示. 农业经济问题，2020（5）

[15] 叶兴庆. 加入WTO以来中国农业的发展态势与战略性调整. 改革，2020（5）

[16] 叶兴庆. 加快构建新型农业支持保护制度. 农村工作通讯，2019（10）

[17] 叶兴庆. 我国农业支持政策转型：从增产导向到竞争力导向. 改革，2017（3）

[18] 朱 晶，李天祥，林大燕. 开放进程中的中国农产品贸易：发展历程、问题挑战与政策选择. 农业经济问题，2018（12）

[19] 朱 晶. 完善农业支持保护政策，推进新时期农业改革发展. 农业经济与管理，2017（6）

[20] 朱 晶，晋 乐. 农业基础设施与粮食生产成本的关联度. 改革，2016（11）

深化农村宅基地制度改革研究①

农村宅基地制度作为保障农民安居乐业的基础性制度，是关系社会安定和谐与影响执政基础的重要政治经济学问题，也是新时代乡村振兴战略实施体系的重要制度安排，并成为农村土地制度改革中最为复杂、最为独特、最为敏感和最难决断的一项紧迫任务（刘守英，2015）。本报告对我国农村宅基地制度的变迁历史进行研究，分析当前农村宅基地制度存在的问题及其原因，并对我国农村宅基地制度改革试点地区近年来的改革实践进行梳理和总结，最后提出深化农村宅基地制度改革的关键路径。

一、我国农村宅基地制度变迁分析②

诺贝尔经济学奖得主道格拉斯·C. 诺斯（Douglass C. North）认为，制度变迁是“制度创立、变更及随时间变化而被打破的方式”。改革路径的选择是历史在起作用，经济的发展也是如此，无论是政治制度本身，还是信仰

① 本报告是清华大学中国农村研究院2019年重点研究课题“深化农村宅基地制度改革研究”的研究成果，在收入本书时有所删减，报告观点仅代表课题组的看法。课题负责人：郭贯成，南京农业大学教授。报告执笔人：郭贯成、李学增、王茜月、盖璐姣。

② 本报告部分内容已发表在《中国土地科学》2019年第12期《新中国成立70年宅基地制度变迁、困境与展望：一个分析框架》。

制度都与历史密切相关，它们的产生和演变受过去影响，同时也限制了当前和过去改革路径方式的选择。如果我们不知道自己是如何过来的，就不知道今后前进的方向。科学总结农村宅基地制度演变过程中所蕴含的内在逻辑，对于未来农村宅基地制度的创新和深化改革具有重要的指导意义。

（一）制度变迁理论的主要分析工具

制度变迁是新制度经济学者非常偏爱的制度分析理论工具。诺斯是制度变迁理论的代表人物。他从制度变迁的主角、动力、模式、路径等几个方面剖析制度的演变进程与机制，探讨人类社会制度变迁的内在机理。按照诺斯的观点，制度由三个基本部分构成：正式的规则、非正式的约束（行为规范、惯例和自我限定的行事准则）以及它们的实施特征。诺斯认为，组织及其企业家是制度变迁的主角，他们型塑了制度变迁的方向。这里的组织可以是政府、某个阶级、企业或其他团体，只要是有目的地推动制度变革者，都是制度变迁的主体。

制度变迁理论认为，制度的供给与需求是否均衡是制度变迁的前提条件，而制度均衡能否被打破，取决于制度变迁主体是否能通过变迁获得最大的“潜在利润”，即最大化自己的利益。新制度经济学派根据推动制度变迁的主体不同，把制度变迁分为两种模式：“自下而上”的诱致性制度变迁模式和“自上而下”的强制性制度变迁模式。前者是指由个人或一群人受新制度获利机会的诱惑而自发倡导、组织和实行的制度安排的变更或替代；后者是指由政府作为推动制度变迁的主体，以政府命令和法律形式引入和实行的制度变迁。不过，强制性制度变迁与诱致性制度变迁的界限并非完全泾渭分明，它们也可能复杂地嵌在整个制度变迁过程中。诺斯认为，制度变迁是一个渐进性的连续演变过程。渐进性变迁意味着进行制度改革是“摸着石头过河”，各项制度安排不同步，只能根据制度变迁进程，在原有体制基础上不断增加或调整，逐步由新制度替代旧制度。当然，也不排除剧烈的非连续性的制度变革即突发性变迁的存在。但诺斯认为，这种非连续性的剧烈变革不是制度变迁的常态。

诺斯认为，制度变迁存在着“路径依赖”，即制度变迁过程存在着一种按既定方向演进的自我强化的机制。当一个国家作出某种制度选择时，制度变迁就会沿着一定的既定路径不断自我强化，这种路径依赖有可能是制度变迁的良性循环，有可能是效率的停滞甚至下滑。为避免“路径依赖”的危险，诺斯强调要经常对过去和现在进行审视和批判，然后再看看能够选择什么及可以选择什么。因此，必须构建创新和有效率的制度体系，让其成为一种经济持续增长的激励机制。

（二）我国农村宅基地制度变迁的历史回顾

中华人民共和国成立以来，特别是改革开放以来，中国的经济社会形势发生了巨大的变化，农村宅基地制度也发生了相应的变迁。不同的学者根据自身研究的需要，按照宅基地权属性质、经济体制演变性质及土地管理体制等标准将宅基地制度变迁划分为不同的阶段（朱新华等，2012；李泉，2018；张振勇，2013）。按照宅基地权属性质的演变来划分宅基地制度变迁的阶段，能够使得各阶段具有较为明显的特征，也有利于研究。据此，本报告将宅基地制度变迁的阶段划分为宅基地私人所有时期（1949—1962年）、宅基地使用制度形成时期（1962—1982年）、宅基地使用主体宽泛时期（1982—1998年）、宅基地使用制度探索时期（1998—2018年）、宅基地还权赋能时期（2018年至今）。

表1　　中华人民共和国成立后农村宅基地制度的演变

时期	农村宅基地产权及流转制度规定		法律法规依据
1949—1962年	农村宅基地归农民私人所有，农村宅基地及农户房屋可以自由流转	农村宅基地归农民私人所有，农民拥有农村宅基地和房屋所有权，农村宅基地及地上房屋可以自由买卖、出租、赠予、继承等	1950年《中华人民共和国土地改革法》、1954年《中华人民共和国宪法》

续表

时期	农村宅基地产权及流转制度规定		法律法规依据
1962—1982 年	农村宅基地归农民集体所有，农村宅基地不准出租和买卖，农户房屋可以自由流转	农民可以原始取得农村宅基地使用权，确立“地随房走”原则，农村宅基地不准出租和买卖，社员有买卖或租赁房屋的权利，房屋出卖后，农村宅基地的使用权随之转移为房主，但农村宅基地的所有权仍归集体所有	1962 年《农村人民公社工作条例修正草案》、1963 年《中共中央关于各地对社员农村宅基地问题作一些补充规定的通知》
1982—1998 年	农村宅基地归农民集体所有，农村和城镇居民均可取得农村宅基地使用权	农民可以原始取得农村宅基地使用权，对农村宅基地和房屋的交易对象开始放松，非农户口的城镇居民也可以取得农村宅基地使用权	1982 年《村镇建房用地管理条例》、1986 年《土地管理法》、1991 年《土地管理法实施条例》
1998—2018 年	农村宅基地归农民集体所有，农村宅基地流转受到严格限制，农户房屋流转也受到限制	农村宅基地仍归农民集体所有，农村宅基地使用权人必须是本集体经济组织成员，农村宅基地使权不得向本集体经济组织以外的成员转让，禁止城镇居民在农村购买农村宅基地、农民住宅或“小产权房”	1998 年《中华人民共和国土地管理法》、1999 年《国务院办公厅关于加强土地转让管理严禁炒卖土地的通知》、2007 年《中华人民共和国物权法》、2017 年《决胜全面建成小康社会夺取新时代中国特色社会主义伟大胜利——在中国共产党第十九次全国代表大会上的报告》
2018 年至今	农村宅基地“三权分置”，农村宅基地归农民集体所有，资格权归农户所有，使用权可以转让、出租、入股及互换	宅基地所有权、资格权、使用权“三权分置”，落实宅基地集体所有权，保障宅基地农户资格权和农民房屋财产权，适度放活宅基地和农民房屋使用权；不得违规违法买卖宅基地，严格实行土地的用途管制，严格禁止下乡利用农村宅基地建设别墅大院和私人会馆	2018 年中央一号文件《中共中央 国务院关于实施乡村振兴战略的意见》

资料来源：根据历年相关法律法规整理得到。

1. 宅基地私人所有时期：国家主导下的制度安排（1949—1962年）

中华人民共和国成立后，国家承认农民对宅基地及其农房的所有权，农民可以自由买卖、租赁、继承等，这一阶段可以称作宅基地私有时期。这一时期通过在全国范围内推进土地改革，确立了农民所有的土地制度，赋予了农民对宅基地及其农房的私有产权。其中，标志性事件是1950年中央人民政府颁布的《土地改革法》规定“土地改革完成后，由人民政府发给土地所有证，并承认一切土地所有者自由经营、买卖及出租其土地的权利”。在这一阶段，通过推行强制性制度变迁——土地改革，近3亿无地少地的农民分到了大量的土地（含宅基地），这可以说是新生政权对作出巨大贡献的农民群体的回报。农民在农村土地（含宅基地）私有制下，享有自由处置土地的权利，并通过买卖和租赁行为获得经济收益，进而不断强化土地私有制的适应性预期，成为最大的既得利益群体。但是，农村土地私有制与社会主义公有制意识形态不符。所以，新中国成立后不久，政府就倾向于支持发展互助合作式的农业生产方式，宅基地政策也从自由交易逐步转向有限制的交易。首先是互助组内限制土地买卖、出租，1953年开始对农村党员买卖、出租土地行为进行限制（张静，2008）。由此可见，政府从一开始就对是否延续农村土地私有制有所考虑，不仅在意识形态领域逐步强调公有制，还在实践中逐步弱化土地私有产权，这为农村宅基地集体化、限制宅基地交易埋下了伏笔。

2. 宅基地集体化时期：“居者有其屋”的保障功能（1962—1982年）

这个阶段，农村宅基地归集体所有，一律不准出租和买卖；但是农民有买卖或者租赁房屋的权利。宅基地是无偿、无流转、无期限使用，这种具有明显身份性、福利性的宅基地使用制度在中国特殊历史阶段被赋予了承担农民基本社会保障的功能。在这个阶段，农村宅基地由农民私有制转变为集体所有制，农民只享有宅基地使用权，正式文件虽然允许农民进行房屋交易，但在人口流动限制和商品经济消亡的计划经济背景下，交易范围和交易收益均极为有限，农村宅基地制度表现出典型的计划色彩和流转受限特征。其中，标志性事件是1962年中共八届十中全会通过了《农村人民公社条例修正草案》规定“生产队范围内的土地，都归生产队所有。生产队所有的土地，包括社员的自留地、自留山、农村宅基地等等，一律不准出租和买卖”。“社员有买卖或者租赁房屋的权利”。这意味着农民对农村宅基地的所有权转变为使用权，但农民名义上依然享有买卖、租赁房屋的权利。凭借强大的国家机器和持续的政治运动，农村宅基地逐步达成了从农民私有制到集体所有制的强制性制度变迁，农民逐渐丧失了宅基地的处分权，农民不能自由迁徙，农村宅基地的“安身立命”功能得到强化，农民无法也不敢轻易买卖农村宅基地和房屋。

3. 宅基地使用主体宽泛时期：市场化发展的利益诉求（1982—1998 年）

在此阶段，农村宅基地归集体所有，一律不准出租和买卖，但对农村宅基地和房屋的交易对象开始放松，非农户口的城镇居民也可以取得农村宅基地使用权，相对宽松的宅基地流转制度是当时“左倾”意识形态解放和改革力量崛起的产物。该阶段延续了农村宅基地集体所有制的规定，但对农村宅基地和房屋的交易对象开始放松，具有典型的市场化复苏和流转宽松特征。其中，标志性事件是 1982 年国务院颁布《村镇建房用地管理条例》，规定回乡落户的离休、退休、退职职工和军人，回乡定居的华侨，经批准也可以使用农村宅基地建房，该规定实际上首次明确了非农户口的城镇居民也可以取得农村宅基地使用权。1986 年《中华人民共和国土地管理法》允许取得农村宅基地的几类城镇居民放宽到城镇非农业户口居民。

4. 宅基地流转收紧时期：新农村建设的管理手段（1998—2018 年）

这个阶段，宅基地仍归集体所有，使用权人必须是本集体经济组织成员，并且强调了“一户一宅”的规定，宅基地不得向本集体经济组织以外的成员转让，宅基地上的农房可在本集体经济组织内部转让；但是农民转让房屋后，不得再次申请宅基地，禁止城镇居民在农村购买宅基地。不过，在一些地方，特别是城郊和经济发达地区，城镇居民直接购买农房或到农村购买宅基地建房依然存在，宅基地地下交易、隐形流转时有发生。该阶段农村宅基地继续保持集体所有农民使用制度，对农民房屋的交易对象开始进行严格限制，取消和禁止城镇居民购买农村宅基地和农村房屋，具有典型的管制性和限制流转特征。其中，标志性事件是1998年全国人大常委会通过的《中华人民共和国土地管理法》，规定农民一户只能拥有一处农村宅基地，农民出卖、出租住房后，再申请农村宅基地的，不予批准。国家删除了有关城镇非农户口居民可以使用集体所有土地建住宅的规定，对农村住房的交易对象开始严格限制。

5. 宅基地赋权强能时期：乡村振兴中的制度供给（2018年至今）

2018年的中央一号文件提出了宅基地“三权分置”制度。这个制度设计的核心在于赋权强能，逐步弱化宅基地的保障功能，强化其财产、资产功能，将宅基地权能由虚置的集体所有权、无偿无期限的农民使用权拓展为可以提高宅基地利用效率、增加农民土地财产性收入的“三权”（所有权、资格权和使用权）。2019年，农业农村部发布《关于积极稳妥开展农村闲置宅基地和闲置住宅盘活利用工作的通知》，强调积极稳妥开展农村闲置宅基地和闲置住宅盘活利用工作，为激发乡村发展活力、促进乡村振兴提供有力支撑。在乡村振兴和城乡融合发展的背景下，农村宅基地制度需要新的理论阐释和制度供给，宅基地“三权分置”制度实践提供了新的解释框架（见图1）。

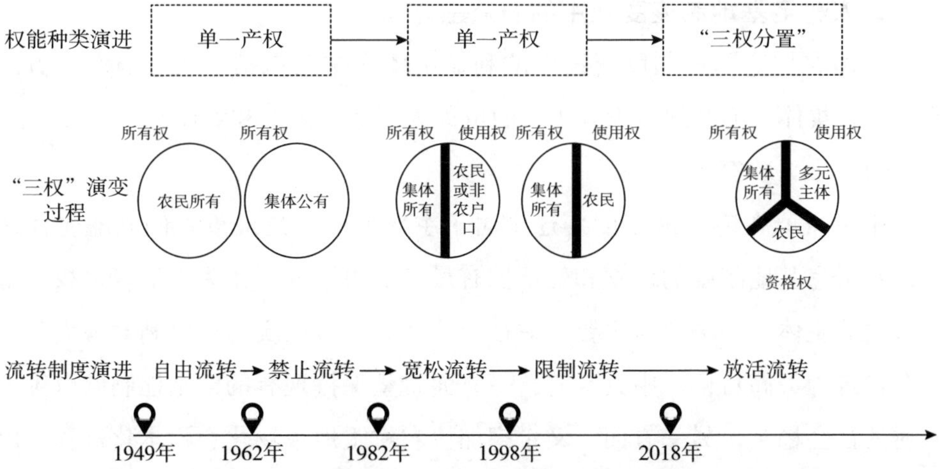

图1　新中国成立70年来宅基地制度的演进

（三）我国农村宅基地制度变迁的诱因分析

制度是一种公共产品，是由个人或组织生产出来的。受制于资源的稀缺性和人的有限理性，制度供给是有限的、稀缺的。随着外界环境的变化或人们自身理性程度的提高，人们会不断提出新的制度需求，以实现预期收益的增加。当制度供给和需求基本均衡时，制度趋于稳定；当现有制度不能满足人们的需求时，制度涉及的各个利益主体便会采取行动，寻求制度变迁。

1. 外部利润的产生

改革开放以后，我国逐步建立了社会主义市场经济体制，工业化和城镇化快速发展，社会逐渐向现代化转型，对农村经济、社会和文化等方面产生了重要的影响，为农村土地制度变迁提供了重要条件。随着社会转型逐步深化，宅基地资产增值功能逐渐增强，使农村宅基地的资产属性逐步凸显。这种情景下的宅基地使用权价格高于仅具有社会保障功能下的价格，引起其相对价格的上升，从而形成了外部利润。这种外部利润的产生对农民、集体和地方政府等利益主体很容易产生激励，在客观条件成熟的情况下，就会形成农村宅基地制度变迁的内在动力。宅基地相关利益主体为了获取外部利润，就可能自愿组成一定的行动团体，从而推动农村宅基地制度的变迁。

2. 农村宅基地制度变迁中的利益主体

中国农村宅基地制度变迁中的利益主体或主角包括中央政府、地方政府、农村集体、宅基地流入方（有的也称为用地主体）和农民。

（1）中央政府

中央政府在宅基地制度变迁中居于主导地位，是最重要的利益主体之一，对于宅基地制度的设立和变革拥有最终的决策权。作为土地管理权的最高层次的主体，中央政府主要考虑社会公共利益，以实现全民利益最大化和社会稳定为最高目标。中央政府，一方面希望保持现有的宅基地制度以维持农村的社会稳定；另一方面，又希望加快农村土地市场化、资本化进程，以提高农民土地收益、增强农村发展活力，补上“三农”这块短板。宅基地制度改革中，中央政府，首先考虑的是在农村社会保障体系不健全的情况下，农村宅基地流转或退出是否会对农村社会稳定产生不利的影响；其次，农村宅基地市场的开放和发展会不会冲击城镇国有建设用地市场，对经济发展产生负面影响。

（2）地方政府

地方政府既有理性的一面，也有自利的一面，既要执行中央政府的各项政策，又会追求自身利益的最大化。地方政府是中央政府各项政策的贯彻者和执行者，两者之间具有委托－代理关系，一旦全局性的公共利益与地方性的狭隘利益产生冲突，那地方政府就会倾向于通过种种或明或暗的方式对中央政府的政策进行抵制或变通，从而对制度变迁造成一定的阻碍。地方政府官员希望通过宅基地制度创新以促进地方经济发展、增加地方财力，从一定程度上改善地方农民的居住条件和环境，从而实现政绩最大化，为自己的政治晋升积累资本。在各地已开展的宅基地制度改革实践中，地方政府通过“土地整理”“集中居住”“有偿退出”等方式将农民的宅基地置换出来，将村民进行统一集中安置，提高了土地集约利用水平，也从一定程度上改善了农民的生活条件和居住环境，还获得了一定数量的土地指标用于城乡建设用地增减挂钩，不但获得了客观的财政收入，还满足了当地经济发展的土地需求。

（3）农村集体

作为宅基地所有权的主体，农村集体是连接政府与农民的重要纽带，发挥着承上启下的作用。长期以来，中国农村的治理结构基本上是村党支部、村委会、村集体经济组织“三位一体”，村委会在集体土地资产的处置上居于支配地位，这种格局导致农村集体经济组织缺乏自治，“行政化”倾向比较严重。长期以来，对于宅基地的低效利用或闲置，集体的利益没有得到体现，宅基地地下交易、隐性流转比较多。因此，农村集体迫切希望农村宅基地地下流转变为合法流转，同时分享一定的土地流转收益。通过宅基地“三权分置”等制度创新，农村集体可以获得一定的土地权益，所以农村集体也有推动宅基地制度改革的动力。

（4）宅基地流入方

宅基地流入方是宅基地市场的需求主体，出于追求自身效用的最大化，必然寻求土地取得成本最小化和产权交易的安全性。虽然宅基地地下灰色交易、隐性流转方式的成本比征地渠道要低，但是取得土地产权的安全性较低，投资的未来风险也更大。尤其是当越来越多用地单位或个人选择私下交易时，他们就会陷入“囚徒困境”，因为无序的交易市场、市场中的机会主义倾向、风险与不确定性会导致较高的交易费用。所以，作为理性经济人的用地方，为了降低取得土地使用权的交易成本，必然积极推进农村宅基地合法流转。

（5）农民

作为农村集体经济组织的成员，农民既拥有农村集体土地所有权的成员权，也拥有农村集体土地的使用权。但由于该群体在整个社会政治系统中处于弱势地位，谈判能力和博弈能力较弱，在农村土地增值收益分配中也处于弱势地位，其土地财产权益没有得到应有的重视和保障。农民迫切希望通过宅基地制度改革逐渐享有宅基地的收益权和处分权，但农民集团推动宅基地制度改革却容易出现奥尔森的“集体行动困境”。第一，农民规模很大，容易产生“搭便车”行为。农民团体越大，分享宅基地制度改革收益的人就越多，为实现集体利益而进行活动、作出贡献的个人分享份额就越小，从而挫伤其采取行动的积极性。第二，中国农民的组织化程度较低，组织能力较弱，导致农民利益集团的政治影响力较小，从而在推动宅基地制度改革上显得力量不足。

3. 同意一致性的达成

按照布坎南的观点，判断制度创新是否具有效率的标准是当事人之间能否达成一致同意。一致同意意味着某一制度安排的变动是某一特定范围的一群人为响应获利机会在一致同意的基础上实施的，它特别强调制度变革所涉及的经济当事人对制度的变动没有异议、一致同意。只要制度变革所涉及的各利益主体之间能够达成一致同意，制度变迁的合意性就高，变迁的成本就比较小，那么制度变革效率就高。在中国特色新型工业化、信息化、城镇化、农业现代化的推进中，农村土地资源日益稀缺，农村宅基地要素相对价格上涨，促使中央政府、地方政府、农村集体、用地方或流入方、农民发现了潜在制度变迁收益，即现有制度安排下无法获取的“外部利润”，造成制度非均衡，即制度供给不适应于制度需求，人们在这种制度安排下感到不满意而意欲改变的一种状态。然后，农村集体、宅基地流入方、农民形成初级行动集团通过追逐集体土地增值收益、寻求土地规模利用效应、优化土地资源配置效率、降低土地交易费用来首先响应“外部利润”；之后，中央政府和地方政府感受到初级行动集团的影响，从战略全局考虑，认为制度变迁的收益大于成本，主动引入权威、命令，构建正式制度体系，有意识地推动制度变迁，形成次级行动集团；两个集团共同努力实现制度创新，各利益集团获取潜在利益，制度变革后达成新的均衡（见图 2）。

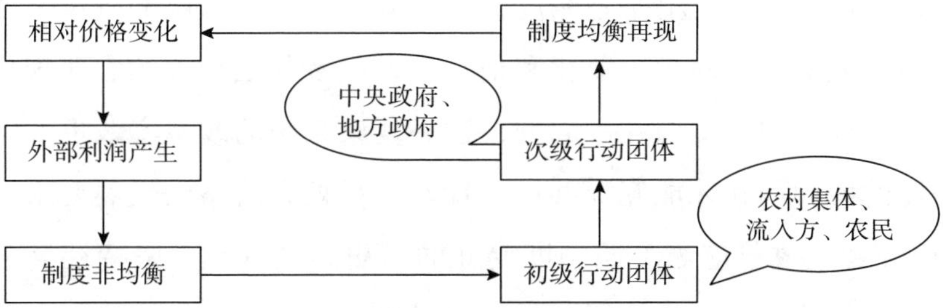

图 2　农村宅基地制度变迁分析框架

（四）农村宅基地制度变迁的规律总结

宅基地制度作为农村土地制度的基础与核心，既是有效破解“三农”问题的主要抓手和重要平台，又是深入落实乡村振兴战略的关键制度供给。从历史来看，我国宅基地制度经历了从自由流转到宽松流转到限制流转再到当前的“三权分置”等阶段，始终与同时代的乡村发展战略相互呼应、互为因果。

新制度经济学原理告诉我们，制度是一系列被制定出来的规则、守法程序和行为的道德伦理规范，它旨在约束追求主体福利或效用最大化利益的个人行为。在人类社会经济活动的历史发展过程中，制度的出现源于减少人们在社会交往过程中产生的摩擦和冲突，降低人们在经济活动中对成本的消耗。历史总是会在困境中自我寻找出路。为了有效克服对于宅基地制度变迁的思维认识局限，使未来的宅基地制度走向不至于陷入踌躇不前的尴尬困境，我们必须从农村宅基地制度变迁的现实状态出发，逐步剥离加诸宅基地对于农户的社会保障功能，着力激发城乡社会创造活力和土地要素的市场价值，不断促进宅基地制度变革在乡村振兴过程中取得重大突破。如果任由土地继续作为发动机来推动城镇和工业建设发展，产权制度完善、要素市场改革和城乡一体化制度变迁都不可能真正推进到位，农村宅基地制度改革一定不是单一的制度变迁，也一定不是仅仅依靠农村的内部力量就可以完成的。农村宅基地制度改革与其他进入深水区的改革一样，一定是与新型城镇化、新型工业化和信息化，以及与之相关的农业现代化、乡村振兴战略等问题交织在一起的，这一复杂系统的改革实践也一定需要相关制度的协同创新才能互促共进。针对乡村振兴战略的发展要求，宅基地“三权分置”改革应当参照制度变迁的历史路径依赖，坚持社会主义公有制的突出优势，坚持集体所有权，同时进一步明确集体内涵、分离部分产权、强化公共职能。基于成员身份的资格权主要代表了乡村农民集体的居住福利保障，然而依据多元福利主义和福利实现依赖，农民的居住及衍生福利应视不同阶段，探讨由集体、政府、市场和社会等部门共同提供。放活宅基地使用权是市场化资源配置和农民财产价值显化的必然诉求，因此应引入“挂钩”理论，在利益诉求和可能风险之间权衡分析其流转需要及其路径。

二、农村宅基地制度存在的问题及原因分析

当前，我国农村宅基地制度还存在不少问题，需要我们对这些问题及其背后的原因进行剖析。

（一）农村宅基地制度存在的问题

1. 产权不清晰、不平等放慢了宅基地制度改革的进程

目前，由于历史原因，农村宅基地及农房统一确权登记存在很多障碍和难点。同时，农村宅基地与城镇国有住宅用地在产权上存在不平等的问题，在既有法律框架下，宅基地使用权只能在本集体内流转，流转范围受到严格的限制，这样的市场容量非常有限，造成宅基地流转机制活力不足，宅基地流转价格大打折扣。此外，农民还缺乏应有的处分权、收益权。这些都降低了宅基地制度改革的速度和效率。

2. 缺乏规范的宅基地流转机制

目前，各地出租、转让等形式的宅基地流转仍以私下交易、自发交易为主，缺乏统一规范的宅基地流转机制，一旦交易双方产生纠纷，双方利益均难以得到保证。一方面，很多地方尚未建立规范有序的流转机制和流转交易平台，对于交易规则、交易鉴证、合同签署等事项缺乏必要的政策规范，甚至很多交易并未签订合同，也未及时进行备案和登记，影响了交易的安全性。另一方面，宅基地流转中介组织匮乏，供求双方难以有效获取市场信息，增加了交易成本，导致流转效率低。

3. 制度的路径依赖使得宅基地制度改革面临困难

调研发现，很多农民，包括进城务工人员，具有深厚的乡土情结和“叶落归根”的观念，认为宅基地及农房是祖上留下的财产，具有很强的家庭传

承功能，不能轻易放弃；还有些农民将其视为将来养老的需要，宁愿选择宅基地及农房闲置，也不愿接受有偿置换和退出，根深蒂固的“土地文化”与城镇化趋势不相协调；此外，还有不少农民担心不适应集中式的公寓式住宅，耕作距离太大不利于自己的农业生产，没有自家的菜园，吃菜不方便，生活成本太高等。由于进城农民与原居住地保持着密切的经济社会和文化交往，很多农民对宅基地保有比较强烈的“恋土情结”和“怕变求安”的观念。

4. 制度改革没有完全做到切实尊重农民真实意愿

很多地区的宅基地制度改革实践措施由地方政府制定，而有的地方政府为了获得置换建设用地的交易指标，没有按照农民真实意愿推行改革，而是强制性地进行宅基地退出与集中安置，出现了农民“被上楼”现象。地方政府一味地为了获取政绩，忽视了宅基地对农民的生产生活功能，造成部分农民不满。在政府主导的宅基地退出地区，多数采取宅基地退出后对宅基地进行复垦以便用于指标交易，获得城市建设用地指标，这种做法会造成农村建设用地不断减少，使乡村振兴需要的建设用地供给不足。这不利于宅基地制度利益主体达成一致同意，会导致宅基地制度改革失去效率，也不利于宅基地制度变迁实现新的制度均衡。

5. 宅基地制度改革相应的配套保障制度不足

一项制度改革取得成功需要相应的配套制度予以保障。目前，中国农村宅基地制度改革还缺乏相应的配套制度保障。比如，宅基地地价体系和评估标准缺失、市场中介服务机构缺位、诚信履约机制缺乏等。此外，很多农民抗风险能力不强，显示宅基地仍保留着福利保障功能，而已有的宅基地制度改革中更多强调的是宅基地流转、退出等盘活宅基地资源方式的探索，甚少关注农民在流转、退出宅基地后可能发生失业、流离失所的风险，没有考虑给农民留下如果无法融入城市可以返回农村的后路。

（二）宅基地制度存在问题的原因分析

1. 经济因素

农村宅基地制度改革是由政府主导推进的改革，其改革资金也主要来源于当地政府财政划拨。因此，农村宅基地制度改革的成效一定程度上与经济水平挂钩。另外，农村宅基地制度改革内容涉及面广，包括宅基地退出、土地整治、美丽乡村建设等，单就宅基地退出所需资金量大，农户对宅基地退出补偿心理预期高，对退出的宅基地进行整治利用也需要大量资金。农村宅基地制度改革资金来源少而开销大，使得农村宅基地制度改革资金收入和支出严重失衡，单凭地方政府财政拨款无法支撑起整个改革。此外，东部经济发达地区，不仅能够为农民提供较高较完善的社会保障，而且能够为农民提供较多非农就业机会，从而为农村宅基地制度改革提供了良好的物质保障。而经济欠发达地区，以农业经济为主导，经济发展水平低，能为农民提供社会保障不足，宅基地作为生活保障的作用十分突出，农民对宅基地的依赖程度高，参与农村宅基地制度改革的配合度不高，更不愿轻易放弃宅基地，影响农村宅基地制度改革的顺利进行（谢杨芬，2017）。

2. 社会因素

研究表明，对社会基础因素的解析有助于解决现实社交或网络关系。社会基础层面的一个特征是，各因素的改变极为缓慢。对于农村宅基地制度而言，涉及的社会基础因素众多，概括起来主要包括农村传统文化、农民意识形态、生活习性等。

（1）农村传统文化

几千年来，受儒家文化、农耕文化的影响，传统文化对农村地区的影响早已根深蒂固，传统文化所涵盖的范围之广导致农村传统文化的复杂性。首先，在农耕文化的影响下，耕地与农村住房成为农民安身立命的庇护。农村住房为农民所有，而宅基地是建造房屋的上地，因而农民很多时候视宅基地为住宅的一部分。出于对住房惯有的依赖，农民对农村宅基地的退出有一定的抵触心理。因此，当农村宅基地退出的补偿标准不当、后期保障措施不到位时，农民的退出意愿普遍不高。其次，在中国几千年的封建体制中，“风水学”的观念尤重。受迷信思想的影响，风水成为农民行为的指向标。农民在新房的选址与建设上，往往听从风水先生的意见。而祖宅代表着地位与福分，不得随意搬迁。因而农村住宅的布局并不符合集聚效应，相反，根据所谓的“风水说”指导，农民住宅大多分布在风水较好的宅基地上，而不满足风水条件的宅基地或被闲置，或建成房屋后大量空置，导致农村住宅往往呈现散乱分布的状态。最后，农村传统文化与城镇现代文化的冲突很大程度上导致了农业转移人口在城镇的认同感低，从而将农村视为自己最终的归属。当前，我国的农村外出打工人数已经高达 1.7 亿人，由于农村文化与城市文化的隔阂导致这部分群体在城镇的文化归属感低，对于他们而言，城镇不过是临时居住的地方，农村的住房才是他们真正的家。对于不少农民工而言，农村的住房虽然大部分时候空置着，但却是春节时团聚的地方。这在一定程度上造成城市住房紧张，而农村住房长期空置的现象。

（2）农民意识形态

诺斯认为意识形态是“关于世界的道德上的信念，是创建制度的思想基础”。意识形态通常表现为观念认识，无形却影响甚广，因此政府应该认识到社会意识形态的影响会推动制度变迁进程。当前，受城镇化冲击，有不少农民离开农村迁移到其他地区或定居城镇，由于受到“落叶归根”思想的影响，这部分人往往愿意继续保留自己的住宅。而在许多农村，外来人口流入少，农村住宅少有租赁市场，即使存在租户，对于在外地的定居的农民而言，租金较低使得他们往往不愿出租；此外，受传统文化思想观念的影响，许多农户也不愿意使用购买他人的宅基地，一定程度上造成了宅基地的闲置。中国自古就有“有人斯有主，有主斯有财”的说法。由于本村村民可无偿获取宅基地，有不少农民大规模侵占宅基地，不仅在多处建造房屋，每处宅基地的建设面积均超出法定标准。在农村，由于农民对土地的权属意识不明晰，对宅基地划地为圈，认为可以此积累“家业”。由于宅基地多为世世代代相传，农民享有无期限的使用权，这造成了多数农民形成使用权等同于所有权的基本意识，将农村宅基地视为自己所有的私有财产。而早年从农村集体经济组织分得的自留地、自留山，同样被农民视为私人所有，造成随意在自留地上建造房屋的情况时有发生，进一步助长了宅基地空间分布上的无序状态。

（3）生活习性

受生活条件的限制，早期的农民住宅多靠山而建，并选在河流附近，村庄整体布局散乱无序；随着新农村建设的不断推进，许多农村修建了公路，通了水电。为了生活的便利，许多农民在公路附近修建新宅，而农民又不愿将旧宅归还村集体，原有的宅基地没有及时进行拆旧复垦，导致农村住房面积不断增加。众所周知，许多农民宅基地都附有庭院，圈养家畜更是常态。农民适应自建房的居住模式，更由于农村土地缺乏规划，农民住房在建造房屋时占地面积超标。而在早先的村庄改造中，政府为了征收而强制农民“上楼”现象经常发生。正是由于农民固有的生活习惯与公寓式居住模式的矛盾，导致农民不愿退出现有的宅基地。自古以来，中国人就有人丁兴旺的思想，一个家族通常同住一个屋檐下。在农村，同宗同族的村民通常居住在大宅中。而今，受计划生育政策的影响，每个家庭更趋向于独立生活，传统的“四世同堂”的观念不再盛行。法律规定，本村集体经济组织的成员可无偿获取本村的宅基地。因此，每个家庭的孩子年长成家时，通常选择申请宅基地自立口户，这在一定程度上导致了宅基地面积的增长。

3. 政策因素

（1）相关法律规定

在法律层面上，我国对农村宅基地的权属、使用权范围作出了规定：农村宅基地为农村集体所有，农民仅享有宅基地使用权。农民申请宅基地限定“一户一宅”，宅基地面积不得超过相关规定标准；宅基地的建设应当符合相应的规划；出售住房后，将同时丧失相应的宅基地使用权，并不得再申请；农民对宅基地仅享有使用的权利，不得进行抵押。

农村宅基地是农村土地的重要组成部分，从国务院颁布的政策及行政主管部门的规章可以看出，农村宅基地使用权的流转受到严格的限制。由于农村宅基地具有福利属性，由村集体无偿分配给集体成员无期限使用；因而相关政策禁止除了本集体经济组织以外的成员如城镇居民购买、占用宅基地或农民住房。为了保有公平性，农村宅基地对本村村民进行一次性分配，出售住房或宅基地的农民不再享有无偿申请宅基地的权利。在农村宅基地的使用方面，政策规定不得多处占地或超出规定范围。

综上可以看出，我国农村宅基地具有福利属性，村民初始取得是无偿的；当前我国宅基地使用权的主体仅限于农村集体经济组织的成员，且实行严格的“一户一宅”制；宅基地使用权的用途仅限于村民建造个人住宅，不得用作其他非建设用途。对于市场而言，限定交易对象，将绝大部分群体排除在交易范畴外，这种市场分割不利于商品的流转，影响交易合理、有序地进行。

（2）治理结构

综观我国的农村宅基地管理结构，从管理体制上看，虽然存在申请—审核—批准的事前管理，但缺少了监督机构。首先，宅基地经批准后新建房屋，应当有监督机构进行宅基地占地面积的把控。我国当前管理体制尚欠缺这一环节，农民在获得宅基地后往往根据自身意愿新建房屋，这也是导致农村宅基地面积超过特定标准的关键所在。其次，下属机构在管理过程中未严格执法，管理人员的管控不当，在一定程度上助长了农村宅基地布局混乱、宅基地面积不断增加的问题。管理人员的执行不力与缺乏激励机制有很大的关系。在不同地区，不同经济发展水平的村庄管理水平参差不齐。一般情况下，村集体收入越高，村庄管理水平越高；相反，进行村庄内部整治的动力就不足。由于村级管理机构经费有限，对村干部缺乏相应的激励机制与绩效考核机制，这导致村干部在村庄管理中缺乏积极性。而村干部作为从群众中来的基层干部，在执行上级指令时往往会有较多顾虑，一定程度上助长了农村宅基地问题的蔓延。

三、农村宅基地制度改革实践研究

经全国人大授权，我国有33个县（市、区）自2015年起，有组织、有计划地开展农村土地征收、集体经营性建设用地入市和宅基地制度改革试点工作。其中，首批开展宅基地制度改革试点工作的有15个县（市、区）。这些试点在宅基地制度改革方面取得了一些丰硕成果。本报告根据农村宅基地制度改革的要求和各个改革试点地区的实际情况，结合课题研究需要，选择了部分具有代表性、典型性的宅基地制度改革试点地区，从宅基地多种形式取得及置换、有偿使用、自愿有偿退出、“三权分置”等方面进行分析，为深化农村宅基地制度改革提供支撑。

（一）多种形式取得及置换

1. 明确宅基地取得资格

宅基地管理上存在的主要问题是为了获取更多宅基地而存在恶意分户的情况。要保证“一户一宅”得到公平公正的实施，必须对“户”的概念进行界定。江西余江明确规定达到法定结婚年龄的男性成员（或入赘纯女户家庭）才能立户；在申请建房条件中，明确“户籍不在本村的集体经济组织成员”不得申请。云南大理在“户”的认定上遵循地方传统养老习俗，即为具有本村组常住户口，取得本集体经济组织成员资格，享受集体资产分配，履行集体成员义务的集体经济组织成员家庭自然户（张健等，2017）。浙江义乌在宅基地分配上，坚持“按人分配、按户控制”原则，并且明确规定在此次分配之后不再因人口变化或者分户而再分配宅基地权益，并在计算户内人口的时候，适度从宽预留。四川泸县在“一户一宅”认定方式上把分配单位由“户”直接改为“人”，采用定人定面积的办法，在村民申请使用宅基地时以家庭常住农业人口核定面积，并明确提出原籍农业户口的现役军人、复转退军人（不含已在外结婚定居，或国家安置了的人口）、原籍农业户口的大中专院校在校学生、因服刑被注销户口的原农业户口服刑人员（不含被判处无期徒刑或死缓的）以及法律、法规规定的其他人员均拥有成员认定资格。

2. 明确宅基地取得方式

在宅基地取得方式上，很多试点地区都采取了分类施策的原则，根据不同的地域性质、历史习惯采取不同的宅基地取得方式。江西余江县对新申请宅基地统一实行“择位竞价”办法，根据占用土地性质的不同确定差别化的价格。四川泸县严格按照人口数量核定村民申请使用的宅基地面积，不受分户影响；对于分户家庭的宅基地取得，首先核算原住房宅基地的已使用面积与原户籍人口按规定应当使用面积的总和扣除之后是否有节余，对有节余的分出户按其节余面积申请使用，对节余面积不够建房或没有节余按分出户人口核定使用面积。云南大理着眼“长远”保障居住权益，探索初次分配有偿取得，一方面，通过对部分符合土地利用总体规划和村庄规划的农户的土地进行回收，按成本价安排给住房困难户建房使用；另一方面，探索“空心村”宅基地有偿退出，整治后由集体按成本价分配给住房困难户。宁夏平罗针对农村人口大量转移、宅基地批而不建、建而不用、违规超占、难以清理的问题，建立了宅基地“新增有偿取得”制度，凡申请使用新增宅基地的，严格按照“一户一宅、面积法定”原则审批，申请农户按 30 元 / 平方米标准一次性缴纳有偿使用费，同时鼓励农户优先使用规划保留村庄空闲宅基地，尽量不产生新增；在宅基地配置上，打破只能使用本集体土地的范围限制，根据村庄规划，农民可以在县域范围内申请审批宅基地。

（二）探索有偿使用

试点地区结合自己地区的特点以及实际情况，对“一户一宅”中的“宅”的属性作出规定，限定无偿取得和使用宅基地面积的上限，同时制定不同的宅基地超标的认定方式。云南大理按照地方建房传统和居住习俗对“宅”进行了明确，即基本满足生产生活需求的宅基地，主要包括住房、厨房、圈房、天井等的宅院，“一院多户”中1户有3间住房以上（含3间住房），或实际用地面积大于110平方米，能基本满足生产生活需求的按“一宅”确定。四川泸县对村民无偿取得宅基地的法定面积作出明确规定，即生活居住占地面积30平方米/人，其他集体建设用地（晒坝、院落、养殖等）20平方米/人，新增人口可新增面积，对3人以下的农户允许有偿取得宅基地，可按3人规定面积进行审批；3人及以上的农户按实有人口，对无偿取得的宅基地进行审批。浙江义乌对“一户一宅”和上限标准进行控制，要求每户原则上只能拥有一处宅基地且建筑占地面积最高不超过140平方米，原有的旧房必须自行拆除或者交给村级组织统一处置，并根据新增建设用地中不同性质土地的面积比例设置不同的人均宅基地分配基数。江西余江分别针对传统农区、乡镇核心区以及县城核心区3种不同区域的农户制定不同的宅基地标准面积。宁夏平罗以法定270平方米加200平方米庭院经济用地为基数对超出部分征收有偿使用费。

（三）建立自愿有偿退出机制

试点地区根据不同类型农户的需求设计了差异化的多种宅基地退出路径和多元化的安置方式，并制定不同的退出标准。江西余江根据本地区宅基地使用情况，在退出机制设计中兼顾无偿退出和有偿退出。其中，对闲置废弃畜禽舍、倒塌住房等，实行自愿无偿退出；对“一户多宅”的多宅部分和非集体经济组织成员在农村占有和使用的宅基地实行自愿有偿退出。四川泸县将需进行有偿退出的宅基地类型划分为四种：①家中有闲置宅基地或者一户多宅的；②已经在城镇购房或者愿意进城镇购房的农户；③房屋年久失修或者宅基地所处区位交通不便的；④各类困难户、贫困户，生活无着、无依无靠户。在退出路径上，四川泸县针对不同的安置需求，设计进城购房、中心村建房、易地搬迁、新型社区、集中养老等多元化的宅基地退出“五条路径”。在退出补偿方面，泸县制定多元化补偿安置内容，包括房屋残值补偿、宅基地补偿、进城购房补助、社保补助、就业培训等；针对贫困户建房困难的问题，提供了由政府兜底建房安置并提供相应的社会保障的安置保障。云南大理探索了三种退出闲置宅基地统筹利用方式：一是有偿退出，探索空心村整治利用，对收回集体的宅基地参照同期国家征地价进行补偿，对于地上建筑物及附属物给予合理补助，经统一规划和完善基础设施后以成本价分配给住房困难户，确保落地建房。二是折股退出，探索古村落保护利用，综合运用宅基地有偿退出、农村集体资产股份权能改革和集体经营性建设用地入市试点政策，探索将具有保护利用价值的闲置旧村古院按面积折算入股。三是奖励退出，支持洱海生态保护治理，对自愿有偿退出不符合土地利用总体规划、村庄规划或位于洱海保护、海西保护禁建区范围内的宅基地，在集体给予补偿的基础上，由大理市人民政府按土地补偿总额 20% 给予奖励，退出的土地用于洱海湿地恢复、生态廊道建设等，支持洱海流域保护治理。宁夏平罗在充分尊重农民意愿的前提下，分别针对宅基地使用权、房屋所有权及土地承包权的退出期限、退出内容提供了三种退出方式供农民选择：一是永久退出全部产权的，一次性享受村集体收益分配权，并退出村集体经济组织成员身份；二是退出部分产权的，继续保留集体经济组织成员身份；三是对宅基地、房屋永久退出、承包地部分退出的，按退出承包地面积核减家庭成员中相应退出集体经济组织成员人数，确保农民“进得了城、回得了村”。此外，平罗县还探索建立了农村老年人“以地养老”机制，允许农村老人自愿将宅基地、房屋、承包地退回集体，由集体统筹利用，以产权退出补偿费和承包经营权流转收入置换养老服务。浙江义乌采用“集地券”的形式探索宅基地使用权有偿退出模式，将义乌市域范围内的宅基地使用权人自愿退出的宅基地以及废弃闲置的农村集体建设用地（包括农村退出的宅基地、废弃的农村工矿用地以及农村散乱、闲置和低效利用的其他建设用地等）复垦为耕地并经验收合格后折算而成的建设用地指标凭证，即是“集地券”，持有集地券的农民或集体组织可以凭此在公开市场上进行交易并获得收益（盛秋平，2017），而取得集地券的用地者可据此在向政府申请用地的过程中折抵相应建设用地指标或出让金。

（四）探索宅基地“三权分置”

1. 落实宅基地所有权

试点地区对集体经济组织的所有权的权能和职责作出明确规定，通过丰富的实现形式强化村集体主体地位，提升村集体基层治理能力。江西余江对宅基所有权的行使主体、宅基地所有权中的宅基地分配权、宅基地收回权、宅基地收益权、宅基地监督、管理权的实现形式进行明确规定。其中，宅基地分配权由集体经济组织分配，宅基地收回权由集体经济组织收回并给予一定补偿，宅基地收益权的增值收益分配在集体经济组织与宅基地使用权人之间分配，同时集体经济组织作为第三方鉴证人参与宅基地流转。浙江义乌坚持集体土地所有权，丰富所有权的实现形式。一方面，积极发挥农村集体经济组织在集体成员资格确认、宅基地分配方案、宅基地有偿选位、宅基地落地权益调剂、宅基地收益分配等方面的主导作用；另一方面，集体可以从宅基地有偿选位、宅基地转权后跨集体经济组织转让中收取土地收益，并纳入集体资产，并规定土地所有者拥有自主规划、自主改造、自主分配、自主处置、自主利用和自主收益六个职能。宁夏平罗在农村宅基地分配和使用中，充分赋予村集体宅基地分配权、收益权和民主决策权力，将新增宅基地的分配权和收益权交给村集体审查，新增宅基地审批由村集体审查并召开村民代表会议研究决定，在农民宅基地和房屋退出、流转、租赁、抵押入股过程中发挥集体引领和监管职能。

2. 保障宅基地资格权

试点地区对宅基地资格权的认定均以户为单位开展，对宅基地资格权的使用探索了多种选择，并对宅基地资格权的流转进行严格限制。江西余江对宅基地资格权的认定与取得、行使、灭失作出明确的规定。宅基地资格权的认定和取得由本集体经济组织根据集体经济组织成员身份按户进行认定，一户只能拥有一宗面积法定的宅基地资格权，宅基地资格权不得流转（张乃贵，2019）。农户取得宅基地资格权后，有权向本集体经济组织申请“一户一宅、面积法定”的宅基地，农户可以选择保留其资格权享受购买政府优惠商品房进城落户，但15年内不得申请宅基地，也可以与集体经济组织约定暂不申请宅基地，将可申请的宅基地交由集体经济组织进行开发利用，由集体经济组织根据收益情况合理分配收益。在所有家庭成员均失去集体成员资格时，该户宅基地资格权自动灭失，宅基地资格权灭失后，仍然继续使用宅基地的农户需交纳宅基地有偿使用费。浙江义乌在坚持农民集体土地所有权的基础上，按照法定标准和福利分配原则按照每户人口状况为每户无偿分配法定面积的宅基地权益，并且明确在此次分配之后不再分配宅基地权益，以明确、固化、优化农户的宅基地分配资格权。具体包括严格界定村集体经济组织成员资格，确定宅基地分配标准，明确资格分配权，并在明确宅基地资格分配权的基础上以户为单位固化资格分配权，丰富户有所居的实现形式，市场化优化配置宅基地资格权。

3. 放活宅基地和农民房屋使用权

放活宅基地和农民房屋使用权是增加农民财产性收益的一项重要举措，也是盘活农村闲置宅基地的重要手段，试点地区积极探索多样化的使用权流转方式，扩大使用权应用范围，同时也对使用权的流转条件进行了规定。江西余江对农房的用途范围进行了适度扩大，从单纯的用于居住扩大到乡村旅游、健康养老、电商等新产业新业态，经集体经济组织收回的农房也可用于集体活动中心、村史馆等村内公益事业。江西余江对农房的流转形式进行了适度放活，允许农房所有权人或使用权人将农房以租赁、合作、入股的方式进行流转，流转必须设定使用年限及用途，租赁不得超过20年，转让、合作、入股不得超过国有建设用地同等用途的出让年限（工业用地50年，商业用地40年）。江西余江对宅基地使用范围进行了适度扩大，集体经济组织根据村内存量建设用地情况，可以在保障村民对宅基地建房需求的基础上，将富余的宅基地通过规划调整，以集体经营性建设用地进行流转，或自建商业用房、租赁性住房（乡贤楼），发挥闲置宅基地的最大效益。浙江义乌在固化分配资格权并终结福利分配权的基础上，积极推进宅基地资源的市场化使用和配置，多途径放活宅基地利用，放活形式主要包括内部调剂、对外出租、允许宅基地使用权在县域范围内跨集体经济组织转让、农房和宅基地使用权抵押贷款、鼓励宅基地使用权有偿退出、扩展宅基地和农房用途六种具体手段。宁夏平罗在保障农户“户有所居”的前提下，鼓励农民自愿流转、租赁宅基地，引导农民利用闲置宅基地通过自主经营、出租、入股等方式获得收入，逐步放活宅基地使用权，畅通城乡公共资源流通渠道，并结合农村土地制度改革三项试点工作，对农产品加工、仓储物流、休闲旅游等小微企业流转利用的闲置宅基地按照规划调整成集体经营性建设用地予以入市并予以保障，允许非集体经济组织成员在村集体主导下，租赁农民闲置宅基地和房屋发展农村二三产业，带动更多城镇资源流向农村市场，吸引更多外来资本融入农村市场，为实施乡村振兴战略提供人才和技术支撑。四川泸县探索适度放活使用权，并对流转范围和流转条件作出明确限制。允许农民住房及宅基地使用权出租、入股、联营、有条件转让、抵押贷款、互换、托管运营等，允许村民在户有所居的前提下，在住宅县域范围内流转，村民合法住房允许在县域内出售，但要求出让方要有固定住所，出让后不得重新申请宅基地，并书面承诺不再建房。云南大理探索宅基地“三权分置”，赋予集体管理、收益权能，保障成员资格权，重点结合乡村旅游适度放活使用权。

四、深化农村宅基地制度改革的关键路径研究

针对我国农村宅基地制度现存的问题及其原因，结合农村宅基地制度改革试点地区的实践，本报告认为深化农村宅基地制度改革的关键路径主要包

括完善农村宅基地确权登记制度、完善农村宅基地流转交易制度、切实尊重农民意愿、建立管理部门协调机制及做好配套制度改革等方面。

（一）完善农村宅基地确权登记制度

积极稳妥推进农村房地一体的权籍调查与确权登记颁证。对于已完成农村地籍调查和农房调查的地区，应加强调查结果的勘验、核实，针对实际情况分类处置调查登记过程中的纠纷，加快开展确权登记颁证工作，及时下发不动产权证，不得以任何理由“统一保管”。对于尚未开展农村地籍调查和农房调查的地区，应采用总调查的模式，由县级以上地方人民政府统一组织开展房地一体的权籍调查，加快落实确权登记颁证工作。对于确权登记过程中的历史遗留问题，按照原国土资源部 2016 年 191 号文件规定，对“一户多宅”、面积超占等问题进行分类认定和处理。

（二）完善农村宅基地流转交易制度

在确保“户有所居”的前提下，农村宅基地使用权在取得合法产权证书以后可以转让、出租等方式流转给农村集体经济组织内部符合申请条件的农户，双方商定价格签订书面流转协议后，经集体经济组织鉴证，履约后及时办理变更登记。待条件成熟时，农村宅基地使用权流入的对象也可以逐步扩大到其他集体经济组织成员乃至城镇居民（前提是修改相关的法律法规），这样可以彰显农村宅基地使用权的真实价值。建立合理的流转收益分配机制是农村宅基地流转的关键，政府应该加强对宅基地流转收益分配各个环节的管理。土地使用过程中由于使用者对土地投入使得土地增值的应该获得土地收益补偿，由于政府行为产生增值收益的应该交纳一定的税费给政府，另外，作为土地所有者的农村集体经济组织也可以获得一定收益，以体现土地所有权在经济上的实现。因此，农村宅基地流转收益分配的主体包括国家、集体和农户，各地可根据地区的实际情况合理地划分国家、集体和农户的收益分配比例。农村宅基地流转具体的交易原则、交易范围、交易主体、交易方式、交易程序及收益分配办法等由各地政府和农村集体经济组织制定。对于农村宅基地有偿使用和退出后盘活利用取得的增值收益，农村集体经济组织应建立健全民主理财机制，将收入和分配情况纳入村务公开；该收益属于农村集体经济组织所有，实行专户管理，由集体成员共同分享，主要用于集体成员内部分配、建立农村集体经济组织成员社会保障机制和改善生产生活条件的美丽乡村建设等。

（三）切实尊重农民意愿

中国特色社会主义进入新时代，社会主要矛盾已经转化为人民日益增长的美好生活需要和不平衡不充分的发展之间的矛盾。当前，中国发展不平衡不充分问题在乡村最为突出，农民依然是中国主要的低收入群体。农村宅基地制度改革要切实尊重农民自身意愿，切实保护农民土地权益，通过民主协商化解改革中的矛盾和问题，使宅基地制度改革成果惠及广大农民，得到群众支持。同时，改革也需要充分考虑其他制度变迁主体的利益和积极性，使各个主体达成一致同意，减少宅基地制度改革的阻力，努力实现宅基地制度变迁新的均衡。

（四）建立管理部门协调机制

农村宅基地及农房事关亿万农民居住权益，涉及农业农村、自然资源、住房建设等部门。各管理部门应当增强责任意识和服务意识，按照部门职能和国务院“放管服”改革要求，在党委政府的统一领导下，切实履行各自职责。农业农村部门负责农村宅基地改革和管理工作，建立健全宅基地分配、使用、流转、违法用地查处等管理制度，完善宅基地用地标准，指导宅基地合理布局、闲置宅基地和闲置农房利用；组织开展农村宅基地现状和需求情况统计调查，及时将农民建房新增建设用地需求通报同级自然资源部门；参与编制国土空间规划和村庄规划。自然资源部门负责国土空间规划、土地利用计划、规划许可、确权登记等工作，在国土空间规划中统筹安排宅基地用地规模和布局，满足合理的宅基地需求，依法办理农用地转用审批和规划许可等相关手续。各级农业农村、自然资源等部门要建立部门协调机制，做好信息共享互通，推进管理重心下沉，共同做好农村宅基地审批和建房规划许可管理工作。

（五）做好配套制度改革

农村宅基地制度改革与社保、户籍、财税、金融等相关领域改革紧密相关，要注重改革的协同性和耦合性，做好相关配套制度改革，提高改革的系统性和完整性，统筹协调推进，形成改革合力。此外，还需从经济风险、社会风险、政治风险等方面研究宅基地制度改革的风险，并建立相应的风险防范机制。

参考文献

[1] 奥尔森. 集体行动的逻辑. 上海：上海人民出版社，2014

[2] 陈薇舒. 新型城镇化背景下宅基地使用权取得制度研究. 天津大学硕士学位论文，2017

[3] 道格拉斯·C. 诺斯. 制度、制度变迁与经济绩效. 上海：上海人民出版社，2014

[4] 杜润生. 中国的土地改革. 北京：当代中国出版社，1996

[5] 丰雷. 新制度经济学视角下的中国农地制度变迁：回顾与展望. 中国土地科学，2018（4）

[6] 高圣平. 宅基地制度改革试点的法律逻辑. 烟台大学学报（哲学社会科学版），2015（3）

[7] 何爱国. 中国农民工问题研究述论. 当代中国史研究，2009（4）

[8] 李泉. 农村宅基地制度变迁70年历史回顾与前景展望. 甘肃行政学院学报，2018（2）

[9] 梁晓. 我国农村宅基地使用权流转的法律问题研究. 民营科技，2011（5）

[10] 刘守英. 农村宅基地制度的特殊性与出路. 国家行政学院学报，2015（3）

[11] 罗瑞芳. 农村宅基地产权制度变迁的方向和路径分析. 农村经济，2011（9）

[12] 瞿理铜，朱道林．基于功能变迁视角的宅基地管理制度研究．国家行政学院学报，2015（5）

[13] 盛秋平．浅谈义乌改革发展和农村土地制度改革试点．浙江国土资源，2017（4）

[14] 夏柱智．农村土地制度改革的进展、问题和启示——基于33个试点的资料．云南行政学院学报，2017（5）

[15] 谢杨芬．我国经济欠发达地区农村宅基地制度改革研究．南昌大学硕士学位论文，2017

[16] 严金明，迪力沙提，夏方舟．乡村振兴战略实施与宅基地“三权分置”改革的深化．改革，2019（1）

[17] 张健，王杨迎璞，黄自辉．农村宅基地制度改革的大理试点经验．社会主义论坛，2017（10）

[18] 张静．建国初期中共有关农村土地流转问题的政策演变．中南财经政法大学学报，2008（5）

[19] 张乃贵．从余江试点看如何深化农村宅基地等三项制度改革．国土资源情报，2018（12）

[20] 张勇．农村宅基地制度改革的内在逻辑、现实困境与路径选择——基于农民市民化与乡村振兴协同视角．南京农业大学学报（社会科学版），2018，18（6）

[21] 朱新华，陈利根，付坚强．农村宅基地制度变迁的规律及启示．中国土地科学，2012（7）

[22] 朱新华．农村宅基地制度创新与理论解释——基于“要素相对价格变化、利益博弈与制度创新”的分析框架，南京农业大学博士学位论文，2011

乡村振兴县域案例研究[①]

“三农”问题是关系国计民生的根本性问题，没有农业农村现代化，就没有整个国家现代化。党和国家将解决“三农”问题作为全党工作重中之重，历年来中央一号文件都围绕着“三农”问题展开决策部署。实施乡村振兴战略，是党的十九大作出的重大决策部署，是决胜全面建成小康社会、全面建设社会主义现代化国家的重大历史任务，是新时代“三农”工作的总抓手。为真实了解和评估我国乡村振兴战略的实施情况，采用案例分析法不失为一种可行的方式。通过案例的深入探讨，能够以小见大观察县域地方政府如何践行乡村振兴战略，以及面临的体制机制问题和地方治理制度创新。本研究通过 10 个县域乡村振兴的典型案例，归纳总结我国乡村振兴的总体情况。

为体现 10 个乡村振兴案例的典型性和代表性，本研究从多个维度开展比较研究，总结乡村振兴的经验和做法、典型模式和制度优势。在案例地域选择上，东部地区经济社会发展处于领先地位，制度和政策创新氛围更为浓厚，尤其是浙江省更是走在全国前列。因而本研究精心挑选东部地区的 4 个县域案例，其中 3 个发生在浙江省。同时，在案例选取时，适当兼顾其他地区，中部地区和西部地区各 3 个，使案例样本的选择更具有全国代表性。在

---

① 本报告是清华大学中国农村研究院2019年重点研究课题“乡村振兴县域案例研究”的研究成果，在收入本书时有所删减，报告观点仅代表课题组的看法。课题负责人：慕玲，清华大学公共管理学院院长助理、教学办主任、案例中心主任。报告执笔人：刘贤春、慕玲、张允。

涉及乡村振兴战略的主要内容上（见表1），10个县域案例涉及产业兴旺、生态宜居、乡风文明、治理有效和生活富裕等各个领域（见表2）。

表1　乡村振兴战略的主要内容

	《中共中央 国务院关于实施乡村振兴战略的意见》	《乡村振兴战略规划（2018—2022年）》
出台时间	2018年1月	2018年9月
主要内容	（1）提升农业发展质量，培育乡村发展新动能 （2）推进乡村绿色发展，打造人与自然和谐共生发展新格局 （3）繁荣兴盛农村文化，焕发乡风文明新气象 （4）加强农村基层基础工作，构建乡村治理新体系 （5）提高农村民生保障水平，塑造美丽乡村新风貌 （6）打好精准脱贫攻坚战，增强贫困群众获得感 （7）推进体制机制创新，强化乡村振兴制度性供给 （8）汇聚全社会力量，强化乡村振兴人才支撑 （9）开拓投融资渠道，强化乡村振兴投入保障 （10）坚持和完善党对“三农”工作的领导	（1）构建乡村振兴新格局 （2）加快农业现代化步伐 （3）发展壮大乡村产业 （4）建设生态宜居的美丽乡村 （5）繁荣发展乡村文化 （6）健全现代乡村治理体系 （7）保障和改善农村民生 （8）完善城乡融合发展政策体系 （9）规划实施

表2　典型案例的比较分析

案例名称	发生地域	涉及乡村振兴内容
“村民说事”：“三治融合”的象山实践	东部地区：浙江省象山县	治理有效、乡风文明
三治融合：浙江桐乡越丰村的破茧成蝶	东部地区：浙江省桐乡市	治理有效、乡风文明
宁海“36条”	东部地区：浙江省宁海县	治理有效、乡风文明
农民变股东：土地入股的一波三折	东部地区：山东省枣庄市	产业兴旺、生活富裕
吕梁的精准脱贫攻坚战	中部地区：山西省吕梁市	产业兴旺、生活富裕
井冈深处的脱贫梦——神山村的产业扶贫实践	中部地区：江西省井冈山市	产业兴旺、生活富裕
乡村振兴：修武县的“美学经济”路径	中部地区：河南省修武县	治理有效、生活富裕
“方便”如何能方便？——以甘肃省武威市凉州区农村“厕所革命”为例	西部地区：甘肃省凉州区	生态宜居、治理有效
战旗村的乡村振兴之路	西部地区：四川省郫都区	产业兴旺、乡风文明
乡村振兴中如何做到政府有为、市场有效、农民有利——基于德阳市高槐村的实践	西部地区：四川省旌阳区	产业兴旺、治理有效

总的来看，县域是践行乡村振兴战略的重要行政层级。中央、省和市三级政府通过自上而下的政策传递和压力传导，指导县级政府按照规范性和创新性的要求，有序开展乡村振兴工作。同时，县级政府按照属地管理的原则，开展乡村振兴政策的汇总和资金的统筹使用，站在县域发展的高度通盘部署乡村振兴工作，县直单位、乡镇政府和行政村（社区）则落实和执行行政指令和经济社会政策。乡村振兴战略的县域实践，反映了上级顶层设计的大方向和基层政策执行的基本概况，提供丰富生动的实践样本，从中能一窥近年来中国实施乡村振兴战略的路径走向。本研究分别从乡村振兴的政策要求、制度优势和同精准脱贫的有效衔接等三个部分展开论述，从而提供观察中国乡村振兴发展的思考路径。

一、乡村振兴的政策要求

继科教兴国战略、人才强国战略、可持续发展战略、创新驱动发展战略后，党中央在党的十九大上将乡村振兴战略列为又一国家重大战略。2006 年，《国民经济和社会发展第十一个五年规划纲要》提出了“建设社会主义新农村”的战略任务，时隔 12 年，国家层面提出“乡村振兴”战略，打造社会主义新农村建设的升级版。乡村振兴战略于 2018 年正式实施，并确立了乡村振兴战略的 20 字总要求即“产业兴旺、生态宜居、乡风文明、治理有效、生活富裕”。本研究的 10 个县域案例各有特色，但始终围绕乡村振兴的 20 字总要求展开工作部署，将这些县域成功打造成为乡村振兴各领域的示范区域。

（一）产业兴旺

产业兴旺是乡村振兴的重要基础，是解决农村一切问题的前提。从改革开放以来的农村历史进程来看，产业是农村居民增收的重要来源，单纯的小农经济不足以支撑农民的生产生活需求。小农经济创造的经营性收入占农村居民人均可支配收入的比重持续下降，而工资性收入占农村居民人均可支配收入的比重持续上升，这一比重在2019年达到41.1%（见图1）。改革开放40多年来，农民产业创收经历了三次变革，第一次是20世纪90年代的乡镇企业发展浪潮；第二次是21世纪以来至今土地流转背景下的规模化、产业化经营；第三次则是乡村振兴战略引领下一二三产业的融合发展。

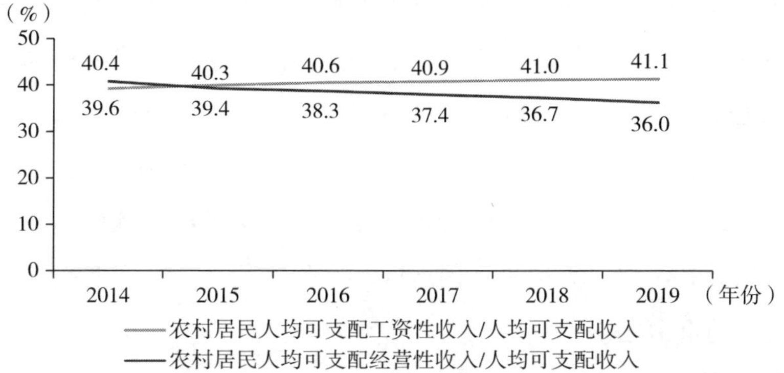

图1　农村居民经营性收入和工资性收入占可支配收入的比重

发展农村产业和实现产业兴旺，究竟是依靠政府的力量，还是市场的力量？上述问题涉及产业政策这一重大问题，历来不论是西方经济学界，还是中国经济学界，都有过深入讨论。一部分人认为应该发挥市场主体的力量，充分发挥市场配置资源的决定性作用；而另一部分人则认为，政府部门应该在乡村振兴中发挥引导性作用，制定产业政策，推动农村地区经济社会的发展。不同于西方社会，无论是受制度惯性的影响，还是受政治实践的影响，中国始终注重发挥政府作用，实施积极的产业政策，推动乡村振兴发展。在农村地区产业发展具有先天劣势，自然、自发的市场资源配置在农业产业领域作用较弱，政府引导和市场配置“1+1>2”式叠加能发挥更大的作用，实现农村地区的赶超目标。因而，我国政府在推动乡村振兴战略实施过程中，不止步于市场化概念下的作为，而是从制度安排层面出发，依托产业政策实现乡村振兴目标。

产业政策旨在实现各生产要素的自由流通，推动资本、技术、劳动力等要素从城市流向农村、从工业流向农业，同时盘活土地、宅基地等农村资源，实现农业现代化。从中央到地方各级政府，通过深化农业供给侧结构性改革、推动农村一二三产业深度融合等途径，围绕农业产业体系、生产体系和经营体系的发展壮大出台产业政策。从国家层面来看，2019 年 6 月，国务院出台《国务院关于促进乡村产业振兴的指导意见》，从健全财政投入机制、创新乡村金融服务、有序引导工商资本下乡、完善用地保障政策和健全人才保障机制等五大领域完善政策措施，解决资金、用地、人才、技术等生产要素问题，优化农村产业发展环境。从地方层面来看，地方政府致力于优化乡村产业空间结构，以县域产业经济为发展根基，根据产业发展的比较优势，以项目制方式策划、申报和实施特色产业项目，实现产业领域的高质量发展落实赶超和做大做强。无论是贫困地区，还是发达地区，产业兴旺是实施乡村振兴战略的重中之重。

本研究中的 10 个案例大多是围绕产业兴旺逐步通往乡村振兴之路，尤其是贫困地区更是如此。吕梁的精准脱贫攻坚战和井冈神山村的产业扶贫实践，充分利用当地劳动力和特色农业的资源优势，对接国家和地方的产业政策，提升贫困户的就业率和增加收入水平。而枣庄市的土地入股和成都市战旗村的乡村振兴之路则揭示了非贫困地区实现产业兴旺的另外一条路径，由于产业底子基础好，这些地方通过制度变革推动产业结构优化升级，走向一二三产业融合，实现集体经济发展。

（二）生态宜居

生态环境是全面建成小康社会的突出短板，农村环境问题突出是影响农村绿色发展和打造生态宜居的难题和挑战。生态环境的突出短板表现为以下三个方面：一是污染物排放量大面广，环境污染重；二是山水林田湖缺乏统筹保护，生态损害大；三是产业结构和布局不合理，生态环境风险高。上述三个问题不仅仅出现在城市地区，更频仍出现在农村地区，是制约农村提升生态环境质量的症结所在。由于农村地区在生态环境建设中缺乏技术、资金、管理经验等支撑，同时主观意识上追求经济建设忽视生态保护，导致一连串生态污染问题。例如，在农业领域方面，农业面源污染不容忽视；在水环境方面，污水处理和小流域生态建设亟待解决。

生态环境保护和经济建设问题是发展过程中的一对矛盾，生态环境破坏的背后折射出国家治理体制的深层次问题。在宏观经济学上，GDP（国内生产总值）是衡量一个国家或地区经济社会发展的重要指标。但是，一些地方为了发展地方经济，以牺牲破坏当地生态环境为代价，导致森林覆盖率下降、河流污染严重、土地荒漠化等生态问题接踵而至。中央政府关注到一味发展地方经济带来的负外部性作用，因而提出绿色 GDP 概念。所谓绿色 GDP，即在现有 GDP 基础上融入资源和环境因素，代表国民经济增长的净正效应。

2012 年 11 月，党的十八大提出“五位一体”的总体布局，将生态文明建设纳入全局发展的战略高度，在开展政治建设、经济建设、文化建设和社会建设的同时，重视生态文明建设，实现人与自然的和谐发展。国家层面为了贯彻执行生态文明建设这一国家战略，不仅将生态环境保护纳入“十三五”规划，并且 2016 年发布《国务院关于印发“十三五”生态环境保护规划的通知》。尽管 5 年前《全国生态保护“十二五”规划》出台，但是对比新的“十三五”生态环境保护规划，前者由当时的环境保护部制定，后者则由国务院直接发文，对地方政府的约束作用和监管作用不可相比。此后，党的十九大报告提出打好防范化解重大风险、精准脱贫、污染防治的攻坚战。

污染防治是农村生态宜居的应有之义，建设生态宜居的美丽乡村是乡村振兴的关键，持续改善农村人居环境是重点工作。2018 年 2 月，中共中央办公厅、国务院办公厅印发《农村人居环境整治三年行动方案》。该项行动方案提出，从 2018 年到 2020 年，将改善农村人居环境作为实施乡村振兴战略的重要任务。中央部门将农村生活垃圾治理、厕所粪污治理、农村生活污水治理、提升村容村貌、加强村庄规划管理和完善建设和管护机制作为重点任务。从地方实践来看，农村人居环境整治已经成为地方政府的中心工作之一，各地开展形式不一的现场推进会、项目拉练和现场评比活动等，人居环境整治的长效治理机制逐步成型。加强考核验收督导是保证三年行动持续不断开展的重要原因，该项工作被纳入省级政府目标责任考核范围，作为相关市县干部政绩考核的重要内容，通过层层压力传导的方式，最终保证农村人居环境整治三年行动圆满成功。

如何解决经济发展和环境保护兼顾的问题？“绿水青山就是金山银山”，良好的生态环境同样能转化成生产力。经过自上而下的政策推动和宣传教育与自下而上的地方实践和经验总结，地方政府逐步能处理好开发与保护的关系。事实证明，运用现代科技和管理手段，地方政府可以将乡村生态优势转化为发展生态经济的优势。无论是东部沿海发达地区，还是西部欠发达地区，在实施乡村振兴战略中，地方政府将政策注意力慢慢转移到生态旅游产业中，充分挖掘乡村生态优势的经济潜力。地方政府推进农村生活垃圾治理、厕所革命、提升村容村貌、农村生活污水治理等工作，建设美丽宜居乡村，在此基础上结合产业政策，打造生态旅游示范村、示范镇、示范县等，开展“千村示范万村整治”工程。

对地方政府而言，实现生态宜居是当前中心工作之一。甘肃省武威市凉州区的农村“厕所革命”是一个典型案例，中共中央办公厅、国务院办公厅印发《农村人居环境整治三年行动方案》之后，通过层层压力传导，凉州区政府在短时间内需要着手应对这一专项行动。“厕所革命”案例揭示了生态宜居短期目标和长期目标的矛盾问题，乡村振兴的实施阶段是从 2018 年到 2050 年，尽管地方政府承受上级政府的压力传导，但是需要在政策决策环节实施规划和在政策执行环节灵活行动。生态宜居非一日之功，需要政府部门采取系统化和集成化思维予以充分解决。

（三）乡风文明

“二元化”是城乡发展的结构化特征，城乡发展不平衡问题困扰着乡村社会，一方面是易感知的城乡经济发展的不平衡；另一方面则是更易忽视的城乡间精神文明建设的差距。人口流动的加速以及互联网等新技术的发展，乡村社会的“静态”格局逐步向“动态”格局发展，乡村社会愈加原子化。而宗族社会治理方式的弱化和外来市场力量的冲击，乡村公共舆论更为弱化，部分地域伦理道德逐渐式微。人是经济社会发展的决定推动力量，产业政策、治理方式、经济模式等制度安排都是围绕着人的互动开展，乡村振兴的核心是人，精神文明建设是推动人的全面发展的重要元素。从村庄中观层面而言，实现乡风文明是引导村民全面发展的保障之一。

1. 打造乡风文明，离不开政府的引导

繁荣兴盛农村文化，焕发乡风文明新气象，同政府的有序政策引导和各种资源的下沉息息相关。无论是加强农村思想道德建设，还是传承发展提升农村优秀传统文化，或者加强农村公共文化建设，政府功能和作用的发挥能够逐步改变农村社会“失范”的现状，慢慢走向“规范”进程。党的十八大以来，国家和政府职能除了持续推动经济建设外，社会建设的短板逐渐补齐，社会政策体系构建和基本公共服务均等化的福利和红利从中央下沉到基层、从城市延续到农村。各级政府部门对打造乡风文明所需要的基础设施和经济资源等大力支持，而基层乡镇和村庄通过申报项目、争取专项资金，推动文化广场、农家书屋等文化基础设施建设和丰富传统民俗节日、非物质文化遗产等公共文化活动。同时，在政府资源杠杆的撬动下，工商资本和社会资源对乡风文明建设不断加持，农村文化市场更加活跃，文化业态更为丰富，乡风文明建设的市场化进程和社会化进程不断加快。

2. 打造乡风文明，村民自觉践行至关重要

在村庄乡风文明的治理体系中，无论是政府部门的引导动员作用，还是市场主体的资源配置作用，村民作为核心主体，村民自治力量的发挥是推动乡风文明的保障。

在本报告中，能够深刻体会农村地区乡风文明的打造同政府的有效引导和村民的自觉实践息息相关。无论是政府层面还是村民层面，背后都折射出制度力量对打造乡风文明的正向影响。成都市战旗村的乡村振兴之路、桐乡市的“三治融合”、象山县的“村民说事”和宁海县的“宁海 36 条”，都体现出一套运转有效的制度所带来的溢出正效应。经过一整套的制度设计，文明乡风、良好家风、淳朴民风得以不断培育，农民精神风貌得以重塑，软文化环境的营造巩固了制度基础，制度、乡风和文化间形成了良性循环。

（四）治理有效

进入 21 世纪以来，中国农村公共事务治理面临严峻挑战，突出表现为村容村貌、农田水利、人文环境、生态环境、平安综治等公共事务，在部分村庄无人组织、少人参与，呈现衰败景象。乡村治理的好坏是决定农村社会充满活力、和谐有序的重要因素。乡村治理涵盖诸多公共事务，涉及的群体规模大，不同利益主体之间的诉求不一，易发生“搭便车”现象，最终导致公共问题无人问津。西方著名经济学家哈丁将这一问题概括为“公地悲剧”问题，可以理解为有限的资源注定因自由使用和不受限的要求而被过度剥削，由于每个人都谋求扩大自身可使用的资源，最终就会因资源有限而引发冲突，损害整个群体的利益。而农村公共事务治理危机，实际上就是“公地悲剧”问题。

中共十八届三中全会明确把“完善和发展中国特色社会主义制度，推进国家治理体系和治理能力现代化”作为全面深化改革的总目标。农村治理是国家治理体系的重要组成部分，同时也是薄弱环节。党的十九大提出“乡村振兴战略”，强调打造治理有效的现代化农村，而同时代发展尚未有效衔接的治理方式是必须克服的体制和机制阻碍。在构建乡村治理体系中，我国有以下两个显著特点。

1. 强化农村基层党组织建设

在发挥农村基层党组织作用中，以党建促乡村振兴提升组织力，既是强化党组织在农村基层领导核心地位的制度保障，也是推动乡村振兴战略顺利开展的制度优势。我国的政治组织体系与西方国家政府存在显著差异，中国政府在实践中具有“议行合一”的特征。同时，坚持党的领导是人民当家作主和依法治国的根本保证，中国共产党和政府的“党政合一”现象突出，“党政军民学，东西南北中，党是领导一切的”。在实施乡村振兴战略中，党建工作在人才、激励、监察机制等方面多点布局。在人才机制方面，对贫困地区和软弱涣散村庄，实施“第一书记”制度；对普遍农村地区则是实施农村带头人队伍整体优化提升行动。在激励机制方面，财政上保证村级组织运转经费到位，政治上为优秀村党组织书记开辟绿色通道，择优选拔晋升为乡镇党政领导干部。在监察机制方面，重视农民利益，对腐败问题重拳出击，加大基层小微权力腐败惩处力度，在惠农补贴、集体资产管理、土地征收等政策领域形成闭环监管，强化党的权威地位。

2. 推动地方制度创新

在推动地方制度创新中，我国“中央主导的政策试验”作为一种“独特的政策过程”，中央政府通过主导政策试验的方式，鼓励地方政府先行先试创新不同的治理模式。在中央政府鼓励下，地方政府开展基层治理的制度创新，产生可推广、可复制的地方经验模式，中央政府认可和接受该项制度后，出台相关国家政策和法律在全国范围内予以推广。在乡村振兴战略实施过程中，各级政府鼓励下级政府创新治理模式，对好的经验和做法在更广范围内推广。浙江桐乡的“三治融合”是典型的地方制度创新推广到全国的公共管理案例，党的十九大报告在实施乡村振兴战略篇章中指出，“加强农村基层基础工作，健全自治、法治、德治相结合的乡村治理体系”。

本报告中，浙江省的乡村治理能力走在全国前列，桐乡市的“三治融合”、象山县的“村民说事”和宁海县的“宁海 36 条”充分体现了浙江省在农村基层的治理制度创新。而河南省修武县“美学经济”理念，在某种程度上也出自浙江省松阳县。实现治理有效的目标和完善乡村治理体系和治理能力，需要地方结合实际推陈出新。另外，自上而下的治理模式推广和不同层级政府间治理模式的政策扩散，对地方乡村基层治理实践是一种有益的补充，结合地方实际，这些制度能够实现制度层面的“帕累托最优”。

（五）生活富裕

从近40年的历史发展进程来看，农村物质生活水平不断提升，教育、就业、住房、社会保障等各项经济民生工作都得到了长足的发展。随着脱贫攻坚战役的打响，贫穷落后的发展问题，在近些年逐步得到中央部门和地方行政部门系统化的解决。对6亿农村人口而言，更重要的是在提升经济发展效率和做大“蛋糕”的同时，需要国家和政府及时关注公平问题。在实施乡村振兴战略中，公平问题是摆在国家发展面前的重要障碍，如果处理失当，将导致农村社会的改革、发展和稳定的三角关系迅速变成“不可能三角”，衍生社会矛盾和冲突。经济学倾向于从恩格尔系数和基尼系数分别衡量居民物质生活基础和居民收入差距。我国农村地区的恩格尔系数逐年下降，这是毋庸置疑的。但是，基尼系数长期保持在0.4以上，超过警戒线，令人担忧，经济收入的公平问题受到社会的高度关注（见表3）。在政府处理效率和公平的问题上，居民收入差距是经济层面的重要问题，除此之外，还有教育、就业、社会保障等社会层面的公平问题尚待解决。

表3　我国历年家庭恩格尔系数和基尼系数

年份	恩格尔系数			基尼系数
	城镇	农村	差距	
2010	35.7	41.1	5.4	0.481
2011	36.3	40.4	4.1	0.477
2012	36.2	39.3	3.1	0.474
2013	30.1	34.1	4.0	0.473
2014	30.0	33.6	3.6	0.469
2015	29.7	33.0	3.3	0.462

续表

年份	恩格尔系数			基尼系数
	城镇	农村	差距	
2016	29.3	32.2	2.9	0.465
2017	28.6	31.2	2.6	—
2018	27.7	30.1	2.4	—
2019	27.6	30.0	2.4	—

资料来源：根据国家统计局官网数据整理得出。

为了处理好效率与公平这一对矛盾关系，国家和政府强调生活富裕是乡村振兴的根本，围绕着教育、就业、社会保障等农村社会发展的短板和弱项，推动公平问题的解决。公平问题是结构性问题，症结在于城乡发展“二元化”，为了打破这一体制，国家和政府提高农村民生保障水平，推进城乡一体化、均衡化发展。

生活富裕并非一个抽象的政策目标，面对农村居民的强烈诉求，国家层面无意将其模糊化，而是通过各项经济和民生工作的开展，破解城乡二元体制结构，实现城乡融合，逐步实现生活富裕。从中央政府的施政方针来看，《中共中央 国务院关于实施乡村振兴战略的意见》将教育、就业、基础设施、社会保障体系、卫生健康、人居环境列为解决农村社会公平问题的六大工程，旨在处理好这些最直接最现实的利益问题，实现生活富裕的乡村振兴战略目标。

本报告的 10 个县域案例都直接或间接地反映了县域主体在发展过程中对生活富裕的美好憧憬。相较于中西部地区而言，浙江省和山东省等东部地区农村居民的经济收入水平和享受的公共服务和公共福利处于更高水平，生活富裕的实施途径主要表现为地方内生的合意制度的创新与作用。而中西部农村地区生活富裕的实现途径主要依托于以下两个方面，一方面是依托产业政策和就业政策，提升农村居民经济收入水平，对贫困县尤为如此，比如吕梁市的国定贫困县和省定贫困县；另一方面是依托教育政策和社会保障兜底政策，提升农村居民社会福利水平，进一步推进城乡融合。

二、乡村振兴的制度优势

乡村振兴是一个系统性和全局性的战略体系，同科教兴国、可持续发展等国家战略一样，国家层面开展顶层设计，围绕经济、社会、生态等多方面进行制度设计，依托各项制度最终实现乡村振兴。实施乡村振兴战略，必须把制度建设贯穿其中。面对制度短缺的发展困境，国家和政府结合供给侧结构性改革，为乡村振兴提供制度供给，解决农村发展中面临的深层次和结构性问题。制度红利是乡村振兴战略最需要着力争取的因素，为实现赶超落实提供了内生动力。

制度创新和制度践行贯穿本研究中的所有县域乡村振兴案例，本报告所涉及的制度概念更多指的是宏观层面的制度。正是在国家体制制度环境下的良好营造，案例中所涉及的县域农村才能在实施乡村振兴战略中享受制度所创造的红利。党的领导、政府主导和多元共治是我国重要的政治体制和经济体制创新，这是农村地区取得乡村振兴成就的制度共性。而农村土地制度改革则是为农村地区充分挖掘和利用土地资源优势提供了制度保障，在改革过程中，农村土地价值回归到市场水平上，逐步达到市场配置资源的有效目的。以山东省枣庄市土地入股案例为例，土地入股作为一种土地流转方式，在农村基本经营制度和土地产权制度改革的共同保障下，成为当地居民提升经济收入水平和村庄提升集体经济的重要途径。

（一）党的领导

《乡村振兴战略规划（2018—2022年）》提出“坚持党管农村工作”的基本原则，“毫不动摇地坚持和加强党对农村工作的领导，健全党管农村工作方面的领导体制机制和党内法规，确保党在农村工作中始终总揽全局、协调各方，为乡村振兴提供坚强有力的政治保障”。

坚持中国共产党的领导是乡村振兴战略能够取得胜利的重要保证，发挥政治优势和制度优势是实现农村地区全面振兴的根本保障，党的领导是推进乡村振兴中最大的政治优势。党的十九大以来，党的重要会议以及涉及农村工作的主要文件中，乡村振兴是浓墨重彩的一笔。2017 年 12 月，中央农村工作会议召开，党中央总结党的十八大以来我国“三农”事业的历史性成就和变革，深刻阐述实施乡村振兴战略的重大问题，对重点任务作出具体部署。2018 年以来，连续 3 个中央一号文件《中共中央 国务院关于实施乡村振兴战略的意见》《中共中央 国务院关于坚持农业农村优先发展做好“三农”工作的若干意见》《中共中央 国务院关于抓好“三农”领域重点工作确保如期实现全面小康的意见》都大篇幅谈及乡村振兴工作。根据 2018 年 1 月国务院出台的《中共中央 国务院关于实施乡村振兴战略的意见》，中共中央和国务院陆续出台《乡村振兴战略规划（2018—2022 年）》《关于促进乡村产业振兴的指导意见》《关于调整完善土地出让收入使用范围优先支持乡村振兴的意见》等政策。中央部门在制度层面开展顶层设计，指导各级党委、政府有序开展乡村振兴工作，为实现“产业兴旺、生态宜居、乡风文明、治理有效、生活富裕”的总要求，提供制度实施路径和政策优惠。

中国特色的政党制度为乡村振兴开局提供了良好基础，在脱贫攻坚方面，中国农村贫困人口从 2012 年底的 9899 万人减少至 2019 年底的 551 万人，贫困发生率由 10.2% 降至 0.6%；在新型城镇化方面，2019 年农村常住人口为 55162 万人，减少 1239 万人，城镇人口占总人口比重（城镇化率）为 60.60%，城镇化率首次突破 60% 大关；在农村居民收入方面，2019 年农村居民人均可支配收入达到 16021 元，城镇居民人均可支配收入从 2013 年是农村居民的 2.81 倍降至 2019 年的 2.64 倍。集中力量办大事的制度运行是能够取得如此成就的重要原因，制度运行背后则凸显中国特色政党制度的优越性。不同于西方的盎格鲁—撒克逊或莱茵河模式，中国共产党领导的多党合作和政治协商制度是“三权分立”或“一党执政”政治体制的突破，避免了多元权力部门之间的相互推诿扯皮或单一政党的权力垄断和独裁，能够在党的集中统一领导下，在科学化、民主化、法制化的范畴框架下，集中全国优势资源推动乡村振兴战略的实施。

（二）政府主导

政府的角色和功能在历史变迁中经历了不同阶段，从目前的知识认知体系来看，“强政府、大社会”成为发展的共识。人们更加注重明晰政府治理的边界问题，无所不包的“大政府”同时代发展的进程相背离，自 20 世纪 80 年代新公共管理运动开展以来，政府主要负责“掌舵”而不是“划桨”的观念深入人心。另外一个问题也相当重要，在经济发展方面，是实行自由放任还是采取政府干预？这一直是各国发展面临的现实困境。对国家治理而言，偏向于自由放任，还是政府干预，同样是一个重大时代课题。乡村振兴涵盖经济、文化、生态环保等诸多范畴，牵涉不同公共资源分配和使用。从个体主义来看，有人将村庄繁荣和滞后归咎于村庄个体，认为村庄的资源禀赋、地缘环境、交通条件、市场环境等先天条件决定通往繁荣或者衰败的道路。从结构主义来看，有人认为村庄繁荣壮大是社会和国家问题，同国家和政府的干预息息相关，国家宏观层面的产业政策、财税政策、人才政策等通过层层落实，能对作为最基层的村庄产生传导效应。对个体主义和结构主义之争，在乡村振兴领域，我国始终强调政府负责和干预，依托政府力量，优先发展农业农村、坚持城乡融合发展和实现乡村全面振兴。

中共十八届三中全会提出，使“市场在资源配置中起决定性作用”的同时，要“更好发挥政府的作用”。在乡村振兴领域，“更好发挥政府作用”具体表现为坚持政府的主导作用。乡村振兴是一个重中之重的民生领域和经济领域，发挥政府的主导作用能够最大限度地保证社会公平公正和推动落实赶超。政府通过政策出台和加大投入力度推动乡村振兴战略的实施。

1. 构建实施科学合理的乡村振兴政策体系

目前所构建的政策体系涵盖了行政手段、经济手段和法律手段，根据乡村振兴战略的具体推进情况，政府坚持政策工具的多元化选择。依照中央出台的《乡村振兴战略规划（2018—2022 年）》，国家层面根据村庄的发展现状、区位条件、资源禀赋等，将全国将近 60 万个村庄分成集聚提升类、城郊融合类、特色保护类和搬迁撤并类等四大类村庄。根据村庄分类，政府在产业政策、就业政策、社会保障政策、环境保护政策等方面开展排列组合，取得政策实施的最大化效益。

2. 加大乡村振兴投入力度

国家充分运用经济手段，以开拓投融资渠道为突破口，强化乡村振兴投入保障。就政府部门自身而言，积极的财政政策是解决乡村振兴资金问题的重要思路。确保财政投入持续增长和拓宽资金筹集渠道是实施财政政策的两个途径。除了实施财政政策外，金融政策是重要的补充手段。政策性银行加大对乡村振兴中长期信贷支持，同时非政策性银行则开展普惠金融，依托“三农”金融事业部加大对乡村振兴的支持力度。乡村振兴投入力度的加大是持续的过程，2020 年 9 月，中共中央办公厅、国务院办公厅印发《关于调整完善土地出让收入使用范围优先支持乡村振兴的意见》。作为地方政府性基金预算收入的重要组成部分，土地出让收入长期以来更多往工业化和城镇化方面投入，直接用于农业农村的比例偏低。

（三）多元共治

乡村振兴涉及发展壮大乡村产业、建设美丽乡村、繁荣乡村文化、保障和改善民生等诸多方面，光靠单一主体的资源投入不足以实现农村地区的全面振兴。政府所掌握的资源有限，在资金投入、人才保障等方面，如何同市场和社会相互结合实现多元主体共同治理，是当前和未来乡村振兴的发展方向。在推进多元共治治理体系中，要认识两种误区。第一种误区是政府与市场的天然对立，“政府与市场绝对冲突”或者“政府与市场二者选其一”的旧式思维在很多地方始终存在；第二种误区是政府是“万能型”的，政府跳出掌握符合市场经济配置资源基础机制的“政策理性”范围，“越位”管理过细、过琐碎的事务。当然，需要认识到多元主体不仅仅涉及政府和市场，也涉及社会组织、公众等。

加强和创新社会治理是完善国家治理体系和治理能力的题中之义，党的十九大报告提出，要打造共建共治共享的社会治理格局，完善“党委领导、政府负责、社会协同、公众参与、法治保障”的社会治理体制。

政府的职能之一是提供公共物品和公共服务，例如水、电、气等公共基础设施。西方经济学按照排他性和竞争性，将物品分为纯公共物品、准公共物品和私人物品三类。不同于国防这类纯粹的公共物品，国防政策需要投入的资源基本上依靠政府供给，而乡村振兴战略涉及众多领域，除制度设计外，乡村振兴涉及的大部分是文化、生态环保等准公共物品和公共服务。在乡村振兴战略实施过程中，国家和政府逐步融入多元共治的制度模式。例如，在推进乡村绿色发展方面，建立市场化多元化生态补偿机制；在加强农村社会保障体系建设方面，构建多层次农村养老保障体系，创新多元化照料服务模式；在完善农业支持保护制度方面，深化农产品收储制度和价格形成机制改革，加快培育多元市场购销主体，改革完善中央储备粮管理体制；在开拓投融资渠道方面，健全投入保障制度，创新投融资机制，加快形成财政优先保障、金融重点倾斜、社会积极参与的多元投入格局。

（四）农村土地制度

农村土地是农村经济发展、农业增产扩效和农民收入增长的要素保障。为了巩固和完善农村基本经营制度，国家落实农村土地承包关系稳定并长久不变政策，实施第二轮土地承包到期后再延长 30 年的政策。需要认识到，小农经济是中国农业生产长久以来的基本国情，集体经营统筹与农户分散经营始终是中国农村经济面临的重大矛盾。从农村发展的历史脉络来看，从计划经济时代的农村土地集体所有制，到改革开放之后的农地集体所有权和家庭承包经营权的“两权”分离，再到目前的农村土地所有权、承包权、经营权“三权分置”，中国农村土地制度经历了一系列重大制度变迁。

农村土地制度变迁的背后是市场力量的逐步介入，随着农民进城、新型城镇化和现代农业的发展，土地流转成为农村地区的发展趋势，村民逐步从土地耕作中解放出来。2014 年，全国农村承包耕地流转面积达 3.6 亿亩，占承包耕地总面积的 28.8%。在此背景下，中央提出“三权分置”的农村土地制度改革思路，顺应农民保留土地承包权、流转土地经营权的意愿，将土地承包经营权进一步分为承包权和经营权，形成土地所有权、承包权、经营权“三权分置”的格局。“三权分置”在产权制度上探索农村土地集体所有制的有效实现形式，落实集体所有权，稳定农户承包权，放活土地经营权。通过实施推进“三权分置”的农村土地制度改革，逐步建立归属清晰、权能完整、流转顺畅、保护严格的农村土地产权制度，将为发展现代农业、增加农民收入、实现乡村振兴提供坚实的农村土地制度保障。

三、精准脱贫同乡村振兴的有机衔接

打赢脱贫攻坚战和实施乡村振兴战略是当前我国解决“三农”问题的两项重大国家战略。当前，中国正处于脱贫攻坚和乡村振兴统筹衔接的历史交汇期。一方面，需在 2020 年打赢的脱贫攻坚战役已经进入决战决胜阶段，2012 年末的 9899 万农村贫困人口减少至 2019 年末的 551 万人。另一方面，乡村振兴战略开局良好，按照“产业兴旺、生态宜居、乡风文明、治理有效、生活富裕”的总要求，各地动员部署力量投入到乡村振兴战略实施中。

从本研究的案例来看，各地县域农村处于经济社会的不同发展阶段。中西部地区的国定贫困县和省定贫困县处于脱贫攻坚的决战决胜时期。在精准脱贫和乡村振兴政策的共同加持下，山西吕梁、江西井冈山等贫困地区逐步走出贫困发展轨道，依靠内生动力和外来资源，向东部沿海发达地区学习借鉴，从产业、生态、文化和治理等多个方面布局，构建起乡村振兴的整体制度实施框架。

（一）精准脱贫的发展历程

城乡差距一直以来是困扰中国经济社会发展的难题。2014 年以来，我国经济发展已经进入新常态，从原先的高速发展转变为现在的中高速发展。该阶段我国的扶贫工作发生了重大转变，政策目标瞄准对象从之前的贫困村向贫困人口转移，开始实行“精准扶贫”“精准脱贫”政策。中国是典型的农业大国，分布在农村地区的贫困群体致贫原因复杂多样，因病致贫、因学致贫，以及因劳动力、资金、技术等生产要素致贫的现象突出。政府资源、市场资源和社会资源对贫困群体的精准投入是提高其收入水平和加速脱贫的关键途径。“精准扶贫”是 2013 年 11 月习近平总书记在湘西考察时首次提出的[①]。“精准脱贫”思想的落地是在 2014 年 1 月，中共中央办公厅、国务院办公厅印发《关于创新机制扎实推进农村扶贫开发工作的意见》，将建立精准扶贫工作机制作为六项扶贫机制创新之一。精准扶贫的基本要求是“六个精准”，即“扶持对象精准、项目安排精准、资金使用精准、措施到户精准、因村派人精准、脱贫成效精准”。

精准扶贫阶段初期，我国有 832 个贫困县，其中包括 592 个国家级贫困县，绝对贫困人口大约占全国总人口的 5%。精准扶贫战略实施以来，我国年均减贫超过 1000 万人，扶贫资金投入巨大，以 2017 年为例，中央和地方财政专项扶贫资金规模超过 1400 亿元。中国正在做出全方位的努力，集中力量坚决打赢脱贫攻坚战。到 2020 年，中国将完成脱贫攻坚任务，为乡村振兴战略的实施奠定基础，全面建成小康社会。

---

① 新华网，http://www.xinhuanet.com/2019-11/28/c_1125286329.htm。

（二）精准扶贫同乡村振兴的有机衔接

在政策实践中，精准扶贫和乡村振兴既存在共性之处，也存在差异。从实施阶段来看，精准扶贫呈现“毕其功于一役”的特点。我国已经经历救济式扶贫阶段（1978—1985）、开发式扶贫初级阶段（1986—1994）、八七扶贫攻坚阶段（1994—2000）、开发式扶贫发展阶段（2001—2013），当前脱贫攻坚已经进入最后一个阶段，精准扶贫。而乡村振兴战略则分三步走实施，第一阶段从2018年到2020年；第二阶段从2020年到2035年；第三阶段从2035年到2050年（见表4）。从政策内涵来看，精准扶贫同乡村振兴战略的政策内涵不尽相同，前者侧重于解决中国农村地区的绝对贫困问题，而后者侧重于解决相对贫困问题。

表4 精准扶贫同乡村振兴战略的对比

	精准扶贫	乡村振兴
实施时间	2013—2020年	2018—2050年
目标	到2020年，稳定实现农村贫困人口不愁吃、不愁穿，义务教育、基本医疗和住房安全有保障； 实现贫困地区农民人均可支配收入增长幅度高于全国平均水平，基本公共服务主要领域指标接近全国平均水平。 确保我国现行标准下农村贫困人口实现脱贫，贫困县全部摘帽，解决区域性整体贫困	到2020年，乡村振兴取得重要进展，制度框架和政策体系基本形成； 到2035年，乡村振兴取得决定性进展，农业农村现代化基本实现； 到2050年，乡村全面振兴，农业强、农村美、农民富全面实现
对象	9899万农村贫困人口	近6亿农村常住人口
要求	“两不愁三保障”	产业兴旺、生态宜居、乡风文明、治理有效、生活富裕
范围	贫困地区（贫困县、贫困乡镇、贫困村）和贫困人口	农村地区

资料来源：根据《中共中央 国务院关于打赢脱贫攻坚战的决定》和《中共中央 国务院关于实施乡村振兴战略的意见》整理而成。

从民国时期的乡村建设运动，到21世纪的社会主义新农村建设，再到乡村振兴战略，我国在“三农”问题的解决和治理上形成了特定的制度路径。自2018年发轫的乡村振兴战略，尽管实施不到三年，但也有其自身的制度路径衍变和发展逻辑思路。乡村振兴战略依托党的领导、政府主导、多元共治和农地制度改革等制度优势，取得令人瞩目的成就。不过，乡村振兴战略尚未完全成型，顶层设计方面还须多方论证。从2018年到2020年的政策实践仅仅是该战略的一期工程，目标任务是乡村振兴取得重要进展，制度框架和政策体系基本形成，之后还有2020年到2035年的二期工程和2035年到2050年的三期工程。“他山之石，可以攻玉”。乡村振兴并非一套独立的制度运行体系，在中国新时代发展框架下，同其他制度是相辅相成的关系。同为解决“三农”问题的重要制度创新，精准扶贫从2013年开始实施，经过多年的政策实践，形成了系统性和综合性的治理体系。实现精准扶贫与乡村振兴有机衔接，要充分借鉴和利用精准扶贫积累的成功经验和治理体系，为乡村振兴战略的萌芽起步期做好制度准备。精准扶贫同乡村振兴衔接的重点内容主要体现在产业发展、生态宜居、基层治理与公共服务等方面。

从产业发展来看，实施产业扶贫政策和推进现代产业，是精准扶贫和乡村振兴衔接的重要环节。在精准扶贫体系中，产业扶贫是开发式扶贫的抓手，1986年以来国家确定了开发式扶贫的方针，产业扶贫实现了从“输血”向“造血”的过渡。正是依靠产业扶贫，数量规模庞大的贫困户得以摆脱救济式扶贫的旧有路径。精准扶贫中，各级地方政府通过“一村一品”、激励性产业扶贫、扶贫产业奖补等发展项目，提升了贫困户的经济收入。但是，在地方实践过程中，由于贫困人口受制于人力资源禀赋的负面影响以及农村地区创新创业环境需要进一步优化，贫困人口就业渠道往往集中在经济效益不高的劳动力密集型产业和现代化程度不高的农业领域。而乡村振兴战略的产业方针则是强调以农业供给侧结构性改革为主线，加快构建现代农业产业体系、生产体系、经营体系，提高农业创新力、竞争力和全要素生产率，加快实现由农业大国向农业强国转变。在未来发展中，实现贫困户稳步增产增收和发展现代农业产业之间的平衡是需要国家重点考虑的问题。为了解决这一问题，需要结合各类政策不断提升贫困户素质水平和推动农村地区产业结构优化升级。

从生态宜居来看，易地扶贫搬迁政策的实施为打造生态宜居的绿色农村提供了实践基础和经验借鉴。在实践基础方面，易地扶贫搬迁为生态宜居建设缩小了范围和降低了成本，并且提供了参照体系。生态宜居的重要内容是推进农村地区的人居环境整治和增加农业生态产品和服务供给。需要易地扶贫搬迁的贫困户通常居住在生态环境条件较为恶劣的地方，这些地方水土资源匹配条件较差，局部地域内不存在生态优势，生态建设水平达不到应有标准。上述情况导致的直接后果便是常年定居在这些地方的贫困户居住条件和居住环境差，环境卫生方面的公共服务无法满足生产生活需要，比如，生活垃圾得不到有效处理、长期使用旱厕、生活污水横流等。通过各地区实施的易地扶贫搬迁，贫困户的居住环境发生积极改变，适应了美丽乡村发展的需要，解决了“难啃的硬骨头”，为全国范围内全面推进生态宜居打造奠定了良好的基础。在经验借鉴方面，易地扶贫搬迁对安置点的布局规划和公共服务等方面开展了探索和尝试，并且形成了地方经验和国家制度。未来，乡村振兴在打造生态宜居的绿色村庄中，不能摸着石头过河，需要强化顶层制度设计。在提升村容村貌、加强村庄规划管理和提供环保公共基础设施和公共服务等方面，各级政府可以充分借鉴易地扶贫搬迁取得的有益成果，尤其是制度和政策成果。

从基层治理来看，无论是精准扶贫，还是乡村振兴，人才资源是必不可少的支撑基础。帮扶制度是我国行政体制的一个创新，通过干部驻村制度和“第一书记”制度，贫困村、软弱涣散村和集体经济薄弱村党组织战斗力和凝聚力得以提升，经济发展水平和村庄集体经济实现提升。干部驻村制度的运行逻辑在于上级党委和政府通过自上而下的领导力注入，短时间内提升了村庄干部队伍的领导力水平。贫困村庄充分利用“第一书记”和驻村干部的社会网络资源和经济调度资源等外来资源，通过一系列操作和方式，将外来资源有机转变为内生动力。干部驻村制度对乡村振兴阶段如何提升村庄治理能力和治理水平，从而实现治理有效的目标具有一定的借鉴意义。但是，乡村振兴的覆盖面和工作量要远远超过脱贫攻坚，实施时间阶段不长的干部驻村制度是否能够克服重重障碍，通过外来资源的注入实现治理有效的目标？这还是一个未知数。很显然，在实施乡村振兴战略的过程中，照搬照抄干部驻村制度不可行，而一味依赖干部驻村制度更不可行。同脱贫攻坚一样，实现乡村振兴必须依靠内生动力。因而，在乡村振兴阶段，要实现有效的基层治理，需要坚持自治、法治、德治相结合，同时加强基层党组织建设。

从公共服务来讲，精准扶贫瞄准的对象主要是贫困人口，而乡村振兴辐射的范围则是中国的农村地区。精准扶贫存在特殊性，从公共服务的享受范围来看，无论是教育、医疗，还是社会保障，实际上存在准入门槛，只有建档立卡贫困户有资格享受这些更为优惠的公共服务。从政策的实施效果来看，教育扶贫或是社会保障兜底扶贫，提高了贫困户的文化知识水平和脱贫致富能力，贫困户的人力资源禀赋条件得到提高，在很大程度上阻断了代际贫困的传递。不过，在某些地方和某些领域，也无意中造成了公共服务和公共福利的“悬崖落差”效应，贫困户和非贫困户差别待遇明显。而乡村振兴阶段，则是在保留贫困户享受优惠公共服务的基础上，通过一系列开源和节流的经济手段，依托财政政策和金融政策，调动社会各方的积极性。乡村振兴战略侧重实施更加普惠性的公共服务政策，缩小城乡发展差距，实现共同富裕。

表5　　　　脱贫攻坚同乡村振兴有机衔接的重点

乡村振兴总要求	脱贫攻坚	国家政策	工作内容
产业兴旺	产业扶贫	《国务院办公厅关于推进农村一二三产业融合发展的指导意见》 《国务院关于促进乡村产业振兴的指导意见》	充分发挥贫困地区生态环境和自然资源优势，培植壮大特色支柱产业，大力推进旅游扶贫。促进产业结构调整，带动和帮助贫困农户发展生产。引导和支持企业到贫困地区投资兴业，带动贫困农户增收

续表

乡村振兴总要求	脱贫攻坚	国家政策	工作内容
产业兴旺	就业扶贫	《国务院关于印发“十三五”促进就业规划的通知》 《国务院关于进一步做好新形势下就业创业工作的意见》	完善雨露计划。对农村贫困劳动力开展实用技术培训。加大对农村贫困残疾人就业的扶持力度
	土地扶贫	《国土资源部关于进一步运用增减挂钩政策支持脱贫攻坚的通知》	通过土地政策，筹集资金，保障搬迁工作顺利开展。优化城乡建设用地布局，保护耕地资源。加大资金项目整合力度，改善贫困农村生产生活方式
生态宜居	易地扶贫搬迁	《全国“十三五”易地扶贫搬迁规划》	对生存条件恶劣地区扶贫对象实行易地扶贫搬迁，促进改善贫困群众的生产生活环境。解决搬迁群众在生产生活等方面的困难和问题，确保搬得出、稳得住、能发展、可致富
乡风文明	文化扶贫	《国家“十三五”时期文化发展改革规划纲要》	推进文化信息资源共享和农家书屋等重大文化惠民工程建设。加强基层文化队伍建设，健全农村公共文化服务体系
治理有效	干部驻村制度	《中央组织部关于做好选派机关优秀干部到村任第一书记工作的通知》 《中共中央办公厅　国务院　办公厅关于加强贫困村驻村工作队选派管理工作的指导意见》	建立选派第一书记工作长效机制，全面向贫困村、软弱涣散村和集体经济薄弱村党组织派出第一书记
生活富裕	教育扶贫	《教育脱贫攻坚“十三五”规划》 《深度贫困地区教育脱贫攻坚实施方案（2018—2020年）》	巩固提高九年义务教育水平，提高农村实用技术和劳动力转移培训水平，加快发展远程继续教育和社区教育
	社会保障兜底扶贫	《关于做好农村最低生活保障制度与扶贫开发政策有效衔接的指导意见》	完善农村最低生活保障制度、五保供养制度和临时救助制度，实现新型农村社会养老保险制度全覆盖

（三）精准扶贫同乡村振兴的内在逻辑

精准扶贫和乡村振兴在内容的一致性、功能的互构性和价值的一元性等方面具有内在的耦合性。第一，乡村振兴以精准扶贫成果为基础。在消除绝对贫困人口的前提下，乡村振兴更为综合性和系统性思考“三农”问题。乡村振兴不仅仅停留在脱贫阶段，而是全面深化农村改革，推进农业现代化和新农村建设。第二，脱贫攻坚是实现乡村振兴的重要基础。

中央政府对精准扶贫同乡村振兴内在逻辑的认识是逐步深化的过程，呈现两方面的特征。一方面，从抽象化到具象化。2018 年 1 月出台的《中共中央 国务院关于实施乡村振兴战略的意见》对精准扶贫同乡村振兴的内在逻辑解释为“有机衔接”，各级政府结合实际情况自行开展制度创新和政策实践。此后，中央政府对内在逻辑的解释更加具象化，行政部门和立法部门共同推进具象化工作。2018 年 8 月出台的《中共中央 国务院关于打赢脱贫攻坚战三年行动的指导意见》强调精准扶贫同乡村振兴有机衔接的内在逻辑是区别对待，在脱贫攻坚期内，贫困地区实现乡村振兴要紧紧围绕脱贫攻坚；在乡村振兴阶段，公共资源有所偏重向贫困地区倾斜。同时，立法部门要推进扶贫开发立法，从法治层面为精准扶贫同乡村振兴有机衔接提供依据。另一方面，个体性到系统性。精准扶贫和乡村振兴是解决“三农”问题的两大制度创新，在认知初期，中央政府要么在精准扶贫框架下，要么是在乡村振兴框架下探讨两大制度的内在逻辑，两大制度的逻辑关系尚在塑造中。而在认知后期，中央政府将精准扶贫和乡村振兴的关系处理放置在更为综合的宏观政策框架下。2019 年以来，无论是每年的中央一号文件还是政府工作报告，都会系统化强调精准扶贫同乡村振兴的内在逻辑关系（见表 6）。

表6　　脱贫攻坚同乡村振兴战略有机衔接的政策历程

政策文件	出台时间	有关内容
《中共中央 国务院关于实施乡村振兴战略的意见》	2018 年 1 月	打好精准脱贫攻坚战，增强贫困群众获得感。做好实施乡村振兴战略与打好精准脱贫攻坚战的有机衔接

续表

政策文件	出台时间	有关内容
《中共中央 国务院关于打赢脱贫攻坚战三年行动的指导意见》	2018 年 8 月	统筹衔接脱贫攻坚与乡村振兴； 脱贫攻坚期内，贫困地区乡村振兴主要任务是脱贫攻坚。乡村振兴相关支持政策要优先向贫困地区倾斜，补齐基础设施和基本公共服务短板，以乡村振兴巩固脱贫成果。抓紧研究制定 2020 年后减贫战略。研究推进扶贫开发立法
《乡村振兴战略规划（2018—2022 年）》	2018 年 9 月	坚决打好精准脱贫攻坚战； 把打好精准脱贫攻坚战作为实施乡村振兴战略的优先任务，推动脱贫攻坚与乡村振兴有机结合相互促进，确保到 2020 年我国现行标准下农村贫困人口实现脱贫，贫困县全部摘帽，解决区域性整体贫困
《中共中央 国务院关于坚持农业农村优先发展做好“三农”工作的若干意见》	2019 年 1 月	巩固和扩大脱贫攻坚成果； 做好脱贫攻坚与乡村振兴的衔接，对摘帽后的贫困县要通过实施乡村振兴战略巩固发展成果，接续推动经济社会发展和群众生活改善
《2019 年国务院政府工作报告》	2019 年 3 月	对标全面建成小康社会任务，扎实推进脱贫攻坚和乡村振兴； 坚持农业农村优先发展，加强脱贫攻坚与乡村振兴统筹衔接，确保如期实现脱贫攻坚目标、农民生活达到全面小康水平
《中共中央 国务院关于抓好“三农”领域重点工作确保如期实现全面小康的意见》	2020 年 1 月	坚决打赢脱贫攻坚战。研究接续推进减贫工作； 抓紧研究制定脱贫攻坚与实施乡村振兴战略有机衔接的意见
《2020 年国务院政府工作报告》	2020 年 5 月	落实脱贫攻坚和乡村振兴举措，保障重要农产品供给，提高农民生活水平； 接续推进脱贫与乡村振兴有效衔接，全力让脱贫群众迈向富裕

2020 年中央一号文件《中共中央 国务院关于抓好“三农”领域重点工作确保如期实现全面小康的意见》指出，“脱贫攻坚任务完成后，我国贫困状况将发生重大变化，扶贫工作重心转向解决相对贫困，扶贫工作方式由集中作战调整为常态推进。要研究建立解决相对贫困的长效机制，推动减贫战略和工作体系平稳转型。加强解决相对贫困问题顶层设计，纳入实施乡村振兴战略统筹安排。抓紧研究制定脱贫攻坚与实施乡村振兴战略有机衔接的意

见。”当前和未来，精准扶贫同乡村振兴的有机衔接是我国建设社会主义现代化强国的重大课题。

参考文献

[1] 王亚华，高瑞，孟庆国. 中国农村公共事务治理的危机与响应. 清华大学学报（哲学社会科学版），2016（2）

[2] 薛澜，陈玲. 中国公共政策过程的研究：西方学者的视角及其启示. 中国行政管理，2005（7）

健全“三治结合”乡村治理机制路径研究①

一、乡村治理在乡村振兴中的基础性地位

农业农村农民问题是关系国计民生的根本性问题。实施乡村振兴战略，是党的十九大作出的重大决策部署，是决胜全面建成小康社会、全面建设社会主义现代化国家的重大历史任务，是新时代“三农”工作的总抓手。2018年1月2日，《中共中央 国务院关于实施乡村振兴战略的意见》发布，围绕“产业兴旺、生态宜居、乡风文明、治理有效、生活富裕”的总要求，描绘了乡村振兴的未来蓝图。当前，我国发展不平衡不充分问题在乡村最为突出，在乡村治理领域主要体现为农村基层党建存在薄弱环节，乡村治理体系和治理能力亟待强化。党的十九大报告提出：“加强农村基层基础工作，健全自治、法治、德治相结合的乡村治理体系。”2019年6月23日，中共中央办公厅、国务院办公厅印发《关于加强和改进乡村治理的指导意见》，再次强调：“健全党组织领导的自治、法治、德治相结合的乡村治理体系，构建共建共治共享的社会治理格局，走中国特色社会主义乡村善治之路，建设充满活

① 本报告是清华大学中国农村研究院2019年重点研究课题“‘三治结合’的乡村治理机制案例研究”的研究成果，在收入本书时有所删减，报告观点仅代表课题组的看法。课题负责人：王亚华，清华大学公共管理学院副院长、教授，清华大学中国农村研究院副院长。报告执笔人：王亚华、池建华。

力、和谐有序的乡村社会，不断增强广大农民的获得感、幸福感、安全感。”

全面建成小康社会，实现共同富裕，又要求乡村不能衰败，乡村不可无序，乡村社会必须稳定，治理有效必须实现，乡村振兴必须推进。完善和发展中国特色社会主义制度、推进中国治理体系和治理能力现代化，乡村治理体系和治理能力现代化亦是其中的应有之义，而健全党组织领导的自治、法治、德治相结合的乡村治理体系是当前我国在乡村治理领域着力推动的战略性举措。健全自治、法治、德治相结合的乡村治理体系，既需要从理论层面进行阐释和分析，又需要从实践层面进行探索和创新，二者密不可分，相互联系。改革开放，发端于农村，村民自治亦是源于广西合寨等地村民的自发探索。在新的时代环境下，特别是党的十九大报告提出健全自治、法治、德治相结合的乡村治理体系以来，全国各地乡村根据法律法规和政策的相关要求，积极探索符合当地村情民情的乡村治理模式和机制，并取得了良好的社会治理效果。相较于政策文件的指导性，各地乡村在治理实践中的做法更为具体化、在地化，而这些做法和实践需要得到及时的归纳和总结，以便从中找寻能够推广到全国范围内其他乡村社会的做法，当然也必须注意到各地的不同治理需求和治理目标。

二、“三治结合”乡村治理体系实践研究

与乡村治理案例研究相关的主要成果有两种：一是各地方不同的乡村治理模式和经验的整体总结；二是某一具体主体组织、机制创新、运行方式的分类总结。本报告聚焦“三治结合”的乡村治理机制，且以案例研究为主要方法，因此在文献综述方面主要是梳理党的十九大以后学界关于“三治结合”的研究。

（一）基层领导力研究

中国共产党是完善和发展中国特色社会主义制度的核心力量。办好中国的事情，关键在党。中国特色社会主义最本质的特征是中国共产党领导，中国特色社会主义制度的最大优势是中国共产党领导。坚持和完善党的领导，是党和国家的根本所在、命脉所在，是全国各族人民的利益所在、幸福所在。健全“三治结合”乡村治理体系，也必须坚持中国共产党的领导核心作用。

曹海军、曹志立（2020）分析了新时代村级党建引领乡村治理的实践逻辑。中央通过村党组织的先进性建设、合法性建设与有效性建设，对村级党组织提能赋权，巩固村党组织对乡村治理领导的权威基础；通过整合村级资源、吸纳社会组织与推动合作行动，重构了农村基层社会治理网络，依靠村党组织将乡村治理中的资源、主体和行动重新组织起来；以村级党组织为核心，通过“自上而下”的上级党组织督导和“自下而上”的基层党员动员的办法，确保了乡村治理机制的顺畅和活力。季乃礼、许晓（2020）认为，在后乡土中国，组织断裂、文化断裂及精英断裂的出现极大降低了社会的整合度，使社会断裂成为改善乡村治理绩效所必须着重解决的基本问题。党的领导是新时代实施乡村振兴的根本保证，需以重整乡村社会为着力点，强化村级党组织的引领作用，重建互惠共识的公共文化，再造公益导向的村庄精英。实践中，要以强化村级党建为依托重构组织资源；以再造公共空间和激活传统文化入手引领文化复兴；以助推新乡贤衍生和驻村干部融入引领精英供给。

在案例研究方面，郭丽兰（2016）对广东省珠三角地区农村基层治理进行了研究，由传统村（居）支部书记和主任二元主体发展为多元主体，形成治理主体职能分离和党的领导力增强双重结构。农村基层治理主体职能分离后，在基层党组织领导下，党组织、村（居）委会、行政（综合）服务中心（站）、经济（联）社、社会组织和群团组织的职责更为明晰，共同协调推进基层治理。广东省珠三角地区的新经验为实现党领导下的基层治理创新、推进农村基层治理现代化提供了思路借鉴。

（二）“三治结合”的机制案例研究

何阳、孙萍（2018）从整体上分析了“三治合一”乡村治理体系建设的逻辑理路，自治、法治和德治的关系应当理解为一体两翼，自治是主要内容，法治是保障底线，德治是辅助工具。推进“三治合一”乡村治理体系建设需要坚守完善自治主轴线，利用法治和德治共同促进自治的原则，区别对待传统农村与城市化了的农村，传统农村应强化法治建设，提高建设热情，增强建设能力，城市化了的农村应强化德治建设，正确认识建设难度，充分利用建设优势。

在具体案例方面，浙江省绍兴市上虞区祝温村着力构建“三治合一”模式，将以德治村、依法治村、村民自治结合起来（杨琴，2017）。钱清逸（2018）以浙江省绍兴市夏履镇“夏履程序”为例，对乡村治理浙江协商民主模式进行了研究，它的出现给夏履镇各村在实现科学决策、化解乡村社会矛盾等问题中提供了新的思路。郭夏娟、秦晓敏（2018）以浙江省德清县的乡贤参事会为例，分析其在“三治一体”结构中处于何种地位。民间自主产生的乡贤参事会具有“理想观察者”的中立与公正特征，因此可以发挥协商民主的道德协商与调控功能；其运行机制依赖于道德主体的自主调控，在“三治一体”治理结构中具有核心地位。乡贤参事会作为道德协商主体，对化解基层社会治理失灵不仅必要，而且也是协商民主在基层治理中的创新实践。丁文、冯义强（2019）对鄂西南H县进行了个案研究，该县通过廓清村两委职能、健全村民议事机制、组建村民自治团体创新了自治，通过推进法治政府建设、大力进行法治宣传、广泛开展法治创建、建设覆盖城乡的公共法律服务体系、建立多元纠纷解决机制加强了法治，通过推进移风易俗、落实道德宣传、树立道德榜样夯实了德治，并将“三治”结合于治理主体、治理平台以及治理途径之上。但其亦存在“三治”内在关系不明确、乡村治理力量未充分调动、“三治结合”地区差异过大等问题。“三治结合”乡村治理体系的构建必须厘清“三治”的内在关系，确保“三治”融合于乡村治理实践，落实党政领导下的多部门协同治理，注重乡村治理与土地流转相结合以及发挥人才在乡村治理中的作用。

三、当前农村公共事务治理失灵的表现

当下的一些中国农村，公共事务治理存在政府失灵、市场失灵、社会失灵的问题，这是由于我国农村基层制度型权力弱化，组织动员能力下降；私有化导致公共资源产权碎片化；大规模农村劳动力外流与农民异质性增加（王亚华等，2016）。在政府失灵、市场失灵、社会失灵的共同作用下，实现治理有效的难度不断增加，主要表现为：部分乡村面临社会失序的困境，农村领导力严重不足，治理机制不健全，村民参与治理的主体意识不足。

（一）农村领导力严重不足

农村领导力是实现乡村治理有效的重要元素，强有力的领导力能够发挥良好的领导和带领作用，弱而不足的领导力则严重制约乡村治理的前进方向和治理水平。农村领导力在当前乡村治理中主要体现为村党组织和村民委员会的地位和功能，二者各有其不同功能，同时又相互配合、相互协作。但是随着经济社会的转型发展，乡村本身也发生着变化和变迁，各种因素共同混合，造成乡村治理的复杂性和困难性。原来的农村领导力体系已经不能完全适应这种变化，主要体现在以下三个方面。

1. 村党组织建设和运行欠缺活力和领导能力

中国特色社会主义最本质的特征是中国共产党领导，中国特色社会主义制度的最大优势是中国共产党领导，党是最高政治领导力量，提出新时代党的建设总要求。根据《中国共产党农村基层组织工作条例》，乡镇党的委员会

和村党组织（村指行政村）是党在农村的基层组织。党的农村基层组织是党在农村全部工作和战斗力的基础，全面领导乡镇、村的各种组织和各项工作。

村党组织是中国共产党在农村地区的一类基层组织，是党的领导在基层乡村的最直接体现。村党组织在乡村治理主体体系中居于领导地位，具体领导本村的社会治理，做好本村的社会主义精神文明建设、法治宣传教育、社会治安综合治理、生态环保、美丽村庄建设、民生保障、脱贫致富、民族宗教等工作。根据当前农村党员人数的不同，我国农村党组织不再只是“村党支部委员会”这一种单一形式，还有“村党的委员会”、“村总支部委员会”两种形式，此外有的地方根据需要还设立“村党小组”。村党组织建设和运行欠缺活力和领导能力具体表现为以下两个方面。

（1）村党组织自身建设欠缺现代化、制度化、规范化

村党组织的人员组成存在年龄结构不合理、党员发展不足等问题。据《2018 年中国共产党党内统计公报》，截至 2018 年 12 月 31 日，中国共产党党员总人数为 9059.4 万名，其中农牧渔民为 2544.3 万名，占比 28%；在党组织方面，545189 个行政村已建立党组织，覆盖率超过 99%。54.3 万名村党组织书记中，大专及以上学历的占 20.7%，45 岁及以下的占 29.2%，致富带头人占 51.2%。而根据国家统计局的公开信息，2018 年末中国总人口（包括 31 个省、自治区、直辖市和中国人民解放军现役军人，不包括港澳台及海外华侨人数）139538 万人。从城乡结构看，城镇常住人口为 83137 万人，比上年末增加 1790 万人；乡村常住人口为 56401 万人，减少 1260 万人；城镇人口占总人口比重（城镇化率）为 59.58%，比上年末提高 1.06 个百分点。从农村党员人数和村党组织数量上看，我国农村地区党员人数所占比例较小，但是党组织覆盖范围较广，两者之间存在一定的比例差异和不协调，在一定程度上不利于党对农村公共事务的全面领导。在农村党员年龄结构方面，农村党员年龄偏大或者老龄化也是当前农村党组织建设存在的另一问题，导致农村党组织发展滞后。虽然其中有我国总体老龄化的发展趋势这一因素，但也表明农村地区党组织自身发展的不可持续，也可能会影响农村党组织的领导

力和战斗力。在部分农村地区青年劳动力大量外流的背景下，农村地区青年党员的人才储备更是严重不足，对于农村公共事务治理的参与度也是不足。此外，村党组织的日常组织生活和制度化规范化建设也存在一些问题。某些村党组织不能严格按照党的章程和相关文件组织和开展党内组织生活，民主程序存在瑕疵，党内民主集中制不能真正实施，村党组织的日常工作缺乏制度安排，一些党内生活规范和制度没有建立或者没有得到真正落实。

（2）村党组织在领导乡村治理事务中欠缺活力

在当前实际领导过程中，一些农村地区的村党组织并没有真正切实履行好相应的职责，并对农村公共事务治理的效果带来了不好的影响。当前村党组织领导乡村治理事务中欠缺活力主要体现在以下三个方面。其一，没有或者有所保留地坚决宣传和贯彻执行党的路线方针政策和党中央、上级党组织及本村党员大会（党员代表大会）的决议，严重损害人民群众的合法权益。部分村党组织对于党中央的决策部署理解不到位、执行不到底，存在形式化、表面化现象。其二，部分农村地区村党组织没有真正落实群众路线，不能真正组织群众、宣传群众、凝聚群众、服务群众，不能经常了解群众的批评和意见，也就不能及时维护群众正当权利和利益。部分村党组织也没有很好地加强对群众的教育引导，不能有效做好群众思想政治工作。其三，部分农村地区村党组织不能切实领导本村的公共事务治理、社会治理，没有真正领导和做好本村的社会主义精神文明建设、法治宣传教育、社会治安综合治理、生态环保、美丽村庄建设、民生保障、脱贫致富、民族宗教等工作。

2. 村民委员会的自治能力建设滞后于经济社会发展

村民委员会是法定自治组织，是中国特色社会主义政治制度体系中基层群众自治制度的重要组织。《中华人民共和国宪法》（以下简称《宪法》）第11条规定，农村按居民居住地区设立的村民委员会是基层群众性自治组织。村民委员会的主任、副主任和委员由居民选举。村民委员会同基层政权的相互关系由法律规定。村民委员会在宪法上有明确的法律地位。《中华人民共和国村民委员会组织法》（以下简称《村民委员会组织法》）第2条规定：

“村民委员会是村民自我管理、自我教育、自我服务的基层群众性自治组织，实行民主选举、民主决策、民主管理、民主监督。”《中华人民共和国民法总则》第101条规定，村民委员会具有基层群众性自治组织法人资格，可以从事为履行职能所需要的民事活动。

1980年，广西壮族自治区河池市宜州区屏南乡合寨村诞生了我国历史上第一个村民委员会，被誉为“村民自治第一村”。1982年我国修订颁布的《宪法》，规定村民委员会是我国农村的基层群众性自治组织。目前，村民委员会已经在全国范围内的农村地区建立，据国家统计局统计，1999年，村民委员会的数量有737429个；发展到2018年，村民委员会的数量为542019个，数量减少约20万个，其主要原因是村庄合并和城镇化建设。村民委员会数量的减少，并不意味着村民自治的削弱，而是从治理需要的角度进行的优化调整，在未来也会根据实际情况进行调整。

村民委员会数量的减少在一定程度上反映了村民自治的深入推进，表明村民委员会的自治范围有所扩大，自治能力有所提升。但是如果一味地推进村民委员会的合并，也可能会给村民委员会行使职权带来困难和不便。《村民委员会组织法》第3条规定：“村民委员会根据村民居住状况、人口多少，按照便于群众自治，有利于经济发展和社会管理的原则设立。村民委员会的设立、撤销、范围调整，由乡、民族乡、镇的人民政府提出，经村民会议讨论同意，报县级人民政府批准。村民委员会可以根据村民居住状况、集体土地所有权关系等分设若干村民小组。”但在治理实践中，某些农村地区村民委员会的合并存在程序不合法、村民民主参与度不足等问题，村民会议的“讨论同意”沦为形式，合并行为存在政府的强制化色彩，没有充分考虑到原来村民委员会的治理实际需要。合并后的村民委员会由于范围扩大，但村民委员会人员组成受法律法规限制，其组成人员在履职履责时也会遇到问题。

村民自治主要包括民主选举、民主决策、民主管理、民主监督四个方面。

（1）民主选举

关于民主选举，村民委员会的成员由村民直接选举产生，这是我国基层民主制度的生动实践。我国在村民委员会选举方面已经制定和实施了《村民委员会选举规程》等专门性的法律法规，村民也在多年的选举实践中逐渐形成了民主选举的意识，大部分拥有选举权的村民都能够积极参与选举过程，并选举出有能力的村民委员会成员。但是，某些农村地区村民委员会选举实际上存在着一些问题，选举过程可能被家族势力操纵，某些候选人或者村民可能存在贿选行为，在选举正式进行时也可能存在程序不合法、形式化的现象。通过选举产生的村民委员会可能不能真正代表村民的意志，不能及时反映村民的合法利益诉求，从而直接损害我国的基层民主自治制度的有效运行。

（2）民主决策

关于民主决策，村民自治主要体现为村民可以通过村民会议和村民代表会议对各种乡村治理事务进行决策，表达自己的意见，行使自己的决策权。村民会议和村民代表会议是乡村治理中两种重要的会议形式，对于某些涉及村民利益的事项，《村民委员会组织法》规定必须由村民会议讨论决定方可办理，表明村民会议在乡村治理中具有决策决定权。村民会议还负责审议村民委员会的年度工作报告，对村民委员会成员的履职工作进行评议，并对村民委员会不适当的决定进行撤销或者变更。村民通过村民会议对村内事务进行民主决策，这是法定权利，但是在某些农村地区的村民会议存在表面化、形式化问题，村民不能够通过参加村民会议发表自己的观点和意见，村民会议的召开和议事程序也并不是规范化、制度化。

（3）民主管理

关于民主管理，《村民委员会组织法》第5章“民主管理和民主监督”中第29条规定：“村民委员会应当实行少数服从多数的民主决策机制和公开透明的工作原则，建立健全各种工作制度。”除了村民会议和村民代表会议之外，村民对乡村事务的民主管理主要是通过村民委员会这一自治组织实施的，因此对于村民委员会的自身运行也建立了相应的工作制度规范。某些地区的村民委员会在决策时没有严格按照少数服从多数的机制，存在“一言堂”“走过场”等问题，特别是某些村民委员会主任在决策过程中没有很好地做到民主协商，造成决策的专断。在村民委员会的各项工作制度方面，某些地区的村民委员会并没有落实各项要求，在日常工作中容易忽视程序化要求，由此给村级民主管理档案整理工作带来不便和问题，村务监督工作也就难以顺利开展。

（4）民主监督

民主监督是村民自治的应有之义，也是符合治理的基本原则。在很长一段时间内，我国村级组织体系中并没有专门的村务监督机构，不能对村民委员会的工作施以有效的监督。《村民委员会组织法》在2010年修改时专门增加了村务监督的内容，第32条规定：“村应当建立村务监督委员会或者其他形式的村务监督机构，负责村民民主理财，监督村务公开等制度的落实，其成员由村民会议或者村民代表会议在村民中推选产生，其中应有具备财会、管理知识的人员。村民委员会成员及其近亲属不得担任村务监督机构成员。村务监督机构成员向村民会议和村民代表会议负责，可以列席村民委员会会议。”全国第一个“村务监督委员会”于2004年6月18日在浙江省武义县后陈村选举产生，《村民委员会组织法》中也主要使用“村务监督委员会”，同时也包含“其他形式的村务监督机构”。“村务监事会”是2007年在广东省梅州市蕉岭县芳心村率先试点建立。“村务监事会”在全国其他地区主要称之为“村民监事会”。村务监督机构的作用在实践中没有充分发挥，表现在其组成人员在某些乡村地区不能胜任监督职责，村务监督机构不能对村民委员会的工作进行实质性监督。因此，村务监督机构在当前乡村治理中的监督作用需要进一步增强，其监督机制和方式也应当改善。

3. 村党组织和村民委员会的关系存在不协调、不顺畅等问题

村党组织和村民委员会一般合称为“村两委”，是乡村治理中两种重要的村级组织，在地位和功能上有所区分，二者应当相互配合、相互协作。《村民委员会组织法》第4条规定：“中国共产党在农村的基层组织，按照中国共产党章程进行工作，发挥领导核心作用，领导和支持村民委员会行使职权；依照宪法和法律，支持和保障村民开展自治活动、直接行使民主权利。”二者的关系可以概括为“领导”、“支持”和“保障”三个方面。合作的“村两委”能够极大提升乡村治理效能，促进乡村各项事务的发展。实施乡村振兴战略，村党组织领导和村民委员会自治都是不可或缺，这也是治理有效的基本要求。徐勇（2018）认为，从理论和制度上看，村党组织和村民自治组织的地位和关系是明确和协调的。然而由于治理实践的复杂性、多样性，某些地区的村党组织和村民委员会之间的关系存在一些不协调、不顺畅等问题，对乡村社会稳定和谐、乡村经济持续发展造成不利影响。

关于村党组织和村民委员会的不协调关系，可以概括为相互对立和相互推诿两个主要方面。

（1）村党组织和村民委员会相互对立

相互对立主要体现为村党组织书记和村民委员会主任二人之间的对立。这是两者不协调关系的严重形态，在治理实践中主要表现为争夺乡村公共权力，忽视各自职权范围。村党组织对乡村治理的领导应当是政治性的、方向性的，并非所有的乡村治理事务都由村党组织包办。村党组织的领导核心作用，主要体现在提出全村经济发展与精神文明建设的意见，通过村委会的工作，把党的方针政策和党支部的意图变为群众的自觉行动，协调村委会同其他组织的关系。但是某些乡村地区的村党组织书记却认为“领导”即是全面管理各项事务，没有职权限度，从而造成村民委员会的自治不能得到切实保障。例如，河南省博爱县曾经出现村民委员会主任被村支书停职反省的情况。而有的村民委员会及其主任则可能会认为是由村民直接选举产生，理应全面负责乡村事务，只要在法定职权范围内进行治理，其他组织或者个人都无权干涉村民委员会的工作，否则便有干涉村民自治之嫌疑。村党组织和村民委员会的对立，很容易造成矛盾纠纷，严重危及乡村社会和谐稳定。

（2）村党组织和村民委员会相互推诿

任何一方都不主动承担其在乡村治理中的责任，或者将相关事务推到其他一方、乡镇人民政府或者其他村级组织，这是“村两委”关系的消极状态。乡村治理事务繁杂，《村民委员会组织法》对村民委员会职权的规定也较为简略，不可能穷尽所有具体事务，而是需要应对乡村治理各项事务。村党组织的领导内容主要是由《中国共产党农村工作条例》和《中国共产党农村基层组织工作条例》规定，也是概括了党在乡村治理中的各项领导事务。虽然有法律法规的明确规定，但是村党组织和村民委员会依然存在相互推诿、相互扯皮的现象，将原本属于自己管辖范围内的事务推到另一方。村党组织或者村民委员会如果没有担当和责任意识，推卸责任，很可能无人会处理，损害“村两委”的形象。

为解决乡村治理实践中村党组织和村民委员会两个村级组织不协调、不顺畅等问题，我国采取了“一肩挑”策略，即村党组织书记和村民委员会主任由一人兼任。《中国共产党农村基层组织工作条例》提出：“村党组织书记应当通过法定程序担任村民委员会主任和村级集体经济组织、合作经济组织负责人，村‘两委’班子成员应当交叉任职。”2019 年 6 月 23 日，中共中央办公厅、国务院办公厅印发的《关于加强和改进乡村治理的指导意见》也再一次明确要求：“村党组织书记应当通过法定程序担任村民委员会主任和村级集体经济组织、合作经济组织负责人，村‘两委’班子成员应当交叉任职。”推行“一肩挑”，是我国应对农村领导力不足、村“两委”职责行使不协调等乡村治理难题采取的措施，解决村“两委”之间“个人间冲突”“组织间冲突”“权力间冲突”的一种举措（徐增阳、任宝玉，2002）。“一肩挑”的制度优势主要体现在两个方面：一是能够减少原来制度框架下村党组织书记和村民委员会主任间可能存在的矛盾；二是能够在一定程度上缓解当前农村基层领导力不足、领导人才缺乏的现实。但“一肩挑”只是在形式上解决了个人之间可能存在的矛盾，但实质上并不能解决村支部和村委会本身的性质或授权关系所引出来的深层问题（贺雪峰，2000）。

“一肩挑”带来的另一个问题是监督，在当前农村村级组织体系中，除了村党组织和村民委员会之外，村务监督机构是重要的监督组织。在人员组成方面，根据《关于建立健全村务监督委员会的指导意见》，村务监督委员会的主任提倡由非村民委员会成员的村党组织班子成员或党员担任，原则上一般不由村党组织书记兼任主任，也就是说不严格禁止村党组织书记担任村务监督委员会的主任。并且，村民委员会主任或者成员不得担任村务监督委员会成员。村务监督机构的制度设计是为了监督村民委员会的职权行使，但是也可以通过列席村“两委”联席会议、向村“两委”提出村务管理建议等形式与村党组织发生关联。原来，在村党组织书记和村民委员会主任的二元结构下，可能会形成比较良性的监督机制，但在“一肩挑”之下，原有的村支书和村主任分设模式下由“二元权力”中心形成的监督制约体系难以维系（程同顺、史猛，2019），如果“三元权力”中心集中于一人，即村党组织书记、村民委员会主任、村务监督委员会主任皆由一人担任，则可能会影响村务监督的实际效果。

（二）乡村治理体制和机制不健全

自实行村民自治以来，我国的乡村治理被纳入国家治理、社会治理，是国家治理体系的重要组成部分，并且已经形成了一些比较成熟的运行机制。2006 年中央一号文件《中共中央 国务院关于推进社会主义新农村建设的若干意见》（2005 年 12 月 31 日发布并实施）中直接提出“乡村治理机制”，明确要求加强农村民主政治建设，完善建设社会主义新农村的乡村治理机制，基本要求是健全村党组织领导的充满活力的村民自治机制，进一步完善村务公开和民主议事制度，让农民群众真正享有知情权、参与权、管理权、监督权。2008 年中央一号文件《中共中央 国务院关于切实加强农业基础建设进一步促进农业发展农民增收的若干意见》（2007 年 12 月 31 日发布并实施）再一次明确提出要继续完善村民自治制度，探索乡村有效治理机制。2010 年中央一号文件《中共中央 国务院关于加大统筹城乡发展力度进一步夯实农业农村发展基础的若干意见》（2009 年 12 月 31 日发布并实施）提出进一步完善符合国情的农村基层治理机制，要求培育发展社区服务性、公益性、互助性社会组织。2012年，党的十八大报告再一次明确指出乡村治理的目标是“健全基层党组织领导的充满活力的基层群众自治机制”，2013年中央一号文件《中共中央 国务院关于加快发展现代农业 进一步增强农村发展活力的若干意见》（2012年12月31日发布并实施）进一步明确为“建立健全符合国情、规范有序、充满活力的乡村治理机制”，从而为我国乡村治理进一步指明了前进的方向。2018年中央一号文件《中共中央 国务院关于实施乡村振兴战略的意见》（2018年1月2日发布并实施）也强调加强农村基层基础工作、构建乡村治理新体制的重要意义，明确指出：“乡村振兴，治理有效是基础。必须把夯实基层基础作为固本之策，建立健全党委领导、政府负责、社会协同、公众参与、法治保障的现代乡村社会治理体制，坚持自治、法治、德治相结合，确保乡村社会充满活力、和谐有序”。《关于加强和改进乡村治理的指导意见》在乡村治理机制方面的表述是“建立健全党委领导、政府负责、社会协同、公众参与、法治保障、科技支撑的现代乡村社会治理体制”，增加了“科技支撑”的内容，体现了现代科技发展和信息化、智能化社会下乡村治理的一个未来前进方向。

1. 党委领导需要继续加强

村党组织是乡村治理的直接领导者，乡镇党委和其他上级党委同样能够在乡村治理、乡村振兴中发挥领导作用，各层级党组织在其中发挥的作用各有不同。作为党中央、国务院决策部署的执行者，县级党委、乡镇党委在乡村治理中的作用需要进一步明确，共同构成党的农村工作领导体制机制。《中共中央 国务院关于实施乡村振兴战略的意见》提出：“县委书记要下大气力抓好‘三农’工作，当好乡村振兴‘一线总指挥’。”在当前的国民经济体系中，农业所占比重较小，但其基础性地位不可动摇，一些地区的县委组织和县委书记可能对此缺乏足够充分的认识，由此导致在治理实践中包含治理有效在内的乡村振兴无法得到真正的贯彻落实。

关于各级党委农村工作体制机制建设，《中共中央 国务院关于实施乡村振兴战略的意见》也明确提出:“切实加强各级党委农村工作部门建设,按照《中国共产党工作机关条例(试行)》有关规定,做好党的农村工作机构设置和人员配置工作,充分发挥决策参谋、统筹协调、政策指导、推动落实、督导检查等职能。”党的农村工作机构是党的农业农村政策的直接执行者,在机构和人员组成方面都应当适应这一要求。加强党委对乡村治理的领导,然而县级、乡镇级党委组织中专门与农业农村相关的机构较少,农业农村专业领域人员也不足。以浙江湖州某县委机构为例,县委机构主要有县机构编制委员会办公室、县委组织部、县委党校、县委统战部、县委政法委、县纪委、县委宣传部、县档案局,而与农业农村直接相关的是县委农村办公室,可能不能满足加强党委领导、实施乡村振兴战略的需要。而在乡镇党委一级,农业农村领域的专门人才数量更是严重缺乏,作为与乡村社会联系十分密切的一级党组织,这也可能制约乡镇党委在乡村治理中积极作用的发挥。

党委领导的主要途径是加强村级党组织的建设管理,促进村党组织的规范化、制度化。县级党委应当坚持抓乡促村,持续加强基本队伍、基本活动、基本阵地、基本制度、基本保障建设,整顿软弱涣散村党组织,整乡推进、整县提升。乡镇党委应当全面落实抓村级组织建设的直接责任。乡镇党委书记和党委领导班子其他成员应当包村联户,经常沉下去摸情况、查问题,及时研究解决。但从当前农村村级党组织建设来看,某些地区的县级党委和乡镇党委在工作中对村级党组织的培育和建设的关注度不够,对农村党组织发展现状不了解,也不能采取有效的针对性措施加强软弱涣散村党组织的建设。

2. 政府负责制需要继续落实

政府负责不仅是我国国家治理、社会治理的重要支撑,也是我国当前健全现代乡村治理体制中的重要一环,其中县级人民政府和乡镇级人民政府的作用尤为重要。改革开放后,我国农村治理体制逐渐发展成为“乡政村治”,徐勇(1997)认为是国家的基层政权建立在乡镇一级,乡镇以下实行村民自治。“乡政村治”概括的是乡镇人民政府与村民委员会的关系,没有涉及县级人民政府与村民委员会的关系。于建嵘(2019)认为,乡村振兴作为顶层设计最新确定的政策话语，表明未来的乡村振兴实践不会再延续以往政策的单一目标指向，而要向政治、经济、文化等多元目标发展，作为国家代理者和政策实施者的县级政府，无疑将在其中发挥主导作用。无论是县级政府，还是乡镇级政府，二者在促进乡村治理有效过程中都有着其特定功能。另一方面，在当前的乡村治理实践中，某些地方政府需要健全和完善政府负责的方式方法。乡村治理的基础性地位，很大程度上意味着这可能不会短期内直接带来高产出、高收益，不会对一个地区的经济发展带来直接贡献。然而县域经济的可持续发展离不开乡村社会的和谐稳定，乡村治理的基础性地位不可忽视。

《村民委员会组织法》第 5 条规定："乡、民族乡、镇的人民政府对村民委员会的工作给予指导、支持和帮助，但是不得干预依法属于村民自治范围内的事项。村民委员会协助乡、民族乡、镇的人民政府开展工作。"乡镇人民政府对村民委员会的指导、支持和帮助与村民的自治范围之间必须有一个比较清晰的界限，保持行政权与乡村自治的相对分离，乡镇人民政府与村民委员会、与乡村之间需要形成良性的互动关系，不是乡镇人民政府肆意干预乡村自治事务，也不是乡村自治完全摆脱乡镇人民政府的指导、支持和帮助，村民委员会也应当协助乡镇人民政府依法开展相关工作。在某些乡村地区，乡镇政府可能仍然存在着原来的"管理本位"意识，全面干预乡村各项公共事务，乡村本身的自主权被严重剥夺。此外，农村公共事务本身就是复杂的，且随着经济社会发展也呈现新的变化，而乡镇政府对此认识不足，不能及时采取有效的应对措施。在各级政府中，乡镇政府与乡村的关系最为紧密，但这种关系不能成为包办、干涉，而应当是有限度、有效度，改进和完善政府对乡村治理的负责。

3. 社会协同性不足

乡村治理涉及乡村社会每一个个体，因此需要每一个人都能积极参与各项治理事务中，而多元主体需要形成良性的社会协同。协同共治已经成为创新乡村治理体系的重要路径选择，并在农村社区建设中加以实践和运用。但当前乡村治理中的社会协同性明显不足，各主体的地位并不明确，各主体之间的关系也不够顺畅。乡村治理要取得实效，必须坚持政府、市场、社会组织、村民的合作与互动。党委领导、政府负责、社会协同都是促进治理有效的必要条件，要求实现多中心的协同治理。特别是在乡村社会，除了村党组织、村民委员会之外，其他组织或者个人参与乡村公共事务治理的意愿和积极性并不强，没有形成多中心协同共治的局面，主要体现在以下三个方面。

（1）其他村级组织发展较为滞后，发挥的效能有限

村党组织、村民委员会在乡村治理中的地位和功能比较明确，其他村级组织包括监督性、经济性组织。其中，村务监督机构在乡村治理中发挥监督作用，农村集体经济组织、农民专业合作社等在乡村治理中属于经济性组织。关于村务监督委员会等村务监督机构，目前主要存在以下问题。①《村民委员会组织法》在2010年修订，但是在很长一段时间内，村务监督委员会在许多乡村并没有真正落地运作。②在人员组成方面，《村民委员会组织法》规定，其成员由村民会议或者村民代表会议在村民中推选产生，其中应有具备财会、管理知识的人员。村民委员会成员及其近亲属不得担任村务监督机构成员。村务监督机构成员向村民会议和村民代表会议负责，可以列席村民委员会会议。《关于建立健全村务监督委员会的指导意见》（以下简称《意见》）中，提出村务监督委员会一般由3～5人组成，设主任1名，提倡由非村民委员会成员的村党组织班子成员或党员担任主任，原则上不由村党组织书记兼任主任。村务监督委员会成员由村民会议或村民代表会议在村民中推选产生，任期与村民委员会的任期相同。在实践中这两者容易产生矛盾。③在职权方面，《村民委员会组织法》主要规定是负责村民民主理财，监督村务公开等制度的落实，而《意见》规定了知情权、质询权、审核权、建议权、主持民主评议权等五项职权，并对监督内容进行了比较详细的列举，职权范围明显扩大。④《意见》规定村务监督委员会主任一般由县一级负责培训，其他成员由乡镇负责培训。乡镇党委和政府及村党组织要加强村务监督委员会成员日常教育管理，帮助其提高思想政治素质和工作水平，乡镇每年对村务监督委员会主任履职情况进行考核，对考核优秀的可给予适当

奖励，对不认真履职的进行批评教育、责令改正。这样就可能存在与村民自治相冲突的问题，也需要妥善处理。

农村集体经济组织是我国集体所有制的一种形式，是中国特色社会主义经济制度的重要组成部分，对于巩固社会主义制度具有重要意义。农民专业合作社是村民之间自愿联合，以发展农业、促进农业增收为主要目的的经济合作组织，因此发展农民专业合作社是建设现代农业的迫切要求，是建设现代农业、增强农业竞争力的重要举措。但是上述两种组织在发展过程中也存在以下三个方面问题。①农村集体经济组织依托于农村集体所有的土地、山林等自然资源而存在，但是在很多农村，哪些属于集体所有、哪些属于国有，根据《宪法》和其他相关法律法规，农村和城市郊区的土地，除由法律规定属于国家所有的以外，属于集体所有；宅基地和自留地、自留山，也属于集体所有。但是在新型城镇化和产业结构转型过程中，集体所有在很多情况下首先需要转为国家所有，然后再开展相关建设。这样就导致基于集体所有的土地等自然资源在开展经济发展时失去了资源支撑。②一些地方存在集体经营性资产归属不明、经营收益不清、分配不公开、成员的集体收益分配权缺乏保障等突出问题。③当前农民专业合作社对于发展农业、增加农民收入发挥了积极作用，但是由于在一段时期内大量出现，现在出现一些问题。规模小，数量多，质量不高；资金、人才短缺；在实际管理和运营过程中存在许多不规范问题。

（2）社会组织培育和发展滞后

《村民委员会组织法》第 9 条第 2 款规定："村民委员会应当支持服务性、公益性、互助性社会组织依法开展活动，推动农村社区建设。"《村民委员会组织法》并没有具体规定哪些类型的服务性、公益性、互助性社会组织。相较于其他乡村治理主体来说，当代乡村社会存在的社会组织一般是村民自发形成的，组织较为松散，数量总体来说也是严重不足，社会组织的建设在乡村社会有巨大的空间。相对而言，经济社会较为发达乡村地区的社会组织培育较为成熟，例如，浙江桐乡在探索自治、法治、德治"三治融合"过程中，注重整合社会资源，推动“三社”协同发展，构建了“以社区为基础，以社会组织为载体，以专业社工为骨干”的“三社联动”机制。其中在社会组织方面涵盖志愿服务、服务管理、睦邻和亲、老年协会等领域，全方位参与到乡村治理中。但是在其他乡村地区，社会组织的培育则是严重不足，民间社会组织数量少，参加人员数量也严重不足，不能支撑农村地区社会服务的需求。

（3）村民参与乡村治理的主体意识不足

村民是协同治理的最直接参与者，也是治理效果的最终决定者。如果村民不积极主动参与到农村公共事务的管理和施行过程，治理有效的目标也就难以实现。根据村民在其中发挥的作用不同，村民又可分为乡村精英、普通村民两类。乡村精英根据权威来源的不同，可以分为宗族精英、经济精英等不同的类别。但是如果没有相应的制度约束，很多乡村精英也可能不利于自治、法治、德治相结合的乡村治理体系的健全，可能会阻碍法律实施，阻碍乡村社会的法治进程；他们利用自己的权威也可能对村民自治造成不利的影响，某些乡村宗族势力给村民自治带来了不利影响；一些乡村精英也有可能对传统美德和现代社会公序良俗造成破坏。

4. 法治保障的力度需要继续增强

新中国成立 70 多年来，我们党领导人民不断探索实践，逐步形成了中国特色社会主义国家制度和法律制度，为当代中国发展进步提供了根本保障，也为新时代推进国家制度和法律制度建设提供了重要经验。法治是国家治理体系和治理能力的重要依托，建立健全现代乡村治理体制，法治亦是重要保障。2020 年 3 月 25 日，中央全面依法治国委员会印发了《关于加强法治乡村建设的意见》，进一步加快推进法治乡村建设，为实施乡村振兴战略提供良好法治环境。国家治理体系和治理能力现代化，要求法治国家、法治政府和法治社会一体建设，而法治乡村建设是法治社会建设的重要组成部分。乡村治理体制中的法治保障，不仅体现在乡村社会外部机关和组织依法参与乡村治理，也体现在乡村治理内部事务也必须在法治框架之下进行。

法治的含义广泛，可概括为有法可依、有法必依、执法必严、违法必究。具体到乡村治理领域，有法可依要求立法机关根据实践要求制定或者修改农业农村领域的法律法规，当前我国的农业农村法律体系需要进一步健全和完善，并根据实际情况做相应的修正。关于乡村治理，我国在国家层面尚没有一部专门的法律法规，在地方性法规方面，仅有新疆昌吉回族自治州于2019年5月1日起开始正式施行的《昌吉回族自治州乡村治理促进条例（试行）》一部专门性法规。乡村治理涉及经济社会诸多领域，涉及多方主体的复杂利益关系，如果缺乏专门法律法规的规制，很容易引发不同主体之间的矛盾和纠纷。有法必依、执法必严也主要是对国家机关及其工作人员的规制。但是当涉及乡村治理事务时，某些国家机关及其工作人员没有坚持法治观念，没有遵循法治方式，过多使用行政强制命令的方式，不尊重乡村社会的自主性。违法必究要求国家机关对违法犯罪行为必须依法予以惩处，具体到乡村公共事务或者矛盾纠纷处理时，公安机关、法院、检察机关等也应当公正无偏私地处理。新时代、新要求，乡村治理出现了许多新问题，国家机关针对这些新问题有时认识不足，导致应对不足，不能起到有效、及时的保障作用。例如，立法机关对乡村社会实际社会生活出现的人口流动性等问题，不能从法律法规方面及时处理；行政机关面对乡村治理的新情况也是沿用之前的旧做法或者存在不作为、乱作为的情况；人民法院、人民检察院对于保障村民自治、村民自身的合法权益在某些情况下作用不明显。

5. 科技支撑的方式需要拓展

科技支撑是新时代乡村治理工作的亮点之一，强调在治理实践中要求重视科技运用，运用智能化、信息化手段，增强乡村治理的技术含量。为深入贯彻党的十九大精神，落实2018年中央一号文件和《乡村振兴战略规划（2018—2022年）》有关部署要求，组织带动全国农业科教系统，全面实施乡村振兴科技支撑行动，2018年9月30日农业农村部办公厅专门印发《乡村振兴科技支撑行动实施方案》。科技支撑与乡村振兴全面结合，在治理有效方面亦有其重要地位。一方面，大数据、移动互联网等技术在乡村社会得到广泛应用。某些乡村地区开始尝试探索利用科技手段，取得了较好的治理效果。例如，上海市宝山区运用移动互联网、大数据分析等现代信息技术，探索建立“社区通”网上工作系统，党员干部和村民实名认证，书记当“群主”、党员为中坚、群众为“铁粉”，干部群众便捷互动，群众需求精准把握，群众问题快速处置，网上网下践行群众路线，提升了党建引领下服务群众的精准性、实效性。另一方面，受技术条件的限制，大部分乡村社会目前还没有真正建立以科技为支撑的乡村治理方式。根据中国互联网络信息中心2020年4月28日发布的第45次《中国互联网络发展状况统计报告》，截至2020年3月，我国网民规模为9.04亿，农村网民规模为2.55亿，占网民整体的28.2%，较2018年底增长3308万。农村网络建设严重滞后，各种通信手段不能广泛覆盖，不能完全满足科技支撑的要求。

四、推进“三治结合”乡村治理机制的制度路径

健全“三治结合”的乡村治理体系，重要的是在农村社会形成一系列制度体系和体制机制，以此发挥制度的活力和效力。制度本身是人类用来组织各种形式的重复性和结构化互动的对策，强调的是可重复性，乡村治理有效同样依赖可重复的制度体系和体制机制。推进“三治结合”乡村治理机制的制度路径需要从坚持党建统领作用、完善自治的基础地位、充分发挥法治的保障功能、强化德治的先导功能、坚持以村民为中心等方面进行着力。同时，推进“三治结合”，也要充分尊重地方自主治理的探索实践，因地制宜，因时制宜，可重复的制度体系和体制机制也要适时调整和完善。

（一）进一步坚持和完善村党组织的领导

村党组织是中国共产党的基层组织，党的基层组织是确保党的路线方针

政策和决策部署贯彻落实的基础，必须不断增强党的政治领导力、思想引领力、群众组织力、社会号召力。

1. 基层组织建设

在村党组织功能方面，要以提升组织力为重点，突出其政治统领和引领功能，把农村党组织建设成为宣传党的主张、贯彻党的决定、领导基层治理、团结动员群众、推动改革发展的坚强战斗堡垒。在村党组织建设方面，全国各地乡村社会应当注重从青年农民群体中发展党员，为乡村治理提供坚强的村党组织。推进党的基层组织设置和活动方式创新，处理好行政村一级和村民小组、自然村一级的党组织的关系，特别是要加强基层党组织带头人队伍建设，扩大基层党组织覆盖面，着力解决一些基层党组织弱化、虚化、边缘化问题。

2. 村党组织与村民委员会的关系，是党建引领的重点

在《村民委员会组织法》或者在政策中对村党组织与村民委员会之间的关系予以明确界定，划分二者在乡村治理中的职权范围。要在坚持中国共产党的领导下，继续坚持和完善基层民主自治制度，促进基层民主。自治是健全乡村治理体系的核心。村民自治制度是中国特色社会主义政治制度的主要组成部分，村民委员会的公开透明选举保障了村民行使民主权利的途径，村务公开、民主评议等畅通了村民表达利益诉求的渠道。坚持和完善村民自治制度，同时必须坚持党的领导，要通过派驻“第一书记”、驻村工作队和壮大集体经济等措施，强化村党支部的堡垒作用，密切党同广大农民血肉联系、巩固党在村民当中的威信。中国共产党在乡村的基层组织要处在总揽全局、协调各方的地位，而不是亲自参与到每一项具体事务中去。

3. 村党组织与其他乡村治理主体之间的关系

除村民委员会外，乡村治理主体还包括农民专业合作社、农村集体经济组织、服务性、公益性、互助性社会组织、宗族等，村党组织对它们也应当坚持领导作用，但是也必须尊重和发挥它们自身参与乡村治理的积极性和积极作用，要注意分工，不能简单地大包大揽，村党组织的领导应该是一种宏观指导，并能提供相应的帮助。

（二）完善自治的基础地位

自治、法治、德治相结合，自治为基，强调的是自治的基础性、基石性地位，这一点必须进一步改进和完善。村民委员会是法定自治组织，村民议事会、村民理事会是辅助性自治组织，因此，改进完善自治的基础地位，重点是加强村民委员会的组织建设，协调村民委员会与其他村级组织、与政府组织的关系。

1. 通过立法或者对现有《村民委员会组织法》等法律法规进行修订

对村民委员会与其他国家机关的关系予以更加清晰的规定，从立法上减少行政机关对村民自治的干预。对于国家机关特别是乡镇人民政府在乡村中的执法行为要予以更加明确的规定，将行政机关的执法行为限定在与政府职能直接相关的领域，对于属于村民自治范围内的事项，乡镇人民政府不得干预。

2. 根据《村民委员会组织法》等法律法规的规定，根据乡村实际状况设置村民委员会

盲目地合并村民委员会不利于各自然村的自治，要综合考虑各自然村的地理位置、自然资源等条件进行合理设置，充分发挥自然村在发展乡村经济、维护乡村社会秩序方面的主导作用。

3. 合村并居

合村并居是当前我国城镇化的一个方向，如今是将分散在各处的自然村合并在一起，组成较大的社区，在这种条件下，原有的村民委员会显然已经不能适应这一变化，对此要积极借鉴城市社区居民委员会的设置和运行经验，根据乡村的实际而提出具有可操作性的建议。很多乡村社区依然要从事农业生产，保证农业稳定发展是首先要考虑的问题，然后在此基础上进行乡村产业的升级和转型，发展适合乡村社区实际的产业。

4. 积极探索将乡村常住人口纳入村民自治范围

根据乡村的常住人口情况，要积极探索将这些群体纳入村民自治范围的途径，一些乡村的村规民约已经将外来人口与本村人口同等对待，但这主要是在村规民约的适用范围方面，而关于村民自治章程等直接关涉村民委员会自治的规范方面，还没有将这些外来人口纳入其中。外来人口可能长期居住在本村之内，缴纳管理费、服务费，实际上已经成为乡村社会生活的重要参与者，但是在现有法律和其他条件下，外来人口与本村人享有的权利是不同的，对此有必要通过立法或者修法，采取合适的方式将这些外来人口纳入其中。在村民委员会等涉及乡村事务的选举、决策、管理、监督等方面，要赋予这些外来人口同等的权利，同时他们也要遵守本村的章程或者村规民约。

5. 村民委员会在乡村治理实践中，要注意将自治、法治、德治结合起来，通过制定村民委员会自治章程、村规民约等规范予以明确

在法治方面，村民委员会及其成员应当遵守宪法、法律、法规和国家的政策，积极向村民宣传国家的法律法规，做好普法宣传工作，引导村民在发生纠纷时应积极采取法治化方式予以解决。在德治方面，村民委员会应通过多种途径和方式在乡村社会弘扬中华优秀传统文化，继承并创造性转化、创新性发展沉淀在民族精神中的推己及人、行为适宜、遵守规矩、谨守本分、明辨是非、温和友善、诚实守信、忠国爱家等传统美德，也应培育和弘扬社会主义核心价值观，发展社会主义先进乡村文化，塑造与时代要求相适应的新的道德标准。通过道德标准体系的完善，乡土信任的重建，正民心、树新风，营造乡村德治氛围，维护乡村德治秩序。村民委员会在做好属于自治范围内事务基础上，还应积极支持、协助其他乡村治理主体开展活动。村民委员会应当协助乡镇人民政府开展工作，应当支持和组织村民依法发展各种形式的合作经济和其他经济，应当尊重并支持集体经济组织依法独立进行经济活动的自主权，村民委员会应当支持服务性、公益性、互助性社会组织依法开展活动，推动农村社区建设。

（三）发挥法治的保障功能

“三治结合”，法治发挥保障作用，应当落实到乡村治理的具体实践过程中，不能停留在纸面上、话语上。乡村治理各主体应当培养法治思维，运用法治方式，促进各主体之间的协作互促。

1. 以法治思维统筹认识乡村治理主体

全面依法治国，首先在思维观念上要有相应的认识，这是基本前提。法治思维是指导乡村治理的观念保障，乡村治理主体在乡村治理实践中需要自觉运用法治思维。法治是乡村治理的核心，乡村治理不仅需要遵循相应的规则，更应该在各项乡村治理实践中贯彻规则至上思维。权利本位思维、权力控制思维是互相支撑的思维方式，乡村治理主体需要意识到自己不仅仅是在行使权力，更是在保护权利，并且权利具有优先性。程序优先思维必须贯穿乡村治理的全过程，乡村治理主体应当形成按程序办事的思维观念，遵循规则，主动听取各方意见，整合各方利益诉求，实现乡村治理效果的最大化。客观理性思维是科学原则的体现，乡村治理涵盖政治、经济、社会、文化、生态等多个方面，各自有其自身发展规律，在尊重各自规律的同时，还要以全局性思维将各个部分予以整合。

2. 以法治方式明晰乡村治理主体的地位和功能

乡村治理主体的多元化，加上乡村事务的多样性，很容易出现冲突和矛盾，这时就需要以法治方式明晰乡村治理主体的地位和功能。具体来说，需要以法治方式，区分乡村治理主体的不同地位和功能，在此基础之上，或者增强，或者减少，或者增加，或者去除。①党的核心地位和领导作用应当在坚持政治、思想和组织领导的基础上予以增强。党的领导应当成为乡村治理的保障和支撑，自治是乡村治理的核心，党在乡村治理中的各项工作也应当坚持这一原则。宪法是国家的根本法，具有最高的法律效力。全国各族人民、一切国家机关和武装力量、各政党和各社会团体、各企业事业组织，都必须以宪法为根本的活动准则，并且负有维护宪法尊严、保证宪法实施的职责。对于乡村治理实践中出现的个别地方党支部侵害村民自治的行为应当予以去除；对于个别地方党支部领导作用明显不足的地方，也应当予以补强；对于个别地方党支部和村民自治出现紧张关系的地方，应当运用法治方式，根据《村民委员会组织法》等法律法规区分各自的职权。②乡镇以上的人民代表大会和人民政府应当遵循法律法规和法律程序参与乡村治理，以法治方式参与到乡村治理中，而不能采用命令方式直接参与乡村治理。立法机关要根据乡村治理的实际情况，在全面调研分析的基础上，开展法律的增修工作，为乡村治理提供立法保障。特别是哪些事项属于村民自治范围，我国立法机关有必要在深入调研的基础上予以更加清晰的规定。行政机关则应当根据法律赋予的职权，积极履行自己的行政权，推进乡村治理各项事业有序化。人民法院在乡村治理实践中根据法律行使审判权，保障乡村治理主体的合法权益不受侵害。人民检察院则要根据法律规定，在乡村治理实践中行使检察权，监督属于自己职权范围内的乡村治理主体依法履行职务。而对于乡镇人民政府来说，必须在法律法规所限定的范围内给予村民自治以“指导、支持和帮助”，而不能以行政手段直接干预村民自治。③虽然村民委员会、村民小组、农村集体经济组织、农村合作经济组织、村务监督委员会或者其他形式的村务监督机构已经有了比较明确的法律地位，但是在某些方面，它们的具体职责还需要进一步明晰，以更加符合“法治”的要求。对于非正式治理主体，虽然它们没有法律上的明确地位，但它们是“自治”的应有之义，在不违背现行法律的基础上，结合乡村治理实践，强化它们的功能。对于非正式治理主体，还应当通过将其纳入“法治”轨道，以避免其在乡村治理实践中产生消极作用。

3. 在法治框架内促进乡村治理主体的协作

各乡村治理主体的功能和职责在某些情况下也难免会出现冲突，出现冲突的原因不是职责不明确，而是乡村治理本身就十分复杂，需要不同治理主体的通力协作。村党组织与村民委员会之间、乡镇人民政府与村民委员会之间、村民委员会与农村集体经济组织之间、村民委员会与农村合作经济组织之间、村民委员会与宗族之间，大部分乡村治理主体在乡村治理实践中都可能会遇到各种各样的问题。面对问题，我们必须坚持在法治框架内寻求解决之道，而不是简单地采取行政或者相互抵制等方式。

（四）强化德治的先导功能

相较于自治、法治，德治在以往的乡村治理中缺乏相应的载体形式，道德通常与宣传教育相关，而在“三治结合”之下，德治的地位和功能日益凸显。道德规范不是摆设，要突出有形具体，增强农民群众的认同感、归属感、责任感和荣誉感（韩俊，2018）。道德观念和道德规范的有形具体化是当前各地乡村治理典型案例中着重探索的领域，有益经验值得其他地区学习和借鉴。同时，在德治的具体内容方面，也要做到传承与创新的结合，更加符合国家治理、社会治理、乡村治理的需要。

1. 加快创新德治的载体和形式

“积分超市”“道德银行”“道德红黑榜”“文明户”等载体和形式的实践表明，德治也可以通过一定的机制予以具体化。在很多情况下，乡村社会出现的道德问题是法律不能直接介入、政府也不能直接干涉的，道德主要靠内心的自觉，外在的强制力很难干预道德观念的养成。各种德治载体和形式则实现了道德在观念层面和规范层面的完美结合，强化了道德这一社会规范的强制力和作用力，并且在乡村治理实践中也取得了良好的社会效果。道德也不再仅仅停留和局限于空洞的说教，道德依靠舆论压力也是可以发挥其社会治理中的积极价值。乡村治理是一个系统治理，德治并不能完全独立于自治、法治，德治的载体和形式从实质上看应当坚持自治为基础，法治为保障。

2. 进一步丰富德治的具体内容

社会主义核心价值观、传统伦理道德都是德治的资源。社会主义核心价值观是社会主义核心价值体系的内核，体现社会主义核心价值体系的根本性质和基本特征。培育和践行社会主义核心价值观是丰富当前乡村德治的重要内容，也是乡村文化振兴的重要路径。乡村历经数千年，中国人逐渐形成了一整套以家庭伦理道德为核心、以敬老尊亲为主要表现形式的道德体系。当然，在如今一些乡村地区，个人主义、享乐主义、自私自利等消极思想观念也实际存在，道德水平存在明显滑坡。应当注意到，对道德滑坡现象的关注，实际上表明人们对正能量的呼吁和赞扬。弘扬尊老爱幼、和睦友邻等传统伦理道德，可以借助村规民约、家风家训等形式，强化村民的道德观念。道德既需要观念上的养成，也需要行为上的践履，因此，需要重视奖惩教育相结合，正面褒奖和负面惩戒同样重要。

（五）坚持以村民为中心

治理是否有效，根本上是看治理的实际社会效果。而村民是乡村治理的最直接参与者和最重要决定者，也是乡村治理效果的最终判断者，他们对美好生活的向往是乡村治理实践追求的目标。

1. 重视新乡贤等乡村精英，农村社会治理中的地位依然重要，他们协调冲突、以身作则提供正能量的作用不可或缺

根据乡村治理实践以及乡村精英的功能，我们可以创新参与机制，拓宽乡村精英参与乡村治理的渠道，通过乡村精英带动自治、德治。在全面依法治国的背景下，乡村精英一定程度上还是村民行为的规范者和约束者。在法治社会、完善现代乡村治理的同时，也应当强调乡村精英对于当下乡村稳定的重要作用，以更好地让村民行为有法度、价值有引领、操守有规范。乡村精英本身在“三治结合”方面的知识和能力直接影响他们在乡村治理体系中的作用。我们也有必要通过各种方式积极增强乡村精英的相关认识，从而发挥其积极作用，而对于那些不利于这一目标实现的乡村精英，也应当予以淘汰。

2. 充分发挥普通村民在乡村治理实践中的作用

全社会要为村民积极参与乡村治理创造一个良好的社会环境，尊重村民的主体地位，充分发挥村民的积极性。法律法规明确规定村民委员会、村务监督委员会、农村经济合作组织等组织的地位和功能是促进村民参与治理的法律保障。行政机关也要通过各种形式向村民宣传村民是乡村治理的决定性力量，而不能利用行政手段剥夺村民的参与权利。人民法院、人民检察院也应当在乡村治理过程中发挥保障作用。除了这些法律明确规定的组织之外，我们也应当充分尊重村民的自治，允许村民自发组织各种组织，在这一过程中可以通过提供指导等方式，确保这些组织不违反现行法律法规，并在组织实际运行中继续提供支持和帮助。作为村民自身也应当积极参与到乡村治理实践中，村民需要意识到自身不是乡村治理实践的被动参与者，是乡村治理过程中具有决定性的力量。

参考文献

[1] 习近平. 在庆祝中国共产党成立九十五周年大会上的讲话（2016 年7月1日）. 北京：人民出版社，2016

[2] 曹海军，曹志立. 新时代村级党建引领乡村治理的实践逻辑. 探索，2020（1）

[3] 季乃礼，许晓. 村级党建、社会整合与乡村振兴，西南民族大学学报（人文社科版），2020（3）

[4] 郭丽兰. 农村基层治理的主体变迁与机制创新——对广东省珠三角地区的考察与分析. 中州学刊，2016（11）

[5] 何阳，孙萍. “三治合一”乡村治理体系建设的逻辑理路. 西南民族大学学报（人文社科版），2018（6）

[6] 杨琴. 三治合一：乡村治理新模式——以浙江省上虞区祝温村为典型案例. 农村经济与科技，2017（22）

[7] 钱清逸. 乡村治理中的协商民主模式研究——以浙江省绍兴市夏履镇“夏履程序”为例. 海口：海南大学硕士学位论文. 2018

[8] 郭夏娟，秦晓敏. “三治一体”中的道德治理——作为道德协商主体的乡贤参事会. 浙江社会科学，2018（12）

[9] 丁文，冯义强. 论“三治结合”乡村治理体系的构建——基于鄂西南H县的个案研究. 社会主义研究，2019（6）

[10] 王亚华，高瑞，孟庆国. 中国农村公共事务治理的危机与响应. 清华大学学报（哲学社会科学版），2016（2）

[11] 徐勇. 中国农村村民自治（增订本）. 北京：生活·读书·新知三联书店，2018

[12] 徐增阳，任宝玉. “一肩挑”真能解决“两委”冲突吗——村支部与村委会冲突的三种类型及解决思路. 中国农村观察，2002（1）

[13] 贺雪峰. 面子、利益与村庄的性质——村支书与村主任关系的一个解释框架. 开放时代，2000（11）

[14] 程同顺，史猛. 推进村级组织负责人“一肩挑”的条件与挑战——基于P镇的实地调研. 南开学报（哲学社会科学版），2019（4）

[15] 徐勇. 论中国农村“乡政村治”治理格局的稳定与完善. 社会科学研究，1997（5）

[16] 于建嵘. 县级政府在乡村振兴中的作用. 华中师范大学学报（人文社会科学版），2019（1）

[17] 韩俊. 实施乡村振兴战略五十题. 北京：人民出版社，2018

后 记

2020年是全面建成小康社会目标实现之年，全面打赢脱贫攻坚战收官之年，也是国家“十四五”规划承上启下之年。党的十九届五中全会提出“优先发展农业农村，全面推进乡村振兴”，为我们立足“十四五”乃至2035年远景目标做好“三农”工作提供了重要指导。站在第二个百年奋斗目标的新起点，开启全面建设社会主义现代化国家新征程，我们必须坚持把解决好“三农”问题作为全党工作重中之重，着力提升现代农业发展水平，大力改善农村人居环境，发展壮大农村集体经济，加快补齐农业农村发展短板，完善基础设施建设，促进基本公共服务均等化，完善乡村治理体系，构建和谐有序的乡村社会，强化以工补农、以城带乡，推动形成工农互促、城乡互补、协调发展、共同繁荣的新型工农城乡关系，促进农业全面升级、农村全面进步、农民全面发展，推动乡村全面振兴。

本书是清华大学中国农村研究院最新科研成果的汇集。本书汇集16篇专题研究成果，重点围绕脱贫攻坚和乡村振兴、全面小康，以脱贫攻坚和乡村振兴有机衔接、农村全面小康补短板、农业生产性服务业创新发展、科技支撑乡村振兴、资本与人才等要素下乡、农业补贴制度、农村宅基地制度改革、乡村振兴和乡村治理案例、城乡居民基本养老保险制度、疫情防控等为切入点，为促进乡村振兴，打赢脱贫攻坚战，实现全面小康，提供了具有重要决策参考价值的政策建议。

出版之际，我们衷心感谢刘奇、马晓河、张红宇、陈志钢、朱晶、王亚华、李长健、许庆、郭贯成、慕玲、陈诗波、刘红岩、严飞等各专题研究团队对本书倾注的大量心血。全书的统稿和汇编整理工作由何宇鹏、王亚华、胡振通、舒全峰、黄译萱、王芬、吴珺等完成。中国发展出版社对本书出版给予了大力支持，保证了本书如期与读者见面。